Josef Simon (Hrsg.): Freiheit

D1731539

Freiheit

Theoretische und praktische Aspekte
des Problems

Beiträge von

Helmut Fahrenbach
Bruno Baron v. Freytag Löringhoff
Klaus Hartmann
Hans Krämer
Hermann Krings
Bruno Liebrucks
Hermann Lübbe
Ludger Oeing-Hanhoff
Walter Schulz
Alexander Schwan
Johannes Schwartländer
Josef Simon
Axel Stern

Im Auftrag der Eberhard-Karls-Universität Tübingen
zum 500jährigen Jubiläum ihrer Gründung
herausgegeben von Josef Simon

Verlag Karl Alber Freiburg/München

CIP-Kurztitelaufnahme der Deutschen Bibliothek

Freiheit: theoret. u. prakt. Aspekte d. Problems /
Beitr. von Helmut Fahrenbach ... Im Auftr. d.
Eberhard-Karls-Univ. Tübingen zum 500jährigen
Jubiläum ihrer Gründung hrsg. von Josef Simon.
– Freiburg [Breisgau], München: Alber, 1977.
  (Alber-Broschur Philosophie)
  ISBN 3–495–47373–4

NE: Simon, Josef [Hrsg.]; Fahrenbach, Helmut
[Mitarb.]; Universität ⟨Tübingen⟩

Inhalt

Vorwort

Der Fachbereich Philosophie hat als Beitrag zum 500jährigen Jubiläum der Universität Tübingen im Wintersemester 1976/77 eine Vortragsreihe über das philosophische Problem der Freiheit veranstaltet, deren Referate in diesem Buch veröffentlicht werden. Die Wahl
des Themas lag aus zweifachem Grund nahe. Der Freiheitsbegriff hat sich innerhalb der neueren Philosophie
zum Zentralbegriff ihres Selbstverständnisses entwickelt.
Neben diesem fachlichen Gesichtspunkt kann im Jubiläumsjahr einer Universität noch ein weiterer Aspekt
angeführt werden, nämlich das Bedenken der erstaunlichen Tatsache, daß sich öffentliche Institutionen wie
die europäischen Universitäten, die sich entschieden auf
das Wesen der Philosophie, d. h. auf freie, der vernünftigen Einsicht folgende Argumentation und Disputation
gegründet hatten, über alle äußeren Bedrohungen hinweg über so lange Zeit haben halten können. Ob gerade
die Gegenwart Anlaß gibt, dies unbesorgt zu feiern, mag
fraglich erscheinen. Es wirken offenkundig zunehmend
Kräfte auf die Universitäten ein, die ihr Potential, sei
es als Unruhepotential, das in einer Institution der kritischen Reflexion des Geltenden wesentlich enthalten ist,
sei es als verwertbares Forschungs-, Wissens- und Ausbildungspotential, „nur als Mittel" in Anspruch zu nehmen versuchen und aus solchen heterogenen Interessen
heraus den essentiellen Zusammenhang der Begriffe
Freiheit und Wissenschaft nicht mehr sehen und verste-

hen. Daß es so ist, könnte aber gerade Grund der Besinnung auf das Wesen dieser solange erhaltenen Freiheit sein, die ja nicht nur die der Universitäten gewesen sein kann, sondern die Substanz des europäischen Geistes ist, wie er sich im Mittelalter neu herausgebildet und in der Philosophie der Neuzeit reflektiert hat. In den Universitätsgründungen des 13. bis 15. Jahrhunderts wie in der „idealistischen" Universitätsidee des frühen 19. Jahrhunderts hat er sich lediglich in eminenter Weise institutionell manifestiert. Aus der reflektierenden Bestimmung dieses Freiheitsbewußtseins, das sich darin konkretisiert, daß Staat und Gesellschaft sich freie Universitäten leisten und sie ertragen, wäre erst angemessen zu fragen, welche Reformen in einer veränderten Welt im öffentlichen Interesse eines Fortbestandes freier Universitäten notwendig erscheinen. Wenn in einer Freiheit, die über den Schlagwortcharakter eines abstrakten Begriffs hinaus auf diese Weise konkret geworden ist, überhaupt noch ein politischer Wert gesehen wird, dann läge eine solche Besinnung auch im öffentlichen Interesse. Gerade wenn sie den Vorwurf, fachlich philosophisch und historisch ausgerichtet zu sein, nicht scheut, müßte sie ihm eher entsprechen als das der Universität sachfremde Hineintragen von Vorstellungen oder Organisationsmodellen, die sich, in welchen politischen oder administrativen Zusammenhängen auch immer, nach dort geltenden Gesichtspunkten und Gesetzen gebildet, durchgesetzt und von daher ihre Aktualität erhalten haben.

Die hier veröffentlichte Vortragsreihe blieb von der Verwirrung nicht verschont, die entsteht, wenn die Differenz zwischen einem philosophischen Freiheitsbegriff, wie er sich im freien Austausch von Argumenten unter akademischen Regeln reflektiert, und dem Versuch der „Verwirklichung" anderswo erwachsener Freiheitsvorstellungen außer acht bleibt. Einige der hier gedruckten Vorträge konnten nicht gehalten werden. Bei anderen war es unmöglich, über sie in sachlicher Weise zu diskutieren. Es erschien dem Herausgeber als selbstverständlich, daß alle Beiträge, die, deren Vortrag verhindert wurde, wie die, die gehalten werden konnten, veröffentlicht werden sollten. Sie wurden im wesentlichen in der Form des Referats bzw. des vorgesehenen Referats belassen und von den Verfassern nur geringfügig für den Druck überarbeitet. So bilden sie in der Vielfalt ihrer Ansätze und Intentionen wenigstens in der Buchform eine Dokumentation freier Äußerung in der eigenen Verantwortung ihrer Autoren und zugleich ein Dokument der Zeit.

Besonderer Dank gebührt den auswärtigen Kollegen, die der Einladung zu einem Beitrag gefolgt waren und ihre Manuskripte für den Druck zur Verfügung gestellt haben, der Universität für einen Druckkostenzuschuß und dem Verlag, dessen Bemühungen es zu verdanken ist, daß dieser Band rechtzeitig zum Universitätsjubiläum am 1. Oktober 1977 vorgelegt werden kann. J. S.

Freiheit und Erkenntnis

Von Josef Simon, Tübingen

Das Problem der Freiheit wird in der Philosophie vor allem als praktisch-philosophisches Problem diskutiert. Es wird gefragt, wie die Möglichkeit der Freiheit des Willens und des Handelns zu denken, ferner, wie die eigene Freiheit mit der Freiheit anderer zu vereinbaren sei. So entsteht die Frage nach der politisch-rechtlichen Freiheit. Weniger denkt man zunächst an einen Zusammenhang des Freiheitsproblems mit dem Erkenntnisproblem.

Ein solcher Zusammenhang wird aber unmittelbar deutlich, wenn man bedenkt, daß Erkenntnis zwar einerseits gewöhnlich als eine Entsprechung zum Gegenstand der Erkenntnis, als Sich-Richten nach der „Realität" verstanden wird, daß man aber auch sagt, solch eine Einstellung zum Gegenstand sei nur möglich, wenn das erkennende Subjekt *frei* sei, nämlich vom Aberglauben, von Vorurteilen usw. Es soll sich *unmittelbar* zu den Sachen verhalten. In seinem *Urteil* über sie soll es jederzeit ursprünglich zu urteilen *anfangen* können, ohne dabei an vormalige, in ihrer Wahrheit fragwürdige Urteile anknüpfen zu müssen.

Es ist nun aber zu fragen, ob wir von solch einer Freiheit und Möglichkeit ausgehen können und ob der Ansatz bei der Vorstellung eines dermaßen freien Subjekts der Erkenntnis nicht selbst schon ein „metaphysisches" Vorurteil über uns selbst und unser Vermögen ist. Was können wir überhaupt in einem abgesicherten Sinn über uns selbst wissen? Diese Frage hätte die Grundfrage aller Erkenntnistheorie zu sein. Sie wurde natürlich im Verlauf der Philosophiegeschichte in immer neuen Variationen gestellt. Die Art und Weise, in der sie gestellt wurde, bezeichnet jedesmal einen neuen, „epochalen" Ansatz der Philosophie. Um im Rahmen dieses Vortrags nicht zu weit auszuholen, möchte ich bei dem Ansatz der modernen, neuzeitlichen Philosophie einsetzen. Um diesen Ansatz, wie er sich vor allem bei Descartes findet, aber in seiner Eigenart bestimmen zu können, bedarf es eines kurzen Eingehens auf dessen Vorgeschichte.

Im Mittelalter wurde die Philosophie schulmäßig an den Universitäten betrieben. Der Ausspruch, sie sei – und sie war damals noch der Inbegriff *aller* „natürlichen" Erkenntnis neben der „übernatürlichen" Offenbarung – „Magd der Theologie", ist bekannt. Diese Rolle muß noch etwas näher umrissen werden, wenn man den neuen, eben den neuzeitlichen Ansatz des Denkens verstehen will. – Die christliche Religion verstand sich, mit Augustinus, als „vera religio", als die *wahre* Religion. Dieser Anspruch mußte, indem er erhoben wurde, auch *anderen,* also Nichtchristen, verständlich gemacht werden können. Wenn man etwa mit christlichen Häretikern oder Juden darüber disputierte, konnte man immerhin seine Argumente aus der Schrift nehmen, gegenüber den Juden wenigstens aus dem Alten Testament. Man konnte sich in der Argumentation auf etwas Positives berufen, das doch von beiden Parteien des Disputs anerkannt war. So hatte man gemeinsame „Topoi" oder Prämissen, um von da aus argumentieren zu können. Gegenüber den Heiden oder auch den Mohammedanern, so führt Thomas v. Aquin aus, war das nicht der Fall. In richtiger Abschätzung des Umstandes, daß man andere nur dann überzeugen kann, wenn man zeigen kann, daß das

Behauptete sich aus auch vom Gegner akzeptierten Prämissen ableiten läßt, fragt sich Thomas nun, worauf man
denn in der Disputation mit den Heiden und Mohammedanern zurückgreifen könne.

Da gemeinsames Glaubensgut entfiel, blieb nur die allgemeine Menschenvernunft übrig. Wenn sie für den
Christen auch keine so sichere *Wahrheit* verbürgen konnte wie die Offenbarung, so erschien sie nun doch in dieser Situation der *Kommunikation mit anderen* als *notwendiges Mittel.*[1]

Das Entscheidende hierbei ist, daß die Vernunft nicht nur
als das formale oder, wie es damals hieß, als das „dialektische" *Verfahren* angesehen war, von Prämissen her
zu notwendig überzeugenden Schlüssen zu gelangen,
sondern als etwas, dessen Resultate selbst als *positive
Prämissen* gelten konnten. Es ist präsupponiert, daß die
Vernunft von sich allein aus (aus „reiner" Vernunft) zu
positiven Sätzen gelangen könne, wenn diesen Sätzen
auch im Vergleich zum Glauben die absolute Gewißheit
der Wahrheit nicht zuerkannt wurde, weil der Mensch
eben doch nicht *reine* Vernunft sei.[2] Dennoch mußte es
sich, wenn man sich argumentativ auf die Vernunft be-
rief, um Sätze handeln, über die wenigstens faktisch ein
allgemeiner *Konsens* bestand und die auch die anderen
gelten ließen.

Für Thomas war das, worauf man sich in diesem Sinn
berufen konnte, vor allem gegenüber den Arabern, vornehmlich die Aristotelische Philosophie. Sätze der Aristotelischen *Metaphysik,* soweit sie dem Glauben nicht
widersprechen, wurden als *Mittel* in kommunikativer

---

[1] „Unde necesse est ad naturalem rationem recurrere." Thomas von
Aquin: Summa contra gentiles, 1. Buch, 2. Kap.
[2] Vgl. Thomas von Aquin: De veritate, quaestio 18, art. 6 ff.

oder argumentativer Funktion *gelten* gelassen, und wenn das nach „außen hin" (z. B. gegenüber den Arabern) geschehen konnte, so notwendigerweise auch nach innen hin im schulmäßigen Disput, wenn es generell darum ging, die Sätze des Glaubens mit denen der weltlichen Erfahrung zu vermitteln, d. h. jene als *umfassende* Wahrheit auszulegen.[3] Dieses Mittel war die als positives Lehrgebäude angesehene Aristotelische Philosophie oder auch, je nach der Argumentationssituation, eine andere, dann aber ebenfalls als positive Lehre angesehene philosophische Doktrin.

Wenn bereits der mittelalterliche Nominalismus das Begriffssystem des Aristotelismus in Frage stellte, so artikulierte sich darin nur besonders deutlich der der Metaphysik generell zugestandene Erkenntniswert. Sie war ein notwendiges Mittel zu einem anderen Zweck, also nur *Weg* zur Wahrheit. Im Grunde also hatte sie *methodische* Funktion.[4] Wenn man in ihr beharrte und in den philosophischen Disziplinen der „artes liberales" „ruhte", war man per se auf dem Irrweg.[5] *Ziel* blieb die geoffenbarte Wahrheit.[6]

---

[3] Dabei ergab sich aber die Frage, ob auch solche Sätze der „heidnischen" Philosophie zu akzeptieren seien, die nicht mit der christlichen Lehre vereinbart werden könnten. Vgl. die Auseinandersetzung zwischen Thomas von Aquin und Siger von Brabant.

[4] Das Methodische bleibt allerdings zugleich auf den apologetischen Rahmen begrenzt und ist insofern noch nicht universalmethodisch zu verstehen. Vgl. Anm. 3.

[5] Zu dem recht diffizilen Verhältnis zwischen der Philosophie und den „artes liberales" in der Geschichte des Mittelalters vgl. den Artikel „artes liberales / artes mechanicae" von H. M. Klinkenberg im „Historischen Wörterbuch der Philosophie", hrsg. v. J. Ritter, Bd. I, Basel / Stuttgart, Sp. 531 ff.

[6] Sie blieb somit letztes Kriterium für Wahrheit und Irrtum und damit auch für die vernünftige Ausübung der (menschlichen) Vernunft.

Zu Beginn der Neuzeit ergibt sich dagegen das methodische Problem, *wie* denn überhaupt das menschliche Subjekt allein von sich aus zu *für es* gewissen Erkenntnissen kommen könne. Descartes stellt diese Frage, indem er sich auf die Inkonsistenz und Zweifelhaftigkeit der in den „Schulen" tradierten philosophischen Kenntnisse bezieht, und damit waren, wie gesagt, damals noch alle „wissenschaftlichen" Kenntnisse aus eigenem menschlichen Vermögen gemeint. Diese Frage bezog sich also nicht auf bestimmte Wissensbereiche, sondern auf das Wie des Wissens, also auf die Methode. Aus ihrer Beantwortung, die Descartes vor allem in den „Regulae ad directionem ingenii" versucht, ergeben sich die methodischen Grundlagen des modernen Wissenschaftsbegriffs. Der Ausgangspunkt ist der „methodische" Zweifel an *allem*, was die Schulen und die Tradition lehrten, die absolute methodische *Befreiung* von diesem zweifelhaften Wissen, und sollte es auch Gegenstand der *eigenen Überzeugung* sein. Auch in sie könnten sich ja unbemerkte Vorurteile eingeschlichen haben.

Diese Befreiung ist natürlich zunächst rein *negativ*. Sie führt als solche noch zu keinen positiven Wahrheiten. Man muß nun aber bedenken, daß Descartes daran festhält, daß das Wissen, das die Menschen *aus sich selbst heraus* haben könnten, an der Wahrheit der Religion gemessen dürftiges Wissen bleibt.[7] Es bleibt, wie immer es auch methodisch abgesichert sein mag, ein Wissen, das sich „endliche" Wesen in ihrer bedürftigen Endlichkeit erwerben können. Das heißt, sie können sich die Dinge

---

[7] Eine Entgegensetzung gegen die Lehre der Religion war von Descartes nicht beabsichtigt. Vgl. z. B. Descartes: Regulae ad directionem ingenii, Regel 3, 9 und Meditationes, Vorwort an die theologische Fakultät zu Paris.

nicht *so* denken, wie sie in einem göttlichen Denken begriffen sind. Der endliche Begriff des Wissens bildet sich mithin angesichts der ihm gegenüber „unendlichen" Naturen der Dinge selbst.[8] Unsere Vorstellungen müssen also *finitisierende* Abbilder dieser „Naturen" sein. Die Dinge stellen sich uns nicht von ihnen selbst her vor, wie sie in ihrer vollen Realität, d. h. im Denken Gottes *sind,* sondern *wir machen* uns eine Vorstellung von ihnen nach *unserer* Möglichkeit.

Das Charakteristikum dieser Möglichkeit ist deren Endlichkeit. Nicht den „wahren Naturen" der Dinge gemäß, sondern dieser Möglichkeit gemäß machen wir uns Bilder von den Dingen. Sie manifestiert sich vor allem dadurch, daß unser Denken an einen vergänglichen Körper gebunden ist, so daß wir wesentlich gezwungen sind, uns Bilder von der Welt zu machen, *ehe* uns alle Aspekte einer Sache bekannt sind. Gegenüber der unendlichen Mannigfaltigkeit der Dinge muß unser (diskursiver) Verstand in endlich vielen Bestimmungsschritten mit seiner Beurteilung der Dinge *zum Schluß* kommen. Er muß sich bei wesentlich unendlicher Anschauung[9] sein Urteil aufgrund einer endlichen Erfahrung *bilden.* Die Überlegung, daß ein endlicher Verstand sich sein Urteil also nicht von der Anschauung her bilden, bzw. daß er nicht „anschauender Verstand" sein kann, ist die eigentliche Wurzel des neuzeitlichen Rationalismus, aber auch des modernen Erkenntnisbegriffs überhaupt.

Wie sich der Verstand solch ein Urteil „bildet", muß also noch näher untersucht werden. Darin kommen wir, so

---

[8] Vgl. z. B. Regulae, 6, 5. „. . . nos hic rerum cognoscendarum series, non uniuscuiusque naturam spectare . . .".

[9] „Anschauung" ist hier dasjenige, demgegenüber der endliche Verstand sich um ein Urteil bemüht.

scheint es, zugleich der *Freiheit* auf die Spur, die er sich bei der Bildung seines Urteils aus eigenem Vermögen nimmt, bzw. nehmen muß.

Zunächst sind die einzelnen Bestimmungsschritte zu betrachten, mit denen der Verstand bei der Bestimmung der Sache in einer Reihe von endlich vielen solcher Schritte (diskursiv) fortschreitet. Es muß sich hierbei um Schritte handeln, die der Verstand mit absoluter Gewißheit, und d. h. mit *absoluter Leichtigkeit* ganz von sich aus vollziehen kann, so daß er keines äußeren Kriteriums für die Richtigkeit dieser Schritte bedarf. Es muß sich um Verstandesoperationen handeln, an deren Richtigkeit nicht der geringste Zweifel aufkommen kann und die deshalb *notwendig* richtig (oder wahr) sein müssen. Diese Atome des Wissens im modernen Sinn nennt Descartes „notwendige Verbindungen"[10]. Ihre Plausibilität liegt in ihrem Vollzug selbst, und deshalb kann man auch keine allgemeine Regel angeben, nach der sie zu bilden wären. Man kann nur Beispiele nennen, die andere dann unmittelbar als gute Beispiele hierfür akzeptieren, indem sie sie selbst nachvollziehen. *Ein*, aber nicht das einzige Beispiel hierfür ist das berühmte „cogito ergo sum". Ich kann nicht denken, daß ich denke, ohne zu denken, daß ich bin. Allgemein gesagt: Es handelt sich um eine Verbindung von Begriffen, von denen der eine nicht ohne den anderen in seiner Bedeutung „klar" gefaßt werden kann. Wer z. B. meint, er könnte denken, ohne zu sein, der erfaßt die *Bedeutung* von „denken" nicht klar. Oder wer meint, er könnte denken, daß etwas gefärbt sei, ohne ausgedehnt zu sein, der kennt nicht die Bedeutung von „Gefärbtsein". Wer sagt, er denke eine

---

[10] Z. B. Regulae, 12, 17 und 12, 22.

Zahl ohne Nachfolger, der kennt nicht die Bedeutung von „Zahl", wer meint, $3 + 1$ sei etwas anderes als 4, der hat nicht die Bedeutung dieses Ausdrucks klar erfaßt. Das allgemeine Schema für notwendige Verbindungen ist für Descartes die Determination von „x" in der Proportion „a : b = b : x".[11] Die Bestimmung einer Sache soll sich nun in einer endlichen Reihe von notwendigen Verbindungen vollziehen. Das heißt, Teile der Sache müssen einzelnen notwendigen Verbindungen zugeordnet werden. Die Sache muß auf eine solche endliche Reihe abgebildet werden. Sie war aber als unendliche Mannigfaltigkeit gegenüber der Endlichkeit des Verstandes zu denken. An diesem Punkt der Überlegungen führt Descartes nun die Endlichkeit gegen sie selbst ins Feld: Der menschliche Verstand läßt sich durch die *„Einbildungskraft"* oder „Imagination", einer Eigenschaft des Körpers, leicht zu trügerischen Vorstellungen von der Realität hinreißen.[12] So neigt er zu Vorurteilen und zum Aberglauben. Aber mittels derselben Kraft, als einem seiner Endlichkeit *eigenen* Vermögen, kann er sich eine an sich

---

[11] Die Frage, inwieweit das Vollziehenkönnen der „notwendigen Verbindungen" damit zusammenhängt, daß die Semantik einer Einzelsprache beherrscht ist, wird bei Descartes nicht gestellt. Man könnte sagen, die Bedeutung von „Denken" *als dem Wort einer bestimmten Sprache,* hier der deutschen, schließe aus, daß sie nicht die von „Sein" impliziere, bzw. es sei Merkmal einer einzelsprachlichen grammatischen Struktur, „denken" nicht anders denn als „Modus" zu einer denkenden „Substanz" gebrauchen zu können, weil Bedeutungen überhaupt nur im System solcher Sprachen bestimmt seien. (Nietzsche denkt hier z. B. an eine Befangenheit in der Struktur der indogermanischen Grammatik [Vgl. J. Simon: Grammatik und Wahrheit, in: Nietzsche-Studien, Bd. I, 1 ff.].) Das Vermögen der „notwendigen Verbindungen" wäre jedoch auch dann, als „Vermögen", nicht an diese besondere Sprache gebunden, sondern das (allgemeine) Vermögen zu (als solche immer besonderen) Sprachen.
[12] Regulae 3, 5.

ihm und seinem rationalen Vermögen gegenüber „übergroße", unendliche Sache doch als in endlich viele Teile *eingeteilt* vorstellen. Er kann sie sich damit *so* vorstellen, daß ihre abschließende Bestimmung in endlich vielen notwendigen Verbindungsschritten möglich erscheint, d. h., daß die Problematik, in der sie ihm als endlichem Verstand erschien, *lösbar erscheint.*[13]

Die Freiheit, die er sich nimmt, liegt also in dreierlei: einmal im Zweifel an allen überkommenen positiven Lehren einschließlich der eigenen Überzeugungen. Zweitens darin, daß er sich auf das zurückbesinnt, was er von sich aus ohne allen Zweifel *kann*, woran er schlechterdings *nicht* zweifeln kann, und wozu er in diesem Sinne die Freiheit hat. Das ist das Vollziehen der „notwendigen Verbindungen", man könnte auch sagen, seine semantische Kompetenz, die er als sprachliches Wesen besitzt.[14] Drittens besteht diese Freiheit, und das ist nun die eigentlich *produktive* oder konstruktive Freiheit, im Vollzug der freien Einbildungskraft, sich die Dinge, insofern sie sich den Menschen in ihrer Endlichkeit und Bedürftigkeit in einer für sie wichtigen Bewandtnis als problematisch darstellen, zugleich so vorzustellen, bzw. gegenüber ihrer „Natur" so zu imaginieren, *daß* sich dadurch in der Imagination, man könnte mit einem modernen Ausdruck auch sagen: im „Modell", eine Lösungsmöglichkeit für diese Problematik abzeichnet.[15]

---

[13] Regulae 2.
[14] Vgl. Anm. 11. So gesehen sind die „notwendigen Verbindungen" das Verbindliche, das Sprachen in ihrer Semantik darstellen. Das Vermögen zu solchen Verbindungen ist das Vermögen zur Verbindlichkeit und zur *sicheren* Beherrschung einer besonderen Sprache überhaupt.
[15] Das Vermögen dieser Einbildungskraft wäre demgemäß das Vermögen des individuellen, produktiven Gebrauchs einer besonderen

Die Probleme, um deren Lösung es geht, sind Probleme des Lebens dieses *endlichen* Wesens. Sie stellen sich für dieses Wesen in seinem ihm eigenen Umgang mit den Dingen, nicht von deren „Naturen" selbst her. Um ihrer Lösung willen – also nicht um einer „absoluten" Erkenntnis als solcher willen, die diesem endlichen Wesen nicht möglich wäre – *macht* es sich vermöge seiner Einbildungskraft, Imagination oder, wie Descartes auch sagt, „Phantasie" ein *Bild* von der Sache. Dieses Bild ist dann ein gutes und in diesem Sinne „wahres" Bild, wenn es hierfür *zweckmäßig* ist. Von hier aus ist verständlich, daß Descartes in der Medizin, die sich um die *endliche* Voraussetzung auch des geistigen Lebens eines endlichen Wesens, nämlich um die Gesundheit *sorgt,* die vornehmste Wissenschaft sieht.[16]

Die produktive Freiheit liegt in dem Vermögen der nun nicht mehr zu Trugvorstellungen verleitenden, sondern im Sinne der Problemlösung zwecktätigen Einbildungskraft.[17] Vermöge dieser („körperlichen") Kraft kommt der endliche Verstand zu sich selbst, d. h. er steht im Zusammenhang mit dem Sein des Menschen, dem es in seinem Sein um sein Sein geht.[18] Sie vermittelt sein methodisches Bei-sich-selbst-Bleiben im Vollziehen der ihm möglichen notwendigen Verbindungen mit der Welt der Dinge, insofern diese Welt seine Lebenswelt ist. Sie leistet damit die eigentliche Korrespondenz zwischen Sub-

---

Sprache über das Vermögen der Sicherheit im in ihr „allgemein" Verbindlichen hinaus, aber auf der Grundlage dieser Sicherheit.

[16] Vgl. z. B. Descartes: Discours de la méthode, 6, 2.

[17] Das Gegenteil solcher Trugvorstellungen ist bei Descartes die zur Lösung des Problems zweckmäßige Vorstellung der Sache, das „Modell" und nicht die „Natur" der Sache selbst. Vgl. Anm. 8.

[18] Vgl. M. Heidegger: Sein und Zeit, Tübingen 1953, 12.

jekt und Welt. Das „Objekt" hat seinen Ursprung in der auf Problemlösungen *gerichteten, freien* Einbildungskraft des Subjekts, das in seiner Endlichkeit oder Defizienz rein als Verstand betrachtet ohnmächtig wäre, weil ihm gegenüber die Dinge übermächtig blieben.

In bezug auf die materielle Natur bedeutet diese „Methode" die Methode der mathematischen Naturwissenschaft.[19] Wenn dann, wie z. B. im Kreise Newtons, diese Methode wieder zugleich als Methode der Entdeckung des Kosmos, wie er in Gottes Schöpfung konzipiert sei, und damit als die Schöpfung zur Offenbarung aufschließende *Vollendung* der Schöpfung gepriesen wurde, kann das von der philosophischen Reflexion und dem neuzeitlichen philosophischen Methodenbewußtsein her nur als ein dogmatischer Rückfall angesehen werden. Nur in solch einem Zusammenhang ist die Auseinandersetzung um die Frage einer „objektiven Gültigkeit" des Kausalgesetzes zu verstehen. Kausalität als durchgehende Bestimmung der Natur wird in dogmatischer Einstellung, d. h. ohne Reflexion auf die Bedeutung des Objektivitätsbegriffs im Sinne des neuzeitlichen methodischen An-

---

[19] Darüber hinaus wird, in der Konsequenz des Cartesianischen Methodenverständnisses, die wesentliche Funktion der Einbildungskraft auch auf das Lösen philosophischer Fragen ausgedehnt werden müssen. Die „notwendigen Verbindungen" bzw. die „eingeborenen Ideen" der späteren Schriften oder das „lumen naturale" sind zwar das Vermögen der Selbstreflexion der res cogitans, aber auch die sich in dieser Beziehung ergebenden *Probleme* müssen konsequenterweise ebenfalls auf eine zweckmäßige Weise *so* in eine endliche Reihe von Gedankenschritten auseinandergelegt werden, *daß* diese einzelnen Schritte ganz „einfach" und „leicht" von jedermanns Verstand zu vollziehen sind, und dazu bedarf es ebenfalls einer dafür sinnvollen finitisierenden „Einteilung", des Behaltens der einzelnen Schritte sowie des Überblicks über den ganzen Zusammenhang des Weges im „Gedächtnis", also der Imagination.

satzes, als etwas der Freiheit im Weg Stehendes angesehen. Die moderne Naturwissenschaft schien in dieser
Sicht auf dem Weg zu sein, die Natur über die Naturgesetze als einen absoluten Kausalzusammenhang zu
entdecken, so daß für die Entdeckenden das Problem
entstand, wie sie selbst als sich frei denkende Wesen in
ihr einen Platz haben könnten. Es zeigte sich ein Widerspruch zwischen dem (praktischen) Selbstverständnis,
frei zu sein, und dem Selbstverständnis, Teil der in Naturgesetzen bestimmten Natur zu sein.

Dieser Widerspruch entsprang mithin, genau genommen,
einem dogmatischen Mißverständnis des Verstandes über
sich selbst: Seine erfolgreichen Problemlösungen im Felde der Imagination, z. B. über „erklärende" Hypothesen,
die zur Lösung anstehender Probleme aufgestellt werden, wurden, insofern die Probleme auf diese Weise „befriedigend"[20], d. h. so, wie sie sich dem Subjekt in seiner
bedingten Sicht seiner Bedürftigkeit stellten, gelöst werden konnten, von solch einem Erfolgserlebnis her für
eine Erkenntnis der Sachen selbst genommen. D. Hume
faßte dieses Selbstmißverständnis mit dem psychologischen Begriff der *Gewöhnung*.[21] Man könnte darunter

---

[20] Vgl. den Begriff der Ursache bei J. König als „befriedigende Antwort auf die Frage warum?", J. König: Bemerkungen über den Begriff der Ursache, in: Das Problem der Gesetzlichkeit, Bd. I, Hamburg 1949; zum Begriff der Kausalität vgl. auch J. Simon: Zu einem
philosophischen Begriff der Kausalität, in: Von der Notwendigkeit
der Philosophie in der Gegenwart, Festschrift für Karl Ulmer, Wien/
München 1976.
[21] D. Hume: Eine Untersuchung über den menschlichen Verstand.
Wenn Hume in diesem Zusammenhang auch vom „Glauben" und
von der „moralischen Gewißheit" spricht, wird dadurch die Differenz zwischen einer subjektiven Überzeugung und Zweifellosig-
keit und einem dogmatisch-philosophischen Anspruch absoluter
Wahrheit betont.

auch eine *Bewährung* von Hypothesen bei der Lösung sich stellender Probleme verstehen, die sich aus dem menschlichen Weltumgang ergeben hatten, d. h. aus dem Zusammenhang menschlicher Bedürfnisse in einem bestimmten Stadium ihrer Entwicklung auf dem Hintergrund eines erreichten Standes der Möglichkeit ihrer Befriedigung, so daß es sich im *Bewußtsein,* d. h. in der *Voraussetzung der Wahrheit* der so gewonnenen Vorstellungen leben, daß es sich in diesem Bewußtsein „wohnen" ließ. Die „Gewöhnung" wäre die zeitweise Stabilisierung des Bewußtseins auf dem Boden solcher befriedigenden Lösungen der jeweils ausstehenden Probleme. Die Problematik, in deren Zusammenhang sich bestimmte Hypothesen als *zweckmäßige* Lösungsvorschläge erweisen, ist jeweils eine geschichtliche. Sie ergibt sich jeweils auf dem Boden ehemals als *befriedigend erschienener* Lösungsvorschläge, die deshalb als Weltbild akzeptiert waren, und damit sind auch die von der Einbildungskraft entworfenen neuen, progressiven Lösungswege geschichtlich. Sie haben ihren Sinn wesentlich in ihrer Zweckmäßigkeit für die Lösung eines sich in einer besonderen geschichtlichen Situation ergebenden Problems, nicht aber als Bild der „Naturen" der Sachen selbst.

Diese „Gewöhnung" an eine bestimmte Sicht der Sachen vergißt ihren Ursprung in der Freiheit der produktiven Einbildungskraft und ist so „Eingewöhnung" in ein Weltbild als ein „paradigmatisch" geltendes System von Erklärungsmustern. Die *Leistungsfähigkeit* dieses Systems zur Stabilisierung des endlichen Bewußtseins verführt dazu, es als („objektive") Beschreibung der Sachen selbst zu verstehen. Man kann diese „Gewöhnung" also durchaus einen „dogmatischen Schlummer" nennen. Aus einem solchen „Schlummer" sieht sich *Kant* durch Hume geweckt.[22]

Dadurch stellt sich für Kant die Frage nach der „objektiven Gültigkeit" der Formen, in denen wir uns unsere Urteile bilden. Die Humesche Kritik an der objektiven Gültigkeit der hypothetischen Urteilsform „wenn . . . dann . . .", mit der wir kausale Zusammenhänge formulieren, kann auf *alle* diese Formen ausgedehnt werden. Sie zieht die objektive Gültigkeit unserer Urteilsmöglichkeit *überhaupt* in Zweifel. Die Berechtigung der Rede Humes von der bloßen „Gewöhnung" würde dann alle objektive Erkenntnismöglichkeit in Frage stellen. Es geht bei Kant in der Frage nach der Möglichkeit „synthetischer Urteile a priori" um das Problem einer Rechtfertigung des Anspruchs auf Wahrheit, mit dem wir überhaupt in irgendeiner Urteilsform sagen, etwas *sei* so, wie wir es in dieser *Form des Urteils* unseres Verstandes beurteilen. Eigentlich geht es also um eine gegen den Humeschen Skeptizismus gerichtete Rechtfertigung, „ist" zu sagen.

Die Kantische Entgegnung besteht im wesentlichen darin, daß er die *Notwendigkeit* dieser Urteilsformen, z. B. der hypothetischen Form „wenn . . . dann . . .", gegen die *Zufälligkeit* unserer *Bestimmung* nach dieser Form abhebt und somit das „Gesetz selbst" als notwendig von der zufälligen *„Bestimmung nach dem Gesetze"* unterscheidet.[23] Der „Beweis" des Grundsatzes der Kausalität, den Kant gegen Hume führt, besteht im wesentlichen darin, daß argumentiert wird, *wir*, d. h. wir endlichen, mit einem diskursiven Verstand ausgestatteten Wesen,

---

[22] Kant: Prolegomena, Vorrede.
[23] Kant: Kritik der reinen Vernunft, B 794.

bedürften dieser Form, um *überhaupt* die „übergroße Mannigfaltigkeit"[24] einer gegebenen Anschauung „*als* bestimmt"[25] ansehen und um *sagen* zu können, etwas Bestimmtes folge *objektiv* und in diesem Sinne notwendig auf etwas anderes, jenes sei also objektiv die Ursache von diesem, d. h. es folge ihm nicht nur zufolge unserer bisherigen Wahrnehmung, so daß wir uns lediglich daran gewöhnt hätten. – *Damit* wir den Unterschied zwischen einer objektiven Folge von Ereignissen und unserer Wahrnehmungsfolge überhaupt *machen* können, ist die Form der kausalen Erklärung eine notwendige Form, und wenn wir überhaupt einen solchen Unterschied machen, müssen wir ihn mit Hilfe dieser Form machen. Wir müssen ihn dann *notwendig* in dieser Form *machen*.[26]

Ob wir aber alle Erscheinungen wirklich in dieser Form erklären, d. h. ob wir diese Form der Erklärung auf alle Erscheinungen *anwenden* können, ist eine ganz andere Frage. Das hängt davon ab, ob es unserer *Einbildungskraft* jeweils gelingt, das Gegebene *so* zu imaginieren und seine „übergroße Mannigfaltigkeit" *so* zu finitisieren, d. h. ihre Komplexität *so* zu reduzieren, *daß* dadurch kausale Erklärungen möglich werden. Kant steht hier ganz in Cartesianischer Tradition und auch keineswegs in irgendeinem Gegensatz zur modernen Physik.[27] Unser Vermögen, das Gesetz anzuwenden, ist zufällig. Ob wir eine Frage, warum ein Ereignis „b" eintritt, mit

---

[24] Kant: Kritik der Urteilskraft, Einleitung, Abschnitt VIII.
[25] Kant: Kritik der reinen Vernunft, B 128.
[26] Vgl. den Gang der Beweise der Grundsätze, insbes. der Kausalität, B 232 ff., und der Wechselwirkung, B 256 ff.
[27] Aus der Apriorität des Kausalgesetzes folgt nach Kant gerade nicht seine durchgehende Anwendbarkeit im Sinne einer „Bestimmung nach dem Gesetze". Vgl. oben und J. Simon: Zu einem philosophischen Begriff der Kausalität, a. a. O.

Hilfe der Regel „wenn a, dann b" und der Voraussetzung, „daß a", erklären können, indem wir „a" als *Ursache* kategorisieren, hängt davon ab, daß wir den richtigen Inhalt für das allgemeine Schema (wenn a, dann b)
und (a) *finden,* d. h. davon, daß wir die in bezug auf die
konkrete Art der Fragestellung befriedigende Erklärung
nach diesem Schema *finden.* Das Schema als solches garantiert das nicht.[28] Sie muß in einem produktiven Sinne
„einfallen", und dafür, wie wir es *machen* könnten, *daß*
sie uns einfällt, dafür gibt es nicht wieder eine Regel.[29]
So *freuen* wir uns nach Kant, wenn uns solch eine allgemeine Erklärung in befriedigender Weise gelingt und wir
auf diese Weise eine *Einheit* in die uns sonst überwälti-
gende Mannigfaltigkeit der uns bedrängenden Phäno-
mene bringen können. Wir freuen uns und empfinden
Lust, weil dadurch ein *Bedürfnis* befriedigt worden
ist.[30]
Das Entscheidende bleibt auch hier die produktive Einbildungskraft. Sie ist die Freiheit endlicher Subjekte, sich
etwas einfallen zu lassen, um *ihre* Probleme auf *ihre*
Weise lösen zu können.[31] Rationalität auf dem Boden
der Endlichkeit ist die Disziplin, sich die Sachen so zu
imaginieren, daß dadurch ihre Problematik sich in eine
Reihe von Schritten auflösen läßt, die dann jedermann

---

[28] Es muß auch gelingen, die fragliche Erscheinung in geeigneter
Weise auslegend „*als* etwas" anzusehen, so daß es in dieser prädi-
kativen Bestimmung als „Fall" einer befriedigenden Erklärung
zugleich mit dieser Erklärung akzeptiert wird.
[29] Kant: Kritik der reinen Vernunft, B 172 f.
[30] Vgl. Kant: Kritik der Urteilskraft, Einleitung, Abschnitt V.
[31] Insofern man mit Descartes davon ausgehen will, daß die Einbildungskraft zufolge der Einteilung in Verstand und Körper zum
Körper gehört, ließe sich sagen, daß es sich um eine leibbedingte
Lösung leibbedingter Probleme (eines endlichen Verstandes) handele.

ohne Mühe, d. h. ohne jede sich dabei einstellende neuerliche aktuelle Problematik, nachvollziehen kann. Die so auf den *Zweck* bezogene Einbildungskraft ist die *Urteilskraft*.[32] Von ihr sagt Kant, daß man sie nicht lernen könne, weil es eben keine Regel dafür geben kann, wie man auf zweckmäßige Einfälle kommen kann. Ihr Gegenteil ist nach Kant die „Dummheit".[33] Für das Verhältnis von Freiheit und Erkenntnis ergibt sich dann folgendes Bild: ein endliches Wesen, d. h. ein Wesen, für das sich die Erkenntnisfrage überhaupt stellt (ein unendliches Wesen wüßte schon alles), *muß* sich die Freiheit der Einbildung nehmen, um sich überhaupt in der „übergroßen Mannigfaltigkeit" der es bedrängenden Erscheinungen, wie Kant sagt, „orientieren" zu können.[34] Es orientiert sich an den Produkten seiner freien Einbildungskraft, wenn es sich *überhaupt* etwas Bestimmtes vorgeben will, an dem es sich orientieren kann, und es muß dies wollen, wenn es überleben will. Man könnte paradox formulieren, daß diese glückende Freiheit sein Schicksal sei. Die Menschen sind darauf angewiesen, daß wenigstens einige von ihnen in diesem Sinne leistungsfähige freie Einfälle haben. Aber es muß, gegenüber dem Begriff einer Regel, als Zufall erscheinen, wenn

---

[32] Die Funktion der Einbildungskraft tritt bei Kant zwar zunehmend zurück, etwa in der zweiten Auflage der „Kritik der reinen Vernunft" gegenüber der ersten (vgl. M. Heidegger: Kant und das Problem der Metaphysik, Frankfurt a. M. 1952), in der „Kritik der Urteilskraft" erhält sie jedoch als dem Verstand angepaßte, zweckmäßig ausgerichtete Kraft eine Funktion, die der Funktion der Einbildungskraft in Descartes' Regulae (vgl. oben, Anm. 17) nahekommt: „Aller Reichtum" der Einbildungskraft „bringt in ihrer gesetzlosen Freiheit nichts als Unsinn hervor; die Urteilskraft ist hingegen das Vermögen, sie dem Verstande anzupassen" (§ 50).
[33] Kant: Kritik der reinen Vernunft, B 172, Anm.
[34] Kant: Kritik der Urteilskraft, Einleitung, Abschnitt VIII.

das der Fall ist. Da sich bis heute Menschen in der Natur behaupten konnten, wird man sagen können, daß die historisch vorgekommenen Einfälle in diesem Sinne, aufs Ganze gesehen, zweckmäßig gewesen waren. Wenigstens von heute her läßt sich sagen, daß der hierfür notwendige Freiheitsraum gegenüber dem dogmatischen Bewußtsein wirklich „Dasein" hatte und daß der Drang der Probleme und der Folgeprobleme aus akzeptierten Lösungsvorschlägen (noch) nicht übermächtig geworden ist. Vernunft, im Sinne Hegels, war in der Geschichte.

Ich möchte nun die historischen Rekonstruktionen des Erkenntnisbegriffs verlassen, aber nicht, um sie als „bloße Philosophiegeschichte" beiseite zu lassen, sondern weil sie in diesem Zusammenhang zur Verdeutlichung der aktuellen Problematik genug geklärt erscheinen. Unser positives Erkenntniswissen hat sich in der Rekonstruktion der Geschichte seines Begriffs als ein Wissen ergeben, das als zumindest temporär befriedigendes System von Antworten im Zusammenhang mit sich stellenden Problemen *angenommen* worden war. Es war angenommen worden, weil es aus der jeweiligen Fragestellung in der jeweiligen Situation befriedigte und „Ich" sich in ihm als Können und als Selbstbewußtsein zu stabilisieren vermochte.[35] Von hier aus hat es seinen Wert und seine *Bedeutung* für uns. Es wäre ein neuerlicher Rückfall in einen „dogmatischen Schlummer", wenn die-

---

[35] Vgl. Kant: Vorlesung über die philosophische Religionslehre, 121: „Der Mensch handelt nach der Idee von einer Freiheit, *als ob er frei wäre, und eo ipso ist er frei.*" Der Grund der Idee der Freiheit läge mithin in der freien, d. h. von der Gegenwart des Vorgestellten in der Anschauung freien (vgl. Kritik der reinen Vernunft, B 151) *Einbildungskraft*. Hierin läge die Freiheit zur „Idee" der Freiheit und folglich die ursprüngliche Freiheit, als Freiheit zur Selbstimagination.

ses erreichte Wissen um unser Wissen vergessen würde. Damit wäre vergessen, daß es wesentlich auf einer Reduktion von Komplexität beruht und daß die Sache durchaus andere Aspekte hervorkehren und für das Bewußtsein in anderer Hinsicht bedeutsam werden kann. Da unser Lösen von Problemen nicht die Sachen als solche in den Griff bekommen kann, sondern eben nur so, wie sie uns jeweils in einer bestimmten historischen *Perspektive,* in der wir uns ihnen *zuwenden*, ansprechen und Probleme aufgeben, ist niemals auszuschließen, daß jede Lösung von Problemen zu neuen Problemstellungen hinführt. Es können sich sogar Probleme *durch* Problemlösungen ergeben, die zunächst dabei noch nicht gesehen werden konnten, so daß sich dann nachträglich die Frage stellt, ob die vorangegangenen Problemlösungen überhaupt zweckmäßig gewesen waren.

Von dem dargestellten Erkenntnisbegriff aus gesehen fällt eine Erkenntnishandlung unter den Begriff von Handlungen mit *unabsehbaren Folgen*. Von daher wird die Vorstellung eines sicheren Erkenntnisfortschritts problematisch. Sie suggeriert die Vorstellung einer Annäherung an eine endgültige Erkenntnis im Sinne der Aufhebung von sich stellenden Problemen. Schon rein quantitativ gesehen trifft eher das Gegenteil zu. Vor allem aber bleibt wesentlich offen, ob die vom „Fortschritt" der Erkenntnis neu aufgeworfenen Probleme, also die Probleme, die durch zunächst befriedigend *erscheinende* Problemlösungen entstanden sind, ihrerseits überhaupt gelöst werden können. Es bleibt offen, ob sich auch für sie eine Lösung über einen entsprechenden „Einfall" „finden" wird. Somit wird durch den „Fortschritt" geradezu das *Bedürfnis* nach zweckmäßigen Einfällen reproduziert. Die Gefahr für die Menschheit, an ihrem Mangel, also, mit Kant zu sprechen, an „Dummheit" zugrunde zu gehen, nimmt zu. Deren kollektive Erscheinungsform könnte auch in diesem Zusammenhang wieder „Gewöhnung" genannt werden.

Mit der Frage der Unabsehbarkeit der Folgen und einer möglichen Unlösbarkeit der Folgeprobleme stellt sich auch die Frage nach der Verantwortung. Aber sie stellt sich doch anders als bei anderen Handlungen, deren Folgen auch nicht unbedingt abzusehen sind. Wer überhaupt handelt, sagt Hegel, setzt sich „dem Unglück aus", und „dieses hat also ein Recht" an ihn.[36] Dennoch muß gehandelt werden, und das Gelingen bedeutet „erscheinendes" Glück, das Mißlingen das „erscheinende" Gegenteil. Auch wer handelt, muß sich dazu ein finitisierendes Bild von den zu erwartenden Folgen machen, um sich überhaupt einen rationalen Entwurf vom Handlungsverlauf, also einen „Plan", machen zu können. Auch hierbei ist die Vorstellung von (noch) nicht Wirklichem, also die Einbildungskraft im Spiel. Aber im Handeln in „gewohnten" „Handlungsschemata" gibt es doch eine gewisse Erfahrung über die „wahrscheinlichen" Folgen, so daß gewisse mögliche Folgen als „unwahrscheinlich" außer acht gelassen werden dürfen. Man wird sich dies gegenseitig zugestehen. Nur so können gewisse Handlungen überhaupt einem Täter zugerechnet werden, und nur auf der Grundlage dieses Zugeständnisses hat die Rede von einer Verantwortung überhaupt einen Sinn. Man gesteht, wenn man von „Verantwortung" spricht, dem anderen das Recht zu, sich auf seine Weise und nach eigenen Zweckmäßigkeitsgesichtspunkten ein Bild von einem zu erwartenden Ablauf des von ihm initiierten Geschehens zu *machen,* und man nimmt sich auch selbst die *Freiheit* hierzu. – Im Falle der *Erkenntnis*handlung

---

[36] Hegel: Grundlinien der Philosophie des Rechts, § 119, Zusatz.

lassen sich aber in dieser Weise überhaupt keine Folgen mit einer erfahrungsgemäßen Wahrscheinlichkeit bestimmen, denn sie führt ja gerade über den (gewohnten) Erfahrungsrahmen hinaus, in dem dies möglich ist. Die der Forschung zugestandene Freiheit ist anderen Grades als die Freiheit eines im Gewohnten zugestandenen Handlungsspielraumes. Es fehlt gerade der Erkenntnishandlung der Maßstab, nach dem zu beurteilen wäre, ob sie „besser" unterbleiben sollte. Die Freiheit der Erkenntnis hat in diesem Sinne keine Bindung an ein bestehendes Ethos. Sie *hat* keine Orientierung, sondern *sucht* eine Orientierung gegenüber einer „übergroßen Mannigfaltigkeit" der Natur.

Das wird, wenn man explizit an die Frage einer *Erkenntnis* von gut und böse denkt, wie sie in einer Moralphilosophie erörtert wird, nur besonders *deutlich*. Der philosophische Erkenntnisbegriff muß sich von sich selbst her auf dieses Gebiet erstrecken, da er, wie er zu Beginn der Neuzeit konzipiert wurde, sich nicht mehr unreflektiert auf eine „Natur" der Sachen beziehen kann, von der her ein bestimmter gegenständlicher Bereich als vorzügliches Objekt der Erkenntnis ausgezeichnet und damit vorgegeben wäre. Der moderne Erkenntnisbegriff erstreckt sich auf „alles, was vorkommt". Über alles, was den Menschen in seiner endlichen Kondition *angeht*, soll die Erkenntnis „unerschütterliche und wahre Urteile" hervorbringen.[37] Dazu gehören nicht nur „unter anderem" *auch* moralische Fragen. Vielmehr stellt sich die Frage nach dem richtigen Handeln schon in bezug auf die Folgen der „einteilenden"[38] Erkenntnishandlung überhaupt. Zu ihrer Beantwortung kann also nicht schon ein be-

---

[37] Descartes: Regulae 1.
[38] Siehe oben 18 f. u. Anm. 19.

stimmter ethischer Rahmen, in dem sich die Antworten zu halten hätten, *vorgegeben* sein, denn alle produktive Erkenntnis überschreitet als solche einen gewohnten Orientierungsrahmen des Verhaltens. Sie setzt sich damit in einem eminenten Maße der Unvorhersehbarkeit der Folgen aus.

Von daher ist es auch problematisch, von einer „Forscher*gemeinschaft*" zu sprechen, wenn damit eine ihren Mitgliedern gemeinsame Rückbeziehung auf gemeinsame Prinzipien über das Tun oder Unterlassen von Erkenntnishandlungen gemeint ist. Diese „Handlungen" haben ja, in ihrer Substanz, den Charakter von freien „Einfällen", die man, da sie ohne Regel bzw. ohne sie subsumierenden „Begriff" sind, weder allgemein noch sich selbst verbieten kann. Die „Gemeinschaft" von Forschern besteht lediglich darin, daß der Einfall des einen den Einfall des anderen sollizitiert, also darin, daß die Forscher sich gegenseitig auf Gedanken bringen, die aber gleichwohl jeder höchstpersönlich für sich und von sich aus als *eigene* Gedanken haben muß. Es handelt sich dort, wo im Sinne der Überschreitung des Geltenden bzw. „Paradigmatischen" geforscht wird, nicht um eine Gemeinschaft der Bindung an das Geltende, sondern der Individualisierung.[39] Damit ist im Grunde auch das Ver-

---

[39] Die Struktur des sprachlichen „Mediums" einer solchen Gemeinschaft wäre etwa in Anlehnung an den Humboldtschen Sprachbegriff philosophisch zu bestimmen, nach dem wir „auch nicht einmal die entfernteste Ahndung eines andren als eines individuellen Bewußtseins" haben (W. v. Humboldt: Schriften, Akademie-Ausgabe, Bd. VII, 1, 37) und die Sprache „erst im Individuum" ihre „letzte Bestimmtheit" findet (VI, 182). Die Sprache „baut wohl Brücken von einer Individualität zur andren und vermittelt das gegenseitige Verständnis; den Unterschied selbst aber vergrößert sie eher ..." (VIII, 1, 169). Vgl. J. Simon: Philosophie und linguistische Theorie, Berlin / New York 1971, 108 ff.

hältnis der Wissenschaft zur Gesellschaft charakterisiert. Eine Gesellschaft als solche, das soll hier heißen, ohne ihre rechtlich-*staatliche* Verfaßtheit, versteht sich notwendigerweise in der in ihr geltenden Norm des Verhaltens in gemeinschaftlichen, überlieferten Orientierungsrahmen und Kommunikationsmustern. Versteht sie sich als „ethische Gemeinschaft", so setzt sie, wie Kant bemerkt, eine „Gottheit", jedenfalls einen als absolut gesetzten Orientierungsrahmen voraus, von dem her die ethischen Normen als absolut verbindlich gelten können, so daß niemand sie von sich aus in Frage stellen kann.[40] Garantiert eine Gesellschaft aber in ihrer rechtlich-staatlichen Verfaßtheit die *Wissenschaftsfreiheit*, so kommt damit zum Ausdruck, daß sie sich nicht mehr auf diese Weise, also nicht mehr primär als ethische oder weltanschaulich gebundene Gemeinschaft versteht, sondern als „offene" Gesellschaft. Sie garantiert von ihrer Verfassung her rein *rechtlich* einen freien Raum der Reflexion und des In-Frage-Stellens des Geltenden und Gewohnten. Sie garantiert die Freiheit, demgegenüber *alternative* Ideen zu entwickeln, oder wie W. v. Humboldt es für die Künste ausdrückt, „anders und anders gestaltete Wirkungen" der produktiven Einbildungskraft hervorzubringen, so daß aufgrund dessen erst die *Freiheit* gegeben ist, sie auf ihre Leistungsfähigkeit zur Lösung der erwachsenden Probleme hin zu *prüfen.*

In der *alternativen Verstehensmöglichkeit* erfährt der Mensch seine Freiheit als die Bedingung seines Lebens. Die „Freude", von der Kant sprach, bezieht sich nicht auf das Verstehenkönnen als solches. Auch das herge-

---

[40] Vgl. Kant: Die Religion innerhalb der Grenzen der bloßen Vernunft, Akademie-Ausgabe, VI, 98 ff.; Kritik der reinen Vernunft, B 293.

brachte Weltbild hatte darin seine Bewährung, daß es Verstehensmöglichkeiten und Erklärungsmöglichkeiten in der Begegnung mit den Phänomenen anbot. Die „Freude" bezieht sich vielmehr auf die Entdeckung der Möglichkeit, auch *anders* als im Gewohnten, also *von sich selbst* her, vermöge der *eigenen, individuellen* Einbildungskraft verstehen zu können. Darin erst wird Freiheit erfahren. Es wird die Möglichkeit erfahren, zur erklärenden Lösung der Probleme, so wie sie sich *einem selbst* darstellen, das optimale Modell zu wählen. Eine Gesellschaft, die die Wissenschaftsfreiheit garantiert, drückt damit aus, daß sie sich „selbst" nur als Organisation der Freiheit des *einzelnen* versteht. Die garantierte Wissenschaftsfreiheit ist damit nicht nur eine Unterart der allgemeinen „Meinungsfreiheit".[41] Die Meinungsfreiheit für sich allein wäre nur als die der abweichenden Meinung (gegenüber der „offiziellen" oder „herrschenden") verstanden, als Toleranz dieser abweichenden Meinung. Ihr Begriff setzt den einer herrschenden Meinung voraus, gegenüber der sie ihr (akzidentelles) Recht erhalten soll. Mit der Wissenschaftsfreiheit dagegen organisiert der Staat selbst von Rechts wegen das Entstehen der Alternativen, d. h. er nimmt sich „selbst", als die bloße rechtsstaatliche Organisation hierzu, zurück. Er versteht sich als sich „aufhebende" Substanz. Insofern bezieht sich die Wissenschaftsfreiheit auch nicht auf den „Staatsbürger" als solchen, sondern auf das in der staatlich als Freiraum garantierten Institution tätige Individuum. Sie ist eine reine Rechtsnorm, die aus einem bestimmten Staatsverständnis folgt, demzufolge dieses be-

---

[41] Vgl. A. Köttgen: Das Grundrecht der deutschen Universität, Gedanken über die institutionelle Garantie wissenschaftlicher Hochschulen, Göttingen 1959, 18.

34

sondere Recht mit den anderen verfassungsmäßig garantierten Grundrechten zu vereinbaren ist. Es ist gegen diese anderen Rechte *abzugrenzen.* Die Wissenschaftsfreiheit ist also kein absolutes Recht. Ihre Gewährung schränkt notwendigerweise die Erfüllung anderer Rechte und die Rechte anderer ein, und sie selbst bedarf, um überhaupt erfüllt werden zu können, zugleich der Einschränkung, z. B. wenn es um die Bereitstellung der zur Forschung notwendigen Mittel oder auch um die Belastung der Forschung durch andere Aufgaben geht, wie z. B. die Ausbildung von Studenten über die Selbstergänzung hinaus. Sie in dieser Abgrenzung zu gewähren, d. h. die Bedingungen der Möglichkeit einer auch gegen ihre notwendige Verwaltung freien Forschung bereitzustellen, ist Auftrag einer das moderne Staatsverständnis verwirklichenden Wissenschaftspolitik.

Dieses Staatsverständnis bezieht die Idee der Freiheit in sich ein, wie sie sich in der Neuzeit entfaltet hat. Es ist die Idee (als begriffene Notwendigkeit oder als *Begriff* menschlichen *Seins*), frei zu sein für den weiterführenden, weiterhelfenden Einfall, der aber *gegeben* sein muß und weder unter die Rubrik des nach Regeln Machbaren noch unter die des zu Unterlassenden fallen kann. Es ist die Idee der Offenheit für das Neue, auf das endliche Wesen in ihrer Befangenheit im Unzulänglichen aus Gründen des Überlebens angewiesen sind, das aber gleichwohl nicht zu dem verläßlich zu Besorgenden gezählt werden kann.

Die logische Struktur des Begriffs Freiheit

Von Bruno Baron v. Freytag Löringhoff, Tübingen

Aus dem weiten Felde der Aspekte des Begriffes der Freiheit und der Probleme um die Freiheit will ich heute nur Allerelementarstes an diesem Begriff als solchem ins Auge fassen, klären, darstellen und andeutungsweise in gewisse Konsequenzen verfolgen, Ihnen überlassend, weiterzudenken. Die Absicht dabei ist, das unumstrittenste und wichtigste der drei großen Schlagwörter der unseligen Französischen Revolution ein wenig des Schlagwortcharakters zu entkleiden und zu rehabilitieren. Der Aufgabe, dieses wichtige Wort, mit dessen Gebrauch so gut Emotionen benutzt und Argumente erschlagen werden können, mit einem klaren und Klarheit bringenden Begriff zu verbinden, dieser Aufgabe kann sich heute Philosophie nicht entziehen, und man darf bei diesem schwierigen Unternehmen auch das einfache und wenige, was die Logik dazu beisteuern kann, nicht verschmähen, vor allem nicht, wenn man nur das Ziel hat, einige Hilfen zu weiterem Nachdenken zu geben.

Vorweg ist zur Frage, wie und mit welcher Sicherheit man logische und andere Züge an einem Begriff wie Freiheit feststellen kann, recht Ernüchterndes zu sagen.

Wir haben es mit einem Begriff der praktischen Begriffsbildung, nicht der theoretischen, zu tun und dürfen daher unsere Erwartungen, was seine Bestimmtheit und Eigenschaften wie etwa Widerspruchslosigkeit angeht, nicht zu hoch spannen. Begriffe der Alltagspraxis, wie sie durch geläufige Wörter der Umgangssprache bezeichnet werden, sind nicht genau definiert, sind nicht widerspruchsfreier als ihr normaler sehr wenig reflektierter Gebrauch es verlangt, sie definieren sich erst beim Gebrauch im jeweiligen konkreten Zusammenhang soweit wie nötig durch den Zusammenhang der Rede zu Ende. Sie ändern sich daher mit jedem Gebrauch, und so könnte man übertreibend zur Ansicht kommen, da sei gar nichts Bestimmtes festzustellen. Dem widerspricht aber die Tatsache, daß wir mit unseren praktischen Begriffen so sicher umgehen und so gut zu Rande kommen, ja daß wir sie überhaupt haben und verwenden, denn würde gar nichts dahinterstecken, hätte unsere Sprache sie nicht. Um der Sache willen, die dahintersteckt, sind praktische Begriffe die philosophische Analyse wert. Für den Menschen Wichtiges steckt ja dahinter.

Genaugenommen hat man bei dieser Analyse nicht mehr in der Hand als ein Wort, um daran anzusetzen, ein Wort freilich im Verbund einer Sprache. Aber es geht nicht um dieses Wort, sondern eher um gemeinsame Züge all der praktischen, konkreten Situationen, in denen und in bezug auf die das Wort benutzt wird. Man müßte also, um den Begriffsinhalt zu gewinnen, alle diese Situationen vergleichen und das gemeinsame in ihnen durch generalisierende Abstraktion herausnehmen und so den Begriffsinhalt gewinnen. Das ist aber nicht durchführbar, und man kann außerdem voraussagen, daß das Ergebnis äußerst inhaltsarm und die Mühe nicht wert wäre. Besonders störend würde sich dabei die Tatsache auswirken, daß wir Wörter oft nicht in ihrem vollen Sinne, sondern in einem übertragenen und manchmal auch schlicht falsch, ihrem Sinn zuwider verwenden. Solche Fälle aus der Betrachtung auszuschalten bedürfte aber strenggenommen eines bereits bekannten, festen Wortsinnes als Kriterium, und damit wären wir in einem

Zirkel, denn diesen Wortsinn wollten wir ja gerade feststellen. Freilich sind zirkelhafte Verfahren durchaus nicht immer fehlerhaft und uneffektiv, aber sie weisen zumindest in einen Weg, den man nicht zu Ende gehen kann.

Daher wird es hier nicht ohne Lücken, nicht ohne Ungewißheit und nicht ohne Willkür abgehen können. Nicht mit Statistik, sondern mit allen uns irgend zur Verfügung stehenden Mitteln des einfühlenden Denkens, der Wesensschau, des Sprachgefühls und der Lebenserfahrung müssen wir an das Problem herangehen, was mit „Freiheit" gemeint ist, ja gemeint werden kann und sollte. Die Schritte solchen Denkens und Einsehens kann man nicht in eine logische Reihe bringen, sie verteilen sich über Jahre und Jahrzehnte. Man kann nur gelegentlich zusammenfassen, was man so gesehen zu haben glaubt und einen vorläufig geklärten Begriffsinhalt vorschlagen. Das habe ich in mehreren Veröffentlichungen zum Thema Freiheit vor Jahrzehnten getan, und ich betrachte das hier heute Vorzubringende als eine Fortsetzung und Vertiefung nur in einigen Punkten.

Speziell die in einem weiten Sinne des Wortes logischen formalen Punkte darunter möchte ich in wenige Thesen fassen und kurz ansprechen.

Freiheit ist keine Substanz. Die substantivische Form des Wortes wollen wir hier nur der Bequemlichkeit halber weiter benutzen. Unser Problem ist, was das Prädikat „frei" bedeutet.

Freiheit ist auch keine einfache Eigenschaft, kein einstelliges Prädikat im Sinne des Prädikatenkalküls: $F(X)$. Sie ist vielmehr eine mindestens dreistellige, komplizierte Relation. Diese kann in erster Näherung mit Hilfe des Gegenbegriffes „Bindung" und der Annahme einer Rangordnung im Reiche der Werte und einer Ordnung der Welt im weitesten Sinne des Wortes beschrieben werden.

Negative Freiheit, Ungebundenheit als solche ist noch nicht Freiheit. Diese ist kein negativer Begriff. Jede Freiheit beruht auf Bindungen. Jede Freiheit hat Grade, und die gesamte Freiheit eines Wesens besteht immer aus vielen verschiedenartigen. Freiheit überhaupt ist deshalb ein extrem inhaltsarmes Abstraktum. Freiheit spricht nicht vom Vollzug des gewollten, sondern von der Möglichkeit dieses Vollzuges. Daher ist das Gefühl der Freiheit, auch als Illusion, entscheidend.

Das Problem der Freiheit tritt auf, sobald der Mensch Mitmensch wird, und nicht einmal Robinson ist weder frei noch unfrei. Das würde eine Untersuchung des Begriffes Freiheit in Anwendung auf menschliche Gemeinschaften wohl zeigen können.

Zu diesen Thesen einige Erläuterungen. Das Wort „Freiheit" ist ein Substantiv. Substantivierung besagt im Deutschen Verselbständigung und Isolierung. Implizite wird dem so Betrachteten ein eigenes Sein gleich dem substantieller Dinge verliehen. Das ist eine Fiktion, die für das philosophische Nachdenken sofort fällt.

Substantive auf „-heit", „-keit", „-ung" haben überdies die Schwäche, daß man ihnen nicht ansehen kann, was eigentlich hier substantiviert ist, „die Tatsache daß", „die Art und Weise wie", „die Eigenschaft, etwa frei zu sein", das Speziellste oder das Allgemeinste, sehr Konkretes oder höchst Abstraktes. In einem um Klarheit bemühten philosophischen Sprechen und Denken sollte man solche Wörter besser überhaupt nicht verwenden.

Unsere Analyse jedenfalls wird nur noch auf das Prädikat „frei" zielen, wird fragen, was „frei sein" bedeutet. Damit ist Freiheit als höchstens eine Eigenschaft erkannt, als Eigenschaft von ontologisch selbständigen Wesen, die frei sein können. Wie groß dieser Umkreis von Wesen ist, bestimmt der Begriff der Freiheit mit. Wenn solche Wesen frei sind, sind sie es dann so, wie dieser Tisch hier viereckig ist, oder braun ist, wenn wir dies als einfache Eigenschaften auffassen?

Die Antwort lautet: „frei" ist kein einfaches Prädikat wie „braun". Denn sagt jemand „Der Tisch ist braun", so besteht kein logischer Zwang weiterzufragen. Die Mitteilung war bereits sinnvoll. Sagt aber jemand „X ist frei", so muß, damit hier eine sinnvolle Mitteilung erfolgt sei, zumindest gefragt werden können oder bereits bekannt sein, *wovon* X frei ist. Freiheit bezeichnet also nicht eine Eigenschaft des X für sich alleine, sondern seine Beziehung zu dem, wovon er frei ist, also eine mindestens zweistellige Relation: „X ist frei von Y". F (X, Y).

Bei einer Relation, soll sie definiert sein, muß angegeben werden, aus welchem Gegenstandsbereich jeweils die speziellen Einsetzungen für ihre Leerstellen, hier X bzw. Y, genommen werden dürfen. Hier sind für X normalerweise konkrete Subjekte einzusetzen. Herr Müller, Herr Schulze. Es ist problematisch, wie stark und in welchen Richtungen man ohne Schaden für den Begriff und seine sinnvolle Anwendung hier auch Subjekte in einem weiteren Sinne des Wortes einsetzen darf. Diese Abgrenzung begrenzt den Anwendungsbereich des Freiheitsbegriffes grundlegend und einschneidend. So ist schon jetzt jedem klar, daß Freiheit lebloser Dinge ein Unbegriff wäre und höchstens vergleichsweise benutzt werden dürfte.

Für Y, für das, wovon X frei ist, muß etwas eingesetzt werden, woran dieses normalerweise gebunden ist, dem gegenüber es daher dann nicht frei ist. Freiheit ist also immer ein Ausnahmefall, weist darauf hin, daß eine

Bindung gelöst ist. „Bleifreies Benzin" sagt man nicht nur, weil „frei" in einem Wort reklamepsychologisch gut wirkt, einen guten Klang hat, sondern auch, weil nach bisheriger Ansicht Blei in ein ordentliches Benzin gehörte und man es ungern aber doch hineintun *mußte*. Blei*loses* Benzin wäre als schlechtes Benzin gekennzeichnet gewesen, blei*freies* Benzin aber ist gutes, bei dessen Herstellung man auf irgendeine Weise den lästigen Zwang, Blei ins Benzin zu tun, außer Kraft gesetzt, umgangen hat. Wo keine Bindung bestand, wird man dagegen nicht von Freiheit sprechen. Es bestand z. B. nie ein Zwang, Pferdeäpfel ins Benzin zu tun, der Begriff des pferdeäpfelfreien Benzins würde sich daher nur für eine Büttenrede empfehlen.

In der Silbe „frei" schwingt überdies unüberhörbar ein Ton, der Zustimmung bedeutet und heischt. Bleifreies Benzin ist *besonders* gutes Benzin. Warum eigentlich? Weil seine Hersteller für ihr Benzin eine neue Verbindlichkeit eingegangen sind, nämlich Rücksicht auf Umweltfreundlichkeit oder zuvor schon auf die Haltbarkeit des Motors. Die Hersteller haben dieser höherwertigen Bindung die niedere, die nur aus Wirtschaftlichkeitserwägungen gespeist war, geopfert. So ist es, behaupte ich, immer: Von Bindungen kann man sich nur dadurch befreien, daß man neue, und zwar im Wertrang höhere eingeht. Bleiloses Benzin wäre solches, in dem das Blei schlicht nicht darin, vielleicht vergessen worden ist, blei*freies* ist umweltfreundliches, das *deshalb* kein Blei enthält. Die neue, befreiende Bindung bejahen ist das befreiende Prinzip der betreffenden Freiheit. Interessant ist, daß dabei die alten Bindungen meist nicht schlicht aufgelöst werden, sondern bestehen bleiben, aber sozusagen umgelenkt und auf andere Weise befriedigt werden. Auf die Höhe der Bindung kommt es an. Ein entsprungener Strafgefangener ist eben entsprungen, flüchtig, noch auf „freiem Fuße" höchstens, aber nicht frei. „Frei" aber ist der aus ungerechter Haft freigelassene Ehrenmann oder der Strafgefangene, der seine Strafe verbüßt hat. Ziehen wir die neue Bindung mit in Betracht, so wird die Relation Freiheit zu einer dreistelligen: X ist frei gegenüber der niederen Bindung Y durch die höhere Bindung Z. F (X, Y, Z.)

In jedem Falle, in dem berechtigt von Freiheit gesprochen wird, muß also gefragt werden dürfen: Wer ist frei wovon wodurch? Meist werden die Antworten auf diese Fragen im Text gegeben oder aus dem Zusammenhang leicht erratbar sein. Je unbestimmter sie ausfallen, um so verschwommener bleibt der Begriff *der* Freiheit, von der gerade die Rede ist, und ist eine der Argumentstellen überhaupt nicht auszufüllen, so war die Rede von Freiheit hier sinnlos, wie es sinnlos wäre zu sagen: „Herr X ist größer", wenn die Frage „als wer oder was?" keine Antwort erwarten kann. Und spricht man von Freiheit überhaupt, läßt man alle drei Parameter X, Y, Z unbestimmt, so deckt man eine Mannigfaltigkeit von Freiheiten, die dreidimensional ist, benutzt man ein sehr inhaltsloses Abstraktum.

Wir haben nun den Begriff „frei von" als dreistellige Relation erkannt und damit logisch einigermaßen charakterisiert. Dabei kommt seit jeher zugleich der Begriff „frei zu" in den Blick. Die berühmte Frage „frei wozu?" erschließt aber, meine ich, keinen neuen Parameter des Begriffes Freiheit, sondern richtet sich auf die Tatsache, daß Lösung von Bindungen durch neue für das so befreite Wesen neue Verhaltensweisen möglich macht, Spielräume möglichen Freiheits*gebrauches* eröffnet, und sie frägt sozusagen nach den Absichten des Befreiten für diesen Gebrauch. Zum *Begriff* Freiheit selbst trägt das nichts bei und gibt uns keinen Anlaß, unser logisches Schema weiter zu komplizieren. Für den Feinheitsgrad der Analyse, der uns bisher erreichbar ist, mag es bei den drei Argumenten der Funktion Freiheit sein Bewenden haben.

Aber wir bemerken, daß es für den Gebrauch der Freiheit auf die Spielräume, die sie eröffnet, ankommt, und zwar auf die potentiellen, nicht auf die aktuell genutzten.

Für ein denkendes Wesen sind Spielräume etwas sehr reales, wenn es von ihnen weiß, nicht erst, wenn es sie nutzt. Deshalb ist Befreiung „zu etwas" schon so beglückend, bevor es zur Tat kommt. Das Bewußtsein der Freiheit genügt oft, um zu beglücken. Ja, bei der Handlung selbst stellt sich die Frage gar nicht mehr, ist bereits erwiesen, daß wir dazu fähig, also frei, sind.

Nicht beantwortet ist dabei aber die Frage, was die betreffende Handlung unserer eigenen Freiheit antut, ob sie sie vergrößert, verkleinert oder anderweitig verändert. Auch in solchen Fragen hilft unsere kleine Analyse ein wenig. Zuvor aber müssen wir die Freiheit ins Auge fassen, die ein Wesen im ganzen, im Hinblick auf alle realen und sonstigen Bezüge und Bindungen, in denen es steht, haben kann. Es handelt sich sozusagen um ein Integral vieler einzelner Freiheiten im bisher analysierten Sinne, um die Gesamtheit aller Spielräume, die durch Bindung an jeweils höheres den Bindungen an niederes abgetrotzt sind. *So* würde ich die Freiheit einer Person etwa zu einer bestimmten Zeit an einem bestimmten Ort sehen. Und diese Freiheit wandelt sich in der Zeit ständig und oft beträchtlich.

Sie werden bemerkt haben, daß in allen diesen Überlegungen Gebrauch gemacht wird von einem jeweils deutlichen wertmäßigen Rangunterschied verschiedener

Bindungen. Ich will mich hier nicht auf die metaphysische Frage einlassen, ob es ein wohlgeordnetes und von uns nur zu entdeckendes oder zu verfehlendes Reich der Werte gibt oder nur eine mehr oder weniger konventionelle Rangordnung. Für die Beurteilung objektiver Freiheit mag das eine Rolle spielen, für das subjektive Freiheitsgefühl und für den Freiheitsgebrauch aber entscheidet immer zunächst die subjektive Rangordnung, die jeder hat, ob er will oder nicht. Wer Freiheit empfindet und wer von ihr spricht, hat sich schon für eine Rangordnung der ins Spiel kommenden Werte als die für ihn einzig richtige entschieden. Deshalb ist, wenn von Freiheit gesprochen wird, die Rückfrage nach der Rangordnung angebracht, und vielleicht zeigt sie, daß es auf die Dauer nicht bei drei Parametern bleiben wird: „frei in welcher Wertordnung?" ist eine manchmal unvermeidliche Frage.

Wohlgemerkt liegt mir ganz fern, damit die Beurteilung und den Vergleich von Freiheiten ganz der subjektiven Meinung und der Willkür auszuliefern, denn ich bin der Überzeugung, daß hinter unseren schwankenden Wertungen letztlich doch Unwandelbares steht, daß die Konkurrenz der Wertordnungen nicht ziellos ist, die Beliebigkeit geringer als wir oft glauben. Die Willkür hat ihre engen praktischen Grenzen. Das heißt: Wenn jemand nach einem Freiheitsbegriff zu leben versucht, nach dem Menschen nicht leben können, dann geht er eben zugrunde. Das hat eine fast naturgesetzliche Zwangsläufigkeit, nur geht es manchmal etwas langsamer als bei der Verletzung schlichter Naturgesetze.

De facto hat aber, wie gesagt, auch in dieser Hinsicht jeder ein wenig seine eigene Freiheit und sein eigenes Freiheitsverständnis. Wenn das aber zu divergierend wird und zu unversöhnlich ausgespielt wird, kann

Schlimmes geschehen. In den zwanziger Jahren, als es so viele sich bekriegende Parteien gab, ging das böse Wort um, die Deutschen sängen nicht mehr wie in den Freiheitskriegen „Freiheit, die ich *meine*", sondern jeder singe „Freiheit, die *ich* meine", und dazu konnte man keine gute Melodie finden.

Unter den Parametern von Freiheit ist die bestimmte und feste Bindung an das Höhere der wichtigste und unentbehrlichste. Infolgedessen, weil einerseits diese bestimmte Bindung zum Inhalt des betreffenden Begriffes viel beiträgt, und andererseits negative Begriffe immer extrem inhaltsarm sind, kann Freiheit gar kein negativer Begriff sein. Die Negation in ihr, das Nicht-mehr-Durchschlagen der niederen Bindung, ist ein verschwindender Teil ihres Begriffsinhaltes. Wäre diese Bindung nämlich aus anderen Gründen verschwunden, würde man nicht von Befreiung gesprochen haben. Es hätte sogar eine Minderung der Freiheit damit Hand in Hand gehen können. Ungebundenheit ist noch nicht Freiheit, aber gewiß ist umgekehrt Freiheit immer *gewisse* Ungebundenheit. Das ist logisch klar, wird aber oft durcheinandergebracht. Der echt negative und infolgedessen sehr inhaltsarme Begriff Ungebundenheit kann ja nur als Prädikat und nicht als Subjekt im Urteil auftreten.

Wenn wir sagen: „Freiheit kann nur durch zusätzliche Bindung, und zwar an Höheres, entstehen", so tritt oft ein Mißverständnis auf, das ich hier ausräumen möchte. Man meint, es sei damit behauptet: „Je mehr höhere Bindungen, um so mehr Freiheit." Das wäre, wie ich gleich zeigen will, falsch.

Für diskutabel aber halte ich die Auslegung: „Je höher die allerhöchste Bindung, um so größer die Freiheit." Dazu zu argumentieren würde aber den Rahmen dieser Vorlesung sprengen.

Meine Damen und Herren, es wird für mich Zeit, das Ende dieser kurzen Vorlesungsstunde ins Auge zu fassen. Sehr viel, was ich über Freiheit sagen möchte und könnte, muß fortbleiben, und ich verweise auf meine Publikationen zu diesem Thema. Erlauben Sie mir, einen gewissen Abschluß zu suchen, indem ich ein Beispiel und einen Vergleich an das Ende setze.

Das *Beispiel* soll die Ablösung von niederen Bindungen durch höhere und die Summation von einzelnen Freiheiten zur Gesamtfreiheit verdeutlichen.

Nehmen Sie an, ich sei in der verwerflichen aber festen Absicht, einen schönen Apfel hoch am Baume meines Nachbarn zu entwenden, auf eine Leiter gestiegen, als diese urplötzlich wegrutscht.

Als schwerer physischer Körper, der ich bin, muß ich nun nach dem Galileischen Fallgesetz fallen wie ein Stein. Ich bin aber außerdem ein Lebewesen und daher zusätzlich an spezielle Gesetze des Lebendigen gebunden, reagiere also, zapple, greife um mich und falle deshalb anders als ein Stein. Das hat das Fallgesetz nicht geändert und mich ihm auch nicht entzogen, aber meinen Fall geändert.

Als sogar intelligentes Lebewesen, das ich in irgendeinem Maße auch bin, greife ich vielleicht nicht blind um mich, nicht nach irgendeinem Ast, sondern nach dem stärksten, den ich noch erreichen kann, und rette mich deshalb überhaupt vor dem Absturz.

Als nur durch Triebe und Intellekt gelenktes Lebewesen müßte ich nun weiter vorsichtig zum Apfel klettern und ihn verspeisen. Aber als Mensch, den außerdem manchmal sittliche Werte und Gesichtspunkte bestimmen können, oder als ein abergläubischer, der den kleinen Unfall als böses Omen auffassen kann, bin ich jetzt sogar unter

Umständen imstande, in mich zu gehen und den Apfel hängen zu lassen.

Das wäre im Beispiel eine kleine Skizze dafür, wie beim Menschen, weil er allen Schichten der Welt zugleich angehört, nämlich der der unbelebten Natur, der belebten Natur, des Bewußtseins, des Verstandes und des Geistes, für ihn jeweils die Eigengesetzlichkeit der höheren Schicht Freiheit schafft gegenüber dem blinden Walten der Gesetzlichkeiten der niederen, und wie die Gesamtfreiheit des Menschen sich aus den zwischen benachbarten Schichten entstandenen Freiheiten zusammensetzt.

Ich habe hier von einer Rangordnung Gebrauch gemacht, die in der Welt zunächst unabhängig von Werten besteht, vom menschlichen Verstand und Geist aber in dieser Rangordnung bewertet wird, nämlich Leben höher als Materie, Bewußtsein höher als unbewußtes Leben usw., kurz: komplexeres und gefährdeteres höher als einfacheres und robusteres. Insofern leben wir in einer bereits durch dort waltende, unumkehrbare Abhängigkeiten hierarchisch geordneten Wirklichkeit. Von unseren Gnaden sind hoch und tief hier nicht, und auch nicht, was Freiheit ist.

Erläuterte dieses primitive Beispiel hauptsächlich das Verhältnis des Freien zu den niederen Bindungen, so geht es im folgenden Vergleich mehr um das zu höheren und der höchsten, dem Prinzip der gesamten Freiheit.

Das freie Wesen sei nun dargestellt durch eine schwere Kugel. Ungebunden müßte sie senkrecht herabfallen. Bindet man sie aber mit einer langen Schnur an einen Haken an der Decke, so braucht sie nicht mehr zu fallen und kann, angestoßen, in vielen, meist elliptischen Bahnen pendeln, die Aufhängung hat sie dazu gleichsam befreit. Würde es ihr nun nützen, noch eine zweite solche Bindung einzugehen? Nein, denn an zwei Haken so aufgehängt könnte sie nur noch in einer Ebene pendeln, und fügte man noch eine dritte Aufhängung hinzu, so könnte sie sich gar nicht mehr bewegen, ohne daß mindestens eine Schnur schlaff würde, die betreffende Bindung also außer Kraft gesetzt wäre.

Jetzt sieht es so aus, als wäre es für die Freiheit am besten, nur eine einzige Bindung an Höheres einzugehen. Wie verträgt sich das aber damit, daß der Mensch immer in einer Fülle solcher Bindungen steckt, die einzugehen er gar nicht vermeiden kann. Ganze Bindungssysteme wie Verfassungen, Sitten, Religionen umfangen ihn. Wie kann er denen zum Trotz frei sein? Wie kann er es, ohne sie zu verletzen? Im Bilde wäre das etwa so möglich: Man schneidet ein Stück der Zimmerdecke rund um die drei Haken heraus und hängt dieses ganze Gebilde mit einer einzigen Schnur an die Decke des darüberliegenden Stockwerkes. Jetzt kann sich die Kugel zusammen mit dem ganzen Deckenstück in neuen, recht komplizierten Koppelschwingungen bewegen, und zwar ohne daß ein einziger der Fäden schlaff würde.

Für den Fall, daß manche Schwierigkeiten haben, sich das vorzustellen, oder mir zu glauben, daß hier alle Schnüre straff bleiben, habe ich in aller Eile ein kleines Modell dieses Pendels angefertigt und mitgebracht. Ich lasse es hier schwingen, Sie sehen: Das System unter dem Brettchen bleibt in sich so ruhig wie zuvor, aber der Golfball vollführt allerlei Bewegungen, die nicht leicht zu beschreiben sind.

Der Mensch kann also sehr viele Bindungen an Höheres eingehen, ohne seine Freiheit zu verlieren, wenn er durch jeweils noch höhere Bindungen ganze Systeme schon bestehender relativiert. Alle Bindungen müssen fest sein, am festesten aber die jeweils höchste, das Prinzip

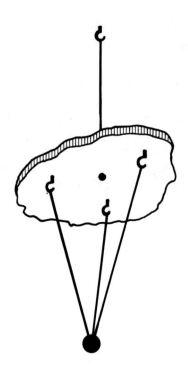

Skizze des Modells

der Gesamtfreiheit, denn wenn dieser Faden reißt, dann
fällt die Kugel und reißt alles mit sich.
Selbstverständlich muß auch möglich sein, Bindungen
abzulegen. Würde man die an drei Schnüren hängende
Kugel noch an eine vierte hängen, so wäre nichts gewonnen, und es wäre sehr schwierig zu vermeiden, daß
eine der vier Schnüre ständig schlaff wäre. Man dürfte,
ja müßte eine zerschneiden, um saubere Verhältnisse zu
bekommen. So wechselt der Mensch oft seine nicht erst-
rangigen Prinzipien.

Das Bild des hier ruhig hängenden komplizierten Pendels verdeutlicht auch die Potentialität der Freiheit. Man sieht ihm gar nicht an, welche vielerlei Schwingungen auszuführen es imstande ist, und darüber, welche davon stattfindet, muß der entscheiden, der etwas Bestimmtes will und es entsprechend anstößt, handelt, den Spielraum der Freiheit in Gebrauch nimmt.

Das größte praktische Problem der Freiheit ist aber wohl die Frage: Wie kann der Mensch im Fortschritt seiner persönlichen Freiheit wie der kollektiven – die übrigens sehr problematisch und wohl nur ein analoger Begriff zum hier diskutierten ist –, wie kann der Mensch in diesem Fortschritt die jeweils höhere Bindung finden, durch die er niedere entmachtet, wie kann er, auch seinen Prinzipien gegenüber frei werdend, zu höheren übergehen und seine Freiheit damit vergrößern?

Ich glaube, daß es grundsätzlich keine Methode darauf gerichteten Freiheitsgebrauches geben kann. Glück und Gnade sind im Spiel, wenn uns gegeben ist, den Nagel, an dem unsere ganze Selbstgestaltung hängt, ein Stück höher einzuschlagen. Die oberste Bindung, aus der wir jeweils leben, vermögen wir nicht aus eigener Kraft und Einsicht zu übersteigen. Wir müßten sie zuvor relativieren, und das wäre erst möglich, wenn die höhere entdeckt und geknüpft ist. Sie zuvor lösen, würde Absturz bedeuten. Wegen ihrer Festigkeit ist die oberste Bindung für uns selbstverständlich, können wir uns von ihr nicht distanzieren und sie daher nicht objektivieren und beurteilen. All das kann erst geschehen, wenn sie nicht mehr die oberste ist, und dann hat sich bereits unser ganzes Leben geändert.

Es war mir erlaubt, in der Kürze, die nur ein Bild möglich macht, anzudeuten, wie die Einsicht, daß Freiheit eine nicht ganz einfache mehrstellige Relation ist, helfen kann, manche Probleme des Menschenlebens etwas besser zu verstehen. Natürlich *beweist* ein solches Bild gar nichts. Man kann mit ihm spielen, es weiter verfolgen, muß aber dabei ständig darauf gefaßt sein, daß der Vergleich – denn um einen solchen handelt es sich – zu hinken anfängt, daß man beim Übergang zum Original ein falsches Ergebnis findet oder gar keins.

Immerhin bezeugt die Existenz eines solchen vereinfachenden physischen Modells, daß kein ganzer Unsinn war, was wir in einem Bereich des nur Denkbaren uns zurechtgedacht haben.

Der Feinheitsgrad der von uns jetzt erreichten Analyse des Begriffs der Freiheit ist noch sehr niedrig. Wir haben, wenn wir uns das rein Logische ansehen, also den relationalen Charakter des Begriffs, der Seinsbereiche, also Ontologisches ins Spiel bringt, fortlassen, eigentlich nichts anderes getan, als Freiheit definiert mithilfe eines ganz ungeklärten, aber uns geläufigen Begriffes von „Bindung" in einem sehr weiten Sinne, einer normalerweise zweistelligen Relation, wie sich zeigen würde, wenn man hier nachstoßen würde, ferner der Relationen „höher", „tiefer". Diese hatten wir in erster Linie auf Werte in einem weiteren Sinne bezogen, aber auch auf eine vermutete Gesamtordnung der ganzen Welt, zu der der Mensch gehört. Wir konnten nicht umhin, so den Begriff des Guten, des Hohen, ja den des Besseren und des Höheren ständig zu gebrauchen, wenn wir über den Inhalt des positiven Begriffes Freiheit sprachen. Über den guten Klang des Namens der Freiheit können wir uns danach nicht mehr wundern.

Beschränken wir uns nun aber radikal auf das, was wir *rein* logisch mit den genannten Begriffen gemacht haben, so können wir das mit Mitteln der reinen Logik darstellen und prüfen. Dabei ergibt sich leicht, daß logisch alles in Ordnung ist, keine Widersprüche auftreten und alle wichtigen Beziehungen zwischen diesen Begriffen bestimmt sind. Mehr will ich im Augenblick nicht behaupten, und viel mehr kann man allein mit Logik auch nicht leisten.

Das Reich der Freiheit als absoluter Endzweck der Welt

Tübinger und weitere Perspektiven

Von Ludger Oeing-Hanhoff, Tübingen

I.

„Der Wunsch, frei zu sein, ist der erste Aktus der Freiheit", schreibt der junge Marx 1842.[1] Wir Menschen sind ja zunächst nur frei, frei zu werden; individuell, indem wir als unmündige Kinder anfangen, den oft unvernünftigen Erziehern ausgeliefert – worin Descartes den Skandal unseres Daseins sah[2] –; kollektiv und weltgeschichtlich, indem die Menschheit im langsamen Prozeß ihrer Geschichte sich fortschreitend aus der Übermacht der Naturgewalten befreit und aus magisch-prälogischen Tabus heraus zum Bewußtsein ihrer Freiheit kommt.[3] Um wirklich frei zu werden, schon um den von Marx genannten Wunsch haben und vollziehen zu können, muß man sich frei denken, d. h. sich als solches Wesen denkend vorstellen, das aus willentlicher Selbstbestimmung, nicht aufgrund der Determination durch fremde Mächte

---

[1] Marx: Luther als Schiedsrichter ... (WW), hrsg. v. H.-J. Lieber, Bd. I, Darmstadt 1962, 107.
[2] Vgl. H. Gouhier: La pensée métaphysique de Descartes, Paris 1962, 45 ff.
[3] Vgl. zu dieser Grundthese der Hegelschen Geschichtsphilosophie vom „Fortschritt im Bewußtsein der Freiheit" (Die Vernunft in der Geschichte, hrsg. v. Hoffmeister / Hamburg [5]1955, 63) die Erklärung in der Enzyklopädie (Enz. § 382 Z.), die „wirkliche Freiheit" sei etwas durch die Tätigkeit des Geistes „Hervorzubringendes", „eine im Anderen errungene Unabhängigkeit vom Anderen".

und Gewalten, handeln und leben kann. Freiheit in diesem uns allen geläufigen Sinn ist kein empirischer Begriff, der mit naturwissenschaftlichen Methoden oder in sinnlicher Anschauung darstellbar wäre, man muß sich also, um im Lebensstrom nicht in Fremdbestimmung unterzugehen, ebenso frei gedacht haben, wie man sich freigeschwommen haben muß, um im Wasser nicht zu ertrinken. Da die Wirklichkeit solcher willentlichen Selbstbestimmung, die allein Verantwortlichkeit und die Fähigkeit, Schuld auf sich zu nehmen, ermöglicht, damit aber auch erst die gegenseitige Anerkennung freier Partner, was ja ein schuldunfähiges Tier oder ein noch unmündiges Kind nicht sind; da also Freiheit in diesem Sinne oft als unmöglich erklärt wird von wissenschaftlichen, materialistischen oder theologischen Theorien her, die wir zunächst oder gar prinzipiell nicht alle kritisch beurteilen können, ist dieses Sich-frei-Denken wesentlich auch ein Sich-frei-Glauben, wie es ähnlich ja Kant in seiner Postulatenlehre erklärt hat.

Um, wenn man sich derart frei und verantwortlich glaubt, wirklich handeln zu können, muß man aber auch das Ziel freien Handelns: humanes Leben aus Eigenbestimmung in Emanzipation aus Fremdbestimmung oder aus naturhafter und gesellschaftlich-politischer Entfremdung für erreichbar und möglich halten, d. h. an das Reich der Freiheit und die Möglichkeit seiner vollen Verwirklichung glauben. Der Wunsch, frei zu werden, ist ja notwendig Wunsch nach der Freiheit aller, wenn Freiheit wesentlich gegenseitige Anerkennung einschließt und so das ist, was man nicht haben kann, ohne es auch allen anderen zu geben. Die realisierte Freiheit aller aber ist das, was wir mit dem Begriff des Reiches der Freiheit denken.

II.

Der Ausdruck „Reich der Freiheit" ist heute im Kontext philosophischen, politischen und theologischen Sprechens über die Freiheit geläufig, uns mehr oder weniger vertraut, jedenfalls nicht fremd und verwunderlich. Das war nicht immer so, ist vielmehr erst ein Ergebnis der allerjüngsten Entwicklung des Freiheitsproblems und gehört zur Krise des Freiheitsbewußtseins, in der wir noch gegenwärtig stehen.

Das dokumentiert sich etwa in der Tatsache, daß die Herausgeber des Historischen Wörterbuchs der Philosophie bei der Aufstellung der Nomenklatur etwa um 1960 zwar die Stichwörter „Reich der Gnade", „Reich der Natur", „Reich der Zwecke" und „Reich Gottes" vorgesehen hatten, nicht aber „Reich der Freiheit". Es gibt auch bis jetzt in den philosophischen, theologischen oder staatswissenschaftlichen Lexika, soviel ich sehe, keinen einschlägigen Artikel darüber, auch nicht in den Kant- oder Hegel-Lexika, wo dieses Stichwort ja auch vorkommen müßte.

Die Einbürgerung des Ausdruckes „Reich der Freiheit" in unserem Sprachgebrauch dürfte nun in erster Linie – und damit bin ich schon bei den Tübinger Perspektiven der anstehenden Problem- und Begriffsgeschichte – Ernst Bloch zu danken sein, für den der Gedanke des Reiches der Freiheit zentral ist. Wenn Bloch fordert, „marxistisch müsse die Tiefe des Reiches der Freiheit wirklich substantiierender Inhalt des revolutionären Bewußtseins bleiben und werden",[4] dann ist damit auch die offizielle Parteidoktrin der DDR oder UdSSR kritisiert, nach der

---

[4] E. Bloch: Atheismus im Christentum (Suhrkamp Taschenbuch-Ausgabe), Frankfurt a. M. 1973, 299.

schon der sozialistische Staat, also schon vor dem Übergang zum wirklichen weltweiten Kommunismus, Reich der Freiheit sei gegenüber dem kapitalistischen Reich der Unfreiheit und Sklaverei.[5] Zu solcher Kritik bedarf es ja auch nur des Blickes auf mit Stacheldraht, Minen und Selbstschußanlagen befestigte Grenzen. So sehen doch Gefängnisse aus, während das Reich der Freiheit offene, freie Grenzen haben muß. Angesichts dieser Realitäten mag es auch verständlich sein, daß Max Horkheimer – im Unterschied übrigens zu Adorno[6] – die Rede vom Reich der Freiheit als idealistische Konstruktion ablehnt.[7]

Bloch hat seine Sicht des Reiches der Freiheit, deren Grundtext ja auch „unleugbar zuerst christförmig gebildet" worden sei,[8] also geschichtlich in Christi Verkündigung des Anbruches des Reiches Gottes wurzelt, mit dem Ziel entwickelt, nicht nur zum Dialog zwischen Christentum und Marxismus beizutragen, sondern zu ihrer Allianz. Dieser sicherlich notwendige Dialog muß im Medium der Philosophie geführt werden, die allein beide Positionen verbinden und wohl auch die Argumentationen noch verstärken kann. Das scheint mir vor allem für Blochs atheistische Kritik am Allmachtsgott zu gelten, die einen Grundgedanken neuzeitlicher Philosophie, freilich nicht die Lösungen Hegels oder Schellings, aufnimmt und, wie ich meine, zu Recht die menschliche

---

[5] Philosophisches Wörterbuch, hrsg. v. Klaus-Buhr, s. v. Freiheit, Grundlagen des Marxismus-Leninismus. Lehrbuch, hrsg. v. Autorenkollektiv, Berlin [6]1963, 132, 741.
[6] Vgl. Th. W. Adorno: Negative Dialektik (Sonderausgabe), Frankfurt a. M. 1970, 346, vgl. 212, 217, 219, 263.
[7] M. Horkheimer: Bedrohung der Freiheit, in: Über die Freiheit, hrsg. v. Horkheimer u. a., Stuttgart/Berlin 1965, 14.
[8] Bloch: a. a. O. 296.

Freiheit gegen ihre christliche Bestreitung einklagt. Freilich ist auch die Theologie jüngst schon zu solcher Selbstkritik gekommen. Ich werde auf die gegenwärtige Problemsituation noch eingehen.

Da theologische Bücher – auch das ist ja eine sich in Tübingen aufdrängende Perspektive – höhere Auflagen erreichen als philosophische, anscheinend also mehr gelesen werden als diese, möchte ich noch bemerken, daß der Ausdruck „Reich der Freiheit" in der gegenwärtigen Theologie vor allem durch Jürgen Moltmann verbreitet worden ist. Zwar kommt dieser Ausdruck für das Reich Gottes in seinem Werk „Theologie der Hoffnung" nur beiläufig vor, steht dann aber im Mittelpunkt des 1967 im Rahmen des christlich-marxistischen Dialogs in Marienbad gehaltenen Vortrags „Die Revolution der Freiheit"[9]. Mit dieser für die sog. „Politische Theologie" programmatischen Schrift wurde zugleich mit dem Ausdruck „Reich der Freiheit" auch von der Theologie her das Bewußtsein dafür verbreitet, daß es, wie keine wahre Religion ohne sittliches Bewußtsein, keine wahre Sittlichkeit ohne die Anerkennung politischer Verantwortung gibt.

III.

Angesichts des heute häufigen, aber doch sehr kontroversen Gebrauches des Ausdrucks „Reich der Freiheit" stellt sich dem Philosophiehistoriker die Frage nach seinem Ursprung. Das tut man nicht nur aus theoretischer Neugierde, sondern um der notwendigen Aufgabe kritischer

---

[9] J. Moltmann: Perspektiven der Theologie, München / Mainz 1968, 189 ff.

Aufklärung willen. Wenn das Gespräch der Ort der Wahrheit ist, gilt es, auch unsere Vorgänger einzubeziehen und auf Männer wie Kant oder Hegel zu hören, die ja vielleicht doch etwas klüger waren, als wir es sind, sofern wir von uns aus, wie man sagt, „darauflosdenken". Woher stammt der Ausdruck „Reich der Freiheit", und in welchem Kontext ist er angemessen zu verstehen?

Bekannt ist sein Gebrauch bei Marx im 3. Band des „Kapitals", wo „das wahre Reich der Freiheit", in dem menschliche Kraftanstrengung endlich als Selbstzweck gilt, also frei um ihrer selbst willen geschieht, vom es bedingenden „Reich der Naturnotwendigkeit" abgehoben wird.[10] Nach Engels – und das wiederholt Lenin – bedarf es eines „Sprunges", um ins Reich der Freiheit zu gelangen. Das Nähere dieses Sprunges aber bleibt der Phantasie des Lesers überlassen.[11]

Weniger bekannt dürfte immer noch sein – mein verehrter Lehrer Joachim Ritter hat jedenfalls in seinen Hegel-Interpretationen wohl nie darauf hingewiesen –, daß Hegel nicht nur in der Logik den Begriff als das Dritte zu Sein und Wesen die Eröffnung des Reiches der Freiheit nennt,[12] sondern durchaus auch den freiheitlichen Staat als die Wirklichkeit der Freiheit mitsamt der ihn tragenden „Religion der Freiheit" und der ihn begreifenden spekulativen Philosophie das Reich der Freiheit nennt. Der Titel meines Vortrages, in dem das Reich der Freiheit als absoluter Endzweck der Welt behauptet wird, ist ja eine Zusammenstellung zweier Zitate aus der Rechtsphilosophie.[13]

---

[10] Marx: Das Kapital, MEW 25, 828.
[11] Engels: Anti-Dühring, MEW 20, 264; Lenin (WW), hrsg. vom Institut für Marxismus, 27, 264.
[12] Hegel: Logik, hrsg. v. Lasson, Bd. II, 218.

Hegels Philosophie der Freiheit hat bekanntlich hier in Tübingen sich auszubilden begonnen. Nach dem Bericht Schweglers soll er unter den Freunden „der begeistertste Redner der Freiheit" gewesen sein.[14] Von Schelling wie von Hölderlin verabschiedete er sich mit dem als Aufruf und wesentlich politisch verstandenen Wort: „Das Reich Gottes komme ... Vernunft und Freiheit bleiben unsere Losung."[15] Haben die Freunde schon hier vom „Reich der Freiheit" gesprochen? War hier nicht auch Oetingers These bekannt, die Welt liege nun „in so großen Geburtswehen zu den größten Revolutionen" und „das Seufzen der Kreatur zur Freiheit der Söhne Gottes" sei „größer als jemals"[16]?

Zwar mag so der Ausdruck „Reich der Freiheit" zur Bezeichnung des revolutionär zu verwirklichenden Reiches Gottes gewissermaßen in der Tübinger Luft gelegen haben, belegen läßt sich sein Gebrauch aber nicht, Hölderlin gebraucht ihn erst 1794, Hegel 1799.[17] Vielleicht und vermutlich folgen sie damit Schiller, der 1789 noch vor der Französischen Revolution in seiner berühmten Jenaer akademischen Antrittsrede vom „Reich der vollkommensten Freiheit" spricht, übrigens im Sinne des in Wissenschaft und Kunst bestehenden Reichs der Wahrheit,

[13] Grundlinien der Philosophie des Rechts (WW), hrsg. v. Glockner, Stuttgart, VII, 50, 188; vgl. Berliner Schriften, hrsg. v. Hoffmeister, Hamburg 1956, 8, und Vernunft in Gesch., a. a. O. 254.

[14] Hegel in Berichten seiner Zeitgenossen, hrsg. v. G. Nicolin, Hamburg 1970, 14.

[15] Briefe von und an Hegel, hrsg. v. Hoffmeister, Bd. I, Hamburg 1952, 9 und 18.

[16] F. Chr. Oetinger (WW), Hrsg. K. Chr. E. Ehmann, Reutlingen/ Stuttgart 1864, 2. Abtlg. Bd. 6, 9.

[17] Hölderlin: An Neuffer, 10. 10. 1794 (Stuttgarter Ausgabe), Bd. VI, 137; Hegel: Theologische Jugendschriften, hrsg. v. Nohl, 1907, 393.

also nicht in der gesellschaftlich-politischen Bedeutung des Wortes.[18] 1793 bezeichnet dann Kant das von Leibniz sog. Reich der Gnade im Unterschied vom Reich der Natur als „Reich der Freiheit".[19] Vor Hegels Ausarbeitung der Rechtsphilosophie ist der Begriff des Reiches der Freiheit aber schon zentral in Fichtes Staatslehre von 1813, in der – wie dann bei Marx und Bloch – vom Ende der Herrschaft des Menschen über den Menschen und – übrigens wörtlich – vom „Absterben des Zwangsstaates" die Rede ist.[20] Das Reich der Freiheit ist in keinem Staat erreicht und erreichbar. Hegel sucht das genaue Gegenteil davon philosophisch darzulegen.

Die Begriffsgeschichte des nun von Tübingen aus verbreiteten Ausdrucks „Reich der Freiheit" fordert aber noch weitere Perspektiven. Ist das Reich Gottes oder das Reich Christi, der uns nach Gal. 5,1 „zur Freiheit befreit hat", nicht schon in der älteren Tradition das Reich der Freiheit genannt worden? Einschlägige Untersuchungen darüber scheint es nicht zu geben. Augustinus spricht

---

[18] Schiller: Was heißt und zu welchem Ende studiert man Universalgeschichte? (WW), hrsg. v. G. Fricke und H. G. Göpfert, München ⁴1966, Bd. IV, 751.

[19] Kant: Die Religion innerhalb der Grenzen der bloßen Vernunft, Akad. Ausg., Bd. VI, 82. – Nach H. Sonnemans: Hoffnung ohne Gott?, Freiburg i. Br. 1973, 82 soll Kant jedoch KpV A 230–238 für Reich Gottes synonym verwenden: höchstes Gut, Reich der Freiheit, Reich der Sitten.

[20] J. G. Fichte: Die Staatslehre oder über das Verhältnis des Urstaates zum Vernunftreich (WW), hrsg. v. I. H. Fichte, Bd. IV, 418 f., 429, 433 („Reich der Freiheit schließt aus jeden Zwang"), 531; 580 („alle andere Herrschaft über Menschen" – außer der Gottes – werde „verschwinden"); 581, 591 f. („Durch das Reich fällt aller äußere Rechtszwang weg"); 599 („Der Zwangsstaat ... wird ... ruhig absterben"). – Ähnliches äußert Fichte schon 1800 in: Die Bestimmung des Menschen. Zum schon hier gebrauchten Ausdruck „Reich der Freiheit" vgl. II, 275 und 283.

zwar gelegentlich von der „civitas libera"[21], bei Thomas
von Aquin wird einmal das regnum Dei auch durch die
in ihm gegebene „perfectissima libertas" charakterisiert,[22]
aber der Ausdruck „regnum libertatis" scheint in Patristik und Scholastik – auch wohl bei Joachim von Fiore
– nicht vorzukommen, jedenfalls, das müßte ja noch eigens geprüft werden, nicht üblich und selbstverständlich
gewesen zu sein.

Da die Reformation im Zeichen der Freiheit des Chri-
stenmenschen steht und nach Hegel erst mit ihr „die
christliche Freiheit wirklich geworden ist"[23], liegt die
Frage nahe, ob Luther das Reich Christi regnum libertatis genannt hat. Das ist – wie man in Tübingen erfahren kann, wenn man sich an die Arbeitsstelle „Luther-
Register" wendet und von Herrn Dr. zur Mühlen dan-
kenswerterweise Auskunft erhält – tatsächlich der Fall.
Luther hat wenigstens einmal das Neue Testament als
„regnum libertatis" und an einer anderen Stelle (im Galater-Kommentar) vom Reich Satans, in dem die Sünde
und der Tod als mächtigste Tyrannen herrschten, das
„regnum lucis et libertatis" unterschieden.[24] Ob diese
doch nur beiläufig erfolgende Prägung Luthers weiter-
gewirkt hat – Oetinger beruft sich freilich genau auf den
Galater-Kommentar, gebraucht aber wohl nicht den Ausdruck Reich der Freiheit –, muß freilich vorläufig be-
zweifelt werden. Emanuel Hirsch weist zwar in seiner
Studie „Der Reich-Gottes-Begriff des neueren europäischen Denkens" auf den „bestimmenden Einfluß Luthers"

---

[21] Augustinus: De civ. Dei, XVIII, 20.
[22] Thomas: In or. dom. 2 (Opusc. theol.), hrsg. v. Spiazzi, 1954,
226.
[23] Hegel: Philosophie der Weltgeschichte, hrsg. v. Lasson, IV, 881.
[24] Luther: WA 8, 326: Novum enim testamentum regnum est libertatis; 40, I, 536.

hin,[25] aber man sucht in der ganzen Abhandlung vergebens nach dem in diesem Zusammenhang doch eigentlich nicht zu übergehenden Ausdruck „Reich der Freiheit".

Diese Hinweise zur Begriffsgeschichte müssen hier genügen. Zwar könnte ich u. a. noch erwähnen, daß die erste deutsche Frauenrechts-Zeitung von 1849 das Motto trug: „Dem Reich der Freiheit werb' ich Bürgerinnen" (Hinweis von Frau Dr. Moltmann-Wendel),[26] aber der Beitrag der Philosophiehistorie zu der heute anstehenden Frage, wie und als was das so verschieden gedeutete Reich der Freiheit richtig und am vernünftigsten konzipiert werden muß oder welche Konzeption am ehesten rational zu verantworten und human zu vertreten sei, wird ja erst deutlich, wenn man sich auf den jeweils zugrundegelegten Begriff der Freiheit einläßt, der die Konzeption ihrer Verwirklichung im Reich der Freiheit bestimmt. Da ich hier aber nicht die Freiheitsbegriffe Kants, Fichtes, Hegels oder die des offiziellen Marxismus, Blochs oder der politischen Theologie entwickeln kann, gleichwohl aber die mir plausibelste Konzeption des Reiches der Freiheit vorführen möchte, beschränke ich mich auf eine Skizze der Freiheitslehre Hegels, auf die, wie gesagt, ja schon die Formulierung des Themas verweist.

---

[25] E. Hirsch: Die Reich-Gottes-Begriffe des neueren europäischen Denkens, Göttingen 1921, 3.

[26] Frauen-Zeitung. Redigiert von Louise Otto, No. 1, 21. 4. 1849; die Begriffe „Reich der Natur – Reich der Freiheit" gebraucht auch Goethe (vgl. Maximen und Reflexionen, Hamb. Ausg. XII, 528); das „Himmelreich" wird von J.-B. Hirscher: Die christliche Moral als Lehre von der Verwirklichung des göttlichen Reiches in der Menschheit, Tübingen 1835, 96 und 98 als „Reich der Wahrheit" und „Reich der Freiheit" gefaßt; schließlich sei auf Nietzsches Gebrauch dieses Ausdrucks verwiesen: Richard Wagner in Bayreuth (WW), hrsg. v. Schlechta, Bd. I, 400 und Morgenröte II, 125 (a. a. O. I, 1098).

Vielleicht sollte ich noch bemerken, daß mir zwar das Auge für die von Hegel behauptete Selbstbewegung des nicht von uns gebildeten, sondern an sich bestehenden Begriffes, der man nur zuzuschauen brauche, fehlt; und so interpretiere ich Hegel mit dem von O. Marquard formulierten Motto der Ritter-Schule: „Hegel hat das scharf gesehen – und wir sehen es ihm nach."[27]

Ich hoffe freilich zeigen zu können, daß man auch unter Ausklammerung der Hegelschen dialektischen Logik von Hegel lernen kann, worin unsere Freiheit besteht und sich verwirklicht. Daß ich dabei in einem wesentlichen Punkt auch zu einer Kritik an Hegel komme, ermöglicht es mir, abschließend wieder bisher noch nicht genannte Tübinger Perspektiven auf das Reich der Freiheit anzuführen.

IV.

Hegels Freiheitslehre – und nach ihm ist Freiheit schlechthin „der Zweck der Philosophie"[28] – ist schon deshalb bedeutsam, weil sie wohl erstmals die gegen Ende des 18. Jahrhunderts ausgebildete Unterscheidung von Freiheit und Willkür – Willkür in der abwertenden Bedeutung des sich über Vernunft und Recht hinwegsetzenden unvernünftigen Eigensinnes – aufnimmt und begründet. Das Nichtunterscheiden und Verwechseln von Freiheit und Willkür sei „der ewige Mißverstand der Freiheit", dem auch Kant erlegen sei.[29]

---

[27] O. Marquard: Fundamentalkantate für Solostimme und Chor mit gemischten Gefühlen zum zehnjährigen Bestehen des Collegium Philosophicum Münster (1957 unveröffentlicht).

[28] Hegel: Enzyklopädie (1830), hrsg. v. F. Nicolin und O. Pöggeler, 1959, 462.

[29] Vernunft in Gesch., a. a. O. 118.

Was Hegel mit dieser Unterscheidung anzielt, kann vielleicht am einfachsten durch die Situation eines philosophischen Gespräches verdeutlicht und veranschaulicht werden. Im Philosophieren – und darin liegt ja seine humane Bedeutung und die Befriedigung, die es gewähren kann – vermag man ja seine eigene Freiheit zu erfahren, vorgegebene Überzeugungen, Weltanschauungen und Ideologien kritisch zu überprüfen, ihnen zuzustimmen, sie abzulehnen oder sich hinsichtlich dieser oder jener Thesen des Urteils zu enthalten und sich so ein eigenes Urteil zu bilden. Das schließt das Bewußtsein der Freiheit von Naturbestimmungen und Naturgesetzen ein: das freie Urteil ist ja nicht durch den naturgesetzlich ablaufenden Prozeß in den 80 Milliarden Ganglienzellen der Großhirnrinde determiniert.

Soll aber ein Gespräch oder eine Diskussion philosophisch geführt werden, im gemeinsamen Bemühen also, der Wahrheit näherzukommen, darf dabei keine Willkür herrschen. Es wäre aber unvernünftige Willkür, würde eine These abgelehnt und bestritten, obwohl die dafür angeführten Gründe einleuchten, etwa um den, der sie vertreten hat, zu ärgern. Solche sich nicht an die Wahrheit bindende Freiheit ist ungebundene Willkür. Offensichtlich aber könnte in einem nicht durch die gemeinsame Verpflichtung auf die zu erkennende Wahrheit, sondern durch Willkür bestimmten Gespräch auch nicht das Ziel vernünftigen Miteinandersprechens, die Klärung und Erkenntnis der Wahrheit oder wahre Erkenntnis erreicht werden. Deshalb bindet sich von Willkür unterschiedene Freiheit gar nicht an eine ihr äußerlich auferlegte Norm, sondern nur an das durch die Freiheit selbst frei zu verwirklichende Ziel. Das gilt aber nicht nur von dem Vollzug der Theorie, die ja im höchsten Sinn humane Praxis ist, sondern für menschliche Praxis insgesamt. Denn soll im menschlichen Leben und Zusammenleben, das durch freie, sittliche und politische Entscheidungen zu gestalten ist, nicht Willkür, sondern Freiheit, damit gegenseitige Anerkennung herrschen, dann muß die Freiheit die Freiheit aller wollen und solche politischen und gesellschaftlichen Institutionen, die die Freiheit aller ermöglichen und vermitteln. Freiheit statt Willkür ist also erst dann gegeben, wie Hegel formuliert, wenn „die Freiheit die Freiheit will".[30]

Hegels besonderer und weithin neuer Beitrag zum Verständnis unserer Freiheit dürfte über die Unterscheidung von Freiheit und Willkür hinaus vor allem im folgenden liegen:

Erstens hat Hegel die wesentlich geschichtliche Vermittlung wirklicher Freiheit herausgestellt. Wir sind ja zunächst nur an sich Geist, wie Hegel das nennt, frei also, frei zu werden. Um nun wirklich frei zu werden, muß man nicht nur in die Sprachgemeinschaft aufgenommen werden, also angesprochen worden sein, ohne schon antworten zu können, um das Sprechen und Antworten zu lernen. Das ist eine unverzichtbare Bedingung dafür, sich frei denken zu können. Die berühmten Wolfskinder in Indien blieben nur der Möglichkeit nach frei, waren es aber nicht wirklich.

Um im Unterschied zum noch naturhaften Dasein als unzurechnungsfähiges Kind ein wirklich freies, sittliches Wesen und Verantwortung tragende Person zu werden, muß man aber schon vorgängig zur eigenen Freiheitsentscheidung als frei, als selbstverantwortliche Person, interpersonal anerkannt worden sein. Ein Kind, das nicht

---

[30] Rechtsphilosophie § 21 Z, a. a. O. 73. Vgl. zum folgenden L. Oeing-Hanhoff: Konkrete Freiheit, Grundzüge der Philosophie Hegels . . .; Stimmen der Zeit 181 (1971), 372–390.

in dieser Weise freigegeben und mit Gewährung eines eigenen Freiheitsraumes zur eigenen Entscheidung ermächtigt wird, dem vielmehr sein Handeln autoritär und wie in einer Dressur äußerlich durch Lohn und Strafe auferlegt würde, käme ebensolange nicht zur Mündigkeit und Verantwortungsfähigkeit. Erreichte Freiheit ist also wesentlich interpersonal und geschichtlich vermittelt, ist also der Herkunftsgeschichte verdankte Freiheit.

Zweitens hat Hegel die institutionelle Bedingtheit wirklicher, konkreter Freiheit aufgewiesen. Wie Sprechen eine geschichtlich vorgegebene Sprache voraussetzt – die Sprachen sind ja die grundlegenden Institutionen menschlichen Lebens –, so müssen der grundlegenden sittlichen Entscheidung, in der man erstmals die interpersonal zugetraute Verantwortung und das eigene Person-Sein übernimmt, vernünftige soziale Handlungsnormen vorgegeben sein, welche die gegenseitige Anerkennung ermöglichen und vermitteln und ein freies Zusammenleben garantieren. Wären die vom einzelnen vorgefundenen sozialen Verhaltensregeln nur unvernünftige Tabus, denen gegenüber der einzelne nichts gilt und in denen seine Freiheit nicht anerkannt wird, so gäbe es ohne solche, wie Hegel sich ausdrückt, „objektive Freiheit" vernünftiger, sittlicher und rechtlicher Normen, in denen und mit denen die Freiheit die Freiheit will, auch nicht die Möglichkeit, zu konkreter Freiheit zu gelangen.

V.

Die grundlegende in einem langen geschichtlichen Prozeß entstandene Institution, die uns sittliche, rechtliche und politische Freiheit ermöglicht, ist nun der moderne

freiheitliche Rechtsstaat. Ohne staatlich institutionali-
sierte und garantierte Rechtssicherheit – das zeigt Hobbes' Hypothese eines schlechthin vorstaatlichen „Naturstandes" – gäbe es in einem dann unausweichlichen
Kampf aller gegen alle keinen Raum für konkrete, von
Willkür unterschiedene Freiheit. Der Mensch ist eben
nicht von Natur her wirklich, sondern nur potentiell
frei, wirklich frei erst durch geschichtlich ausgebildete
Institutionen. Auch die als Beispiel für konkrete Freiheit
genannte Freiheit der philosophischen Diskussion ist
durch den freiheitlichen Staat ermöglicht, weil er den
unpolitischen Freiraum mit dem Recht freier Wissenschaft gewährt. Wir brauchen ja kein Ketzergericht wie
in Antike und Mittelalter zu befürchten, wenn wir etwa
atheistische Thesen vertreten; Wissenschaft ist ferner an
der Universität unser staatlich ermöglichter Beruf auf
Zeit oder auf Dauer; der Staat garantiert endlich, daß
man bei Meinungsverschiedenheiten – das gilt generell
und nicht nur für wissenschaftliche und weltanschauliche
Kontroversen, die früher ja auch eben zu Religionskrie-
gen geführt haben – miteinander spricht, statt sich die
Köpfe ein- oder abzuschlagen.
Der Staat und seine Rechtsordnung ermöglichen aber
auch die endliche, begrenzte Verantwortung des Handelnden für sein Tun und Lassen, und daher, da eine Totalverantwortung des Handelnden für alle Folgen seines Tuns und Lassens gar nicht zu übernehmen ist, Verantwortlichkeit und Sittlichkeit überhaupt. Heißt in unserer one world studieren, philosophieren und diskutieren nicht zusehen, tatenlos zusehen, wie täglich immer
noch Tausende Hungers sterben? Ist es daher zu verantworten, Hegels Logik oder Adornos Ästhetik zu studieren, statt gegen den Hungertod zu kämpfen? Wir sind
aber, im Staat und seinen Institutionen lebend, nicht für

alles verantwortlich, wären dann ja auch leicht für nichts mehr wirklich verantwortlich. Entlastung von Totalverantwortung – das soziale Elend etwa in Indien ist ja primär ein politisches, den Staaten, nicht den einzelnen aufgegebenes Problem – und damit Ermöglichung von sittlichem Handeln ist gerade Sinn der Institutionen, vorab des Staates, der, wie die Freiheit der wissenschaftlichen Diskussion und Forschung, auch sittliche Freiheit insgesamt und schlechthin ermöglicht und trägt.[31]

Wie der freiheitliche Staat, indem er die Menschenrechte als Grundrechte, etwa das der Religionsfreiheit oder des persönlichen Eigentums, das nach Hegel und in Wahrheit „das erste Dasein der Freiheit"[32] ist, gewährt und garantiert, auch die bürgerliche, rechtliche Freiheit ermöglicht, ist bekannt oder sollte es sein. Die politische Freiheit der Staatsbürger in der repräsentativen Demokratie, durch aktives und passives Wahlrecht die gesetzgebenden Körperschaften mitzubestimmen, durch sie und die öffentliche Meinung die auf Zeit gewählte Regierung zu kontrollieren und die Verfassung fortzuentwickeln, scheint für den einzelnen gering zu sein. Sie ist jedoch größer als in den sozialistischen Volksdemokratien sowie in den vordemokratischen Verfassungen unserer Geschichte und so angesichts der Unmöglichkeit direkter Demokratie in den modernen Großstaaten eine zu bewahrende und fortzuentwickelnde geschichtliche Errungenschaft ersten Ranges. Denn allgemein gilt: Die Bewahrung geschichtlich erreichter Freiheiten ohne Bemühung um ihre fortschreitende Verbesserung ist illusionär, wie auch Fortschritt ohne Bewahrung der schon ver-

---

[31] Vgl. R. Spaemann: Nebenwirkungen als moralisches Problem, in: Philos. Jahrb. 82 (1975), 331 ff.
[32] Rechtsphilos. § 45, a. a. O. 99.

nünftigen, freiheitlichen Traditionen in sein Gegenteil, in Regression umschlüge.

Wenn es in solcher Weise wirkliche Freiheit im Bereich der Wissenschaft wie des sittlichen, gesellschaftlichen und politischen Lebens nur aufgrund und innerhalb des Staates gibt, muß die Forderung Fichtes, die von Marx und gegenwärtig vom Neomarxismus wiederholt wurde, nach einer Abschaffung der staatlichen Zwangsgewalt, wodurch der Staat absterben werde, und der Gedanke seiner Ersetzung durch eine, wie es heißt, „herrschaftsfreie" Organisation der Gesellschaft, die ihre Belange in „herrschaftsfreier" Diskussion regelt, als *fortschrittsfeindliche Utopie* bezeichnet und abgelehnt werden. Unsere endliche Freiheit kann stets sozialschädigend mißbraucht werden. Der Mensch muß vor dem Menschen, gerade weil es Freiheit gibt, die mißbraucht werden kann, auch geschützt werden. M. Horkheimer hat das drastisch so formuliert, daß zur Erhaltung der Gesellschaft der Betrieb von Zuchthäusern unerläßlich sei, daß „soziale Freiheit ohne Zwang nicht auskommt"[33]. Schon deshalb muß es legitime Verfügungsgewalt über staatliche, auch zum Zwang befugte Macht und in diesem, freilich nur in diesem Sinn Herrschaft von Menschen über Menschen geben. Das schließt, mit Hegel zu reden,[34] „Herrenschaft" gegenüber Sklaven gerade aus. Die Inhaber legitimer Macht sind ja gerade nicht „Herren" über Sklaven. Die seit einigen Jahren wieder grassierende Utopie, solche Herrschaft abzuschaffen, d. h. den Staat zu liquidieren, würde zur Unfreiheit und Willkür des Naturstandes führen, ist also gerade nicht progressiv, sondern beschwört die Gefahr einer Regression, des Verlustes schon

---

[33] Horkheimer: a. a. O. 14.
[34] Rechtsphilosophie § 57, a. a. O. 111 f.

erreichter Freiheit. Vernünftiges politisches Handeln muß sich – statt sich von solchen freiheitsgefährdenden Utopien – von der Idee des Fortschrittes leiten lassen. Gerade die fortschreitende Verbesserung prinzipiell gerechter staatlicher Herrschaft, die aber noch gerechter, noch transparenter, vor allem noch kontrollierbarer werden muß, stabilisiert solche Herrschaft ja, führt also nicht, wie die Utopie will, zu ihrer Abschaffung, sondern zu ihrer Verbesserung und Stabilisierung. Wird dagegen etwa mit Marcuse „Freiheit so definiert, daß sie als ein nirgends schon Bestehendes bewußt und erkannt wird"[35], dann läuft man Gefahr, auch die schon erreichten Freiheiten, statt sie fortzuentwickeln, wiederum zu verlieren. Wir alle haben aber mehr als Ketten zu verlieren.

Der Staat ermöglicht aber nicht nur von Willkür unterschiedene Freiheit, also Sittlichkeit, sondern setzt sie auch zu seinem Bestand voraus; er kann sie aber aufgrund der staatlichen Freigabe der privaten Sphäre der Gesinnung nicht unmittelbar bewirken oder gar erzwingen. Denn die jedem Bürger seine Rechte einräumenden und garantierenden staatlichen Gesetze herrschen im Staat ja nicht naturhaft wie die physikalischen Gesetze in der Natur; vielmehr machen die Bürger sie herrschen, indem sie diese frei als gerecht und notwendig anerkennen und in ihrer Mehrzahl und in der Regel selbstverständlich befolgen.[36] Andernfalls herrschte nicht Freiheit, sondern Polizeigewalt und Furcht vor Strafe. Daher trägt und erhält ein Ethos der Anerkennung der Freiheitsrechte aller den freiheitlichen Staat, der sich so als „sittliches Univer-

---

[35] H. Marcuse: Psychoanalyse und Politik, Frankfurt a. M. 1968, 77.
[36] Vgl. Hegel: Vorlesungen über die Philosophie der Religion, hrsg. v. Lasson, I, 1, 310.

sum"[37], und, da Sittlichkeit realisierte Freiheit ist, als schon wirkliches Reich der Freiheit zeigt. *Das Reich der Freiheit ist also schon mitten unter uns,* das ist die zentrale These Hegels. Diese Tatsache bewußt zu machen und bewußt zu erhalten, ist eine wesentliche Aufgabe auch gegenwärtiger Philosophie, die jene Bewußtlosigkeit zu beheben hat, im freiheitlichen Staat – der Staat aber sind wir in unserer sittlichen Verfassung und in unseren rechtlichen Institutionen – nur etwa einen Verwaltungsapparat zu sehen. Vernünftige Aufklärung über das wahre Wesen des Staates dürfte nicht weniger wichtig sein als manch andere Aufklärung: „Dein Staat, das unbekannte Wesen", würde sich daher vielleicht als Titel für eine philosophische und zugleich allgemeinverständliche Abhandlung über unsere staatlich ermöglichte konkrete Freiheit anbieten.

VI.

Wenn der freiheitliche Staat sittliche, rechtliche und politische Freiheit ermöglicht, sie aber auch zu seinem Bestand voraussetzt und erreichte Freiheit stets der Herkunftsgeschichte zu verdanken ist, dann ist von hier aus schon verständlich, daß Hegel die in unserer Geschichte erreichte Freiheit letztlich auf das Christentum zurückführen zu müssen glaubt. Denn erst „durch das Christentum ist das Wissen in die Welt gekommen", daß „das Individuum als solches einen unendlichen Wert hat, indem es Gegenstand und Zweck der Liebe Gottes ist, und zwar unabhängig von Geburt, Stand, Bildung usw.,

---

[37] Rechtsphilosophie, Vorrede, a. a. O. VII, 35.

... daß also der Mensch an sich zur höchsten Freiheit bestimmt ist"[38]. Ist das Christentum so der maßgebliche geschichtliche Ursprung des modernen freiheitlichen Staates, kann dieser daher theologisch als eine geschichtliche Frucht der in Christus geschehenen Erlösung von Unfreiheit und der Befreiung zu wahrer humaner Freiheit verstanden werden. „Emanzipation" – so hat das J. Moltmann formuliert[39] – „ist die Immanenz der Erlösung". Sie besteht ja wesentlich auch in der Offenbarung der Wahrheit über den Menschen.

Freiheit setzt Denken voraus, und zwar wahres Denken und Wahrheit, die frei macht. Diese Wahrheit über den Menschen, daß er Zweck an sich ist, nicht als Mittel vernutzt, daß der gegenwärtige Mensch nicht der Menschheit der Zukunft geopfert werden darf, stammt aber nicht nur aus dem Christentum, sondern wird bis heute auch durch den christlichen Glauben vermittelt und erhalten.

Gerade im Wissen darum, daß die erreichten Freiheiten auch wieder verspielt und verloren werden können, wie Hitlers oder Stalins Mißachtung der grundlegendsten Menschenrechte zeigt, soll hier der Hinweis nicht unterbleiben, daß von den Voraussetzungen der Marxschen Philosophie diese freiheitsermöglichende Wahrheit über den Menschen als Selbstzweck nicht vermittelt wird. Mit Recht hat J. Habermas als fundamentale Kritik am Marxismus geltend gemacht, daß die vom instrumentalen Handeln oder Herstellen verschiedene Interaktion sich gegenseitig anerkennender freier Handlungssubjekte nicht in das philosophische Bezugssystem von Marx ein-

---

[38] Einleitung in die Geschichte der Philosophie, hrsg. v. Hoffmeister, ³1959, 63; Enz. 388.
[39] Moltmann: a. a. O. 207.

geht.[40] Es gibt eben nach Marx in der noch unvernünftigen, unfreien Vorgeschichte der Menschheit noch keine wahre Freiheit. Wie die wahre Gesellschaft ist auch der wahre Mensch, da der Mensch nur „das Ensemble der gesellschaftlichen Verhältnisse" ist, erst herzustellen in einem instrumentalen Handeln. Daher kann Marx, an die Juden gewandt, den erschreckenden Satz schreiben: „Ihr seid (noch) keine Menschen, so wenig als die, an welche ihr appelliert"[41]. Die Geschichte ist eben „die wahre Naturgeschichte des Menschen"[42], sie wird die „Emanzipation *zu* Menschen"[43] vollziehen. So wird Menschen das wahre menschliche Wesen abgesprochen, das erst die zukünftigen Generationen des Reiches der Freiheit haben werden.

Wäre es nicht erschreckend, müßte man es als grotesk bezeichnen, daß Marx auch die Liebe, statt als Interaktion Freier, als Herstellen und Produzieren mißdeutet. Er schreibt:[44] „Wenn du liebst, ohne Gegenliebe hervorzurufen, d. h. wenn deine Liebe als Liebe nicht die Gegenliebe *produziert*, ... du dich nicht zum geliebten Menschen *machst*, so ist deine Liebe ohnmächtig." Da Liebe wesentlich ohnmächtig ist, weder vom Partner etwas erzwingt noch erzwungen werden kann, wird niemand von uns, denke ich, eine so produktive „Liebe", die Gegenliebe nicht als Geschenk erwartet, sondern sie manipulativ herstellen will, überhaupt Liebe nennen.

---

[40] J. Habermas: Erkenntnis und Interesse, Frankfurt a. M. 1973, 58.
[41] Marx: Zur Judenfrage (WW), hrsg. v. A.-J. Lieber, Bd. I, 453.
[42] Marx: Kritik der Hegelschen Dialektik, ebd. I, 652.
[43] Marx: Zur Kritik der Hegelschen Rechtsphilosophie, ebd. I, 504.
[44] Marx: Ökon.-philos. Manuskripte, ebd. I, 636.

VII.

Wenn nun auch das Reich der Freiheit, das nach Marx jenseits des Reiches der Naturnotwendigkeit liegt, uns vorgegeben schon verwirklicht ist, so ist es zweifellos doch noch nicht vollendet, und – entgegen der Lehre Hegels, der einen unendlichen Progreß der Annäherung an das Ziel, der ja ewig dem Ziel fern bliebe – als der erreichten Versöhnung zuwider ablehnt[45] – innerhalb der Geschichte gar nicht vollendbar. Das scheint mir vor allem daran deutlich werden zu können, daß voll verwirklichte Freiheit, Leben in freier Selbstbestimmung auch Befreiung von oft blinder, ungerechter Naturbestimmung besagt. So hat es auch der frühe Marx mit der besonders von Bloch aufgenommenen Lehre gesehen, der vollendete Humanismus – das ist sachlich das Reich der Freiheit – schließe auch „die wahrhafte Auflösung des Widerstreites zwischen dem Menschen mit der Natur, zwischen Freiheit und Notwendigkeit" ein.[46] Für Hegel aber gibt es keine andere Versöhnung der Freiheit mit der oft ungerecht sie hemmenden oder gar vergewaltigenden Natur als die, sie als Ermöglichungsgrund endlicher Freiheit zu begreifen. Dann wird die Rede von der Ungerechtigkeit der Natur als Schein durchschaut,[47] dann besteht kein Grund mehr zur Klage, sittliche Glückswürdigkeit und wirkliches Glück klafften oft ungerecht auseinander. Aber man kann doch wohl bezweifeln, ob Hegel auch nach unseren Erfahrungen (Auschwitz) hätte schreiben können: „Kant geht ganz in das Geschwätz ein, daß es

---

[45] Hegel: Vernunft in Gesch., 180.
[46] Marx: Ökon.-philos. Manuskripte, a. a. O. 594.
[47] Rechtsphilos. § 49, a. a. O. 103.

in der Welt den Tugendhaften oft schlecht gehe."[48] Kants Postulatenlehre, die ja genau dieses Problem zu lösen beansprucht und auch ausdrücklich eine Deutung des Reiches der Freiheit enthält, dürfte demgegenüber nicht nur Horkheimer einleuchtender sein. Sie zu wiederholen und sie sich in neuer Weise zu eigen zu machen, scheint mir zur Aufgabe zu gehören, das Reich der Freiheit richtig zu denken.

Um sittlich zu handeln – das ist ja Kants Grundgedanke –, muß man sich frei denken und glauben, daß man zur Verwirklichung der Freiheit berufen und befähigt ist. Dieser Glaube bewährt sich dann im sittlichen Handeln und kann so die Gewißheit geben, als freies intelligibles, von der Natur unabhängiges Wesen über dem Reich der Natur in einer intelligiblen, das Materielle übersteigenden moralischen Welt, im Reich der Freiheit, wie es dann in der Religionsschrift ausdrücklich heißt, zu stehen.

Im sittlichen Handeln muß man aber auch glauben dürfen, daß sittliches Handeln selbst und gerade dann, wenn es zu heroischem Opfer führt, der Verwirklichung des Reiches der Freiheit dient. Auch ohne solchen Glauben läßt sich – zumal in Krisensituationen – nicht frei handeln. Das aber besagt, daß der Glaube an das Innestehen im Reich der Freiheit zugleich der Glaube an eine in ihm gegebene Verbindung mit vollkommener, göttlicher Freiheit ist, die – nicht unter Naturbedingungen stehend, sondern souveräner Herr der Natur – allein die ja auch von Marx geforderte Versöhnung von Freiheit und Naturnotwendigkeit verwirklichen kann.

Das schließt aber, da es Freiheit nicht in der Natur, aber

---

[48] Geschichte der Philosophie (WW), hrsg. v. Glockner, Bd. XIX, 594.

auch nicht unter einem allmächtigen, allwissenden, keine anderen Götter neben sich duldenden Schöpfergott geben kann, wie Hegel und Schelling dargelegt haben, die Entäußerung Gottes von seiner Allmacht und Allwissenheit und seiner Ewigkeit ein. Freiheit ist ja der Prozeß gegenseitiger Anerkennung. So bedarf unsere Freiheit, die an sich nur frei ist, frei zu werden, stets der Ermöglichung durch schon erreichte Freiheit: ein Kind oder ein Sklave werden ja frei, indem sie als frei anerkannt werden, ihnen Freiheit als Gleichberechtigung gewährt wird.

Endliche Freiheit insgesamt wird also nur dadurch ermöglicht, daß sie von vollkommener Freiheit anerkannt wird. Das ist die Erhebung aus dem Reich der Natur, über das Gott absolut verfügen kann, auf das Niveau seiner eigenen Freiheit, Erhebung ins Reich der Freiheit, das schon Leibniz und Malebranche das „Reich der Gnade", d. h. göttlicher Selbstmitteilung, genannt haben.[49]

Gott so als sich entäußernde vollkommene Freiheit denken, die allmächtig bleibt, weil sie nur so das Reich der Freiheit voll verwirklichen kann, aber auch in ihrer Entäußerung die Ohnmacht der Liebe, der absoluten Anerkennung anderer Freiheit lebt, die ewig und geschichtlich, unendlich und endlich ist, heißt Gott christlich, d. h. trinitarisch denken, weil das derart gegensätzliche, also ewige und geschichtliche, unendliche und endliche göttliche Leben nicht nur von einer Person vollzogen werden kann. Gott kann ferner auch in sich nur personal sein, wenn es in ihm personale Beziehungen, also „ich" und

---

[49] Malebranche: Traité de la nature et de la grace, hrsg. v. G. Dreyfus, Paris 1958, Register s. v. grace. Malebranche unterscheidet „Ordre de la grace" und „Ordre de la nature"; Leibniz: Monadologie, §§ 84–90.

„du" und ein „wir" gibt, und weil endlich *eine* Freiheit
gar keine Freiheit, sondern Willkür wäre.[50]
Das Erbe Hegels und Schellings aufnehmend Gott und
sein Reich der Freiheit in dieser Weise denken, heißt
endlich auch, in dem Gespräch Blochs mit dem Christentum einen Vermittlungsvorschlag darlegen. Denn Bloch
hat mit seiner These, „die religiöse Reichsintention involviert Atheismus"[51], Ablehnung also des allmächtigen,
allwissenden Gottes, der Freiheit manipuliert, prädesti-
niert und reprobiert, wie mir scheint, einfachhin recht.
„Wo der große Weltenherr", heißt es im „Prinzip Hoffnung", „hat die Freiheit keinen Raum, auch nicht die
Freiheit der Kinder Gottes"[52]. Die Lehre von der Unfreiheit des Willens Gott gegenüber – man denke an
Luther und Calvin – ist aber nicht längst überholte Meinung aus der vergangenen Geschichte der Theologie; man
kann die These, der Mensch sei Gott gegenüber Knecht,
nicht freier Partner, oder Gott könne absolut über unsere Freiheit verfügen, auch aus den Schriften Karl
Barths oder Karl Rahners belegen.[53] Hier hat philoso-

---

50 Vgl. L. Oeing-Hanhoff: Hegels Trinitätslehre. Zur Aufgabe ihrer
Kritik und Rezeption, Philosophie und Theologie 52 (1977),
Heft 3.
51 E. Bloch: Prinzip Hoffnung, Frankfurt a. M. 1959, 1412.
52 Ebd. 1413.
53 K. Barth: Die kirchliche Dogmatik I, Zürich ⁵1947, 167: „Es ist
also wirklich meine, meine höchst verantwortliche Entscheidung.
Es liegt aber nicht in meiner Entscheidung, daß sie diesen Charakter
hat, daß ich jetzt das Gute, jetzt das Böse wähle . . . Gott hat
mich . . . ersehen, als der, der ich bin zu dem, der ich bin". – K. Rah-
ner erklärt entsprechend (Schriften zur Theologie, Bd. X, Einsiedeln 1972, 152): „Alle theologischen Schulen im Christentum (sind)
davon überzeugt . . ., daß Gott das freie kreatürliche Gute von sich
aus prädestinieren kann, immer und überall, wenn er will, ohne dadurch die Freiheit . . . aufzuheben".
Das heißt aber nun nichts weniger, als daß Gott in seiner prädesti-

phische Religionskritik eine noch immer anstehende
Aufgabe, der Vermehrung des Bewußtseins der Freiheit zu dienen, während Freiheit von den christlichen
Kirchen so oft verkannt oder auch nicht respektiert
wurde.

---

nierenden Allmacht über die endliche Freiheit verfügen kann, ohne
sie zu zerstören. Der Widerspruch ist offenkundig: Gott kann die
endliche Freiheit als unverfügbaren Partner anerkennen (ohne solche Anerkennung wäre sie keine Freiheit) und zugleich doch über
sie verfügen, also sie nicht als gleichberechtigten Partner anerkennen.
Die jüngste Äußerung K. Rahners dazu (Grundkurs des Glaubens,
Freiburg, Basel, Wien 1976, 112) bestätigt das: „Gott kann durchaus . . . in seiner absoluten Souveränität die Freiheit als gute *oder
als böse* setzen, ohne damit die Freiheit selbst zu zerstören" (Kennzeichnung von mir). Wenn Gott die Freiheit auch als böse setzt, ist
er aber nicht mehr von einem „allmächtigen Teufel" (nach Descartes eine contradictio in adjecto) zu unterscheiden.
Die Konsequenzen zieht K. Barth, a. a. O. 323: „Ohne Offenbarung weiß der Mensch das nicht, daß es einen Herrn gibt, daß er,
der Mensch, einen Herrn hat und daß Gott dieser Herr ist." Die
göttliche Offenbarung ist also Offenbarung unseres Knechtseins
Gott gegenüber; vgl. a. a. O. 491: Das „Dabeisein" des Menschen
„in der Offenbarung kann nicht das Dabeisein eines Partners . . .
sein . . . Der Mensch kann . . . bei Gottes Offenbarung in jeder Hinsicht nur so dabeisein, wie der Knecht beim Tun seines Herrn dabei
ist . . . und dieses Verhältnis . . . kehrt sich – anders als in jedem
menschlichen Herr-Knecht-Verhältnis – in keiner Weise und an
keiner Stelle um".
Zur theologischen Selbstkritik an diesem, wie es jetzt heißt, „Unge-
danken eines Gottes, der ein mit Allmacht und Allwissenheit aus-
gestattetes vorhandenes Seiendes wäre", vgl. W. Pannenberg: Got-
tesgedanke und menschliche Freiheit, Göttingen 1972, 40: „Hier
ist die atheistische Kritik im Recht. Ein mit Allmacht und Allwissenheit handelndes *vorhandenes* Wesen würde Freiheit unmöglich
machen." – Ob die an Heideggers Ontologie sich anlehnende Rede
vom nicht *vorhandenen* Gott aus der Aporie führen kann, bleibt
mir fraglich. „Er äußert sich all sein G'walt, wird niedrig und gering": das ist vertrauter und vermutlich nicht nur mir plausibler.

VIII.

Für die Konzeption des Reiches der Freiheit, in der es
derart Gemeinschaft endlicher und vollkommener,
menschlicher mit göttlicher Freiheit geben muß, bedeutet das, daß es wesentlich Reich Gottes und schon in der
Geschichte gegenwärtiges Reich der Ewigkeit ist. Ich
kann das Ergebnis dieser Erörterung, daß das durch unsere christliche Herkunftsgeschichte ermöglichte Reich
der Freiheit schon mitten unter uns ist, freilich noch nicht
vollendet und erst geschichtstranszendent vollendbar ist,
vielleicht so zusammenfassen: Die Theologen haben den
Himmel verschieden interpretiert, es kömmt darauf an,
in einer Änderung des herkömmlichen Bewußtseins zu
erfahren, daß er mit erreichter Freiheit – und bekanntlich ist Liebe die Vollendung der Freiheit – schon begonnen hat.

„Wenn man Erfinder sein will", heißt es einmal bei
Kant, „so verlangt man, der erste zu sein, will man nur
Wahrheit, so verlangt man Vorgänger".[54] Ich kann mich
für diese These auf Immanuel Hermann Fichte, den
Sohn des Berliner Fichte, berufen, der über zwanzig
Jahre lang hier in Tübingen wirkte und lehrte. Er hat
versucht, Kants, seines Vaters und Hegels Lehre vom
Reich der Freiheit zusammenzudenken und kommt da-
bei zu dem Ergebnis: „Das Reich der Ewigkeit ist ein
solches, in dem wir schon leben."[55]
Aus dieser philosophischen Einsicht heraus ist nach
Fichte das kirchliche, konfessionelle Christentum vor allem aus zwei Gründen zu kritisieren: Es hat erstens
einen Gegensatz zwischen Reich Gottes und Welt er-

---

[54] Kant: Reflexionen 2159, Akad. Ausg., Bd. XVI, 235.
[55] I. H. Fichte: System der Ethik, II, 1, 1851, 75.

richtet, der leicht das Diesseits abwertet und zur Vertröstung aufs Jenseits wird; und es hat zweitens unberechtigterweise den positiven kirchlichen Glauben als Bedingung der Mitgliedschaft im Reich der Freiheit behauptet. Mitglied im Reich der Freiheit aber ist jeder, der die Freiheit will und liebt.[56]

Das ist nicht nur konsequent gedacht, sondern wohl auch genuin christlich. Dafür kann man sich jedenfalls, einer bedeutenden Tübinger Untersuchung von M. Seckler zufolge, auf keinen Geringeren als Thomas von Aquin berufen: Thomas habe „mit unerschütterlicher Folgerichtigkeit das Reich der Gnade als Reich der Freiheit und der Liebe" begriffen, wobei sich dieses Reich der Freiheit „auch ohne ausdrücklichen und seiner selbst als solchen bewußten Glauben", d. h. ohne positiven kirchlichen Glauben verwirklichen könne.[57]

Sich frei zu glauben, ist kein Privileg der Christen, enthält aber andererseits eine Annahme der christlichen Herkunftsgeschichte, der wir das Bewußtsein der Freiheit aller verdanken. Daß aber der Entschluß der Freiheit zur Freiheit notwendig eine theologische Dimension eröffnet, hat Angelus Silesius, den E. Bloch gern zitiert und dem auch ich zum Schluß das Wort geben möchte, einmal erinnerungswürdig so formuliert:[58]

> „Du edle Freiheit du, wer sich nicht dir ergibt,
> Der weiß nicht, was ein Mensch, der Freiheit
> liebet, liebt."

---

[56] Vgl. ebd. II, 2, 425 ff.

[57] M. Seckler: Das Haupt aller Menschen. Zur Auslegung eines Thomastextes, in: Virtus politica. Festgabe zum 75. Geburtstag von A. Hufnagel, 1974, 107–125; Zitate: 113 und 119.

[58] Angelus Silesius: Cherubinischer Wandersmann (Sammlung Dieterich Bd. 64), Bremen o. J., hrsg. v. W.-E. Peuckert, 43.

Man muß also die Freiheit vollziehen, um zu wissen und zu erfahren, was sie ist. Aber was liebt, wer Freiheit liebt? Im folgenden Spruch: „Auch von ihr", gibt Angelus Silesius die Antwort:

„Wer Freiheit liebt, liebt Gott."

Reale Freiheit. Praktische Freiheit. Transzendentale Freiheit

Von Hermann Krings, München

Das Problem der Freiheit weist eine begriffliche Tiefenstruktur auf, die mit Hilfe der Unterscheidung von realer Freiheit, praktischer Freiheit und transzendentaler Freiheit analysiert werden soll.

Der Sinn einer solchen Begriffsarbeit kann schlicht darin gesehen werden, das zu *begreifen,* was in der alltäglichen Rede mit frei und Freiheit gemeint ist. Dabei kann auch ein Schlaglicht auf Inflation und Entwertung solcher Rede fallen.

Transzendentalphilosophische Analysen haben bekanntlich mit der Schwierigkeit zu kämpfen, wie das Denken der Bedingungen der Möglichkeit sich mit der Realität vermitteln lasse. Der Versuch radikaler Transzendentalphilosophie, aus einem Unbedingten die Reihe der Bedingungen und schließlich das bedingte Reale abzuleiten, hat sich als logisch anfechtbar und in der Sache als risikoreich erwiesen. Die geschichtliche Realität war am Ende doch anders als das Deduktionsresultat. Schellings Vorgehen, nämlich die Philosophie als negative, d. h. von der Realität abstrahierende Philosophie, und als positive, d. h. als die wirkliche Geschichte zugrundelegende Philosophie zu betreiben, also gleichsam den gordischen Knoten zu zerhauen, hat auch nicht zu jener Herrschaft geführt, die Alexander der Große, nachdem er seinen original Gordischen Knoten zerhauen hatte, zeitweise über Asien ausüben konnte.

Um den Knoten, d. h. die schwierige und – wie sich zei-

gen soll – in unserem Fall nicht zerhaubare Verflochten-
heit von Realität und Bedingung besser im Auge zu behalten, beginnen wir die Analyse mit dem „uns Bekann-
teren", mit dem Problem der realen Freiheit.

Reale Freiheit

Der Ausdruck reale Freiheit soll den Inbegriff aller politischen, sozialen und persönlichen Freiheiten bezeichnen. Mit dieser Einschränkung des Begriffs reale Freiheit
auf soziale Freiheiten im weiten Sinn des Wortes wird
nicht verkannt, daß ein elementarer Aspekt realer Freiheit das Verhältnis von Mensch und Natur betrifft, sei
es, daß der Mensch als Naturwesen unter Naturgesetzen
steht und von der Natur bedroht ist, sei es, daß die Natur vom Menschen als autonomem Wesen manipuliert
wird. Dieser elementare Aspekt bleibt für jedwede praktische Problemstellung erhalten. Er wird jedoch hier
nicht thematisch, wenngleich eine weitgehende Unabhängigkeit gegenüber Naturgewalten die Voraussetzung
für das Streben nach Freiheit im sozialen Feld zu sein
scheint.

Das Streben nach Freiheit ist in allen Erdteilen und Ländern der Welt feststellbar. Doch sind es jeweils andere
reale Freiheiten, welche je nach geschichtlichem und politischem Kontext Ziel der Freiheits- oder Unabhängig-
keitsbewegungen sind. Das Thema Freiheit ist in der
ganzen Welt aktuell, doch das Wort bezeichnet jeweils
eine andere Realität. In Afrika bezeichnet es vornehmlich den Abbau des Kolonialstatus und dessen Folgen
sowie den Prozeß der Bildung selbständiger Staaten im
Gegensatz zu älteren Herrschaftsformen. In Südamerika
betrifft das Freiheitsstreben vornehmlich den Gegensatz

von politisch herrschenden und beherrschten Gruppen, von reichen und armen Schichten und nicht zuletzt das ungelöste Problem der Indios. Der Prozeß der Freiheit ist hier – wie übrigens in allen anderen Weltregionen in je anderer Weise ebenfalls – mit dem Prozeß der Industrialisierung eng verknüpft.

In den sozialistischen Ländern wird Freiheit als Sozialismus verstanden. Doch zeigt sich in den sozialistischen Staaten eine Dialektik des Freiheitsproblems in Gestalt der Dialektik von Revolution und System, die politisch in zwei Spielarten auftritt. In der einen Spielart repräsentiert der Staat die permanente Revolution oder die Kulturrevolution, die gegen Stagnation und Bürokratisierung des sozialistischen Staates gerichtet ist und die jeweilige Bürokratie allenfalls durch Gewalt beseitigt. In der anderen Spielart repräsentiert der Staat das System, das eine Dogmatisierung der Freiheitslehre und eine Verobjektivierung des Freiheitsgebrauchs in sozialistischen Organisationen vornimmt. Gegen dieses System gerichtete revolutionäre Bestrebungen oder auch nur eine sog. „Systemkritik" werden unterdrückt.

In westlichen Industriestaaten schließlich, deren Verfassungen politische und persönliche Freiheiten in einem hohen Maß garantieren und die sich insoweit in einer anderen politischen Situation befinden als die bisher genannten politischen Weltregionen, hat das Freiheitsstreben wiederum eine andere Gestalt. Der freiheitliche Rechtsstaat stellt sich als Sozialstaat die Aufgabe, die garantierten Rechte und Freiheiten auch sozial zu verwirklichen und zu erfüllen. Dieses Streben ist bekanntlich nicht unumstritten und bildet einen Streitpunkt zwischen sozialdemokratischer und liberalistischer Theorie, wie sie etwa jüngst durch R. Nozick[1] vertreten worden ist. Die Dialektik des Freiheitsstrebens besteht in diesem

Fall darin, daß, je mehr der Staat die soziale Verwirklichung realer Freiheiten und Rechte als Staatsaufgaben übernimmt, z. B. in Bereichen wie Gesundheitswesen, Erziehung und Bildung, Altersversorgung bis hin zum Ladenschlußgesetz, der Gebrauch der Freiheit vom Staat gesteuert wird. Der Prozeß des Unabhängigwerdens schlägt um. Ein Mehr an staatlich garantierter und realisierter Freiheit kann weniger Freiheit bedeuten. Das lineare Freiheitsstreben steuert auf einen Selbstwiderspruch zu.

Auch wenn die schwer kategorisierbaren politischen Prozesse in Süd- und Südostasien in dieser globalen Übersicht übergangen werden, läßt sich doch sagen, daß die ganze Oikumene durch ein gemeinsames Thema bewegt wird. Ein Streben nach Unabhängigkeit läuft rund um den Erdball. Überall wird politisch oder wirtschaftlich oder militärisch um reale Freiheiten gekämpft. Überall gilt der Grad der Industrialisierung als ein empirischer Index für die reale Freiheit einer Sozietät. Denn in der primitiven Arbeit besteht ein Abhängigkeitsverhältnis gegenüber der Natur. Mit der Industrie aber wird die gesellschaftliche Arbeit verbessert, so daß die Naturkräfte beherrscht werden und die Menschen gegenüber der Natur einen höheren Grad an Freiheit gewinnen können. Die Industrie stellt jene Form der Arbeit dar, die prinzipiell als Naturbeherrschung gilt. Darum wird die Industrialisierung der sogenannten unterentwickelten, d. h. industriell nicht entwickelten Länder nicht nur als eine Frage des materiellen Lebensstandards angesehen, sondern auch als eine Frage der Emanzipation. Sie fungiert als Voraussetzung der politischen Freiheit.

---

[1] R. Nozick: Anarchie, Staat, Utopie. (Anarchy, State and Utopia.) Übersetzt von H. Vetter, München 1975.

Gleichwohl ist die Freiheit nicht ein einheitliches oder gar ein Einheit stiftendes Thema. Konkret geht es jeweils um ganz andere Sachverhalte, und nicht selten richtet sich der eine Freiheitskampf gegen den anderen. Der schon erwähnte Antagonismus zwischen China und der Sowjetunion ist dafür ein Prototyp.

Die politischen Freiheitsbewegungen können nicht isoliert gesehen werden. Sie stehen im engen Zusammenhang mit ökonomischen und sozialen Wandlungsprozessen. Alte Formationen verlieren an Gültigkeit und Kraft. Industrialisierung und Welthandel verändern den Wirtschaftsprozeß der betroffenen Völker in unterschiedlicher Weise. Die Bevölkerungsexplosion beeinflußt wiederum den ökonomischen Veränderungsprozeß – und umgekehrt. Kommunikation durch Medien modifiziert geistige und soziale Wandlungsprozesse. Die Weltreligionen geraten in eine langsame Bewegung. Oder sind diese und andere Erscheinungen nur verschiedene Facetten des Freiheitsprozesses? Sind sie Facetten nicht einer sozialistischen, sondern einer transzendental begründeten Weltrevolution?

Die so skizzierte Oikumene ist nicht im Rahmen des antiken oder mittelalterlichen Weltbildes, nicht durch Begriffe wie *Kosmos* oder *Ordo* begreifbar. Als ein permanenter, möglicherweise in sich gegenläufiger Prozeß der Befreiung zu politischen, sozialen und individuellen Freiheiten vermag er nicht eine ewige und unveränderliche Ordnung abzubilden. Zwar haben Aristoteles und der mittelalterliche Aristotelismus alles physisch Seiende, auch den Menschen und sein Streben, durch die Grundkategorie der Bewegung verstanden; doch gemäß der alten Lehre verlaufen die Bewegungen nach ewigen Gesetzen und Ordnungen. Gesetz und Ordnung erscheinen jedoch heute gerade als das Gegenbild der Befreiungen.

Befreiungen sind Metabewegungen. Im Umsturz der Gesetze und Ordnungen werden – quasi in einer Bewegung zweiter Ordnung – die Regeln der Bewegungen beweglich. Befreiungen jedoch wodurch und wozu?

Praktische Freiheit

Die Frage nach Ursprung, Recht und Sinn von Befreiungen signalisiert das Problem der praktischen Freiheit. Ohne auf die politischen, sozialen und individuellen Komplikationen realer Befreiungsprozesse weiter einzugehen, soll sogleich die Frage gestellt werden: Was sind der Ursprung und der Sinn dieser Befreiungen, deren jede und in jedweder Phase verschiedene reale Ziele verfolgt, von der Staatsgründung bis zur Gewerbefreiheit? Was kann sie orientieren?

Dazu zunächst noch einmal ein Rückblick auf das, was im vorrevolutionären Europa das Orientierende gewesen war. Das Weltbild der Antike, wie es von Aristoteles auf den Begriff gebracht worden war, war durch den Typ des *Kyklos* darstellbar. Die Welt ist in Bewegung, immer und überall, und die Grundform dieser Weltbewegung ist die Kreisbewegung. Die uranische Welt führt diese Bewegung vollkommen aus; die sublunarische Welt *strebt;* d. h. ihre Bewegungen haben alle, als einzelne und insgesamt, das natural Vollkommene zum Ziel *(Telos).* Das vollkommen sich Bewegende – sichtbar in der Kreisbewegung des Fixsternhimmels – ist bezogen auf das unbewegt Bewegende; es bewegt, nach dem berühmten Wort des Aristoteles, *hos eromenon.*[2] Die Ord-

---

[2] Aristoteles: Metaphysik XII, 7, 1072, B 3.

nung in den Bewegungen der Gestirne ist das Orientierende aller Bewegungen, auch aller sublunarischen und aller irdischen Bewegungen. Das naturale Streben eines jeden Seienden, ob Stein oder Feuer, ob Pflanze, Tier oder Mensch, ist prinzipiell gleichgerichtet, und eben diese naturale Gerichtetheit begründet das Gute: Gut ist das, wonach ein jedes strebt.[3] Das Ethos des menschlichen Handelns ist ein Fall, gewiß ein ausgezeichneter Fall, aber eben doch nur ein Fall in diesem naturalen Allzusammenhang. Sofern der Mensch – durch eine richtige Gewöhnung des Strebens *(Ethos)* – fähig wird, das rechte Ziel zu treffen und sofern er durch kluge Überlegung den besten Weg zum ersehnten Ziel zu wählen weiß, handelt er gut.[4]

In der so verstandenen Welt, in der das ethische Streben des Menschen sub specie aeternitatis in analoger Weise gut genannt werden kann wie das Streben der Flamme oder wie der Lauf der Sonne – weswegen diese auch jenes zu symbolisieren vermögen –, in dieser Welt gibt es kein *Problem* der Freiheit. Gewiß gibt es Freiheit, und „der Freie" ist die wichtigste soziale Kategorie. Aber sie ist eine durch Geburt oder Schicksal selbstverständliche Kategorie. Die wahre Freiheit als *Autokrateia* ist – buchstäblich und sichtbar – am Himmel. Das Wort Revolution ist noch „unschuldig"; es bezeichnet gerade nicht den Umsturz, sondern die Ordnung *(Taxis)* der Bewegung, und zwar der vollkommen in sich selbst zurücklaufenden Bewegung einer Umdrehung. Kopernikus spricht noch, ohne daß eine übertragene Wortbedeutung ihn hätte irritieren können, von der *revolutio quotidiana.*[5]

---

[3] Aristoteles: Eth. Nic. I, 1, 1094.
[4] Aristoteles: Eth. Nic. III, 1–5. – Vgl. H. Kuhn: Das Sein und das Gute, München 1962, 275–291.

Diese Orientierungen sind durch die moderne Astronomie gegenstandslos geworden. Ein mit explosionsartiger Geschwindigkeit expandierendes Weltall von mehreren 100 Millionen Galaxien hat kein Ziel, wahrscheinlich aber ein Ende.[6] Und die Theorie vom *big bang,* dem Urknall als Anfang dieses Universums, ist wörtlich – *toto coelo* anders als die Theorie von einer ewig unveränderten Kreisbewegung.

Doch die naturwissenschaftliche Depotenzierung der kosmischen Orientierung setzt, auch wenn man sie mit Kopernikus beginnen läßt, später ein als die philosophisch-theologische. Denn schon das Christentum, soviel es noch in seinen Theologien vom Neuplatonismus übernommen und obwohl es den mittelalterlichen Aristotelismus integriert hatte, ließ den antiken Kosmos nicht mehr als Orientierung für das menschliche Handeln gelten. Die menschliche Praxis ist nicht mehr zu begreifen als die Modifikation der einen kosmischen Bewegung, sondern als ein Handeln – im wörtlichen Sinne – sui generis, d. h. nicht nur eigener Art, sondern eigenen Ursprungs. Das augustinische *dilige et quod vis fac* ist nicht nur ein universaler Imperativ, sondern eine transzendentale Formel, die das *facere* im *velle* und das *velle* im *diligere* begründet. Das Tun und Machen des Menschen hat seinen Grund im Wollen, und das transzendentale Apriori des Wollens ist die Liebe. Der Wille ist etwas durchaus anderes als das Streben; auch etwas anderes als die *Boulesis,* die im aristotelischen Sinn das naturale Verlangen, Wünschen und Wollen bedeutet.

---

[5] N. Kopernikus: Erster Entwurf seines Weltsystems, hrsg. von F. Roßmann, München 1948, 14.

[6] Vgl. W. Stegmüller: Hauptströmungen der Gegenwartsphilosophie Bd. II, Stuttgart 1975, Kap. III: Evolution des Kosmos.

Als Wille sind Verlangen und Streben aus dem kosmischen Kontext freigesetzt. Seit Duns Scotus und Wilhelm von Ockham wird die Freisetzung des Willens zum Kern der Theorie, nicht nur der ethischen, sondern auch der metaphysischen Theorie. In dieser neuen, als *via moderna* bezeichneten metaphysischen Theorie geht es weniger darum, wie der Wille im geläufigen, wenn auch umstrittenen Sinn als frei in der Bedeutung von Wahlfreiheit *(liberum arbitrium)* gelten könne. Vielmehr geht es um eine metaphysische Handlungstheorie, die eine neue Dimension der Handlung unter dem Titel eines *facere de potentia absoluta* zu artikulieren versucht. Die Theorie handelt als metaphysisch-theologische Theorie zunächst von dem Problem des Willens und der Macht Gottes.

Die neue und umkämpfte metaphysische Theorie als Voluntarismus zu qualifizieren, zeigt ein Mißverstehen der spätmittelalterlichen Philosophie an. Denn es handelt sich nicht darum, daß fälschlicherweise ein menschliches Vermögen, also ein Principatum, zum Prinzip erhoben würde. Es geht vielmehr darum, Prinzip und Struktur des Handelns neu zu denken. Scotus und Ockham greifen die Tradition der erstmals in der ersten Hälfte des 13. Jahrhunderts von Alexander von Hales formulierten Unterscheidung von *facere de potentia absoluta* und *facere de potentia ordinata* auf. Mit Hilfe dieser Begriffe werden zwei konstituierende Qualitäten im Handeln herausgestellt. Sofern das Handeln Gottes ein Handeln innerhalb eines Kontextes ist, also eine *lex* im weitesten Sinne als vorausgesetzt gedacht werden muß, ist die Macht Gottes durch eben diese Ordnung bestimmt; d. h. das Handeln Gottes muß so verstanden werden, daß es auf einer Anerkennung bestimmter Ordnungen beruht. Die Beispiele für ein *facere de potentia ordinata* werden gerne aus dem Bereich der Logik oder des naturgesetzlichen Geschehens gebracht. Der Begriff eines *facere de potentia ordinata* wehrt einen formalen Allmachtsbegriff ab, der zu Widersprüchen führen würde. Eine andere Dimension des Handelns Gottes besteht darin, daß Gesetz, Ordnung und Kontext selber als im Willen Gottes gegründet gedacht werden. Sie gelten nicht als eine Naturnotwendigkeit; sie gelten als gegründet in der absoluten Freiheit Gottes. Der Begriff eines *facere de potentia absoluta* wird derart von einem „Grenzbegriff" zu einem theorietragenden Begriff innerhalb einer metaphysischen Handlungstheorie entwickelt.[7]

An dieser Stelle ist darauf hinzuweisen, daß die transzendentale Dimension im Handeln Gottes auch bei Thomas v. Aquin artikuliert, wenn auch nicht theoretisch ausgearbeitet ist. Er kennt und gebraucht die Unterscheidung von *potentia ordinata* und *potentia absoluta* und er versteht die letztere in dem Sinn, daß die göttliche Weisheit „nicht auf eine bestimmte Ordnung der Dinge so festgelegt (ist), daß nicht ein anderer Lauf der Dinge von ihr ausgehen könnte".[8] Im übrigen liegt der Akzent der thomasischen Theorie nicht auf der Unterscheidung von absolutem und regelbestimmtem Handeln, sondern auf deren Einheit in einer Einheit von Wille und Weisheit. Thomas' These ist einerseits, daß der Wille Gottes die Ursache der Dinge sei.[9] Andererseits ist der

---

[7] Vgl. J. Miethke: Ockhams Weg zur Sozialphilosophie, Berlin 1969, 142.

[8] Thomas von Aquin: Summa Theologica I, 25, 5c. „Unde divina sapientia non determinatur ad aliquem certum ordinem rerum, ut non possit alius cursus rerum ab ipsa effluere." Übersetzung der Deutschen Thomasausgabe, Leipzig 1934, Bd. II.

[9] Thomas von Aquin: S. Th. I, 25, 5c: „. . . sed voluntatem eius esse omnium rerum causam." Vgl. I, 19, 3.

Inhalt dieses Willens als *bonitas Dei* bestimmt. Somit ist auch der Endzweck der Dinge als *bonitas Dei* immer schon gegeben und nicht gesetzt. Dieser *finis* überragt allerdings wiederum die geschaffenen Dinge *improportionaliter,* so daß weder eine bestimmte Welt gewollt sein muß, noch die beste aller Welten aus der *bonitas Dei* deduziert werden kann. So bedeutet *facere de potentia absoluta,* „daß Gott anderes schaffen kann, als was er schafft".[10] *Potentia ordinata* hingegen bedeutet dieselbe Macht unter einer Voraussetzung *(ex suppositione),* nämlich unter der Voraussetzung, daß eine Ordnung schon gewollt ist und mithin als das Apriori der göttlichen Macht Geltung hat. Ist eine Ordnung gewollt, so kann sie nicht nicht gewollt sein. *Supposito enim quod velit, non potest non velle, quia non potest voluntas eius mutari.*[11]

Alles, was geschieht, geschieht gemäß einer Ordnung. Doch die die Ordnung konstituierende *lex* gründet in dem Willen Gottes. Diese in der spätmittelalterlichen Philosophie zu einer theologischen Theorie entwikkelten Lehre von der absoluten Freiheit Gottes besagt nicht Voluntarismus im üblichen Sinn; sie ist vielmehr

---

[10] Thomas von Aquin: S. Th. I, 25, 5c: „Unde licendum est simpliciter quod Deus potest alia facere quam quae facit."
[11] Thomas von Aquin: S. Th. I, 19, 3c. – Thomas nimmt in seinen Kommentaren und Quaestionen die Unterscheidung von *potentia absoluta und potentia ordinata* als eine zweckmäßige Begriffsdifferenzierung, jedoch ohne besonderen theoretischen Akzent auf. Der Begriff potentia absoluta wird von J. Miethke – vgl. Anm. 7 – mit Recht als ein Grenzbegriff bezeichnet, da er sich nach Thomas lediglich im Zusammenhang der menschlichen Reflexion und Abstraktion ergibt: „Potentia Dei . . . a nobis consideratur sine ratione sapientiae" (Quaestiones disputatae de Potentia I, 5 ad 6). „Quod absolutum et regulatum non attribuuntur divinae potentiae nisi ex nostra consideratione" (a. a. O. ad 5).

der Versuch und mehr als nur der Versuch, die Freiheit Gottes als das Begründende eben jener Ordnungen zu denken, innerhalb derer Gott handelt.

Diese Begründung einer Weltordnung in einem Willen ist strukturell anders als die Begründung der Weltordnung in einer kyklischen Bewegung. Im Weltbild der klassischen Antike hat die Welt ihr Ziel und ihre ewig unveränderliche und schöne Ordnung. Die kyklische Bewegung hat nämlich kein Ziel außer ihr selbst. Jedwedes Ziel in der Welt ist darum prinzipiell als *Entelechie* zu begreifen. In diesem Weltbild bleibt Wille in dem naturalen Verlangen zum Vollkommenen als *Orexis* und *Boulesis* verborgen und geborgen.

In dem durch das Christentum aufgebrochenen und theoretisch durch die mittelalterliche Wende konzipierten Weltbild hat die Welt nicht naturaliter ein Ziel und nicht naturaliter eine ewige Ordnung. Ihre Ordnung gründet in einem ordo in divinis, und dieser ist als ein ordo originis gedacht.[12] Ein charakteristischer Unterschied zwischen der hochmittelalterlichen und spätmittelalterlichen Theorie besteht darin, daß das Prinzip dieser „Ordnung des Hervorgangs" klassisch als *Sapientia*, „modern" als *Voluntas* bestimmt wird. Prinzipiell ist jedwedes Ziel in der Welt als das Ziel eines Wollens zu begreifen. Der Wille aber ist, metaphysisch gesprochen, der Hiatus in der kyklischen Bewegung, der – eben als Hiatus – das ganze Modell des kosmischen Kyklos (und damit auch das Theoriemodell klassischer Metaphysik) aufhebt. Die Welt wird offen und unabsehbar. Sie ist ohne Ziel und Ordnung, es sei denn, ein Wille setzt ihr ein Ziel und gibt ihr eine Ordnung. Ein Wille

---

[12] Vgl. vom Verf.: Ordo, Halle 1941, 64 ff.

als Apriori der Ordnung: Diese quasi-kopernikanische Wende in der Handlungstheorie ist es, die das Freiheitsproblem als solches freisetzt. Es betrifft nicht mehr die Frage, wie der Mensch in einem kosmischen Zusammenhang oder angesichts der Allmacht und des Vorherwissens Gottes noch einen Spielraum für eigene Entscheidung habe. Es betrifft vielmehr die Frage, wie sich der Mensch zu dem sein Sein und Handeln bestimmenden Zusammenhang überhaupt verhält. Dem Erkennen einer (ewigen) Ordnung wird die Anerkennung eines die Ordnung setzenden (ewigen) Willens vorausgesetzt. Die Glaubensentscheidung nimmt einen transzendentalen Rang ein. Wofern der Mensch nicht „zuvor" Gottes absolute Freiheit anerkennt, sind die Ordnungen des Seins wie die Ordnungen des Handelns grundlos. Sofern die neue Handlungstheorie voll auf den Menschen durchschlägt, bedeutet dies, daß, bevor Fragen über das *liberum arbitrium* entstehen, die transzendentale Frage zur Entscheidung ansteht, ob Gott als absolute Freiheit und Ursprung der Weltordnung anerkannt ist oder nicht. Auf dem Boden der neuen Theorie ist der Glaube das endliche Analogon zu Gottes *facere de potentia absoluta.*

Der Begriff einer Freiheit, die als das Apriori der Ordnung gedacht ist, wird, vorbehaltlich weiterer Bestimmungen, terminologisch als *praktische Freiheit* festgehalten. Die praktische Freiheit hat strukturlogisch einen anderen Ort als der Begriff der Wahlfreiheit (liberum arbitrium) in der klassischen Handlungsmetaphysik. Diese war dem umfassenden Begriff der Bewegung nachgeordnet und betraf das *Hekousion,* das Streben aus eigenem Antrieb im Gegensatz zu einem Streben durch fremden Antrieb *(bia).*[13] Durch die quasi-kopernikanische Wende in der Handlungstheorie wird der Bewegung und dem naturalen Streben ein Wille vorgeordnet als ordnungsbegründender, zielsetzender, gesetzgebender Aktus – als praktische Freiheit. Das Freiheitsproblem der via antiqua betraf die Freiheit des Handelns, eines im übrigen durch Ethos und Nomos geregelten Handelns. Das Freiheitsproblem der via moderna betrifft die Freiheit des Willens: Der Wille ist frei, Ziele und Regeln zu setzen, Ordnungen zu begründen. Letztlich ist er kosmosbegründender Wille. Praktische Freiheit betrifft also zunächst nicht die Freiheit des Handelns, sondern ist handlungsbegründende Freiheit. Auch das durch praktische Freiheit begründete Handeln ist durch den Bezug auf Regeln und Ordnungen als Handeln konstituiert und wird durch die Befolgung der Regeln als rechtes oder gutes Handeln qualifiziert – ein Kapitel der Handlungstheorie, auf das hier nicht eingegangen wird, das aber wie das Freiheitsproblem seine Vorgeschichte und Tradition im Problem des Handelns Gottes *de potentia ordinata* hat. Doch die das Handeln mitkonstituierenden Ordnungen und Regeln sind nicht in einem ewigen Naturgesetz wie etwa dem der ewigen Wiederkehr, auch nicht in einer ewigen Natur Gottes und einer damit gegebenen *lex aeterna*, sondern in einem Wollen begründet. Durch den Begriff der praktischen Freiheit wird die Handlung nicht als kosmisch-metaphysisch, sondern als transzendental begründet gedacht.

Es ist vielleicht trivial, aber doch nicht überflüssig, darauf hinzuweisen, daß dieses Modell der Regel- und Handlungsbegründung nicht als ein Modell der Willkür verstanden werden kann. Das Problem der Willkür stellt sich erst, wenn Regeln gesetzt sind, dann aber die Regeln verletzt und letztlich jede Regel verworfen wird. Der

---

[13] Aristoteles: Eth. Nic. III, 3.

Rekurs auf praktische Freiheit zielt ja gerade auf Regelbegründung und damit auch auf einen Grund, warum eine Regel nicht verworfen werden kann, ohne in einen Selbstwiderspruch zu geraten. Oben (S. 95) hieß es vom Willen Gottes: *supposito enim quod velit, non potest non velle.* Der Wille Gottes ist unbedingter Wille; und Unbedingtheit heißt bei Thomas, daß sein Inhalt die *bonitas Dei* ist. Dieser Wille ist die metaphysische Voraussetzung dafür, daß das, was ist, Dasein hat und dieses Dasein gut ist; daß das, was gilt, Geltung hat und diese Geltung rechtens ist. Die moralische Qualität der Handlung beruht auch gemäß der via moderna in dem Bezug auf Regeln und Normen; sie unterscheidet sich von der via antiqua dadurch, daß die Frage der Normen nicht vorab durch eine wie auch immer ewig feststehende Ordnung schon beantwortet ist. Die Normen haben ihren Grund in einem unbedingten Willen, letztlich in der Freiheit Gottes.

Durch die neue Handlungstheorie wird das naturale Streben des Menschen und aller lebenden Wesen nach dem Glück *(Eudaimonia)* als Moment des Handelns (und auch einer Handlungstheorie) nicht eliminiert. Als *Begründungsinstanz* ist die Eudaimonia allerdings suspendiert; sie und das naturale Streben nach ihr bedürfen ihrerseits einer Legitimation durch praktische Freiheit. Die Moralität der Handlung wird nicht mehr vollständig durch jenen Typus repräsentiert, den Aristoteles als den *Spoudaios* vorstellt. Für ihn bilden das rechte Handeln und das glückliche Leben eine selbstverständliche Einheit, und jede Frage darüber hinaus ist durch einen Verweis auf den Himmel, werde er griechisch oder biblisch verstanden, vorab beantwortet. Die Moralität der Handlung ist erst dann voll repräsentiert, wenn das rechte Handeln und seine Ordnungen durch praktische

Freiheit begründet und das glückliche Leben auch als sittlich legitimiert ist.

Damit ist der Ausdruck „sittlich" als jenes Begriffswort eingeführt, das die Begründung der Moralität gemäß der via moderna bezeichnet. Der Bedeutungswandel der Wörter *Ethos, Mos,* Sitte zu Sittlichkeit ist in der Philosophie der Neuzeit mehr und mehr theoretisch expliziert worden. Ein Handeln soll dann als sittlich bezeichnet werden, wenn seine Ordnungen und Regeln, deren Befolgung das Handeln als gut und recht qualifiziert, prinzipiell in praktischer Freiheit begründet sind.

Damit haben wir das geschichtliche Ursprungsfeld des Begriffs der praktischen Freiheit verlassen und bewegen uns schon in jenem Fragehorizont, in dem das Problem einer Freiheit a priori universal geworden ist. In dem halben Jahrtausend zwischen Ockham und Kant wird das Freiheitsproblem transformiert und universalisiert in ein Problem der Vernunft schlechthin. Zunächst als das Problem der absoluten Freiheit Gottes in der Theologie kontrovers diskutiert, tritt das Problem der Freiheit mehr und mehr als das Problem der regelsetzenden, gesetzgebenden Vernunft, als das Problem der Freiheit als *Autonomie* hervor. Diese Universalisierung des Freiheitsproblems vollzieht sich auf mannigfaltigen Wegen und in ganz verschiedenen Themenbereichen, die durch Namen wie Kopernikus, Luther, Pascal, Descartes, Newton, Spinoza, Leibniz und andere nur angezeigt werden können. Mit der Transformation des Freiheitsproblems übernimmt der Mensch selber die Verantwortung für die Ordnungen in der Welt und für die Ordnung der Welt als ganzer.[14] Dieses ist die eine Seite des Problems.

---

[14] Vgl. O. Marquard: Schwierigkeiten mit der Geschichtsphilosophie, Frankfurt a. M. 1973.

Die andere Seite besteht darin, daß, sofern nicht der Glaube im Sinne Luthers den Menschen rechtfertigt, der Mensch selber nunmehr auch seine Rechtfertigung zu besorgen hat. Wodurch ist Autonomie legitimiert? Wie ist nunmehr der Wille zu begreifen, der als das Apriori der Ordnung nicht mehr entbehrt werden kann. Wie kann ein Wille als unbedingt gedacht werden, wenn nicht eine theologische Theorie diese Aufgabe erledigt? Kant hat dieser Frage seine Kritik der praktischen Vernunft gewidmet. Um den Ausgangspunkt für die Unterscheidung eines die praktische Freiheit legitimierenden Begriffs der transzendentalen Freiheit genauer zu kennzeichnen, sei Kants Kritik der praktischen Freiheit erinnert.

In Kants praktischer Philosophie ist nicht die Handlung und ihre Struktur das kritische Thema, sondern der Wille, genauer die Willensbestimmung. Der Brennpunkt der transzendentalen Kritik hat sich von der Handlung und ihrer historisch-ethisch-politischen Bestimmtheit verlagert auf jenen akosmischen Ursprung der Handlung, der nach Kant allein die Sittlichkeit der Handlung begründen kann: der gute Wille. Nahezu alles an der Handlung ist moralphilosophisch uninteressant im Verhältnis zu der einen Hauptsache: wodurch der die Handlung qualifizierende oder disqualifizierende Wille bestimmt sein soll. Der Wille, sofern er die Handlung als *sittliche* begründet, muß rein durch sich selbst als Vernunftwille bestimmt sein. Das ist das „Sittengesetz". Der Wille soll unbedingter Wille sein. Mag die Handlung auch die beste Absicht und einen guten Zweck haben, so hat sie „ihren moralischen Wert nicht in ihrer Absicht, sondern in der Maxime, nach der sie beschlossen wird".[15] Mag die Handlung auch unter Bedingungen stehen, welchen auch immer, begünstigenden oder nicht-

101

begünstigenden oder auch solchen, an denen sie überhaupt scheitert, diese Bedingungen tangieren nicht den unbedingten Willen. Sie sind keine Legitimationsinstanz und sollen nicht Moment der Willensbestimmung sein. Die praktische Freiheit wird, soweit sie bei Kant in dessen transzendentaler Analytik und Kritik als solche bestimmbar wird, als die reine Form einer unbedingten praktischen Setzung begriffen.

Die kantische Wende der transzendentalen Kritik von der Handlungstheorie zu einer Theorie des Willens als des *handlungsbegründenden* Prinzips und von der Theorie des Willens überhaupt zu einer Theorie des reinen, durch sich selbst bestimmten Willens als *sittlichkeitsbegründendem* Prinzip leitet zugleich eine Trennung von Ethik und Pragmatik, von Freiheitsphilosophie und Handlungstheorie ein. Der kategorische Imperativ beginnt zwar mit den Worten „Handle so, . . .“; gleichwohl ist er „eine Regel, die bloß den Willen in Ansehung der Form seiner Maximen a priori bestimmt“.[16] Ebendiese Form qualifiziert die Handlung als sittlich, mag sie nun gelingen oder nicht. Das Gelingen der Handlung generell im Hinblick auf Eudaimonie wäre nach Kant bei einem Naturinstinkt weit besser aufgehoben als bei der Vernunft.[17] Angesichts des Sachverhalts, daß die sittliche Relevanz der Handlung a priori bestimmt ist, wird ihr Gelingen zur ethischen quantité négligeable.

Kants Position läßt jedoch nicht nur dadurch ein Desiderat offen, daß ihr als einer vornehmlich kritisch orien-

---

[15] Kant: Grundlegung zur Metaphysik der Sitten, 1. Abschnitt, Akademie Ausgabe Bd. IV, 399 f.
[16] Kant: Kritik der praktischen Vernunft, § 7.
[17] Kant: Grundlegung zur Metaphysik der Sitten, a. a. O. 395.

tierten „Ethik des reinen Willens" (H. Cohen) der Ort
für eine Handlungstheorie fehlt. Ein weiteres Desiderat bleibt hinsichtlich der Frage nach der vorausgesetzten unbedingten Aktualität des regelsetzenden Willens,
die in einer transzendentalen Kritik nur hinsichtlich ihrer unbedingten Form bestimmbar wird. Wie kann oder
muß jene Aktualität gedacht werden, deren unbedingtes Setzen ein Apriori für die Konstitution der Handlung als Tat und für ihre Qualifikation als sittliche Tat
ist?

Transzendentale Freiheit

Diese Frage, die eine bloße Kritik der Vernunft offen-
lassen muß, kann nicht durch einen metaphysischen oder
psychologischen Voluntarismus beantwortet werden. Ein
Voluntarismus würde diese Frage deswegen verfehlen,
weil er auf ein einzelnes Moment innerhalb der bedingten Handlung, nämlich das Moment des Willens zurückgreifen würde, sei es, um dieses als metaphysisches Absolutum zu behaupten oder um auf es eine psychologi-
sche Handlungsontologie zu gründen. Er müßte ganz
unbegründeterweise ein Bedingtes als unbedingt und be-
gründend behaupten. Ein derartiger Willensabsolutis-
mus würde hinter den kantischen Ansatz zurückfallen.
Die offene Frage nach dem unbedingten Aktus wird aber
auch nicht durch eine Pragmatik überflüssig. Die nicht-
empiristische Pragmatik setzt eine transzendentalbe-
gründende Aktualität, wie Kant sie kritisch als reinen
Willen bestimmt, stillschweigend voraus. Die Anerkennung universaler Geltungsansprüche, wie J. Habermas
sie als Apriori kommunikativen Handelns eruiert,[18]
setzt voraus, daß dergleichen wie Anspruch, Geltung

etc. konstituiert sind, daß die Partner a priori wissen, was Anerkennung heißt und daß sie sich (immer schon) als Partner anerkannt haben. Die Universalpragmatik von Habermas wie die transzendentale Sprachpragmatik von Apel setzen eine prinzipielle Gewilltheit voraus; ohne sie wären die akzeptierten Regeln lediglich als Verhaltenskonditionierung feststellbar, nicht aber als Geltungsansprüche identifizierbar. Es besteht kein Anlaß, diese Geltungsvoraussetzungen als bloßes Faktum der kommunikativen Vernunft stehenzulassen. Eine nicht ausschließlich pragmatische Theorie wird dem in ebendieser kommunikativen Vernunft liegenden Interesse Rechnung tragen und das Unbedingte nicht nur als das X einer reinen Gewilltheit, quasi als ein neues „Ding an sich", im Hintergrund lassen. Das Auszeichnende der philosophischen Theorie im vollen Sinne des Wortes besteht in dem Versuch, das Unbedingte als die primär geltungsbegründende Instanz zu denken.

Die Methode, das Unbedingte zu denken, kann in diesem Zusammenhang nur aus der bisherigen Analytik praktischer Freiheit gewonnen werden. Der Rückgang auf ein Moment unbedingter Freiheit in der regelsetzenden praktischen Freiheit erfolgt also durch eine Analyse der im Begriff der praktischen Freiheit liegenden Implikate. Das heißt generell: Die unbedingte Aktualität einer regelsetzenden, ordnungsbegründenden praktischen Freiheit muß als der Ursprung von Regelhaftigkeit, Geltung und Verbindlichkeit, also als die Generierung einer primären transzendentalen Regel gedacht werden.

---

[18] J. Habermas: Was heißt Universalpragmatik?, in: Sprachpragmatik und Philosophie, hrsg. von K.-O. Apel, Frankfurt a. M. 1976, 174–272.

Bei einer reduktiv-analytischen Untersuchung des Begriffs der praktischen Freiheit mit dem Ziel, das Moment des Unbedingten in ihr freizulegen, lassen sich folgende drei Implikate feststellen:

1. Der Begriff der Setzung einer Regel impliziert zunächst *die Affirmation eines Gehaltes* (dieser Regel). Als Beispiel dafür können die universalen Geltungsansprüche der Universalpragmatik, nämlich Verständlichkeit, Wahrheit, Wahrhaftigkeit, Richtigkeit, genannt werden.[19] Jedwede Regel hat einen (möglicherweise rein formalen) Gehalt, zu dem praktische Freiheit entschlossen ist, sofern eine Regel durch sie gesetzt ist.

2. Der Begriff der Regelsetzung impliziert ferner die Affirmation einer regelbegreifenden und regelbefolgenden Instanz – selbst dann, wenn nur einer ein einziges Mal einer Regel folgen sollte, was Wittgenstein bekanntlich als unmöglich bestreitet.[20] Durch praktische Freiheit ist transzendentaliter der Adressat affirmiert; denn der Begriff der Regel impliziert die Möglichkeit der Regelbefolgung und mithin eine Instanz möglicher Regelbefolgung. Praktische Freiheit setzt die Regel zwar unbedingt, aber nicht absolut, sondern im Bezug auf praktische Freiheit. In der Setzung der Regel ist *die Affirmation praktischer Freiheit* durch praktische Freiheit impliziert.

3. Der Begriff der Regelsetzung impliziert schließlich die Selbstaffirmation der in dieser Setzung sich aktuali-

---

[19] Vgl. J. Habermas: Was heißt Universalpragmatik? a. a. O. 176. – Wahrheitstheorien, in: Wirklichkeit und Reflexion. W. Schulz zum 60. Geburtstag, Pfullingen 1973, 220–238. Habermas bemerkt ausdrücklich, daß die Gehalte Wahrhaftigkeit, Richtigkeit und Verständlichkeit nicht aus dem Begriff der Wahrheit ableitbar sind (236 ff.).

[20] Vgl. L. Wittgenstein: Philosophische Untersuchungen, Nr. 199.

sierenden praktischen Freiheit. Die Affirmation des Regelgehaltes und die Affirmation anderer praktischer Freiheit kann nicht gedacht werden, ohne daß der Aktus der transzendentalen Affirmation sich selber als Freiheit affirmiert. *Diese Selbstaffirmation von Freiheit* aktualisiert sich durch nichts anderes und ist prinzipiell durch nichts anderes vermittelt als durch die transzendentale Affirmation anderer Freiheit.

Der Begriff der transzendentalen Freiheit ist der Begriff einer unbedingten Affirmation. Diese Affirmation ist mehrdimensional, doch ihr Inhalt ist prinzipiell die Freiheit selbst. Die erfragte unbedingte Aktualität der praktischen Freiheit muß demnach bestimmt werden als ein transzendentaler Aktus unbedingter Anerkennung, durch den praktische Freiheit andere Freiheit und sich selbst als Freiheit affirmiert. Dieser transzendentale Anerkennungsaktus kann als *die* transzendentale Regel bezeichnet werden, die als das Apriori jedweder praktischen Regelsetzung gedacht werden muß. Der in der Selbstgeneration der transzendentalen Regel generierte Gehalt ist mithin die Freiheit selbst.

Die Frage des transzendentalen Gehaltes ist von Bedeutung, denn durch den Gehalt erhält der unbedingte Aktus seine Bestimmtheit. Diese Bestimmtheit als transzendentale Affirmation und Anerkennung läßt erkennen, daß es nicht um Philantropie, auch nicht um reine Sittlichkeit geht. Das Moment des Unbedingten in der praktischen Freiheit kann nur dann strikt als ein solches gedacht werden, wenn es als transzendentale Freiheit gedacht wird. Das jeweilige Apriori für bestimmte Klassen von kommunikativem Handeln ist zwar konstitutionslogisch nicht hintergehbar, doch ist es durch seine handlungskonstituierende Funktion allein nicht legitimiert. Die transzendentale Bedingung der Legitimi-

106

tät seiner Geltung – und erst durch das Moment der Legitimität ist der Begriff der Geltung voll konstituiert – beruht in dem Bezug auf ein Unbedingtes. Der *Gehalt* des als unbedingt gedachten Aktes aber muß den gleichen transzendentalen Rang aufweisen wie der Aktus selber. Demnach ist transzendentale Freiheit als der unbedingte Entschluß von Freiheit für Freiheit zu bestimmen.[21] Die Generierung der primären transzendentalen Regel verläuft nach der Formel, daß Freiheit sich dadurch konstituiert, daß Freiheit anerkannt wird. Diese Formel ist – dem sprachlichen Anschein zum Trotz – nicht zirkulär, sondern Ausdruck einer unbedingten Offenheit. Die transzendentale Freiheit hat nicht die Struktur einer absoluten Selbstbehauptung, sondern einer Affirmation mit mehreren Gehaltsdimensionen: Die Selbstaffirmation als regelbegründende oder regelbefolgende Freiheit impliziert die Affirmation einer regelbefolgenden oder regelbegründenden Freiheit und die ursprüngliche Generierung des Regelgehaltes. Die transzendentale Freiheit kann daher auch als transzendentaler Ent-schluß bezeichnet werden. Dieser ist alles andere als „Dezision". Der transzendentale Ent-schluß konstituiert die primäre transzendentale Regel, die es ermöglicht, daß praktische Entschlüsse, d. h. hier Entschlüsse der praktischen Freiheit, begründbar und nicht dezisionistisch sind.

Die primäre transzendentale Affirmation ist schlechthin

---

[21] Transzendentale Freiheit ist nicht als ein *act of faith* zu begreifen. Der Glaubensakt hat nicht sich selbst, sondern einen anderen Gehalt (Gott, Vernunft, Das Gute o. a.) zum Inhalt. Der Glaubensakt vermag darum auch nicht, sich selbst zu legitimieren. Sofern er nicht durch transzendentale Freiheit begründet ist, führt er zu einem Doktrinarismus. (In der christlichen Theologie ist der Glaube durch die Liebe begründet.)

fundamental für praktische Freiheit, d. h. für jedwede Regelsetzung, sei es im theoretischen oder praktischen Feld. Sie ist präkommunikativ, insofern Freiheit als die transzendental konstituierende oder innovierende[22] Aktualität in jedweder Kommunikation gedacht werden muß. Sie ist präuniversell, denn jedes universalpragmatische Apriori der Kommunikation hat als Geltungsanspruch zur Bedingung seiner Möglichkeit das geltungsbegründende Apriori der transzendentalen Affirmation.

Es kann nicht Aufgabe eines Vortrags sein, eine Philosophie der transzendentalen Freiheit zu entfalten. Doch dürfte jene Dimension des Denkens deutlich geworden sein, in der nicht nur praktische Freiheit als Grund der Handlung, sondern transzendentale Freiheit als Grund praktischer Freiheit gedacht werden kann. Zur Erläuterung dieses Ansatzes zwei Bemerkungen.

1. Die Reflexion über transzendentale Freiheit basiert nicht auf einer Deskription; ihr Element ist das Denken im strikten Sinn. Sie kann darum auch nicht auf dem Weg einer Rekonstruktion empirischer Befunde (auch nicht einer im Apelschen Sinn transformierten transzendentalen Rekonstruktion) durchgeführt werden. Der Rekonstruktion gegenüber müßte sie als *Konstruktion* bezeichnet werden. Der Begriff der transzendentalen Freiheit ist darum auch nicht unmittelbar einer der Theoriebegriffe, mit denen eine Handlungstheorie aufgebaut wird, wie es der Begriff der praktischen Freiheit ist. Soll der Begriff der praktischen Freiheit jedoch nicht nur als Theoriebegriff *verwendet,* sondern selber – als das Moment des Unbedingten in der Handlung –

---

[22] Vgl. H. Peuckert: Wissenschaftstheorie – Handlungstheorie – Fundamentale Theologie, Düsseldorf 1976, 237, 269, 273.

gedacht werden, so ist eine transzendentalphilosophische Reduktion geboten.

2. Die zweite Bemerkung bezieht sich auf die *Begründetheit* der im Diskurs geltenden Normen. Die Vollständigkeit der universalen Bedingungen kommunikativen Handelns werden von der Pragmatik durch das Konstrukt einer „idealen" *community* vorgestellt. Dieses Ideal wird notwendig unterstellt; d. h. es ist „weder ein empirisches Phänomen, noch ein bloßes Konstrukt", sondern „eine im Kommunikationsvorgang operativ wirksame Fiktion",[23] gemäß der jeder Teilnehmer des Diskurses davon ausgehen muß, daß jeder Partner die universalen Geltungsansprüche anerkennt. Diese Unterstellung wird gerechtfertigt durch die *Tatsache* des wissenschaftlichen Diskurses, der – pragmatisch nicht hintergehbar – eben diese Geltungsansprüche zugleich fordert und auch quodammodo erfüllt. Können die normativen Gehalte der Geltungsansprüche aber darum auch in dem Sinn als begründet gelten, daß von ihnen aus „die Grundlegung einer universalistischen Sprachethik"[24] geleistet werden könnte? Zunächst ist festzuhalten: Die normierenden Bedingungen des Diskurses gelten nur insoweit, als es tatsächlich den Diskurs gibt bzw. er gewollt ist. Das heißt aber doch, daß die Norm unter Bezug auf ein Faktum lediglich konstatiert wird. Dagegen, daß der Geltungsanspruch unter Bezug auf das Faktum der kommunikativen Sprechhandlung identifiziert und rekonstruiert wird, ist nichts einzuwenden; wohl aber dagegen, daß damit die Geltung als solche begründet sein soll. Man kann aus der Tatsache, nämlich des Diskurses, auf die faktische Normativität, nämlich seiner

---

23 J. Habermas: Wahrheitstheorien, a. a. O. 258.
24 Vgl. J. Habermas: a. a. O. 262, Anm. 18.

Bedingungen, schließen. Aber wäre es nicht ein „naturalistischer Fehlschluß", auf die Begründetheit dieser Geltung zu schließen? Ferner: Die rekonstruktive Methode besteht darin, daß die Bedingungen der Möglichkeit des Diskurses bzw. des kommunikativen Handelns rekonstruierend aus eben jenem quasi-empirischen Faktum gewonnen werden, das sie bedingen. Wenn kraft dieser Methode eine Geltung nicht nur identifiziert wird, sondern auch begründet sein soll, setzt sie sich dem Vorwurf aus, zirkulär zu sein.[25] Der Versuch der Pragmatik, gewissermaßen selbst ihr eigenes Metasystem zu sein, führt zu Schwierigkeiten.[26]

Eine transzendentale Freiheitslehre expliziert die Metaproblematik der praktischen Freiheit. Die normative Kraft der universalen Geltungsansprüche leitet sich nicht daher, daß ohne sie der Diskurs nicht möglich wäre. Warum soll er möglich sein? Sicherlich nicht nur deswegen, weil er faktisch ist. Die normative Kraft praktischer Setzungen oder Voraussetzungen, seien sie universal-ideale oder geschichtlich-reale Normen, leitet sich her aus der transzendentalen Affirmation von Freiheit durch Freiheit; sie ist in dem Bezug der idealen oder realen Bedingungen auf unbedingte Freiheit begründet.

Die transzendentale Freiheit ist jedoch nicht ein metaphysisches oder moralphilosophisches Prinzip in dem Sinn, daß aus ihm Handlungsziele oder Regeln des Handelns ableitbar wären. Sie muß jedoch als das transzendentale Kriterium oder – zurückhaltender – als transzendentale Orientierung für Handlungsziele, Regeln

---

[25] So der Einwand von Th. McCarthy in einem Kolloquium.
[26] Vgl. H. Peukert: a. a. O. 89–93.

oder Normen einbezogen werden. Sie kann nicht selber als Norm noch als Handlungsbedingung und erst recht nicht als Handlungsprogramm in Anspruch genommen werden. Sie steht jedoch zu möglichen Normen und Handlungsbedingungen in dem Bezug einer transzendentalen Metaregel.

Die transzendentale Freiheit kann darum auch nicht ein „Ideal" sein, das zu verwirklichen wäre oder als das Ziel der Geschichte postuliert werden könnte. Dieses muß besonders gegenüber dem neuaufgekommenen, kritisierbaren Gebrauch des Begriffs „ideal" betont werden. Der Sprachgebrauch in der Sprachpragmatik ist schillernd. Das Wort Ideal bezeichnet in manchen Kontexten die Vollständigkeit der Bedingungen a priori. In anderen Kontexten jedoch, z. B. dort, wo Habermas von der „idealen Sprechsituation" spricht, ist ein Ideal gemeint, das kontrafaktisch unterstellt wird, aber nicht kontrafaktisch sein muß.[27] Für Apel ist die Kommunikationsgemeinschaft ein" (noch) nicht realisiertes Ideal", das er geradezu als „reale Möglichkeit der realen Gesellschaft" bezeichnet, und das in gegebenen Lebensformen progressiv durchzusetzen ist.[28] So reicht die Skala der Bedeutungen von dem Bedingungsapriori bis zum utopischen Geschichtsziel. Ohne auf diesen problematischen Sprachgebrauch und seinen theoretischen Hintergrund weiter einzugehen, ist festzuhalten, daß transzendentale Freiheit in keinem Sinn ein Ideal ist. Sie kann unter bestimmten Kautelen als Idee bezeichnet werden, die insbesondere die Normenkritik im Sinne eines negativen Kriteriums orientieren kann.

---

[27] J. Habermas: Wahrheitstheorien, a. a. O. 258.
[28] K.-O. Apel: Transformation der Philosophie, Bd. II, Frankfurt a. M. 1973, 256, 263, 429.

Transzendentale Freiheit als die Idee des Unbedingten im menschlichen Handeln und Wollen bietet die Möglichkeit, die Frage nach gut und böse zu stellen. Um *begründeterweise* ein Wollen und Handeln als sittlich gut oder sittlich böse zu beurteilen, ist der Bezug auf ein Unbedingtes unerläßlich. Zwar kann der Begriff des Unbedingten nicht unmittelbar als Kriterium für gut und böse in Anspruch genommen werden, da es im Verhältnis zum geschichtlichen Handeln *improportionabile* ist. Transzendentale Freiheit gibt jedoch den Grund, warum etwas als gut und böse zu beurteilen ist. So wie die transzendentale Anerkennung von Freiheit als der Ursprung des Guten, so müssen transzendentale Verweigerung und Entzug als der Ursprung des Bösen gedacht werden.

Die transzendentalphilosophische Bedeutung des Begriffs eines Unbedingten als Begründungsinstanz für den sittlichen Charakter des Handelns verweist auf die Struktureinheit von realer Freiheit, praktischer Freiheit und transzendentaler Freiheit. Die drei unterschiedenen Begriffe sind nicht Begriffe von dreierlei Freiheit. Sie dienen vielmehr dazu, die Tiefenstruktur des einen Freiheitsproblems begrifflich zu fassen. Wo immer Freiheit genannt, von ihr gesprochen oder Anspruch auf Freiheit erhoben wird, kann die Legitimität der Nennung, die Sinnhaftigkeit der Rede und die Begründetheit des Anspruchs philosophisch nicht hinreichend dargetan werden, ohne auf eine generative Theorie der Freiheit Bezug zu nehmen. Ob menschliches Handeln als frei begriffen werden kann, hängt von zwei Wesenskriterien ab: wie die Regel, welche die Handlung bestimmt, generiert ist, und durch welche transzendentale Regel die Regelsetzung bestimmt ist. *Reale Freiheiten sind jene geschichtlich bedingten, praktisch-poli-*

tischen Regeln des guten menschlichen Lebens und Zu-
sammenlebens, die durch die regelsetzende, ordnungs-
begründende und gesetzgebende praktische Freiheit be-
gründet sind. Die transzendentale Regel der Regelset-
zung aber besteht in der primären Anerkennung von
Freiheit durch Freiheit.

Die Weiterungen, die sich aus diesem Strukturaufriß
der Freiheitsproblematik für das Verhältnis des Ge-
ziemenden zum Guten und des Guten zum Sittlichen
sowie für das Verhältnis der Pragmatik zur Ethik und
der Ethik zur transzendentalen Freiheitslehre ergeben,
sind ein anderes Thema.

Freiheit und Terror

Von Hermann Lübbe, Zürich

„Freiheit und Terror" ist ein Zitat, leicht abgewandelt.
„Die absolute Freiheit und der Schrecken" lautet die
Überschrift eines berühmten Kapitels in Hegels „Phänomenologie des Geistes" zur Französischen Revolution
und näherhin zur Herrschaft der Jakobiner.[1] Dieses Thema hat Hegel bis in seine letzten Lebensjahre hinein
beschäftigt. „Die Weltgeschichte ist nichts als die Entwicklung des Begriffes der Freiheit", heißt es in einem
vielzitierten, resümierenden Satz ganz am Schluß seiner
Vorlesung über die Philosophie der Geschichte,[2] und
wenige Seiten zuvor analysiert Hegel dort den Ursprung
des Terrors aus der Freiheit in ihrer subjektiven Verwirklichung, das heißt aus der Tugend.
Für das Urteil des zeitgenössischen europäischen Publi-
kums über die Französische Revolution ist dieser Zusammenhang von Freiheit und Terror bekanntlich entscheidend gewesen. Dabei ist es selbstverständlich nicht
so, daß erst der Terror den Kritikern der Revolution die
Argumente geliefert hätte. Edmund Burkes berühmte
„Reflections on the Revolution in France" stammen ja

---

[1] G. W. F. Hegel: Phänomenologie des Geistes. Nach dem Text
der Originalausgabe hrsg. v. J. Hoffmeister, Hamburg ⁶1952, 414
bis 422.
[2] G. W. F. Hegel: Vorlesungen über die Philosophie der Geschichte
(WW), hrsg. von Karl Hegel, Bd. IX, 546.

bereits aus dem Herbst des Jahres 1790, und es bedurfte der Erfahrung des Terrors nicht, um bei diesem Konservativen die Empfindungen, wie er schreibt, des „Abscheus", der „Traurigkeit" oder der „Verbitterung" auszulösen.[3] Zur theoretischen Herausforderung wird der Terror vor allem für diejenigen, die sich zu den deklarierten Prinzipien der Revolution zustimmend verhielten, und zu diesen gehörte in Deutschland Hegel[4] – wie vor ihm Kant oder Schiller und nach ihm unter seinen Schülern die jungen Altliberalen.[5]

Kompromittiert nicht der Terror den politischen Fortschritt? Das ist die schlichte Frage, auf die mit einem unmißverständlichen „Nein" mußte antworten können, wer damals in Deutschland vor sich selbst und öffentlich ein Parteigänger dieses Fortschritts bleiben wollte. Der Terror kompromittiert die Revolution, nicht deren Prinzipien –: das ist die Lehre, die wir von Kant bis Hegel der deutschen philosophischen Theorie der revolutionären Praxis in Frankreich entnehmen können.[6] In der Konsequenz dieser Antwort ergibt sich die Frage, wie sich den Prinzipien politischer und wirtschaftlicher Modernisierung, dem „Fortschritt", Geltung verschaffen läßt, wenn das revolutionär nicht geschehen soll, und die

---

[3] E. Burke: Betrachtungen über die französische Revolution. In der deutschen Übertragung v. F. Gentz, bearbeitet und mit einem Nachwort v. L. Iser. Einleitung v. D. Henrich, Frankfurt a. M. 1967, 37.

[4] Vgl. J. Ritter: Hegel und die französische Revolution (1957), in: J. Ritter: Metaphysik und Politik. Studien zu Aristoteles und Hegel, Frankfurt a. M. 1969, 183–255.

[5] Vgl. dazu meine Einleitung zur Textsammlung „Die Hegelsche Rechte", Stuttgart-Bad Cannstatt 1962, 7–17.

[6] H. Lübbe: Politische Philosophie in Deutschland. Studien zu ihrer Geschichte, Basel/Stuttgart 1963, 43 ff.: Philosophie und Revolution.

politische Theorie aufgeklärter Reformen gibt auf diese Zusatzfrage die seither traditionelle Antwort.[7]

Für das Verständnis des Terrors ist damit ersichtlich noch gar nichts getan. „In den niederen und zahlreicheren Klassen", schrieb Schiller im fünften Brief seiner Erziehungsschrift, „stellen sich uns rohe gesetzlose Triebe dar, die sich nach aufgelöstem Band der bürgerlichen Ordnung entfesseln, und mit unlenksamer Wut zu ihrer tierischen Befriedigung eilen."[8] „Die losgebundene Gesellschaft", so Schillers zitables Diktum, „anstatt aufwärts in das organische Leben zu eilen, fällt in das Elementarreich zurück." „Die *moralische* Möglichkeit fehlt", so kommentiert Schiller im Sperrdruck die Schrecken der Revolution; „Der freigebige Augenblick" finde „ein unempfängliches Geschlecht", und darauf wird dann kompensatorisch das Programm der politischen Ästhetik bezogen.[9]

In Schillers Theorie verhält sich, was in dieser Deutung die Schrecken der Revolution erklärt, zur Vernunft ihrer Prinzipien kontingent. Der Terror macht nicht Epoche in der Geschichte der Freiheit, sondern unterbricht sie. Vor diesem Hintergrund wird der Rang der Terror-Theorie Hegels transparent. Diese lehrt uns, den Terror als ein moralisches Phänomen zu verstehen – als eine Praxis der Tugend. Nicht Barbarei, nicht Verwilderung, sondern der Mensch in der Verwirklichung äußerster Möglichkeiten ist das Subjekt des Terrors. Er ist kein

---

[7] Zum historischen Zusammenhang von Revolution und Reform vgl. exemplarisch R. Koselleck: Preußen zwischen Reform und Revolution. Allgemeines Landrecht, Verwaltung und soziale Bewegung von 1791–1848, Stuttgart ²1975.

[8] Schillers philosophische Schriften und Gedichte. Mit ausführlicher Einleitung hrsg. v. E. Kühnemann, Leipzig ³1922, 169.

[9] A. a. O.

Zufall in der Geschichte der Freiheit, vielmehr eine Form ihres politischen Daseins. – Es ist nicht zweifelhaft, daß in der Hegelschen Perspektive mehr und Genaueres als in der Schillerschen sichtbar wird. Auch enthält die Hegelsche Konzeptualisierung des Terrors Elemente, die zum Verständnis seines gegenwärtigen Daseins nützlich, ja unentbehrlich sind. Das möchte ich zeigen.

„Es herrschen nun", schreibt Hegel zur Charakteristik des politischen Zustands in Frankreich vorm 9. Termidor des Jahres II neuer Zeitrechnung, die abstrakten „Principien – der *Freiheit,* und wie sie im subjectiven Willen ist – der *Tugend.* Diese Tugend hat jetzt zu regieren gegen die Vielen, welche mit ihrer Verdorbenheit und mit ihren alten Interessen... der Tugend ungetreu sind." Die „Tugend ist hier ein einfaches Princip und unterscheidet nur solche, die in der Gesinnung sind und solche, die es nicht sind. Die Gesinnung aber kann nur von der Gesinnung erkannt und beurtheilt werden. Es herrscht somit der Verdacht; die Tugend aber, sobald sie verdächtigt wird, ist schon verurtheilt." „Von Robespierre wurde das Princip der Tugend als das Höchste aufgestellt, und man kann sagen, es sey diesem Menschen mit der Tugend Ernst gewesen. Es herrschen jetzt die *Tugend* und der *Schrecken;* denn die subjective Tugend, die bloß von der Gesinnung aus regiert, bringt die fürchterlichste Tyrannei mit sich. Sie übt ihre Macht ohne gerichtliche Formen und ihre Strafe ist ebenso nur einfach – der Tod."[10]

Soweit die Hegelschen Worte. Wir können ihnen eine Antwort auf die terrortheoretische Schlüsselfrage ent-

---

[10] Hegel: Vorlesungen über die Philosophie der Geschichte, Bd. IX, 539.

nehmen, was Menschen instand setzt zu tun, was sie in der Praxis des Terrors einander antun. Ich expliziere diese Antwort in drei knappen Absätzen:

1. Der Terror ist eine Praxis, die ihre Legitimität unmittelbar aus unseren höchsten Zwecken bezieht. In der terroristischen Aktion verschwindet die Partikularität individueller Interessen in der Universalität dieser Zwecke.

2. Die subjektive Bedingung der Möglichkeit des Terrors ist das gute Gewissen. Nur in der Reinheit der Gesinnung erträgt man, was im Vollzug des Terrors krude Faktizität ist. Die Kraft der Tugend und die Sensibilität des Gewissens bewegen und führen die terroristische Praxis, und noch das Gerät, dessen sich der Tugendterror bediente, war ja technisch als Instrument zur Beförderung der Humanität konzipiert worden.

3. Die terroristische Praxis ist revolutionäre Praxis. Sie verflüssigt alle Institutionen. Sie ist ungeteilte, schlechthin durchgreifende Gewalt. Gegen die Sprüche, die sie vollstreckt, gibt es so wenig wie gegen die Sprüche des Jüngsten Gerichts eine Berufung, und ihren Geltungsgrund haben diese Sprüche nicht in verfahrensmäßig korrekter Entscheidung entscheidungskompetenter Instanzen, sondern unmittelbar in ihrer Wahrheit und Gerechtigkeit. In der terroristischen Praxis sind Legalität und Legitimität versöhnt und verschmolzen. Um es in Anlehnung an eine Formulierung von Odo Marquard ganz kurz zu sagen: die Instanzen des Terrors haben kein Gewissen; sie sind es.

Soweit, leicht abgewandelt, Hegels Terror-Theorie in der Quintessenz. Es ist offenbar, daß sie uns über den Terror, wie wir ihn heute kennen, nicht alles sagt. Sie bezieht sich vor allem auf zweierlei nicht. Sie spricht nicht vom Terror der Unterdrückung, und auch nicht vom Terror als Ensemble handbuchfähiger Strategien, für deren Vorbereitung und Einübung es heute weltweit Schulungslager und Kurse gibt. Hegels Kritik des Freiheitsterrors ist scharf und polemisch. Nichts zeigt das besser als seine kompensatorische Feier Napoleons. Napoleon, so Hegel, „wurde im Innern bald fertig. Was von ... Ideologen und Principienmännern noch da war, jagte er auseinander, und es herrschte nun nicht mehr Mißtrauen, sondern Respect und Furcht." Dann habe Napoleon sich nach außen gewandt, „ganz Europa unterworfen und seine liberalen Einrichtungen überall verbreitet".[11] – Wieso also feiert Hegel das Ende des Freiheitsterrors, ohne über den Terror der Unterdrückung auch nur ein Wort zu verlieren? Auf diese Frage gibt es zwei Antworten. Die erste Antwort ist semantischer Natur. Sie lautet: daß die neue Herrrschaft, die unmittelbar im Namen der Freiheit und Gleichheit ausgeübt wurde, selber „die fürchterlichste Tyrannei" mit sich brachte – das war ja gerade die neue Erfahrung, und Hegel reserviert das Wort „Terror" als Namen für seinen neuen Begriff eben dieser neuen Erfahrung. Die zweite Antwort auf diese Frage, wieso Hegel im Kontext seiner Terror-Kritik die krude Praxis politischer Unterdrückung nicht thematisiert, ist philosophisch. Sie lautet: die Praxis solcher Unterdrückung ist theoretisch banal – nur praktisch ist sie es nicht. Nicht theoretisch banal ist dagegen, daß in den Konsequenzen der Revolution die Freiheit selber tyrannisch werden konnte. Das Neue an dieser Tyrannis ist, daß sie uns ersichtlich mehr

---

[11] A. a. O. Bd. IX, 540.

abverlangt als die Befreiung von ihr im Namen der Freiheit. Diese Befreiung wäre nicht einmal möglich, wenn wir zuvor nicht den Mechanismus verstünden, der Freiheit selber in Terror umschlagen läßt, und dieses Verständnis wollte Hegel mit seinen einschlägigen Kapiteln besorgen.

Auch von der Technik des Terrors, deren unerhörte Leistungsfähigkeit uns in der Gegenwart so beeindruckt, spricht also Hegel nicht. In diesem Fall beantwortet sich die Frage, wieso nicht, sehr einfach. Die Perfektion in der Technik des Terrors, in deren Kenntnis uns heute bei der Lektüre Machiavellis Rührung ankommen kann, hat erst unser Jahrhundert besorgt. Hegel konnte davon nichts wissen. Daß der Terror hundert Jahre nach ihm sich technisch so perfektionieren konnte, ist freilich ein Vorgang, der ohne Rekurs auf die legitimierende Kraft der politisierten Tugend, wie sie Hegel beschrieb, gar nicht verstanden werden könnte. Das technische Instrumentarium des Terrors kommt inzwischen natürlich auch dem tugendlosen Terror der Unterdrückung zugute. Der Terror steht heute, als Lehrbuchinhalt, sozusagen zur Disposition, und dieses Dispositionelle am Terror ist es, das uns heute, anders als Hegel, den Begriff des Terrors überwiegend indifferent gegenüber der moralischen Verfassung der Zwecke, denen er dient, definieren läßt. Aus den Gewehrläufen kommt nach Mao die Macht, und die Seelen der Gewehrläufe kennen keine ideologischen Präferenzen; sie sind in ihrer Wirkung auf Menschen unabhängig von deren moralischer Qualität. Aber auf die moralische Qualität derjenigen Seelen, die in terroristischer Absicht die Gewehrläufe führen, kommt es nun gerade entscheidend an, und es läßt sich zeigen, daß wir, was heute geschieht, in prominenten Fällen ohne den von Hegel beschriebenen Zusammenschluß der Subjektivität des guten Gewissens mit der Objektivität des absoluten Zwecks der Freiheit gar nicht verstehen könnten. Wenn auf einem mediterranen Flugplatz ein Passagier bei der Gepäckkontrolle ein Maschinengewehr aus dem Boardcase zieht und wirkungsreich in die Menge feuert, so nimmt ja niemand an, daß ein solcher Fall sich aus pathologischer Prädisposition erklären ließe, oder als Spätfolge eines Sozialisationsschadens, oder gar, auf einer anderen Ebene, als ein Fall jener gewöhnlichen Kriminalität, auf die man sich heute vorbeugend und nachsorgend mit rechts- und sozialpolitischen Mitteln generell zu beziehen pflegt. Der Fall ist evidenterweise politisch, und im Regelfall pflegt ja auch alsbald irgendeine politische Organisation die sogenannte Verantwortung zu übernehmen.

Politisch ist der exemplarisch erwähnte Fall durch seine mediale Beziehung auf den politischen Zweck der Befreiung des palästinensischen Volks durch Zerschlagung des imperialistischen Zionismus. Das versteht man, und wenn man es nicht versteht, so verstünde man es auch mit Hegel nicht besser. Aber Hegelsche Sätze erscheinen als der geeignete Kommentar, sobald man sich klar macht, daß der besagte Maschinengewehrschütze gar kein Palästinenser und kein Bewohner ihrer dürftigen Flüchtlingscamps war, vielmehr ein Autochthone aus Hondo, der zentraljapanischen Insel. Für die moralisch sensibilisierte Subjektivität ist ja zu töten noch ein schwierigeres Werk als sich töten zu lassen, und mehr an sittlicher Identifikation mit dem universallegitimierenden Endzweck der Freiheit ist gar nicht denkbar als diejenige, die vollzogen haben muß, wer angespannten Gewissens für jenen Endzweck und aus keinem anderen Grunde mit gutem Gewissen zu töten vermag. Kurz: über die ungeheuren regionalen, historischen und politischen Distanzen hinweg, die das Japanische Meer vom Toten trennen, bleibt als identitätsstiftende Instanz einzig noch das transzendentale Bewußtsein übrig. Es ist dieses Bewußtsein, mit welchem das terroristische Individuum sich ineinssetzt, und indem es exekutiert, exekutiert es absolut und abstrakt nichts als die Normen, deren apriorische Geltung die Menschheit als Gemeinschaft aller sprach- und handlungsfähigen Wesen konstituiert. Es handele sich darum, schreibt Hegel, „daß das Allgemeine zu einer Tat komme". Dazu nehme „es sich in das Eine der Individualität zusammen", die, indem sie handelt, nichts als das Allgemeine der Freiheit, in deren Namen sie handelt, zum Gegenstand hat. In der „Abstraktion" dieser praktischen Orientierung zerfällt das handelnde Subjekt „in die einfache unbiegsame kalte Allgemeinheit" seiner universalistischen Orientierung einerseits und in die „absolute harte Sprödigkeit und eigensinnige Punktualität" seines „Selbstbewußtseins" andererseits. Was zwischen beiden zu vermitteln hätte, die besonderen Verhältnisse und Existenzen, deren Dasein zum Anspruch des universellen Freiheitszwecks sich nicht unmittelbar fügt, wird Gegenstand unmittelbarer „Negation". „Das einzige Werk und Tat der allgemeinen Freiheit ist daher der *Tod,* und zwar ein *Tod,* der keinen inneren Umfang und Erfüllung hat."[12] „Es ist also der kälteste, platteste Tod, ohne mehr Bedeutung als das Durchhauen eines Kohlhaupts oder ein Schluck Wassers."[13]

Was Hegel so über die Terrorpraxis der Jakobiner schrieb, läßt sich heute als exakte Beschreibung der Relation lesen, in der sich die Flugplatztoten zu jenem

---

[12] Hegel: Phänomenologie des Geistes, a. a. O. 418.
[13] A. a. O. 418 f.

Terroristen befinden. Er kennt sie nicht und er haßt sie nicht und sie taten ihm auch nichts. Sie taten auch sonst unmittelbar niemandem etwas, und sofern doch, so wußte das der Terrorist nicht. Auf der transzendentalen Ebene, in der im kontrafaktischen Ideal auch die Toten Glieder der herrschaftsfreien Kommunikationsgemeinschaft des genus humanum sind oder es doch zu ihrer Lebenszeit waren, weiß der Terrorist sogar noch mit ihnen sich solidarisch. Ihr Tod ist nichts als die Liquidation von kruder Faktizität, soweit sie jenes Ideal kontrafaktisch sein läßt. Ihr Tod verhält sich zur Menschheit in ihrer Person absolut kontingent, eben wie der Hegelsche Schluck Wasser, und es wird evident, daß es nichts als theoretische Hilflosigkeit wäre, wenn wir im Anblick dieses Todes versuchen wollten, seinen Ursprung in der Verrohung und in der Renaissance irgend einer Barbarei zu suchen. Der angemessene Kommentar Hegels lautet: „der Schrecken" dieses „Todes ist die Anschauung" der ‚absoluten Freiheit' in ihrem „negativen Wesen", „welches allen Unterschied und alles Bestehen" eines „Unterschiedes in sich vertilgt" hat.[14]

Diese Hegelschen Sätze sind sehr deutsch formuliert, und es ist das Genie Heinrich Heines, daß er sie in einer Weise umzuformulieren vermochte, die sie beispielsweise auch für Franzosen verständlich machte. Hegel hatte noch angenommen, es sei ein spezielles Talent der Franzosen, den „Fanatismus der Freiheit" aus Literatur in Politik zu transferieren, während er über die Deutschen so spricht: auch „wir haben allerlei Rumor im Kopfe"; aber dabei „läßt der deutsche Kopf eher seine Schlafmütze ganz ruhig sitzen, und operiert innerhalb sei-

---

[14] A. a. O. 419.

ner".[15] Genau das hält Heine langfristig gesehen für einen Irrtum, und entsprechend warnt er die Franzosen vor den deutschen Dingen, die noch kommen würden. „Es werden bewaffnete Fichteaner", schreibt er, „auf den Schauplatz treten, die in ihrem Willens-Fanatismus weder durch Furcht noch durch Eigennutz zu bändigen sind; denn sie leben im Geist, sie trotzen der Materie." Untangierbar sei der „Transzendental-Idealist" „in der Verschanzung des eigenen Gedankens". Daraus werde er mit revolutionärer Kraft eines Tages „hervorbrechen und die Welt mit Entsetzen und Bewunderung erfüllen."[16]

Die deskriptiven Elemente dieser eindrucksvollen Passage aus Heines Geschichte der Religion und Philosophie in Deutschland sind sehr genau. „Entsetzen und Bewunderung" – das genau bezeichnet die Ambivalenz, in der, beispielsweise, die liberalen Schüler Hegels sich zu Karl Ludwig Sand's Mordtat vom März 1819 verhielten,[17] und das auch erklärt den Zwang, dem sie unterlagen, zur Anteilnahme an Sand's Tod auf dem Mannheimer Schafott im Jahre darauf. Die Bewunderung gilt dem Willen zur Freiheit, und das Entsetzen der Tat, die man nicht anders als eine Konsequenz dieses Willens begreifen konnte. „Weder durch Furcht noch durch Eigennutz" zu lenken – das ist, in der Formulierung Heines, die Prädisposition, ohne die, ganz auf sich selbst gestellt, nie-

---

[15] G. W. F. Hegel: Vorlesungen über die Geschichte der Philosophie, Bd. XV, 552 f.
[16] H. Heine: Zur Geschichte der Religion und Philosophie in Deutschland (1834), in: H. Heine: Sämtliche Werke in zwölf Teilen. Mit Einleitungen und Anmerkungen hrsg. v. P. Beyer, K. Quenzel und K. H. Wegener. Achter Teil, Leipzig o. J., 253 f.
[17] Vgl. als einschlägiges Beispiel die Schrift von F. W. Carové: Über die Ermordung Kotzebues, Eisenach 1819.

mand einer terroristischen Aktion fähig wäre. Wer „weder durch Furcht noch durch Eigennutz" zu lenken ist – den können wir auch, mit einem Wort der ersten deutschen Jugendbewegung, das inzwischen ungebräuchlich geworden ist, einen „Idealisten" nennen, und nur wenn wir den Terroristen der Freiheit als solchen begreifen, begreifen wir ihn, zum Beispiel jenen Angehörigen der zweiten deutschen Jugendbewegung, der kürzlich als weltweit kämpfender Antizionist tief unten in Afrika aus einer Flugzeuginsassenschaft alle Juden herausseligierte, um die Befreiung seines schon erwähnten japanischen Kommilitonen zu erzwingen, der in Israel einsaß, bis er, der Deutsche, „weder durch Furcht noch durch Eigennutz" zu lenken, im Feuer des inzwischen eingeflogenen Kommandos seiner zionistischen Feinde den Tod fand.

Immanuel Kant hat die „Traurigkeit, nicht über die Übel, welche das Schicksal über andere Menschen verhängt ..., sondern die", die „sie sich selbst antun", „erhaben" genannt.[18] Wieso? Im Kontext seiner Ästhetik, in der sich der zitierte Satz findet, heißt „erhaben", was uns durch seinen Anblick an unsere sittliche Bestimmung erinnert.[19] Eben diese Erinnerung wird uns schließlich auch, so Kant, im Anblick jener Übel zuteil, nämlich immer dann, wenn diese Übel Taten von Menschen in der „Verfolgung" ihrer, für wichtig und groß gehaltenen Zwecke[20] sind. Sie demonstrieren uns, daß sich Menschen haben in Pflicht nehmen lassen, und daß wir das sollten, ist ja die Kantische Lehre. Kants Lehre über die

---

[18] I. Kant: Kritik der Urteilskraft, Ed. E. Cassirer, Bd. V, 349.
[19] „Das Gefühl des Erhabenen in der Natur" sei „Achtung für unsere eigene Bestimmung", a. a. O. 329.
[20] A. a. O. 348.

Erhabenheit unserer Trauer im Anblick der Schrecken, die aus moralischer Quelle stammen, wird selten zitiert. Aber sie erklärt, wieso in einer Terror-Debatte sogar im Deutschen Bundestag eine Gruppe von Abgeordneten beharrlich vorzog, die Rote-Armee-Fraktion eine „Gruppe" zu nennen, anstatt, wie mehrheitlich praktiziert, eine „Bande", und auch die Presse hätte sich ja damals nach Kriterien dieser Wortgebräuche sortieren lassen. Die Semantik des Wortes „Bande" läßt gewöhnliche Kriminalität assoziieren, und wer statt dessen „Gruppe" sagte, wollte frei bleiben, an die moralische Quelle erinnert zu sein, der im fraglichen Fall die strafbaren Taten entstammten. Zu leugnen, daß sie es tun, hieße tatsächlich, die Realität zu verkennen, nämlich zu verharmlosen. Der politische Ernst des Terrors besteht darin, daß man ihn gerade nicht mit den Kategorien fassen kann, mit deren Hilfe wir „bloße", nämlich unpolitische Kriminalität zu beschreiben suchen.

Von der Technik und Zweckrationalität des Terrors, die in der klassischen Philosophie, soweit ich sehe, nirgendwo thematisiert worden ist, habe ich bislang nicht gesprochen. Es gehört das auch überwiegend nicht in die Zuständigkeit von Philosophen, und lediglich zwei Aspekte der Strategie des Terrors möchte ich in Kürze umreißen. Zunächst: der Terror aus dem Willen der von Heine so genannten „Transzendental-Idealisten" gehorcht der Logik der Demonstration.[21] Weil ihr Terror

---

[21] Vgl. die Analyse der politischen Strategie demonstrativen Terrors, bezogen auf die Rote Armee Fraktion, bei H.-J. Müller-Borchert: Guerilla im Industriestaat. Ziele, Ansatzpunkte und Erfolgsaussichten, Hamburg 1973, 103 ff. – Der demonstrative Terror ist die gewalttätige Variante der vertrauten Gesinnungsdemonstration mit symbolischen Mitteln. Dazu vgl. T. Ebert: Gewaltfreier Aufstand. Alternative zum Bürgerkrieg, Freiburg i. Br. ²1969, 170 ff.

ohne ein gutes Gewissen nicht möglich wäre, demonstriert der Terror in dem, was an ihm schlimm ist, die unendliche Rechtfertigungskraft und damit ineins den unendlichen Anspruch der hohen Zwecke, bei denen das terrorisierende Gewissen sich engagiert hat. Terror wirkt als Bewußtseinsmobilisator. Unter seinem Eindruck wächst, um Stalin zu variieren, das revolutionäre Bewußtsein „nicht täglich, sondern stündlich". Das jedenfalls ist die Erwartung, in der er seine Zweckrationalität hat. Sodann: der Terror entzieht der bestehenden Herrschaft die Legitimation durch den Nachweis, daß sie diejenigen, die ihr unterworfen sind, nicht mehr zu schützen vermag. Gelingt dieser Nachweis dauerhaft, zum Beispiel durch nächtliche Aktivitäten der Liquidation von Personen mit amtlichen Funktionen in ländlichen Territorien der Regierung, so ist das identisch mit der Liquidation der Autorität dieser Regierung, und die Bevölkerung wird sich schließlich der neuen Autorität unterwerfen. Sie wird es selbst dann tun, wenn unter Aspekten politischer Freiheit, wie sie im Dasein der Menschen konkret ist, die Ideale der Terroristen gar nicht von evidenter Verheißung sind. Das ist deswegen so, weil, wenn die politischen Legitimatoren des Schutzes und der Sicherheit einerseits und der Freiheit andererseits in eine dauerhafte Konkurrenz geraten, die Legitimationskraft der Schutzgewährleistung sich schließlich als die stärkere erweist. Der Terror befreit, indem er die bestehende Herrschaft ihrer Unfähigkeit überführt zu schützen, und daher Schutz bei seiner eigenen Autorität suchen und schließlich finden läßt. Das ist zugleich der Grund, der der tröstlichen Behauptung, Terror als Herrschaftspraxis könne nicht dauerhaft sein, ihre Plausibilität verleiht.

Indessen: die Terror-Analytiker der klassischen Philo-

sophie fanden sich durch die Exzesse der ephemeren Ja-
kobiner-Herrschaft an die Epoche der Hexenprozesse
erinnert, und diese war ja nicht von kurzer Dauer gewesen. Nun wäre es gewiß anachronistisch, den Schrek-
ken dieser Prozesse mit revolutionärem Terror, der ja
gerade eine Praxis des aufgeklärten Bewußtseins ist,
identifizieren zu wollen. Terrorprozesse sind keine Hexenprozesse; aber sie haben Gemeinsamkeiten, und der
Begriff des Fanatismus[22], den in ihren Terror-Theorien
auch Hegel und Heine verwendeten, ist ein Begriff dieser Gemeinsamkeiten. Hegel nennt sie plastisch die
„Wuth gegen das Böse"[23], und es ist wiederum ein moralischer Mechanismus, der uns verstehen läßt, wieso diese
„Wuth" Beifall finden und somit fortdauernd sich be-
tätigen kann. Die Auflösung dieses Problems besteht
darin, in jener Mischung von „Bewunderung und Entsetzen", die nach Heine der Terror, indem er das Böse
bekämpft, auslöst, die Komponente des Entsetzens über
die Tat durch die andere des Abscheus gegenüber den
Opfern des Terrors zu ersetzen. Die Maschinengewehr-
aktion jenes japanischen Flugplatzterroristen konnte, als
Aktion eines Einzelkämpfers, eben das naturgemäß nicht
leisten. Der etablierte Terror, den im Namen der Freiheit die bereits Herrschenden üben, muß es leisten. Er
tut es, indem er der physischen Liquidation die morali-

---

[22] Zur Geschichte des Begriffs vgl. R. Spaemann: Fanatisch, Fanatismus, in: Historisches Wörterbuch der Philosophie, hrsg. v. J. Ritter, Bd. II, Basel/Stuttgart 1972, Sp. 904–908.
[23] G. W. F. Hegel: Vorlesungen über die Philosophie der Geschichte,
Bd. IX, 512. – Die Gemeinsamkeit zwischen dem Terror der Hexenprozesse und dem Terror der Revolution erblickt Hegel in der
„Fürchterlichkeit" der Herrschaft des ‚Princips des Verdachts'. Diese
habe auch die „Schreckensherrschaft Robespierre's" geprägt, „wo die
Gesinnung als solche bestraft wurde" (a. a. O. 535).

sche vorangehen läßt. Da den Menschen in ihrer Alltagspraxis die Erfahrung der vollendeten moralischen
Nichtswürdigkeit nur selten zuteil wird, ist das gar nicht
so leicht, und es bedarf dazu Experten der Anklage, die
über ein ideologisch geschultes Erkennungsvermögen für
Sorten des Bösen verfügen, über die das Volk a priori
gar nicht verfügt. Auch schon im Hexenprozeß waren
Dämonologen unentbehrlich, und im Regelfall war man
für diese Position auch damals schon ohne akademisches
Studium nicht befähigt.[24] Es erübrigt sich, diese Figur
an den großen Terrorprozessen dieses Jahrhunderts zu
exemplifizieren. Was sie für die Konsolidierung unserer
moralischen Identität leisten, läßt sich bereits an der
Entlastung erkennen, die uns unter Bedingungen extre-
mer politisch-ideologischer Polarisierung der Gebrauch
von Schlachtviehnamen für unsere Gegner bereitet -
„Bulle" zum Beispiel.[25]

Zehntausend Arbeiter forderten den Tod Husaks, als
auch er in der Zeit des Slanski-Prozesses angeklagt war,
jedoch ins Zuchthaus davonkam. Daran hat kürzlich die
Witwe Slanskis den tschechischen KP-Chef erinnert
Man sagt zuwenig, wenn man sagt, daß der Terror den
Arbeitern ihre Unterschrift unter die Liquidations-Reso-

---

[24] W. von Bayer-Katte, T. Grimm: Terror, in: Sowjetsystem und
demokratische Gesellschaft, hrsg. v. C. D. Kernig, Bd. VI, Sp.
341–356 (von Bayer-Katte) und Sp. 356–360 (Grimm), Sp. 349 –
ferner: W. von Bayer-Katte: Die historischen Hexenprozesse. Der
verbürokratisierte Massenwahn, in: Massenwahn in Geschichte und
Gegenwart, hrsg. v. W. Bitter, Stuttgart 1965, 220–235, 223: „Auch
an die Hexerei glaubt man um so weniger, je geringer die literari-
sche Bildung ist."
[25] „Theis ist ein Schwein" – so war in Pinselschrift auf der Mauer
eines Universitätsgebäudes in der Hauptstraße Tübingens während
einer Studenten-Demonstration am 27. 1. 1977 über den Präsiden-
ten der Tübinger Universität zu lesen.

lution abgepreßt hätte. Etwas abpressen läßt sich ja niemand gern. Aber diesem Zwang läßt sich entkommen, und wenn nicht durch Verweigerung, die etwas kostet, dann eben durch Flucht in die Überzeugung, man habe es wirklich mit Verrätern der Freiheit zu tun. Der Terror vollendet sich und wird dauerhaft in der Stiftung jenes Gemeinsinns, den die Säuberer mit dem Volk im Ausdruck des Abscheus über die, wovon es zu säubern war, moralisch vereinigt. Aesop erzählt uns die Geschichte vom Bauernjungen, der Schnecken röstet, und, ihr Zischen mißdeutend, sich empört, daß sie, während ihr Haus brennt, frivol noch Gesänge anstimmen. Philiströs meint die römische Überlieferung, die Geschichte lehre, daß eben alles, was zur Unzeit geschieht, Tadel verdiene. Mit einem für die politischen Rechtfertigungsleistungen des Moralismus geschärften Blick erkennt man, daß die Lehre wohl lautet, die moralische Disqualifikation der Opfer erleichtere das unangenehme Geschäft ihrer Tötung.

Indem das Subjekt des Terrors in letzter Instanz „transzendental" ist, kann es in letzter Instanz die Subjektivität seiner Opfer aus der Universalität seiner eigenen Subjektivität auch nicht ausschließen. Deswegen drängt der Terror in seiner Vollendung auf die Zustimmung der Opfer zu ihrer Liquidation und auf ihre Einsicht in deren Notwendigkeit. Das ist die Form der Versöhnung als Werk des Terrors selbst, nun gibt es nur noch eine Stufe der Überbietung dieser Vollendung, und auf sie hebt uns, der Einsicht nach, Bertolt Brecht mit seinem Lehrstück „Die Maßnahme". „Helft mir", bittet der junge Genosse und lehnt seinen Kopf an die Schulter der Älteren, die ihn, seiner Bitte entsprechend, erschießen.[26] Soweit, so gut; jeder Terror will Zustimmung zu seiner Notwendigkeit, und auch seinen Opfern will er die Einsicht in sie bereiten. Die überbietende Variante, die Brecht einbringt, ist diese: jener junge Genosse war kein Verräter, vielmehr ein guter Mensch, so daß ihn das Leiden, das er vor Augen hatte, rührte, und er half, wo zu helfen war. Aber das gerade war der nicht subjektive, aber doch objektive Verrat an der Sache der Freiheit. Es geht ja ums Ganze, und zwar zum letzten Mal. Wer da vom Leiden im Detail sich rühren läßt, wird schuldig, insoweit, zu unterlassen, was zu tun ist, um es als Leiden des Menschen am Menschen generell abzuschaffen.

Soweit Bert Brecht. Bleibt etwas zu erwidern? Der Terror legitimiert sich ja durch Berufung auf höchste Prinzipien, durch Berufung auf die Freiheit, die, sofern im Anspruch auf ihren Genuß alle gleich sind, zugleich eine Form der Verwirklichung der Gerechtigkeit ist. Gegen die universelle Geltung dieser Prinzipien kann man nicht streiten und auch nicht gegen die Zumutung der Moral, diese Geltung individuell anerkennen zu sollen. In der Argumentation gegen den Terror muß verlieren, wer diese Universalität der Zwecke bestreitet, von denen er sich ermächtigen läßt. Auch das Räsonnement, ob der Zweck die Mittel heilige und welche Zwecke welche Mittel, ist, weil es kein Prinzip hat und nicht auf generelle Regeln sich bringen läßt, aussichtslos, und wer sich auf dieses Räsonnement einläßt, wird als Kasuist sehr bald vor den Prinzipiellen kapitulieren müssen. Die wirklichen Terroristen nehmen denn auch an solchen kasuistischen Räsonnements niemals teil. Ihnen genügt, im Besitz des Prinzips zu sein, das ich noch einmal, und zwar

[26] B. Brecht: Die Maßnahme. Lehrstück. in: Gesammelte Werke, Bd. II, Frankfurt a. M. 1968, 662.

mit den autorisierten Worten des Brechtschen Kontroll-
chors, in Erinnerung rufen möchte:

> „Welche Niedrigkeit begingest du nicht, um
> die Niedrigkeit auszutilgen?
> Könntest du die Welt endlich verändern, wofür
> wärest du dir zu gut?
> Wer bist du?
> Versinke im Schmutz, umarme den Schlächter, aber
> ändere die Welt: sie braucht es!"[27]

Diesen von Brecht so formulierten Grundsatz wollen
wir den terroristischen Imperativ nennen. Der Vorbehalt gegen diesen Imperativ kann sich, noch einmal,
nicht auf den universellen Geltungsanspruch beziehen,
der sich mit Freiheit, Gleichheit und Gerechtigkeit als
letztinstanzlichen Prinzipien weltverändernden politischen Handelns verbindet. Der Vorbehalt gegen den
terroristischen Imperativ richtet sich gegen den Anspruch, als dieses Individuum, als diese Partei das Subjekt dieser Prinzipien zu sein. Um es, auf Hegels und
Heines Spuren, für Philosophen zu sagen: die Instanz
des terroristischen Imperativs ist definiert durch die
Identität des empirischen Subjekts mit dem transzendentalen. Zu deutsch: die moralischen Geltungsansprüche, denen wir unterliegen, werden im Terror von den
Ansprüchen eines, der uns wirklich und konkret befiehlt,
ununterscheidbar. Die Geltung, die für Normen kraft
ihrer guten Gründe in Anspruch genommen wird, kon-
fundiert mit der sozialen Geltung, die Normen gewinnen, wenn sie verfahrensmäßig inkraft gesetzt sind.
Man muß wohl damit rechnen, daß jemand fragt: wäre
es denn nicht die vollendete Reduktion aller Herrschaft

---

[27] A. a. O. 652.

auf die einzig noch verbleibende unmittelbare Herrschaft von Wahrheit und Gerechtigkeit, wenn aller Zwang, dem wir unterliegen, einzig der Zwang zwingender Argumente wäre, und wenn, was uns zugemutet wird, in seinem Geltungsanspruch unmittelbar mit dem Geltungsanspruch dessen identisch wird, was wahr und gerecht ist? Zur Beantwortung dieser Frage muß man in Erinnerung bringen, was die Konfusion der Geltung praktischer Ansprüche kraft ihrer Gründe mit der sozialen Geltung dieser Ansprüche, wie sie dem terroristischen Imperativ zugrunde liegt, politisch bedeutet. Diese Konfusion bedeutet nämlich, daß uns zugemutet ist, mit der Anerkennung der sozialen Geltung praktischer Vorschriften gesetzlicher und sonstiger Art zugleich anerkennen zu sollen, daß diese Normen kraft ihrer Fundierung in Wahrheit und Gerechtigkeit gelten. Genau damit aber hören Wahrheit und Gerechtigkeit auf, Prinzipien der Beurteilung dessen zu sein, was uns politisch zugemutet ist, und, was uns zugemutet ist, wird als solches zum Kriterium dessen, was als wahr und gerecht zu gelten hat.[28] Exakt das ist die Grundstruktur totalitärer Herrschaft und die philosophische Basis des bekannten Refrains im Liedchen der Jungen Pioniere, demzufolge die Partei immer recht hat.

Der Ursprung totalitärer Herrschaft aus der Befolgung terroristischer Imperative ist, wie man erkennt, kein Zufall, sondern theoriekonsequent. Politische Freiheit gibt es demgegenüber nur dort, wo die Geltung dieser

---

[28] Zur politischen Philosophie der Identifikation von cognitiver und sozialer Geltung praktischer Prinzipien, die sich selbst als Anti-Dezisionismus empfiehlt, vgl. meinen Aufsatz „Dezisionismus – eine kompromittierte politische Theorie", in: Schweizer Monatshefte 55, 12 (1976), 949–960.

Freiheit, als eines Prinzips der Beurteilung unserer politischen Lebensverhältnisse, getrennt bleibt von der politischen Geltung der Vorschriften, die der Verwirklichung der Freiheit und der Mehrung der Gerechtigkeit zu dienen beanspruchen. Politische Freiheit besteht im Kern genau darin, daß unsere Anerkennung der politischen Geltung solcher Vorschriften mit der Zustimmung zu ihrem Inhalt nicht identisch zu sein hat. Allein unter der Bedingung dieser Nicht-Identität steht uns die Waffe der Kritik zur Verfügung. Im vermeintlichen Ideal entfremdungsfreier Identität von politischen Geltungsansprüchen mit den Geltungsansprüchen der Prinzipien unserer theoretischen und praktischen Urteile wird jede Kritik verwerflich, weil sie eo ipso Kritik an diesen Prinzipien wäre.

Befreiung als praktisches Problem der Freiheit

Über die Notwendigkeit einer kritisch-utopischen Philosophie emanzipatorischer Praxis

Von Helmut Fahrenbach, Tübingen

I. Zur politischen und theoretischen Lage des Freiheitsproblems

1. In unserer Gesellschaft ist viel und zumeist im Tone der Besitzer von *Freiheit* die Rede; mehr noch allerdings, zumal in letzter Zeit, von der notwendigen Sicherung der Freiheit und der sie tragenden politischen Ordnung. Weit weniger geläufig und geschätzt ist dagegen die Rede von *Befreiung* oder gar eine Praxis, die auf Befreiung aus Herrschaftsverhältnissen und Zwängen zielt. Solche emanzipatorischen Tendenzen geraten neuerdings noch schneller als früher in den Bannkreis des Dictums einer Bedrohung der freiheitlich-demokratischen Grundordnung; ihnen werden Maßnahmen entgegengesetzt, die der offiziellen Version nach der Sicherung der freiheitlichen Ordnung dienen sollen. Sie dienen wohl auch der Ordnung, für die konkrete politische Freiheit aber intendieren und bedeuten sie eine Einschränkung.

Seit einiger Zeit wird von Politologen und insbesondere von Konservativen häufig von einer sogenannten „Tendenzwende" in der Bundesrepublik gesprochen.[1] Wenn

---

[1] Siehe: Tendenzwende? Zur geistigen Situation der Bundesrepublik. Hrsg. Cl. Graf Podewils, Stuttgart 1975; Kritisch: M. Greif-

es so etwas gibt – und sich nicht vielmehr, wie ich vermute, die beherrschend gewesene und latent gebliebene konservative Tendenz nun wieder öffentlich zeigt – dann beinhaltet sie die nur reaktionär zu nennende Bereitschaft, den Spielraum der politischen Denk- und Handlungsfreiheit einzuengen, anstatt ihn zu erweitern, wie es einmal mit dem Imperativ politischer Freiheit: mehr Demokratie wagen, angekündigt worden war. Die Symptome für diese reaktionäre Tendenz, die sich in die Ambivalenz von formaler Sicherung und konkreter Einschränkung der Freiheit einhüllt, sind mannigfaltig. Ich greife nur einige heraus.

Die für eine Erweiterung und Konkretisierung der politischen, sozialen und individuellen Freiheit programmatisch gewesenen Leitbegriffe der „Emanzipation" (aus Unterdrückungs- und Abhängigkeitsverhältnissen) und der möglichsten „Demokratisierung" der politisch-gesellschaftlichen Lebensbereiche (im Sinne der Mitbestimmung der Beteiligten und Betroffenen) werden aus der Diskussion wie aus der Realität verdrängt. Konservative, die sich ohnehin „zur Emanzipation verurteilt" fühlten (so ein neuerer Buchtitel) fragen sich nunmehr, um uns alle besorgt, nach dem „Preis unserer Mündigkeit" (so der Untertitel) und ergreifen die „Initiative" im Sinne der Tendenzwende.[2] Kein Wunder, daß die

---

fenhagen: Freiheit gegen Gleichheit? Zur Tendenzwende in der Bundesrepublik, Hamburg 1975; H. Strasser: Die Zukunft der Demokratie, Reinbek 1977.

[2] Siehe G. K. Kaltenbrunner (Hrsg.): Zur Emanzipation verurteilt. Der Preis unserer Mündigkeit, München 1975. Besonders fortschrittliche Konservative sind sogar schon beim „Rückblick auf die Emanzipation". So der Titel des Beitrags von G. Rohrmoser in: G. Hartfiel (Hrsg.): Emanzipation – Ideologischer Fetisch oder reale Chance, Opladen 1975. Vgl. auch Th. Wilhelm: Jenseits der Emanzipation, Stuttgart 1975.

Abkehr von Demokratisierungs- und Emanzipationstendenzen als längst fällige Wendung gegen staatsgefährdende Illusionen und Aktivitäten gewürdigt und als Rückkehr zu einer die Sachzwänge und die legitime Macht des Staates anerkennenden politischen Vernunft gefeiert wird.[3] Ein besonderes Symptom für das Erstarken der restaurativen Tendenzen sind die sogenannten Radikalenerlasse, die in trauriger Einzigartigkeit (innerhalb der westlichen Demokratien) für die Bundesrepublik charakteristisch geworden sind. Sie dienen de facto ebenso zur Rechtfertigung einer (sonst nur östlichen Staaten angekreideten) Kontrolle politisch konformen Verhaltens wie als Mittel der politischen Selektion, zumal sie dem fraglichen Bewerber für den Staatsdienst auch noch die Beweislast für seine aktive Staatstreue zuschieben.

Damit dürfte auch deutlich sein, daß die restaurativen Tendenzen der politischen Praxis nicht vor den Toren der Universität haltmachen. Sie haben vielmehr in die institutionelle Verfassung der Universitäten und die Bewußtseinslage ihrer Mitglieder durchaus eingegriffen. Von Demokratisierung kann aufgrund der Gesetzesänderungen (nun auch des Hochschulrahmengesetzes) und der überzeugten oder resignativen Anpassungsbereitschaft, auch von seiten der Studenten, schwerlich noch die Rede sein. Und die im Zuge der Radikalenerlasse installierte staatliche Überwachungs- und Einstellungspraxis bedeutet eine politische Selektion mit direkter und indirekter Auswirkung auf die Freiheit von For-

---

[3] Siehe G. K. Kaltenbrunner (Hrsg.): Plädoyer für die Vernunft. Signale einer Tendenzwende, München 1974; vgl. auch G. Szczesny: Die Disziplinierung der Demokratie oder Die vierte Stufe der Freiheit, Reinbek 1975.

schung und Lehre und die Entwicklung eines kritischen politischen Bewußtseins. Kann man eigentlich noch der Auffassung sein, daß der vielzitierte Pluralismus als Strukturelement der Freiheit von Forschung und Lehre auch die Vertretung marxistischer Theorie einschließt oder auch nur überall zuläßt? Ich glaube kaum, und zwar nicht nur im Hinblick auf die faktische Einstellungs- und Berufungspraxis, sondern auch mit Bezug auf Gerichtsurteile, in denen der Artikel 5,3 des Grundgesetzes, der die Freiheit von Kunst und Wissenschaft, Forschung und Lehre garantiert, ausgelegt wird, wie etwa im Urteil des Berliner Oberverwaltungsgerichts im Fall Wolfgang Lefèvre. Denn wenn der problematische Passus des Artikels 5,3, „die Freiheit der Lehre entbindet nicht von der Treue zur Verfassung", so interpretiert wird, daß eine kritische Theorie von Politik und Gesellschaft mit praktischen Intentionen im Grunde gar nicht vertreten werden dürfte, dann ist damit die Freiheit des kritischen Denkens in Forschung und Lehre in Frage gestellt.[4] Die Einschränkung der notwendigen Pluralität in Forschung und Lehre wirkt sich auch heute natürlich vor allem nach links aus. Für staats- und regierungstreue Sozialphilosophie dagegen läßt sich, trotz Finanznot, immer noch ein Lehrstuhl finden, vor allem dann, wenn der passende Kandidat schon vorher bereit steht, wie es in Hohenheim so schön demonstriert worden ist.

---

[4] Die „Treue zur Verfassung" muß in diesem Rahmen m. E. auf die Grundrechte und den verfassungskonformen Rahmen einer evtl. projektierten politischen Praxis beschränkt werden. (Zur ganzen Problematik siehe D. Sterzel: Wissenschaftsfreiheit und Hochschulorganisation, Diss. Gießen 1973; M. Rennert: Die Bindung der Hochschullehrer durch die Treueklausel Art. 5. 3. Grundgesetz, Diss. Heidelberg 1973.)

Wie sehr der mit den Radikalenerlassen und der politischen Kontrolle de facto verbundene (und wohl auch beabsichtigte) Einschüchterungseffekt um sich greift, zeigt sich nicht nur an der Furcht, Bürgerrechtsbegehren zu unterschreiben, weil man mit unliebsamen Folgen rechnet, sondern auch im Bereich der Lern- und Forschungsfreiheit der Studenten. Wenn Studenten sich im Ernst scheuen oder auch nur überlegen müssen, ob sie eine wissenschaftliche Arbeit, gar eine Staatsexamensarbeit über Marx oder marxistische Theorie schreiben sollen, weil sie spätere Auswirkungen für ihre Anstellung als Lehrer befürchten – ganz zu schweigen von den möglichen Folgen einer linksorientierten politischen Betätigung – dann zeigt dies, wie sehr sich Elemente unfreien Denkens im Bewußtsein einzunisten beginnen, trotz der proklamierten Freiheit an der Universität. Die konkrete politische Freiheit, d. h. die Denk- und Handlungsfreiheit in einem Lande reicht aber nur so weit wie die furchtlose Selbstverständlichkeit, sie im ganzen Spielraum der Möglichkeiten auszuüben. Insofern ist Hegel recht zu geben, wenn er sagt, daß Freiheit im Bewußtsein ihrer selbst wirklich ist.

Ein weiteres Symptom der Freiheitseinschränkung ist die Einengung der Toleranzgrenzen für studentische Aktivitäten, – die sich vor allem auch daran zeigt, wie eilfertig heute (gegenüber früheren wahrlich heißeren Zeiten) bei internen Konflikten Polizeieinsatz angefordert und wie leichtfertig er durchgeführt wird. Bedenkt man dies alles – und manches ließe sich noch hinzufügen – dann müßte man schon sehr verwegen sein, wenn man annehmen wollte, wir gingen freien und gar freieren Zeiten entgegen. Ich sage nicht, daß es im Staate oder an der Universität keine Freiheit gäbe oder die (totale) Unfreiheit drohe. Aber Freiheit ist ein Begriff, dessen Realisierung durchaus am Maß des größeren oder geringeren Spielraums für Handlungsmöglichkeiten bestimmt und bemessen werden muß. (Über den Begriff der Freiheit ist später noch einiges zu sagen.)

Die hier nur grob skizzierte praktische Lage an der Universität in ihrem politisch-gesellschaftlichen Umfeld nötigt m. E. zu einer im Rahmen einer „Jubiläumsvorlesung" wenig erbaulichen Schlußfolgerung. Wir haben hier an der Universität, die gegen Freiheitseinschränkungen besonders empfindlich sein sollte und es immer dann auch war, wenn sie kritisch gegen die geforderte Staatsgesinnung oder gar Regierungstreue blieb, keinen Grund, das Jubiläum der Universität als einen besonderen Höhepunkt der Freiheit an ihr zu feiern. Und es bedarf keiner besonderen wahrsagerischen Fähigkeiten, sondern nur etwas Blochscher „Tendenzkunde", um die Gültigkeit dieser so gar nicht feierlichen Schlußfolgerung auch über das Jubeljahr hinaus anzunehmen.

Aber bleibt dieser etwas wirsche politische Streifzug, so notwendig er im 500. Jahr der Universität auch ist, nicht in den Niederungen der Politik stecken und erreicht nicht die theoretische Höhe, in der die Philosophie über Freiheit nachzudenken hat? Nun – 1. ist die Reflexion auf die politisch-praktischen Bedingungen der Freiheit in der Universität gerade für die Philosophie wichtig, sofern sie kein politisch neutralisierbares fachwissenschaftliches Denken sein kann. 2. gehört der kritische Zeitbezug m. E. wesentlich zur Philosophie und ihrem praktischen Erkenntnisinteresse.[5] Und 3. hoffe ich, auf diesem ersten Gang schon einige Gründe für die Notwendigkeit einer kritisch-utopischen Philosophie

---

[5] Vgl. H. Fahrenbach: Zur Problemlage der Philosophie, Frankfurt a. M. 1975.

der Freiheit beigebracht zu haben, die sich aus der politisch-praktischen Problemlage der Freiheit heute ergeben.

2. Aber auch wenn man sich nun der *theoretischen Situation* zuwendet, zeigen sich auf der scheinbar höheren und philosophie-näheren Stufe ähnliche Verhältnisse bzw. bestimmte Entsprechungen zwischen repräsentativen Theorien und herrschender politischer Praxis. Wenn für die politische Praxis unter dem Titel der Freiheitssicherung die Tendenz zur Freiheitseinschränkung dominant ist, dann wird dieser Tendenz durch bestimmte theoretische Positionen Vorschub geleistet, die z. T. bis zur systematischen Aufhebung des Freiheitsbegriffs bzw. seiner Voraussetzungen gehen und damit allerdings auch das offizielle Freiheitspathos treffen. So plädiert etwa *Skinner* unter dem Titel „Jenseits von Freiheit und Würde" für eine auf der Verhaltenskontrolle und den kleinen Freiheiten basierende, aber das größere kontrollierte Glück verheißende Sozialtechnologie und Gesellschaftsordnung.[6] Dabei befindet er sich zwar nicht „jenseits", sondern nach wie vor „diesseits" von Freiheit und Würde, aber er liefert – trotz Chomskys exzellenter wissenschaftlicher und politischer Kritik[7] – eine wieder in die restaurative politische Landschaft passende Sozialpsychologie bzw. Anthropologie (mit analoger politischer Funktion wie die von Gehlen, Schelsky, Lorenz). „Jenseits" von Freiheit und Würde als überholten Leitbegriffen historischer und soziologischer Theorien wähnen sich auch Strukturalisten und Systemtheoretiker.

---

[6] Siehe B. F. Skinner: Jenseits von Freiheit und Würde, Reinbek 1973.

[7] N. Chomsky: Aus Staatsräson, Frankfurt a. M. 1974, 44 ff. (Psychologie und Ideologie); vgl. auch H. v. Hentig: Die Wiederherstellung der Politik, Stuttgart 1973, 77 ff.

Während *Foucault* sie mit dem Zeitalter der Anthropologie und des humanistischen Denkens, das der Einsicht in die „dem Menschen" bedingend vorausliegenden Ordnungen weichen muß, untergehen sieht[8], zählen sie für *Luhmann* zu den Bestandstücken „alteuropäischen Denkens", die nur noch als funktionale Bedingungen „individuell-persönlicher Selbstdarstellung", aber nicht mehr als normativ maßgebende und generelle Beurteilungskriterien differenzierter Sozialsysteme und ihrer Evolution Sinn haben sollen.[9]

Der Hegel und Heidegger verwandte beherrschende Gestus, lediglich zu begreifen, was ist – bei Luhmann noch verbunden mit der ausweglosen Suggestion (oder wie Habermas sagt: der Grunderfahrung) „fast alles könnte möglich sein und fast nichts kann ich ändern" – ermöglicht über die inhaltlichen Aspekte hinaus die legitimierende Funktion dieser Theorien für den Bestand eingeschränkter Freiheitsspielräume. Sie bringen diesen

---

[8] M. Foucault: Die Ordnung der Dinge. Eine Archäologie der Humanwissenschaften, Frankfurt a. M. ²1974 (Französ. 1966). Die kritische Relevanz der Analysen Foucaults und sein Engagement für eine „linke Politik" hängen m. E. nur zum Teil konsistent mit seiner theoretischen Position zusammen.

[9] Siehe N. Luhmann: Grundrechte als Institution, Berlin 1965, bes. 4. Kap.; ders.: Zweckbegriff und Systemrationalität. Über die Funktion von Zwecken in sozialen Systemen, Frankfurt a. M. ²1973; J. Habermas/N. Luhmann: Theorie der Gesellschaft oder Sozialtechnologie, Frankfurt a. M. 1971. Siehe dort auch die Kritik der Luhmannschen Systemtheorie durch Habermas, bes. 239 ff. Es kennzeichnet die heutige Problemsituation, daß der „Positivismusstreit" für die kritische Theorie gegenüber der Auseinandersetzung mit systemtheoretischen und strukturalistischen Theoriekonzeptionen in den Hintergrund gerückt ist. Zur Auseinandersetzung mit dem Strukturalismus (Althusser u. a.) s. A. Schmidt: Struktur und Geschichte, München 1971; J. Habermas: Zur Rekonstruktion des Historischen Materialismus, Frankfurt a. M. 1976, 183 ff.; H. Lefèbvre: Au-delà du structuralisme, Paris 1971.

Bestand analytisch zum Ausdruck und rechtfertigen ihn zugleich durch die Art ihrer unkritischen und praktisch folgenlosen Interpretation (ein Zusammenhang, den Marx klar gesehen und als die ideologische Funktion der die Welt bloß anders interpretierenden Theorien gekennzeichnet hat). Natürlich finden sich auf der theoretischen Ebene noch weitere und weniger radikale und bedeutende Positionen, die, auf unterschiedlichen theoretischen und normativen Grundlagen, eine ähnliche aber direktere Rechtfertigung der hinter dem Aushängeschild „Freiheitssicherung" vor sich gehenden Freiheitseinschränkungen vornehmen. (Ich verweise auf die früher schon erwähnte Formierung der Konservativen.)[10]

Wie steht es aber mit der *Philosophie*, für die doch vor allem seit der Aufklärung, dem Deutschen Idealismus und dem revolutionären Bruch des 19. Jahrhunderts das Thema der Freiheit und der Befreiung im Mittelpunkt stand? Ist das auch heute noch der Fall? Bedarf es der Philosophie, angesichts der bezeichneten politisch-praktischen und theoretischen Situation der Freiheit, vielleicht sogar in einem besonderen Maß? Oder werden Freiheit und Philosophie zusammen zwischen System- und Verhaltenstheoretikern einerseits und Praktikern andererseits aufgerieben, auch von sozialistischen Praktikern, die, wie Marx sie einmal kennzeichnete „der Philosophie den Rücken kehren und abgewandten Hauptes einige ärgerliche und banale Phrasen über sie hermurmeln" und so die Philosophie aufheben wollen,

---

[10] Siehe Literatur Anmerkungen 2 und 3 und die anderen Bände der Taschenbuchreihe „Herderbücherei Initiative", bes. Bd. III. Zur Kritik vgl. M. Greiffenhagen (Hrsg.): Der neue Konservatismus der siebziger Jahre, Reinbek 1974, sowie F. Duve (Hrsg.): Die Restauration entläßt ihre Kinder oder Der Erfolg der Rechten in der Bundesrepublik, Hamburg 1968.

ohne sie zu verwirklichen.[11] Wenn man demgegenüber mit der Tradition meint, daß Freiheitsthema und Philosophie sich gegenseitig fordern, wie wäre die Thematik heute anzugehen, um die Relevanz der Philosophie für die gegenwärtige Lage der Freiheit zu zeigen und nicht selbstgenügsam an ihr vorbeizuphilosophieren?

Man sollte meinen, daß sich die Frage, wie das Freiheitsthema anzugehen sei, angesichts der Problemlage grundsätzlich leicht beantworten ließe, nämlich: nur noch auf kritischem Wege. Aber abgesehen davon, daß diese Antwort natürlich explikationsbedürftig ist, kann sie sicher nicht als allgemein anerkannt gelten. Es scheint vielmehr, daß sich auch und gerade für die Philosophie, zumal im Hinblick auf die politische Dimension der Freiheit, eine grundsätzliche Alternative stellt, die ich durch die Differenz einer affirmativen und einer kritischen bzw. kritisch-utopischen Philosophie der Freiheit bestimmen möchte. Diese Differenz schließt nicht aus, daß eine affirmative Philosophie kritische Aspekte enthält, wie andererseits eine kritische Theorie analytisch bestätigende Momente. Die Alternative betrifft die grundsätzliche Verhältnisbestimmung von Vernunft und Wirklichkeit, Idee und Realität, Theorie und Praxis, bzw. auf das Freiheitsproblem bezogen das Verhältnis von Freiheitsidee oder möglicher Freiheit und Realität.

Eine *affirmative Philosophie der Freiheit* behauptet und anerkennt – in der Nachfolge Hegels –, daß Freiheit und Vernunft im Staat (objektiv) realisiert seien, und diese vernünftige Wirklichkeit durch kein kritisches Pathos und keinen utopischen Ausgriff, auf das, was noch

---

[11] Siehe K. Marx / F. Engels: MEW Bd. I, 384.

nicht ist aber sein soll, überholt werden könne.[12] Die
Applikation dieser Hegelschen These – die bei Hegel
selbst noch in der konstitutionellen Monarchie kulmi-
nierte – auf den heutigen demokratischen Rechtsstaat
schließt zwar nicht partikulare Kritik aus, bedeutet aber
den prinzipiellen Vorrang einer affirmativen Einstellung zu den im Staat objektiv realisierten Bedingungen
möglicher Freiheit – auch wenn man dieses Reich der
Freiheit nicht unbedingt als die Anwesenheit des Reiches
Gottes auf Erden verstehen muß. Die Aufgabe der Philosophie ist nach dieser Konzeption, in direkter oder indirekter Legitimationsfunktion, die jeweils historisch
realisierte Einheit von Vernunft und Wirklichkeit, Freiheit und politischer Realität zu begreifen und dadurch
die affirmative Einstellung als berechtigt, ja notwendig zu erweisen. Es bedarf keines besonderen Scharf-
sinns um (trotz der Unterschiede in den Begründungs-
ansprüchen und -verfahren) die prinzipielle Übereinstimmung einer solchen affirmativen Philosophie der
Freiheit etwa mit der Systemtheorie zu sehen und ihre
politische Affinität zu einer konservativen bzw. restaurativen politischen Praxis.
Die affirmative Grundeinstellung überspielt jedoch bzw.
legitimiert offen den auch in der gegenwärtigen Lage
bestehenden Zwiespalt zwischen wirklicher und möglicher Freiheit, der sich an den Grenzen des faktischen
Freiheitsraumes und der Blockierung seiner quantitati-
ven und qualitativen Erweiterung, d. h. möglicher Befreiung, zeigt. Statt diesen Zwiespalt zu verschleiern
oder ihn gar aus „wesensnotwendigen" Beschränkungen
„endlicher Freiheit" zu rechtfertigen, müßte es im In-

---

[12] G. W. F. Hegel: Grundlinien der Philosophie des Rechts, 1821,
siehe insbesondere die Vorrede.

teresse der Freiheit vielmehr darum gehen, ihn aufzu-
decken und kritisch zu akzentuieren, indem über den immanenten Widerspruch zwischen Idee (bzw. Ideologie)
und Realität hinaus die versperrte „utopische" Dimension möglicher Freiheitserweiterung für Befreiungsprozesse sichtbar gemacht wird. Dies wäre der Bezugspunkt
und die Perspektive einer *kritischen (bzw. „kritisch-
utopischen") Philosophie der Freiheit* und emanzipatorischen Praxis, die im Gegensatz zu der die herrschende
Theorie und Praxis der Freiheitsbeschränkung bestäti-
genden affirmativen Philosophie heute vor allem erforderlich ist, und die hier im Zusammenhang einer an
marxistischer Theorie orientierten Konzeption praktischer Philosophie vertreten wird.[13]

II. Konzeption und Probleme einer kritisch-utopischen Philosophie der Freiheit

1. Die für den Ansatz einer kritisch-utopischen Philosophie der Freiheit im Sinne emanzipatorischer Praxis
wesentliche Differenz zwischen affirmativer und kritischer Theorie ist von Marx in der 11. These über Feuerbach formuliert worden. Sie erscheint hier als die Differenz bzw. Alternative zwischen einer lediglich auf die
Welt-Interpretation und deren Veränderung gerichteten
„philosophischen" Einstellung und der erforderlichen

---

[13] Zur Konzeption praktischer Philosophie siehe H. Fahrenbach:
Ein programmatischer Aufriß der Problemlage und systematischen
Ansatzmöglichkeiten praktischer Philosophie, in: Riedel (Hrsg.):
Rehabilitierung der praktischen Philosophie, Bd. I, Freiburg i. Br.
1972 und die übrigen Beiträge in Bd. I u. II sowie W. Oelmüller:
Praktische Philosophie im Prozeß der Aufklärung, in: Fortschritt
wohin?, Düsseldorf 1973.

Welt-Veränderung selbst, die in praktisch-kritischer Tätigkeit, d. h. der theoretischen und praktischen Kritik des Bestehenden im Sinne seiner revolutionären Veränderung vollzogen werden muß. Daß mit der 11. Feuerbachthese („die Philosophen haben die Welt nur verschieden *interpretiert,* es kommt darauf an, sie zu *verändern*") nicht etwa der Theorie überhaupt bzw. der affirmativ-interpretierenden Philosophie eine theorielose (und damit orientierungslose) Praxis entgegengesetzt wird, geht aus dem Kontext der übrigen Thesen (insbesondere der 1., 2., 4., 8.) und den sachlichen Bezügen der Schriften dieser Zeit (insbesondere der „Deutschen Ideologie") klar hervor.[14] Es werden vielmehr (auf dem Boden einer den traditionellen Vorrang der Theorie, auch noch in Gestalt der „praktischen Vernunft", aufhebenden Neubestimmung des Verhältnisses von Theorie und Praxis) zwei Positionen konfrontiert, die sich hinsichtlich der in ihnen konzipierten theoretisch-praktischen Einstellung zur Welt und des dafür maßgeblichen Erkenntnisinteresses und Praxisbezuges wesentlich unterscheiden. Die bloß „verschieden interpretierende" bzw. die Weltinterpretation (Weltanschauungen) verändernde und so höchstens theoretisch kritisch werdende Philosophie, zu der Marx auch die Bewußtseinskritik der Junghegelianer zählt, verkennt nicht nur die Abhängigkeit auch der theoretischen Probleme und ihrer Lösung von der gesellschaftlichen Praxis und deren Veränderung, sondern auch, daß sie als jeweils anders interpretierende Theorie lediglich ein verändertes Bewußtsein von dem, was ist („über ein bestehendes Faktum") hervorzubringen vermag und eben dadurch

---

[14] Zur Interpretation der Feuerbachthesen vgl. insbesondere E. Bloch: Das Prinzip Hoffnung, Frankfurt a. M. 1959, Kap. 19.

auf eine andere Weise „anerkennt", was ist und schon war. „Diese Forderung (der Junghegelianer H. F.), das Bewußtsein zu verändern, läuft auf die Forderung hinaus, das Bestehende anders zu interpretieren, d. h. es vermittels einer anderen Interpretation anzuerkennen."[15] Auch eine die bisherige Weltauffassung kritisch uminterpretierende Theorie bleibt als solche und solange gegenüber dem Bestehenden „affirmativ", als sie nicht die Notwendigkeit und die Ansatzpunkte seiner „praktischen Kritik", d. h. Veränderung aufweist und im Sinne ihrer Vermittlung mit einer realen oder möglichen verändernden Praxis selbst „praktisch wird".

Die durch Marx vollzogene Umorientierung des Theorie-Praxis-Verhältnisses hat nicht nur kritische Konsequenzen für die philosophische Konzeption „reiner Theorie" (als der traditionell grundlegenden Bestimmung der Philosophie), sondern kritische *und* konstruktive Folgen auch für die „praktische Philosophie". Denn diese kann (auch wenn sie, wie bei Kant und Fichte, der theoretischen Philosophie nicht mehr nachgeordnet wird, sondern als Philosophie der praktischen Vernunft den Primat erhält) nach primär theoretisch oder praktisch orientierten Gesichtspunkten konzipiert werden. Die traditionell beherrschende Form praktischer Philosophie war eine Philosophie der Praxis, in der primär die strukturellen Bedingungen und normativen (ethischen) Prinzipien des Handelns und Verhaltens thematisiert wurden, während die eigentlich praktischen Probleme, die mit den real beschränkten Handlungsbedingungen und

---

[15] Marx/Engels: MEW, Bd. III, 20, vgl. 42; zum Begriff der Kritik s. J. Habermas: Theorie und Praxis, Frankfurt a. M. 1971³; bes. 244 ff.; K. Hartmann: Die Marxsche Theorie, Berlin 1970, 73 ff.; K. Röttgers: Praxis und Kritik, Berlin 1975, 253 ff.

Realisationsmöglichkeiten verknüpft sind, als philosophisch sekundäre „Anwendungsprobleme" galten, die letztlich dem handelnden Subjekt überantwortet blieben. Obwohl es die praktische Philosophie nach Aristoteles mit der Praxis als dem Bereich des „Veränderlichen" zu tun hat, war sie nicht selbst auf Veränderung (und Zukunft) gerichtet, sondern vielmehr auf die strukturellen und normativen Faktoren, die der Praxis eine (relative) Beständigkeit und werthafte Ordnung geben sollen – sei es im Hinblick auf die Zielbestimmung des Lebens (die Eudaimonia) und die Regulierung des Verhaltens am Maßstab der Tugenden (Aristoteles), sei es aufgrund eines Kriteriums zur Bestimmung jederzeit und allgemein verbindlicher Maximen des Handelns (Kant, kategorischer Imperativ). In solchen ethisch-praktischen Konzeptionen waren zwar immer auch normativ realitätskritische und zukunftsbezogene Aspekte mitgesetzt, die in der Spannung zwischen (realem) Sein und (idealem) Sollen als verbindlicher Möglichkeit zum Ausdruck kommen. Aber diese Aspekte und die Dialektik der Spannung sind gerade nicht akzentuiert, sondern eher verdeckt worden, weil die Realisationsprobleme sekundär blieben. Deren Thematisierung hätte den Widerspruch zwischen den idealen Prinzipien einer vernunftgeleiteten Praxis und der Realität, sowie den faktisch restringierten Realisationsbedingungen im Praxisfeld zutage treten lassen und der praktischen Philosophie die Wendung zur praktischen Kritik der bestehenden Verhältnisse in Richtung auf eine verändernde Praxis geben können. Diese Wendung ist durch Marx möglich und notwendig geworden. Denn erst Marx konzipiert „Philosophie in praktischer Absicht" anfänglich als kritische Theorie praktischer Veränderung bzw. revolutionärer Praxis (deren erster Ansatzpunkt die „immanente

Kritik" der bestehenden Verhältnisse aus dem Widerspruch ihrer ideellen und realen Bestimmungen darstellt). Dadurch hat Marx die Problemstellung einer möglichen „kritisch-utopischen" Philosophie der Praxis prinzipiell auf die Kritik der gesellschaftlichen Verhältnisse und die Bedingungen ihrer Veränderung in der Zukunftsperspektive revolutionärer Praxis orientiert.

Nun ist die Marxsche Theorie natürlich nicht durch die Absicht einer Reform der (praktischen) Philosophie motiviert. Ihr liegt vielmehr ein praktisches Interesse und die Einsicht in eine praktische Notwendigkeit zugrunde, die u. a. nur im Zuge einer Kritik der (bisherigen) Philosophie zur Geltung gebracht werden konnte. Diese bezog sich vor allem auf die Hegelsche Vollendung der Philosophie und die von ihr beanspruchte „Versöhnung" von Vernunft und Wirklichkeit, aber auch auf die junghegelianischen Versuche ihrer kritischen Überwindung bzw. Destruktion. Entgegen der These bzw. dem Beweisanspruch der affirmativen Philosophie expliziert Marx die der kritischen Theorie zugrunde liegende Erfahrung, daß die Vermittlung von Vernunft und Realität, Freiheitsidee und Wirklichkeit noch nicht gelungen ist, sondern die Gesellschaft bzw. der „politische Staat" vielmehr durch den praktischen „Widerspruch seiner ideellen Bestimmung mit seinen realen Voraussetzungen" geprägt sind,[15a] der auch nur durch praktische Veränderung (der realen Voraussetzungen) aufgehoben werden kann. Der Zwiespalt zwischen Idee und Realität dokumentiert sich für Marx und die marxistische Gesellschaftskritik vor allem in den Verhältnissen der Ausbeutung, Unterdrückung, Entfremdung, und damit der

---

[15a] Marx/Engels: MEW, Bd. I, 345.

realen Unfreiheit, denen die Masse der Menschen, zumal die Lohnarbeiter, in der kapitalistisch-bürgerlichen Gesellschaft unter dem Schein der Freiheitsideologie unterworfen sind. Deren Befreiung kann für Marx nur durch die revolutionäre Umwälzung der politisch-ökonomischen Herrschaftsstrukturen der kapitalistischen Gesellschaftsformation erreicht werden, gemäß dem *„kategorischen Imperativ, alle Verhältnisse umzuwerfen,* in denen der Mensch ein erniedrigtes, ein geknechtetes, ein verlassenes, ein verächtliches Wesen ist . . .“[16].

Aufgrund dieses Bezuges der Kritik auf die Lage realer Unfreiheit und deren praktische Aufhebung ist das Freiheitsthema in der Marxschen bzw. marxistischen Theorie nicht eines unter anderen, sondern konkret gefaßt, d. h. als praktisches Problem realer Befreiung aus Unterdrückungs- und Ausbeutungsverhältnissen, das Zentrum der Kritik des Bestehenden und das antizipierte Sinnziel der revolutionären Praxis.[17] Darum ist es

---

[16] Marx/Engels: MEW, Bd. I, 385.

[17] Zum Freiheits- bzw. Befreiungsthema in der marxistischen Theorie siehe M. Adler: Die sozialistische Idee der Befreiung, in: Marx-Studien Bd. IV, Wien 1919; Th. Meyer: Der Zwiespalt in der Marxschen Emanzipationstheorie. Studie zur Rolle des proletarischen Subjekts, Kronberg 1973; P. K. Schneider: Theorie normativer Vernunft, München 1976; – E. Bloch: Freiheit . . . in: Philosophische Aufsätze, Frankfurt a. M. 1969, 573 ff.; ders.: Naturrecht und menschliche Würde, Frankfurt a. M. 1961, 175 ff.; H. Marcuse: Ideen zu einer kritischen Theorie der Gesellschaft, Frankfurt a. M. 1969, bes. 55 ff.; ders.: Versuch über die Befreiung, Frankfurt a. M. 1969; ders.: Konterrevolution und Revolte, Frankfurt a. M. 1973; Th. W. Adorno: Negative Dialektik, Frankfurt a. M. 1966, Teil III, 1; J. P. Sartre: Marxismus und Existentialismus, Reinbek 1964; R. Garaudy: Marxismus im 20. Jahrhundert, Reinbek 1969; D. Duhm: Warenstruktur und zerstörte Zwischenmenschlichkeit, Lampertheim ⁴1975, 3. Teil (Emanzipation); M. Horkheimer: Zum Begriff der Freiheit, in: Sozialphilosophische Studien, Frankfurt a. M. 1972;

durchaus treffend, das der marxistischen Theorie motivierend zugrunde liegende „erkenntnisleitende Interesse" als „emanzipatorisch" bzw. als praktisch-emanzipatorisch zu kennzeichnen.[18] Freilich muß diese Kennzeichnung, weil sie in gewissem Sinne auch der traditionellen Philosophie (insbesondere seit Kants und Fichtes Auszeichnung des praktischen Vernunftinteresses) zugesprochen werden kann, im Rahmen marxistischer Theorie als eine Bestimmung der Theorie-Praxis-Vermittlung gefaßt werden. Das heißt: das emanzipatorische Interesse ist als ein praktisches ebensosehr erkenntnis- wie handlungsleitend, und diese theoretisch-praktische Vermittlung wird in dem Maße realisiert, als es im Sinne der 11. Feuerbachthese nicht bloß als ein neuer Interpretationsansatz fungiert, sondern in die praktisch-kritische Tätigkeit emanzipatorischer Praxis, d. h. realer Befreiungsprozesse mündet. Deren Möglichkeit (und damit die praktische Realisation des emanzipatorischen Interesses) hängt freilich selbst an der für die kritische Theorie jeweils real möglichen bzw. realisierten Praxisvermittlung. Die Marxsche Theorie verstand sich als die radikale Kritik der kapitalistisch-bürgerlichen Gesellschaft im notwendigen und gegebenen Zusammenhang mit dem Prozeß revolutionärer Praxis, in dem das Proletariat die in ihre objektiven Widersprüche getriebene

---

M. Marković: Dialektik der Praxis, Frankfurt a. M. 1968; L. Kofler: Perspektiven des revolutionären Humanismus, Reinbek 1968.

[18] Zum Begriff des „emanzipatorischen Interesses" vgl. J. Habermas: Erkenntnis und Interesse, in: Technik und Wissenschaft als Ideologie, Frankfurt a. M. 1968; dazu D. Böhler: Zur Geltung des emanzipatorischen Interesses in: Materialien zu Habermas' „Erkenntnis und Interesse", Frankfurt a. M. 1974, 349 ff.; u. B. Badura: Ein neuer Primat der Interpretation? a. a. O. 386 ff.; A. Lorenzer: Die Wahrheit psychoanalytischer Erkenntnis, Frankfurt a. M. 1974, 208 ff., 272 ff.

kapitalistische Gesellschaftsformation aufheben und mit seiner eigenen Befreiung die Grundlage der allgemeinmenschlichen Emanzipation legen wird.

Die der Marxschen Konzeption kritischer Theorie zugehörige Theorie-Praxis-Konstellation ist allerdings, von gewissen immanenten Schwierigkeiten, die zum Teil mit ihrer Weiterentwicklung zusammenhängen, abgesehen,[19] auf eine spezifische historisch-gesellschaftliche Lage bezogen, deren Potentiale und Tendenzen sich im Sinne eines Prozesses revolutionärer und emanzipatorischer Praxis interpretieren ließen. Diese Konstellation und die darin realisierte bzw. real mögliche Einheit von revolutionärer Theorie und Praxis können aber nicht unbesehen, d. h. unabhängig von einer aktualisierten Analyse der Bedingungen und Möglichkeiten des Praxisbezuges kritischer Theorie, auf andere historisch-gesellschaftliche Lagen übertragen werden. Die Geschichte der marxistischen Theorie ist wesentlich durch die notwendig auch selbstkritische Reflexion der jeweils realisierbaren Vermittlungsmöglichkeiten von gesellschaftskritischer Theorie und verändernder (emanzipatorischer) Praxis bestimmt, jedenfalls dort, wo der Marxismus nicht als das im Grunde affirmative und dogmatische System einer „marxistisch-leninistischen Weltanschauung" mißverstanden wird und dergestalt als „Legitimationswissenschaft" fungiert.[20] Das Problem der

---

[19] Siehe dazu D. Böhler: Metakritik der Marxschen Ideologiekritik, Frankfurt a. M. 1970; A. Wellmer: Kritische Gesellschaftstheorie und Positivismus, Frankfurt a. M. 1969; G. Schwan: Die Gesellschaftskritik von Karl Marx, Stuttgart 1974.
[20] Siehe die Einleitung von O. Negt zu N. Bucharin, A. Deborin: Kontroversen über dialektischen und mechanistischen Materialismus, Frankfurt a. M. 1969; vgl. auch H. Lefèbvre: Probleme des Marxismus heute, Frankfurt a. M. 1965.

Theorie-Praxis-Vermittlung, das gerade im neueren Marxismus (und insbesonders auch in der kritischen Theorie der „Frankfurter Schule")[21] eine wesentliche Rolle spielt, hat immer auch Auswirkungen auf die Theoriebildung, die sich z. T. in Differenzen und Modifikationen gegenüber der Marxschen Theorie niederschlagen. Das zeigt sich z. B. auch an der unterschiedlichen Akzentuierung, die der Zukunftsbezug bzw. die utopische Dimension erfahren, die in struktureller und normativer Hinsicht zum Entwurf und Vollzug verändernder Praxis und schon zu der auf mögliche Veränderung hin orientierten immanenten Kritik der bestehenden Verhältnisse gehören.[22] Je problematischer die Theorie-Praxis-Vermittlung und die Entwicklung der realen Möglichkeiten verändernder Praxis aus der „immanenten Kritik" der Widersprüche des Bestehenden erscheint, desto prägnanter konturieren sich die normativ-utopischen Züge der kritischen Theorie. Die Analyse müßte freilich zeigen, daß und wie der verstärkten Spannung zwischen Theorie und Praxis die abstrakte Differenz zwischen Wirklichkeit und (blockierter) Möglichkeit in der gesellschaftlichen Lage selbst zugrundeliegt und wo die objektiv reduzierten Möglichkeiten

---

[21] Vgl. Th. W. Adorno: Marginalien zu Theorie und Praxis, in: Stichworte, Frankfurt a. M. 1969; M. Horkheimer: Traditionelle und kritische Theorie, Frankfurt a. M. 1970; H. Marcuse: Theorie und Praxis, in: Zeit-Messungen, Frankfurt a. M. 1975; J. Habermas: Theorie und Praxis, Frankfurt a. M. ³1973 (bes. die Einleitung).

[22] Zum Zukunfts- bzw. Utopiebezug der Praxis siehe E. Bloch: Das Prinzip Hoffnung, Frankfurt a. M. 1959, Teil II (Grundlegung); J. P. Sartre: Marxismus und Existentialismus, Reinbek 1964, 120 ff.; H. Marcuse: Das Ende der Utopie, in: Psychoanalyse und Politik, Frankfurt a. M. 1968; R. Garaudy: Die Alternative, Reinbek 1974, bes. 135 ff.

kritisch aufklärender und antizipierender Theorie für eine mögliche emanzipatorische Praxis gleichwohl noch liegen.[23]

Trotz der Differenzen und Differenzierungen, die sich aufgrund der jeweils bestimmten historisch-praktischen Situierung marxistischer Theorie notwendig ergeben, bleiben bestimmte Züge insbesondere der Konzeption des Theorie-Praxis-Verhältnisses und des praktisch-emanzipatorischen Interesse für sie konstitutiv, die gerade für eine praktische Philosophie der Freiheit prinzipiell relevant sind.[24] Denn eine praktische Philosophie, die sich nicht selbst um ihren möglichen praktischen Sinn bringen will, kann ihre Thematik und insbesondere das Freiheitsthema nicht auf rein theoretische (analytische und normative) Erörterungen reduzieren, sondern muß ihr Theorie-Praxis-Verhältnis und ihr praktisches Erkenntnisinteresse mit Bezug auf die reale praktische (politisch-gesellschaftliche) Lage der Freiheit und die darin gegebenen Bedingungen und Beschränkungen der Realisation von Freiheit bestimmen. Das aber heißt, daß sie in realitätskritischer und antizipatorischer (utopischer) Perspektive die Notwendigkeit und Möglichkeit realitätsverändernder emanzipatorischer Praxis ins Auge fassen und in diesem Sinn Befreiung als praktisches Problem der Freiheit thematisieren muß.

2. Die durch die heutige Lage und das emanzipatorische Erkenntnisinteresse praktischer Philosophie nahegelegte These, daß Befreiung als praktisches Zentralproblem des Freiheitsthemas gefaßt werden müsse, schließt zwar

---

[23] Siehe dazu besonders die Arbeiten von H. Marcuse u. J. Habermas, Anmerkungen 17, 21, 22.

[24] Das gilt unter neueren marxistischen Theorien m. E. insbesondere für die Arbeiten von E. Bloch, H. Marcuse, J. Habermas, J. P. Sartre, H. Lefèbvre, R. Garaudy, M. Marković.

nicht die Leugnung *theoretischer Probleme* hinsichtlich der Möglichkeit von Freiheit ein. Wohl aber enthält sie die Auffassung, daß die sogenannten absoluten Fragen nach der Freiheit oder Unfreiheit des menschlichen Willens, die an metaphysische Konzeptionen theologischer und kosmologischer Art bzw. durchgängiger Naturkausalität gebunden waren, mit ihren metaphysischen Rahmentheorien in den Hintergrund gerückt sind.[25] Ihr sachlicher Kern hat sich auf eine sozial-anthropologische (bzw. handlungstheoretische) Ebene verlagert, auf der sich Fragen nach der anthropologisch-strukturellen Möglichkeit und nach der realen faktischen Ermöglichung oder Verhinderung „praktischer Freiheit" stellen.[26] Solche Fragen, nicht nur nach der strukturellen Möglichkeit von Freiheit, sondern nach den objektiven und subjektiven Bedingungen (oder Verhinderungen) ihrer Realisation, stellen sich, was immer man zu den metaphysischen Theoremen eines absoluten Indeterminismus oder Determinismus meint. Diese bleiben metaphysische Extrapolationen, die weder durch empirische Daten noch durch rationale Argumentation beweisbar sind, auch wenn sie von Naturwissenschaftlern vorgetragen werden. Es scheint, daß gerade für das Freiheitsproblem die 2. Feuerbachthese von Marx gültig ist, derzufolge die „gegenständliche Wahrheit des menschlichen

---

[25] Vgl. dazu W. Schulz: Philosophie in der veränderten Welt, Pfullingen 1972, 647 ff.

[26] Zur Erörterung theoretischer Probleme s. etwa: (auf reflexionsphilosophischer Ebene) A. Gehlen: Theorie der Willensfreiheit, Neuwied 1965; (auf ontologisch-anthropologischer Ebene) W. Keller: Das Problem der Willensfreiheit, Bern 1965; (auf analytischer Ebene) St. Hampshire: Thought and Action, London ³1965, 177 ff.; A. Kenny: Will, Freedom and Power, Oxford 1975; A. I. Melden: Free Action, London 1961; W. Ayers: The Refutation of Determinism, London 1972.

Denkens" – hier des Gedankens der Freiheit – nur in der Praxis beweisbar, d. h. keine Frage der Theorie, sondern eine praktische Frage ist. Das ist so, weil ‚Freiheit' eine Möglichkeit bezeichnet, die auf praktische Realisation (und Realisationsbedingungen) verweist und jedenfalls als „praktische Freiheit" (auch im Sinne Kants) nur in praktischer Erfahrung evident ist.

Für jede Erörterung der theoretischen und praktischen Probleme des Freiheitsthemas ist es aber methodisch unabdingbar, zunächst den Begriff von Freiheit zu klären, der für die (besondere) Problemstellung leitend sein kann. (Das gilt natürlich auch für eine „marxistische" Theorie der Freiheit.) Die an sich nötigen begriffsanalytischen Klärungen der Bedeutung und des Verwendungssinns des Ausdrucks „frei" können hier freilich nicht explizit entwickelt, sondern nur in thetischer Form angedeutet werden.[27]

Sowohl die praktische Problemlage als auch der begriffliche Kontext und Verwendungszusammenhang des Ausdrucks ‚frei' erfordern die Auszeichnung des Begriffs und des Problems der „Handlungsfreiheit". Wir bezeichnen zwar nicht nur Handlungen (Entscheidungen u. ä.) als frei, sondern auch Lebensverhältnisse und Personen bzw. den Menschen überhaupt. Aber der Begriff der Handlungsfreiheit ist seinem Bedeutungsgehalt und seinem Verwendungszusammenhang nach als der konkreteste und umfassendste Begriff von Freiheit anzusehen (von dem sich die anderen Verwendungsbezüge herleiten). Denn 1. enthält er (mit den rationalen und

---

[27] Für die weitere Begriffsanalyse vgl. die analytische Literatur, Anm. 26, 28 und M. Cranston: Freedom, A New Analysis, London 1953; J. Wilson: Reason and Morals, London 1961, 57 ff.; K. Baier: Responsibility and Freedom, in: Ethics and Society, ed. by R. T. de George, New York 1966.

normativen Strukturen des Handelns) Wahl- und Entscheidungsfreiheit als eigene Momente – und damit
Grundbestimmungen der Freiheitsmöglichkeit des Menschen; und 2. werden diese Momente durch den Begriff
der Handlungsfreiheit auf das reale Handlungsfeld
und den in den Lebensverhältnissen jeweils eröffneten
und beschränkten Spielraum möglicher Freiheit des
Handelns und Lebens bezogen. Mit Bezug auf die Weite
oder Enge dieses Spielraums realer Handlungs- und
Lebensmöglichkeiten können Lebensformen (und ihre
institutionelle Verfassung) als mehr oder weniger frei
oder unfrei bezeichnet werden. Und aufgrund dieser
Zusammenhänge wird erst mit dem Begriff und Problem der Handlungsfreiheit die politische (und soziale)
Dimension der Freiheit erreicht (wobei ich natürlich
Reden auch als ein Handeln verstehe).

Der Begriff der Handlungsfreiheit bzw. die handlungs-
bezogene Verwendung des Ausdrucks ‚frei‘ ergibt auch
die Möglichkeit, dessen allgemeine Bedeutung konkreter
zu bestimmen. Der formal-allgemeine Sinn des Ausdrucks ‚frei‘ läßt sich nach den Relationen des Freiseins
von ... (innerem und äußerem Zwang) und des Freiseins für ... (Selbstbestimmung) durchaus positiv als
Zusprechen (Zuerkennen, „ascription") von Selbstbestimmung als realer oder realisierter Möglichkeit fassen.[28] Die positive Fassung des Bedeutungsgehaltes von

---

[28] Siehe H. L. A. Hart: The Ascription of Responsibility and
Rights, in: Logic and Language, ed. by A. Flew, New York 1965.
Die von Hart analysierte und so bezeichnete „askriptive" Funktion
von Sprechakten (Sätzen, Ausdrücken), in denen, im Unterschied
zu deskriptiven Feststellungen, Handlungen, Rechte, Verantwort-
lichkeiten „zugeschrieben" werden, die Berechtigung solcher Zu-
schreibungen aber auch „entkräftet" werden kann, ist auch für die
Analyse des Verwendungssinnes des Ausdruckes „frei" relevant, zu-

‚frei' bzw. ‚Freiheit' als realer Möglichkeit von Selbstbestimmung läßt sich allerdings nicht an reduzierten
bzw. insignifikanten Verwendungsweisen gewinnen, wie
etwa am Beispiel „alkoholfreies Getränk". Denn hier
ist die Bedeutung von ‚frei' restlos durch einen Nega-
tionsausdruck (Getränk ohne ..., kein ... Alkohol) er-
setzbar und sogar präzisierbar, d. h. hier ist überhaupt
nur die negative Sinnrelation des Ausdrucks frei bestimmt und die positive überhaupt nicht gegeben und
bestimmbar. Das aber gilt gerade nicht für die signifi-
kanten Verwendungsweisen im anthropologischen Bereich und Handlungskontext. Hier werden die jeweiligen Negationen zudem erst im Blick auf die (durch Nö-
tigung oder Behinderung) negierten Möglichkeiten der
Selbstbestimmung verständlich.

Im Handlungskontext bzw. als Handlungsfreiheit gewinnt die formale (allgemeine) Bedeutung von Freiheit
als möglicher Selbstbestimmung den konkreteren Sinn
möglicher „Selbstverwirklichung" des Menschen. Denn
als Handlungsfreiheit wird mögliche Selbstbestimmung
nicht nur auf das reale Feld sozialen und kommunikativen Handelns bezogen, das ihren Möglichkeitsspiel-
raum bestimmt. Sie wird durch die (individuellen und
sozialen) Bedürfnisse, Interessen und Wünsche konkretisiert, die als Motivation und Zielorientierungen in das

---

mal für den Grundbegriff der Handlungsfreiheit. Denn dessen Ver-
wendungssinn ist nicht die Feststellung einer empirischen oder metaphysischen Handlungsqualität, sondern die Zuschreibung (Zuer-
kennung) der Fähigkeit, in Selbstbestimmung zu handeln, die vorausgesetzt bzw. „unterstellt" wird, solange nicht bestimmte Um-
stände für eine weitreichende Einschränkung oder gar Aufhebung
ihrer Realisationsbedingungen und -möglichkeiten sprechen. Darum
ist im Geltungsbereich des Freiheitsbegriffs ein potentiell kritisches
Verhältnis zwischen Möglichkeit und Wirklichkeit gesetzt.

Handeln eingehen. Deren Realisation wird als Selbstverwirklichung verstanden, wie klärungs- und kritikbedürftig die jeweiligen partikularen oder allgemeinen Bedürfnisse und Interessen auch immer sein mögen. Handlungsfreiheit bemißt sich also nicht schon zureichend an der Selbständigkeit (Selbstbestimmung) des Handlungsentwurfs nach eigenen Absichten und Gründen, sondern an dem Maß, in dem zumal die allgemeinen Bedürfnisse und Interessen realisiert werden können. Dazu bedarf es des Spielraums objektiver und subjektiver Möglichkeiten im Feld sozialen Handelns, dessen normative Strukturen und politisch-ökonomische Faktoren Selbstverwirklichung möglichst allgemein eröffnen oder sie privilegieren, d. h. quantitativ und qualitativ beschränken bzw. verhindern können. Insofern ist Handlungsfreiheit das Maß allgemeiner und konkreter Freiheit in den Lebensverhältnissen und diese die Bedingung, wenn auch nicht schon der Gehalt eines durch Aneignung und Verwirklichung erfüllten Lebens. Der praktische Sinn von Handlungs-Freiheit liegt also nicht einfach in ihr selbst, sondern darin, daß sie Bedingung und Element der Befreiung zur allgemeinen und solidarischen Selbstverwirklichung der Menschen ist bzw. sein kann.

Weil Handlungsfreiheit die subjektiven und objektiven Möglichkeiten praktischer Freiheit (im Interesse der Selbstverwirklichung der Menschen) betrifft, gewinnt der Begriff eine kritisch-utopische Funktion für die Beurteilung der gesellschaftlichen Realität im Blick auf die in ihr blockierten Möglichkeiten größerer praktischer Freiheit, und d. h. von Befreiung. Denn die Erweiterung der Handlungsfreiheit *gegen* bestehende aber aufhebbare Zwänge und Leiden, privilegierte Freiheiten und Interessen und *für* ein freieres und in Aneignung und Verwirklichung erfüllteres Leben aller gehört wesentlich zum Gehalt und Prozeß von Befreiung.[29]

3. Wie ist nun – von dem skizzierten Leitbegriff der Handlungsfreiheit aus – die Notwendigkeit und Möglichkeit einer kritisch-utopischen Philosophie der Freiheit mit Befreiung als zentralem praktischem Problem zu beurteilen? Die Fragestellung wäre freilich schon als solche gegenstandslos, wenn sich die heutige Lage der Freiheit in dem Sinne affirmativ beurteilen ließe, daß die objektiv möglichen Realisationsbedingungen für ein freies und erfülltes Leben aller gegeben seien und eine qualitative und quantitative Erweiterung des Freiheitsraumes weder nötig noch möglich wäre. Ein solches Urteil spräche aber allen Tatbeständen an Unfreiheit, Unterdrückung und Ausbeutung Hohn. Es ließe sich, was die mögliche Freiheit (im Sinne von Selbstbestimmung und Selbstverwirklichung) angeht, nicht einmal auf der politischen Ebene halten, auf die sich affirmative Theorien im Sinne eines formalen Begriffs von Demokratie zumeist beschränken, geschweige denn auf der sozialen Ebene. Denn auf beiden Ebenen, die natürlich zusammenhängen, wäre der Spielraum an Handlungsfreiheit für die Verwirklichung der Bedürfnisse und Interessen aller zunächst und u. a. am Maß der aktiven Mitbestimmung in politischen Willensbildungs- und Entscheidungsprozessen zu messen. Die Spannung zwischen formaler und materialer Demokratie und die Forderung nach Demokratisierung (als einer Form politischer und

---

[29] Die Betonung der elementaren „emanzipatorischen Tendenz" des Freiheitsinteresses *gegen* Herrschaftsordnungen und institutionelle Zwänge ist das wesentliche und berechtigte Moment im „anarchistischen" Freiheitsbegriff. Siehe etwa: M. Bakunin: Gott und der Staat, Reinbek 1969, 192 f., vgl. B. Russell: Wege zur Freiheit (1918), Frankfurt a. M. 1971; N. Chomsky: Anm. 7, 104 ff.

sozialer Emanzipation läßt sich zwar in den Hintergrund drängen, aber nicht um ihre Berechtigung (auch für die Universität) bringen.[30] Dabei kann es auch einem kritischen Denken nicht um die Leugnung der jeweils vorhandenen Freiheitsräume gehen, sondern um das Aufdecken der durch privilegierte Interessen gestützten Freiheitseinschränkungen und verhinderten Freiheitsmöglichkeiten und um die quantitative und qualitative Erweiterung der Freiheitsspielräume. (Emanzipationsprozesse haben immer jeweils historisch bestimmte Ausgangsbedingungen, auch an mehr oder weniger Freiheit.

Vollends unhaltbar wird die affirmative These der prinzipiell erfüllten Freiheitsbedingungen im Hinblick auf die Zwänge und Einschränkungen, die (via Sozialisation) das Übergangsfeld ökonomisch-sozialer und individueller Freiheit bzw. Unfreiheit beherrschen, wobei ich ein Wechselverhältnis, aber kein lineares Abhängigkeitsverhältnis annehme. Das ökonomische System hält im weiterbestehenden Widerspruch von Kapital und Arbeit und trotz enormer Steigerung der Produktivkräfte den Zwang zu entfremdeter Arbeit (im Interesse der Leistungs- und Konsumgesellschaft) unvermin-

---

[30] Zur verfassungsrechtlichen Diskussion des Freiheitsproblems, siehe E. W. Böckenförde: Staat, Gesellschaft, Freiheit, Frankfurt a. M. 1976, bes. 336 ff.; E. Grabitz: Freiheit und Verfassungsrecht, Tübingen 1976; E. Denninger (Hrsg.): Freiheitlich-demokratische Grundordnung, Frankfurt a. M. 1977. Zur Forderung der Demokratisierung vgl. F. Vilmar: Strategien der Demokratisierung, Band I: Theorie und Praxis, Darmstadt und Neuwied 1973; H. v. Hentig: Die Wiederherstellung der Politik, Cuernavaca revisted, Stuttgart 1973; ders.: Die Sache und die Demokratie, Frankfurt a. M. 1975; D. Posser u. R. Wassermann (Hrsg.): Freiheit in der sozialen Demokratie, Karlsruhe 1975; H. Dahmer: Politische Orientierungen, Frankfurt a. M. 1973, 179 ff.; J. Habermas: Kultur und Kritik, Frankfurt a. M. 1973, Teil I; O. Negt: Keine Demokratie ohne Sozialismus, Frankfurt a. M. 1976.

dert aufrecht. Gegenüber der Arbeitswelt erscheint die Freizeit als einzig „freies Leben", obwohl deren Möglichkeiten auch vom Konsumzwang erreicht und geprägt werden. Und die Verhaltensmuster und Wertorientierungen der Konkurrenzgesellschaft prägen über Sozialisationsprozesse und soziale Kontrolle die individuellen Verhaltensweisen und begrenzen den faktischen Raum der Freiheitsmöglichkeiten auf die Bedürfnisse und Interessen, die das Individuum an das gesellschaftliche System binden und dieses dadurch auch auf der individuellen Ebene stabilisieren. Diese Zusammenhänge haben insbesondere Marcuse und für das „Alltagsleben" Lefèbvre analysiert und kritisch mit dem Problem möglicher Befreiung verknüpft.[31]

Das Hauptproblem und die immanenten Schwierigkeiten einer kritisch-utopischen Philosophie der Freiheit zeigen sich jedoch nicht schon im kritisch-analytischen Aspekt ihrer Aufgabe, d. h. dem Aufweis der Zwänge und Freiheitseinschränkungen, die gesellschaftliche Systeme in der Phase des Spätkapitalismus strukturell und faktisch enthalten und ausüben. Freilich kann die Philosophie die analytische Aufgabe nicht im Alleingang, sondern differentiell nur im Zusammenhang mit den Sozialwissenschaften lösen. Aber die Notwendigkeit einer kritischen Philosophie der Freiheit kann angesichts der Verhältnisse nicht eigentlich problematisch sein. Wo

---

[31] Vgl. H. Marcuse: Der eindimensionale Mensch, Neuwied 1967; H. Lefèbvre: Kritik des Alltagslebens, 3 Bde., München 1974 ff.; ders.: Das Alltagsleben in der modernen Welt, Frankfurt a. M. 1972; D. Duhm: Warenstruktur und zerstörte Zwischenmenschlichkeit, Lampertheim ⁴1975; K. Ottomeyer: Soziales Verhalten und Ökonomie im Kapitalismus, Gießen ²1976; U. Jaeggi: Kapital und Arbeit in der Bundesrepublik, Frankfurt a. M. 1973; K. Ottomeyer: Ökonomische Zwänge und menschliche Beziehungen, Reinbek 1977.

immer Unterdrückungs- und Entfremdungsverhältnisse aufgewiesen werden können, ist auch klar, daß nur praktische Befreiung von ihnen zur Freiheit führen könnte.

Die eigentlichen Probleme einer kritisch-utopischen Philosophie der Befreiung liegen vielmehr in der Vermittlung des kritisch-analytischen und utopischen Aspekts, sofern es ihr ja darum gehen muß, die Möglichkeiten emanzipatorischer Veränderung der bestehenden Verhältnisse als reale Möglichkeiten oder, mit Bloch zu reden, als „konkrete Utopie" der Befreiung aufzuzeigen. Kritisch-utopische Philosophie der Freiheit mag im Interesse der Freiheit praktisch notwendig sein, aber ist sie im Sinne ihrer praktischen Intention auf emanzipatorische Veränderung auch möglich, und wie? Ich habe nicht im Sinn, die hier liegenden Schwierigkeiten illusionistisch zu verschweigen oder zu verharmlosen. Damit wäre dem emanzipatorischen Interesse am wenigsten gedient. Zudem sind diese gegenüber der Situation von Marx z. T. neuen Probleme des Theorie-Praxis-Bezuges insbesondere von den Theoretikern der Frankfurter Schule (und vor allem von Marcuse) ausdrücklich reflektiert und vielleicht eher zu hoch veranschlagt als verharmlost worden.[32]

Dabei ist zunächst klar, daß zu einer Philosophie der Praxis, der es um emanzipatorische Veränderung geht, notwendig eine utopische Perspektive gehört, nämlich als die Dimension des Entwurfs und der Antizipation von Möglichkeiten des Handelns und Lebens, die das Gegebene normativ-utopisch überschreiten.[33] Und diese utopische Perspektive muß durchaus einen Fernhorizont

---

[32] Siehe Anmerkung 21.
[33] Vgl. Literatur Anmerkung 22.

enthalten, der die Grundrichtung der geschichtlichen Praxis normativ vorzeichnet, etwa als Idee des „Reichs der Freiheit" (Marx) oder eines „menschenwürdigen und erfüllten Lebens". So wichtig der Entwurf solcher utopisch-regulativen Leitlinien und die Erörterung ihrer sozial-anthropologischen und normativen Implikationen für eine Philosophie emanzipatorischer Praxis ist, ihr praktisches Interesse führt sie notwendig wieder vor die Probleme der konkret-utopischen Perspektive bzw. der realen Möglichkeit emanzipatorisch relevanter Veränderungen und damit auch vor das praktische Problem möglicher spezifischer Befreiung.

An dieser Stelle des Möglichkeitsproblems drängen sich die verschiedensten Fragen zusammen, die das Verhältnis von Möglichkeit und Wirklichkeit in struktureller, historischer und normativer Hinsicht betreffen – und im Rahmen der marxistischen Theorie das Problem möglicher revolutionärer Veränderungen und das Verhältnis der sie bedingenden objektiven und subjektiven Faktoren. Was den zuletzt genannten Zusammenhang angeht, so teile ich im Prinzip, wenn auch nicht in allen inhaltlichen Aussagen, die Position Marcuses, der Revolutionstheorien suspendiert und den Schwerpunkt in die Bewußtseinsveränderung, d. h. die Aufklärung und Aktivierung der subjektiven Bedingungen (Bedürfnisse, Interessen) möglicher Befreiung setzt. Aber auch für diesen Ansatz stellt sich, wie Marcuse natürlich selbst klar sieht, das Problem der realen, d. h. im Wirklichen selbst liegenden Möglichkeiten und Ansatzstellen, und der „Zirkel", bzw. das (dialektische) Implikationsverhältnis von „subjektiver" und „objektiver" Veränderung/Befreiung. (Freilich behalten auch reale Möglichkeiten den Status von Möglichkeiten, aber sie sind gegenüber abstrakten Möglichkeiten mit der Wirklichkeit

im Sinne von Tendenzen und Realisationschancen vermittelt und aus diesen bzw. aus den Widersprüchen
und Brüchen der Realität entwickelt.)
Die nächstliegenden Ansatzpunkte für die Einschätzung
realer Möglichkeiten emanzipatorischer Veränderung
wären vor allem dort zu suchen, wo sich Entfremdungs-
erfahrungen und Unbehagen in den gegebenen Verhältnissen mit dem Verlangen, sie zu ändern, in neuen
Bedürfnissen und Interessen artikulieren und orientieren. Zudem kann und muß an bereits in Gang gekom-
mene, wenn auch z. T. wieder gebremste Emanzipa-
tionsbestrebungen auf der politischen, sozialen und individuellen Ebene angeknüpft werden. Eine differen-
tielle Analyse der realen Unfreiheiten und der realen
Möglichkeiten von Befreiung kann freilich nur im Zusammenhang mit den Humanwissenschaften (insbesondere Soziologie, Psychologie, Psychoanalyse und Pädagogik) erreicht werden, sofern diese nur selbst ein kri-
tisch-emanzipatorisches Interesse verfolgen.[34] Die utopischen Entwürfe der Philosophie sind zudem keine De-
krete dessen, was der Mensch sein kann und sein soll,

---

[34] Siehe dazu neben der in Anm. 18 genannten Literatur: B. Schä-
fers (Hrsg.): Thesen zur Kritik der Soziologie, Frankfurt a. M.
1969; R. Krekel: Soziologisches Denken, Opladen ²1976; G. Eber-
lein: Emanzipation – ein Thema empirisch-analytischen Wissen-
schaftsverständnisses, in: G. Hartfiel (Hrsg.): Emanzipation, Opladen 1975; D. Groh: Kritische Geschichtswissenschaft in emanzipatorischer Absicht, Stuttgart, 1973; W. Lepenies, H. Nolte: Kritik
der Anthropologie, München 1971; K. Holzkamp: Kritische Psychologie, Frankfurt a. M. 1972; A. Treppenhauer: Emanzipatorische
Psychologie, Frankfurt a. M. 1976; K. Mollenhauer: Erziehung und
Emanzipation, München 1968; K. Lempert: Leistungsprinzip und
Emanzipation, Frankfurt a. M. 1971; K. H. Schäfer, K. Schaller:
Kritische Erziehungswissenschaft und kommunikative Didaktik,
Heidelberg ³1976; Th. Feuerstein: Emanzipation und Rationalität
einer kritischen Erziehungswissenschaft, München 1973.

sondern „regulative Ideen" für die Selbstverständigung und Handlungsorientierung der Menschen, die dem Diskurs und der Kritik ausgesetzt bleiben. Was eine kritisch-utopische Philosophie der Praxis allerdings beanspruchen und theoretisch und praktisch festhalten muß, ist die Notwendigkeit einer Konzeption des Menschen und seiner Lebenswelt, die beide nicht nur von dem her versteht, was ist, sondern eben dies im Lichte dessen, was sein kann und sein soll.

Diese Perspektive ist gerade unter dem Gesichtspunkt der Freiheit notwendig. Ich meine zwar nicht, das aufgeworfene Problem der realen Möglichkeiten emanzipatorischer Veränderungen durch ein paar Hinweise gelöst zu haben oder lösen zu können.[35] Aber abgesehen von extremen Fällen evidenter Unmöglichkeit oder größter Unwahrscheinlichkeit gibt es in diesem Feld geschichtlicher Prozesse und praktischer Erprobung keine eindeutigen oder gar zwingend antizipierbaren Antworten auf die Frage nach „möglich" oder „unmöglich" Scheinendem. Wohl aber stellt sich die klare Alternative: aus Interesse, Überzeugung oder Resignation sich theoretisch und praktisch zu beruhigen bei dem, was

---

[35] Zu den Problemen möglicher Befreiung s. neben den in Anm. 17 angegebenen Arbeiten weiter: D. Cooper (Hrsg.): Dialektik der Befreiung, Reinbek 1969; N. Chomsky: Über Erkenntnis und Freiheit, Frankfurt a. M. 1973; Simone Weil: Unterdrückung und Freiheit. Politische Schriften, München 1975; R. Dahrendorf: Die neue Freiheit. Überleben und Gerechtigkeit in einer veränderten Welt, München 1975; M. Greiffenhagen (Hrsg.): Emanzipation, Hamburg 1973, bes. die Beiträge von K. Horn und W. D. Narr; E. H. Erikson: Dimensionen einer neuen Identität, Frankfurt a. M. 1975, 129 ff.; P. Freire: Pädagogik der Unterdrückten. Bildung als Praxis der Freiheit, Reinbek 1973; J. Moltmann: Befreiung im Licht der Hoffnung, in: Ökumenische Rundschau, 23. Jahrgang 1974, Heft 3, 296 ff.; R. Schaull: Befreiung durch Veränderung, München 1970.

ist – oder kritisch-utopisch über es hinauszudenken, um, wo immer es möglich ist, im Sinne emanzipatorischer Veränderung in es einzugreifen, d. h. mit Brecht zu reden, im Interesse emanzipatorischer Praxis „eingreifend" zu denken und zu handeln.

Die politisch-praktische und die theoretische Lage des Freiheitsproblems, die im ersten Teil der Vorlesung skizziert worden ist, spiegelt die Verbreitung des gerade auch in dieser Hinsicht affirmativen Denkens und Verhaltens, was Marcuse „eindimensional" nannte. Also schlechte Zeiten für die kritische Theorie, wenn man an der Konjunktur mißt? Verbreitung und Konjunktur zeigen indessen nur an, was ist, aber nicht, was demgegenüber angesichts der Situation der Freiheit philosophisch um so dringender nötig bleibt, nämlich: eine kritisch-utopische Philosophie emanzipatorischer Praxis.

Philosophie der Gegenwart vor dem Problem des Pluralismus

Von Alexander Schwan, Berlin

I.

Vor dem Problem des Pluralismus steht die Philosophie in der Gegenwart gerade dann, wenn sie Philosophie der Freiheit sein will. Sie ist mit diesem Problem insofern konfrontiert, als sich für sie die Frage stellt, ob sie den Pluralismus als einen integralen, ja konstitutiven Bestandteil ihres Denkens aufzunehmen vermag, und zwar um der Freiheit willen. Philosophien, die eine absolute Wahrheitsgewißheit formulieren und demzufolge einen totalen Geltungsanspruch erheben, können und müssen den Pluralismus als quantité négligeable oder als ein cavendum, als etwas, das nicht sein sollte und das es aufzuheben gilt, ansehen. So verfahren die heute im Marxismus wieder dominant gewordenen intransigent-orthodoxen Richtungen, so hielten es die allerdings ins Hintertreffen geratenen Dogmatismen traditionellen, z. B. scholastischen Gepräges. Moderne philosophische Versuche aber, die sich des Endes der großen metaphysischen Systeme nach dem Abschluß und der Infragestellung des Deutschen Idealismus sowie des ideologischen Ersatzcharakters der sie ablösenden und zugleich fortsetzenden materialistischen Weltanschauung bewußt sind, die den spätestens mit Nietzsche geschehenen Umbruch des europäischen Denkens von der Geschlossenheit zur Offenheit, von der Absolutheit zur Relativität, von der Totalität zur Perspektivität reflektieren und mitvollziehen – diese philosophischen Versuche sind von ihrem Ansatz her genötigt, sich mit dem Pluralismus als einem für sie zentralen Problem auseinanderzusetzen und produktiv auf ihn einzugehen. Es wird für sie in der Tat ein Problem, d. h. eine der Beantwortung, der Lösung bedürftige Fragestellung und Aufgabe, wie sie die Pluralität der Weltanschauungen, Motivationen, Ideen, Theorien, aber auch Lebensformen, Werte, Institutionen, ja Kulturen in der Moderne, also den Pluralismus in der Welt von heute, in sich einbeziehen, verarbeiten und zur Entfaltung bringen.

Was besagt – in aller Kürze – „Pluralismus"? Grundkennzeichen der modernen Lebenswelt, wie sie auf dem Boden des Abendlandes in den Ländern entstanden ist, die von den gesellschaftspolitischen Folgen der Französischen Revolution erfaßt wurden und die industrielle Revolution vollzogen haben, ist ihre Differenziertheit und Komplexität. Vielfältige verschiedenartige Kräfte – heterogene soziale, ökonomische, politische und weltanschauliche Interessen, Gruppen, Organisationen, Institutionen, Ideen, Kulturen und Subkulturen, Systeme und Teil- wie Subsysteme – sind in ihr wirksam und bedienen sich ihrer Mittel und Möglichkeiten, um Einfluß und Geltung in ihr zu gewinnen. Diese pluralen Kräfte entziehen sich immer mehr der Vereinheitlichung nach früher oder andernorts geltenden hierarchischen Einheitsprinzipien, seien es die der religiös-weltanschaulich geschlossenen Gesellschaften, vorindustrieller Ständestaaten, totalitärer Einparteiensysteme oder auch noch der frühbürgerlich-liberalen Honoratiorengesellschaft. Die modernen Kräfte, Gruppen und Interessen sehen und wissen sich vielmehr tendenziell und prinzipiell gleichermaßen und gleichberechtigt freigesetzt in die Aufgabe ihrer Selbstbehauptung, Entwicklung und

172

Steigerung, und sie trachten danach, diese in der modernen Lebenswelt angelegte Tendenz und dieses sie anleitende Prinzip zu aktualisieren. Damit verbinden sich in und zwischen ihnen unterschiedliche Ansichten über ihren Endzweck, über ihre Zuordnung zur Welt im ganzen wie zum Wesen des Menschen und seiner Verwirklichung, schließlich über die letzten Motivationen individuellen und sozialen Handelns. Das bringt sie in Konkurrenz und Konflikt miteinander, und zwar auch grundsätzlicher Art, die das Normenbewußtsein und Ordnungsgefüge moderner Gesellschaften im Kern tangieren.

Andererseits und im Gegenzug drängen Kontaktvermehrung, wechselseitige Durchdringung und Abhängigkeit in der modernen Lebenswelt nach einer immer stärkeren universellen organisatorisch-zivilisatorischen Vereinheitlichung. Was im Abendland durch seine vielfältigen Umbrüche hindurch als die Modernität erstand, das findet aus ihrer ureigenen Grundtendenz fortschreitende Ausdehnung auf die gesamte Erde. Die verschiedenen gesellschaftlichen Kräfte, die verschiedenen Kulturen, die verschiedenen Weltanschauungen stoßen aufeinander, rücken einander nahe, überlagern sich, assimilieren sich vielfach und differenzieren sich neu – in unaufhörlichem Wandel. Feindselige Auseinandersetzungen und Kämpfe bedürfen der Befriedung, das Neben- und Miteinander von Unterschiedenem, selbst von sich scheinbar Ausschließendem wird zur Notwendigkeit, wenn es ein Überleben geben soll; es wird zum Gut, wenn Vielfalt und Einheit der modernen Lebenswelt gewürdigt und gewahrt sein sollen. Die Anerkennung dieser Notwendigkeit und dieses Gutes wird dann zum Prinzip dieser Welt selbst. Die pluralistische Eine Welt ist die Realität der Gegenwart, ihre Sicherung, Ord-

nung und Entwicklung zum größtmöglichen Wohl der
Individuen, der pluralen Kräfte und des Ganzen wird
zur Aufgabe der nächsten Zukunft. Die gesellschaftspolitische Pluralismustheorie, die dies konstatiert und
postuliert, ist analytische und normative Theorie zugleich. In solcher Doppelgestalt vermag sie die Grundlage – gleichsam der weiteste formale Rahmen – für die
Verständigung und Selbstverständigung derer zu sein,
denen es um eine freiheitliche Ordnung und Entfaltung
des menschlichen und gesellschaftlichen Lebens in Gegenwart und Zukunft geht.[1]
Warum wird dieser praktische und theoretische Pluralismus für die Philosophie zum Problem? Kann die Philosophie nicht einfach den Tatbestand des pluralistischen
Charakters zumindest der westlichen hochindustriali-
sierten Gesellschaften anerkennen, sich die weltanschauliche und kulturelle Pluralität zueigen machen und so
schließlich den gesellschaftlichen Pluralismus in Theorie
und Praxis normativ fundieren und legitimieren? Kann
die Pluralismustheorie, die nach unserer Darlegung bisher eine gesellschaftspolitische Theorie, eine Theorie
mittlerer Reichweite ist – zwischen der metatheoreti-
schen oder philosophischen Begründungsebene einerseits,
dem Bereich der Lebenspraxis und des Handelns andererseits –, sich nicht zum Stande der Philosophie erheben, so daß von einer Philosophie des Pluralismus, von
einer pluralistischen Philosophie schlechthin, zu reden
wäre? Was geschieht dann aber mit der Philosophie?

---

[1] Ausführlicher dazu A. Schwan: Wahrheit-Pluralität-Freiheit. Studien zur philosophischen und theologischen Grundlegung freiheitlicher Politik, Hamburg 1976, 162 ff. sowie A. Schwan/G. Schwan:
Sozialdemokratie und Marxismus. Zum Spannungsverhältnis von
Godesberger Programm und marxistischer Theorie, Hamburg 1974,
321 ff.

Jede echte Philosophie, welch inhaltlicher und methodologischer Ausrichtung auch immer, macht den Versuch,
ein Wissen und ihm entsprechende Aussagen über das
Ganze – das Ganze der jeweils in den Blick gelangen-
den Welt der Natur, des Menschen, der Geschichte, der
Gesellschaft, der Erkenntnis, der Praxis, der Wissenschaften usw. – begründet zu formulieren. Solche Entwürfe eines Wissens vom Ganzen intendieren auch jene
heutigen Philosophien, die die großen Systeme der Tradition abgelöst haben, nur daß sie in der Konkurrenz
der geistigen Perspektiven, die sie jeweils repräsentieren, oder – anders gesagt – im Weltanschauungskampf,
in der Auseinandersetzung der pluralen Weltbilder, ne-
ben- und gegeneinanderstehen und somit durch geschichtliche Perspektivität, Partikularität und Relativität eigens gezeichnet sind, ob sie nun diesen ihren
Grundzug bis zum Bewußtsein äußerster Selbst- und
Weltungewißheit selbst reflektieren oder ob sie sich mit
um so entschlossenerem Gewißheitsanspruch als die
maßgebliche und bestimmende Perspektive dogmatisch
ansetzen und totalitär durchsetzen wollen. Wie es damit auch bestellt sein mag: Sofern sie inhaltliche Entwürfe eines Ganzen sind und mit Skepsis oder Intransi-
genz an ihrer Ganzheitsversion festhalten, bilden sie
einesteils einen Bestandteil der pluralistischen Welt des
20. Jahrhunderts, nämlich ihrer Vielheit an miteinander konkurrierenden Ideen, Denkrichtungen, Weltanschauungen und kulturellen Bestrebungen, und geraten
doch mit ihrer Intention in einen eigentümlichen, aber
wesenhaften Gegensatz zu den Grundtendenzen und
-fakten dieser modernen Welt. So kommt es nicht von
ungefähr, daß gerade kürzlich die Philosophie der Gegenwart zum überlebten „Mythos" erklärt wurde,[2] der
wegen mangelnden Realitätsbezuges und Erklärungsge-

haltes nicht minder aufgelöst zu werden verdiene, und zwar in radikale Kritik und Selbstkritik, als einst die antiken Naturmythen, mit deren Infragestellung und Ende das rationale Denken der Griechen, eben die Philosophie, anhob.

Jedoch, die moderne pluralistische Welt und die Menschen in ihr bedürfen der philosophischen Reflexion auf die normativen Grundlagen, die die geistige und ethische Legitimation und Orientierung für das Daß und Wie ihrer Lebenspraxis, deren Verfaßtheit und die Richtungen ihrer weiteren Entfaltung zu erbringen vermögen. Der Pluralismus in Theorie und Praxis kann seinerseits auf die Philosophie nicht verzichten. Aber welche Philosophie? Wir zögern, eine Philosophie in der Art zu fordern, wie wir heute etwa vom „Wissenschaftspluralismus" sprechen. Wissenschaftspluralismus meint zwar auch nicht eigentlich eine Pluralität der Wissenschaften (allenfalls der verschiedenen Disziplinen im Kosmos der Wissenschaft). Der Terminus zielt vielmehr auf das Gebot der Anerkennung und Praktizierung unterschiedlicher methodologischer Ansätze und methodischer Verfahren in Lehre und Forschung, um eine freie, offene, experimentelle, kritische und selbstkritische Wissenschaft in ihren mannigfachen Disziplinen zu gewährleisten. Eine solche Forderung ist deshalb legitim und unabdingbar, weil jedwede wissenschaftliche Untersuchung stets nur ein Teilgebiet, ein Teilergebnis und eine Teilwahrheit zu thematisieren vermag, die in jenen Prozeß des unaufhörlichen Austausches von prüfbaren Erkenntnissen und Erfahrungen einzubringen sind, den wir Wissenschaftsprozeß nennen. Dann darf sich keine wissenschaftliche Untersuchung,

---

[2] Vgl. W. Hochkeppel: Mythos Philosophie, Hamburg 1976.

kein methodologischer Ansatz und keine Fachdisziplin eine apriorische Wahrheit vormachen wollen, sondern muß sich jeweils auf eine durch Hypothesenbildung, Erfahrung, Kritik und Erklärung produzierte und der Korrektur und Entwicklung ausgesetzte Erkenntnis über einen ausschnitthaften Realitätsbereich beschränken, um so der Gesellschaft mit möglichst zuverlässigen, aber immer wieder in Frage zu stellenden Informationen zu dienen. Eine solche im Geiste des Wisenschaftspluralismus sich vollziehende wissenschaftliche Arbeit entspricht der modernen pluralistischen Lebenswelt und bedarf darum des Schutzes ihrer Freiheit durch die staatlichen Institutionen der pluralistischen Gesellschaft.

Doch wie steht es mit der Philosophie bzw. den Philosophien, wenn sie jeweils ein Wissen vom Ganzen beanspruchen und damit einander in ihrem je eigenen Anspruch gerade bestreiten? Kann es angesichts dessen einen Pluralismus gleichberechtigter, d. h. hier: prinzipiell gleichrangiger oder gleichwertiger Philosophien geben? Beschränkt sich dann der Pluralismus nicht auf die rein formale Anzeige der faktischen Vielzahl inhaltlich verschiedener, doch für den Pluralismus grundsätzlich unterschiedsloser Philosophien? Ist die pluralistische Gesellschaft damit aber nicht dem Kampf der Positionen kriterien- und wehrlos ausgeliefert, bis hin zu der Aussicht, daß die stärkste, selbstgewisseste und machtbewußteste sich durchsetzen, alle anderen übermächtigen und den Pluralismus auf dieser Ebene, dann aber auch in allen anderen Lebensbereichen ausschalten könnte? Oder verbindet sich der gesellschaftspolitische Pluralismus mit einer bestimmten bzw. mit einigen wenigen Philosophien? Wie hätten sich diese inhaltlich zum Problem des Pluralismus zu stellen, um ein solches Verhältnis einzugehen? Thematisiert die Philosophie überhaupt in einem produktiven Sinne das Problem des Pluralismus und ihrer eigenen Stellung zu ihm?

Unsere These ist, daß sich gerade die Philosophie der jüngsten Zeit bei uns dem Problem des Pluralismus stellt, darin durch Einflüsse aus anderen westlichen Ländern, insbesondere aus dem angelsächsischen Raum, bestimmt oder doch angeregt. Während in der Bundesrepublik die gesellschaftspolitische Pluralismustheorie bereits in den fünfziger Jahren rezipiert und namentlich durch Ernst Fraenkel entscheidend weiterentwickelt wurde – parallel zur politischen Etablierung und Durchsetzung der pluralistischen, parlamentarischen, rechtsstaatlichen Demokratie auf dem Boden des Grundgesetzes –, während sich der „Wissenschaftspluralismus" seit den sechziger Jahren in harten hochschulpolitischen Kämpfen mehr und mehr als das Grundpostulat für die Sicherung der Freiheit von Lehre und Forschung herauskristallisierte, ist erst in den siebziger Jahren der Pluralismus als solcher ausdrücklich auch zum Problem der Philosophie gemacht worden, teils als ihr zentrales Thema, teils zumindest als ein Ausgangspunkt des Philosophierens. Während die Werke der vorerst letzten großen Gestalten der deutschen Philosophie, etwa Martin Heideggers, Karl Jaspers', Theodor W. Adornos oder Ernst Blochs, diese Thematik noch nicht explizit oder aber pejorativ ansprechen[3], ist sie für die aktuellen philosophischen Diskussionen von Bedeutung und Brisanz. Als Vorläufer sind im vorangegangenen Jahrzehnt charakteristischerweise am ehesten die marxistischen Kriti-

---

[3] Zu Jaspers wäre zu präzisieren, daß von seiner Philosophie her sehr wohl eine pluralistische Theorie der Politik begründbar erscheint. Dennoch ist auch bei ihm das Thema „Pluralismus" noch nicht als solches breit expliziert.

ker des Stalinismus anzusehen, so z. B. Leszek Kołakowski, Karel Kosík oder die jugoslawischen Praxis-Philosophen. Unter dem uns interessierenden Betracht wären nun mehrere gegenwärtig wichtige Richtungen und Schulen – der Kritische Rationalismus, die Systemtheorie, die Sprachphilosophie, die Erlanger Schule des Konstruktivismus, die Hermeneutik usw. – zu behandeln. Dazu fehlt hier die Zeit.[4] Ich möchte lediglich drei Positionen beispielhaft herausgreifen und ganz knapp erörtern, die drei ganz unterschiedliche Arten und Ergebnisse in der Behandlung der Pluralismusthematik repräsentieren. Es sind dies

1) der „Theoretische Pluralismus" Helmut Spinners, der die Philosophie Poppers im Anschluß an Paul K. Feyerabend und teilweise auch an Hans Albert, Imre Lakatos und Thomas S. Kuhn radikalisiert und kritisiert,

2) Karl-Otto Apels transzendentalphilosophische Begründung der „Kommunikationstheorie", die auch von Jürgen Habermas vertreten und entwickelt wird, der dabei den Intentionen der Kritischen Theorie folgt, sie jedoch transformiert und mannigfache wissenschaftstheoretische Anregungen, vor allem aber die Untersuchungen der Erlanger Schule, der Sprachanalytik und der Entwicklungspsychologie Jean Piagets aufnimmt,

3) die „Metahistorik" Max Müllers, der in der Nachfolge der in den zwanziger Jahren aufgekommenen dialogischen Philosophie und Theologie sowie des Heideggerschen Denkens steht und sie geschichtsphilosophisch-anthropologisch weiterführt. In Verknüpfung damit werde ich Grundgedanken einer personalistischen Fundamentalanthropologie skizzieren, die zur philosophi-

---

[4] Dies bleibt in einer umfassenderen Untersuchung zu leisten, die demnächst vorgelegt werden soll.

schen Begründung freiheitlicher und sozialer Demokratie in der pluralistischen Gesellschaft hinleiten sollen.

II.

Helmut Spinner versteht den von ihm vertretenen Theoretischen Pluralismus als allgemeine Erkenntnislehre auf normativem Hintergrund[5], mit ethischer Relevanz, ja mit der Ethik als ihrer Grund-Wissenschaft[6], insoweit als universale Philosophie. Diese pluralistische Philosophie stellt sich in betonten Gegensatz zum Dogmatismus in Theorie und Praxis, dessen Kernelement – durch seine verschiedensten einzelnen Spielarten hindurch – darin gesehen wird, daß es das Denken, Erkennen und Handeln aus einem letzten Grund zu rechtfertigen und durch solche Legitimation die jeweils entwickelte Auffassung über das richtige Denken, Erkennen und Handeln zu stabilisieren und zu immunisieren trachtet. Was so als ein begründetes und daher angeblich objektiv gewisses Wahrheitswissen ausgegeben wird, ist in Wirklichkeit nur eine partikulare Perspektive, die vom Interesse an ihrer eigenen Durchsetzung, Behauptung und Absicherung in Selbstgewißheit geleitet ist. Weil solches Interesse sich aber eines letzten Gewißheitsgrundes versichert – der gemäß dem sogenannten von Hans Albert explizierten Münchhausen-Trilemma jedoch ein trügerischer Schein, die Vorspiegelung von etwas Unmöglichem ist[7] –, erweist sich jede dogmatische

---

[5] Vgl. H. Spinner: Pluralismus als Erkenntnismodell, Frankfurt a. M. 1974, 10.
[6] Vgl. a. a. O. 11.
[7] Vgl. H. Albert: Traktat über kritische Vernunft, Tübingen 1968, 11 ff.

Perspektive als im Prinzip monistisch. In der metaphysischen Tradition haben derartige Monismen und Dogmatismen einander nur immer wieder abgelöst; aber auch der neuzeitliche, seit Descartes datierende Rationalismus wie der ihn bestreitende, repräsentativ von Hume vertretene Empirismus sind solche monistisch-dogmatischen Rechtfertigungsphilosophien und Legitimationsstrategien.[8]

Der Widerstreit der einander ablösenden und erledigenden, jeweils dezidierten, doch im gegenseitigen Überbieten einander und sich selbst in Frage stellenden monistischen Wahrheitspositionen in der Geschichte des Denkens, der Praxis und der Wissenschaft (für letztere haben dies insbesondere Kuhn und Feyerabend scharf thematisiert) zeigt nun, „daß eine einzige und endgültige Lösung – die dann, der certistischen und monistischen Tendenz des traditionellen Rechtfertigungsdenkens entsprechend, als ‚die Wahrheit‘ oder, in transzendentalphilosophischer Interpretation, als die konstitutiven, exklusiv wahrheitserzeugenden oder zumindest wahrheitsermöglichenden ‚Bedingungen der Möglichkeit von Erkenntnis und Wissenschaft überhaupt‘ präsentiert werden könnte(n) – von vornherein ausgeschlossen ist".[9]

Aus solcher Erfahrung und Erkenntnis einer pluralistischen Ideenkonkurrenz miteinander im Streit liegender Ansprüche folgert Helmut Spinner (und damit formuliert er seinen „theoretischen Pluralismus", eine pluralistische Philosophie, die aufs Ganze geht), daß die jeweiligen „letzten" Gründe, Ansprüche und Entscheidunden destruiert sind, sich als fehlbar, kritisierbar und revi-

---

[8] Vgl. H. Spinner: a.a.O. 31 u. ö.; H. Albert: a.a.O. 8 ff. und 19 ff.
[9] H. Spinner: a.a.O. 12.

dierbar erweisen, daher in sich permanent fallibel bleiben und „damit zu prinzipiell immer nur ‚vorletzten' Entscheidungen" herabsinken.[10] Sie sind also ihrer Absolutheit entkleidet, sind Alternativen ausgesetzt – und daß Alternativen *„überall und immer möglich"*, notwendig und berechtigt sind, wird dann geradezu „die Botschaft des theoretischen Pluralismus".[11] Für diesen *kann* es in der Konsequenz „kein ‚letztes Wort', keine ‚letzten Entscheidungen' oder Einsichten, weder voraussetzungsloses noch endgültig gesichertes Wissen, keinen alternativenlosen Anfang und kein definitives, unüberholbares Ende im menschlichen Erkenntnisprozeß geben"[12]. Der Theoretische Pluralismus muß das generell und prinzipiell ausschließen; d. h. aber, daß er seinerseits mit einem Ausschließlichkeitsanspruch auftritt. Dieser bezieht sich auf den mit ihm (gerade bei Spinner) verknüpften radikalen Fallibilismus, demzufolge jedwede Erkenntnis und Entscheidung fehlbar ist, weshalb sich eine „letzte" – als solche unanfechtbare – Erkenntnis oder Entscheidung per se und absolut verbietet.

Bis hierher steht Spinners Theoretischer Pluralismus ganz im Banne des von Karl R. Popper inaugurierten Kritischen Rationalismus. Und auch die Begründung, die er sich verschafft, ist dieselbe, die der Kritische Rationalismus sich gibt. Denn auf die nun zu stellende philosophische Grund-Frage, *warum* eigentlich eine letzte Wahrheit, Erkenntnis und Entscheidung nicht sein könne und darum auch nicht sein dürfe, wird uns durchaus eine grund-legende generelle Antwort zuteil, die die

---

[10] A. a. O.
[11] A. a. O.
[12] A. a. O. 12 f.

Position des Kritischen Rationalismus und der ihm folgenden Pluralismusphilosophie ihrerseits begründet und rechtfertigt. Die Antwort gibt Spinner im gleichen Atemzuge, da er die *„Wende zum rechtfertigungsfreien Denken"*[13] und eine *„kritisch-rationale Erkenntnis ohne Fundament"*[14] proklamiert. Sie lautet, daß *„alle unsere Erkenntnis Menschenwerk, durch und durch menschlich-allzumenschlich"* sei, *„imprägniert mit unseren Wünschen, Hoffnungen und Ängsten, mit unseren Vorurteilen, Irrtümern und fixen Ideen, vor allem aber voll von menschlichen Fehlern aller Art, wodurch die Wahrheit* – entgegen der *Manifestationstheorie der Wahrheit ... –* zu einer höchst *verborgenen, nie mit Sicherheit erkennbaren Angelegenheit* wird".[15] Es kann dann nur strikt hypothetische Erkenntnis geben – ob im metaphysischen, wissenschaftstheoretischen, wissenschaftlichen oder alltagspraktischen Bereich –, deren essentielle, nie ausrottbare Komponente der Irrtum ist.[16]

Wenn somit schlechthin jedwede Erkenntnis fallibel ist, dann muß im Grunde aber diese Auffassung von der unbegrenzten Fallibilität der Erkenntnis, also dieser radikale, anthropologisch generalisierte, regelrecht ins Ontologische gesteigerte Fallibilismus, ebenfalls fallibel sein. Gerade der konsequente, umfassende Fallibilismus muß somit der Möglichkeit seiner Selbstaufhebung ins Auge blicken. Der Kritische Rationalismus originärer Prägung entzieht sich einer derartigen Folgerung durch das freimütige Bekenntnis, sein Postulat rationaler Kri-

---

[13] A. a. O. 43.
[14] A. a. O. 44, vgl. auch 48.
[15] A. a. O. 43 f.
[16] Vgl. dazu a. a. O. 44 ff. und 50.

tik, seine fallibilistische Wahrheitstheorie und die dahinterstehende Anthropologie endlichen, fehlbaren und kritikbedürftigen menschlichen Lebens im vorhinein als wertvoll gewählt zu haben und diese Grundentscheidung durchhalten zu wollen. Darin liegt sein vielberedeter Dezisionismus. Es ist dies der nicht begründbare, aber seinerseits alle weiteren Schritte begründende Dezisionismus einer Selbstsetzung. Helmut Spinner versucht demgegenüber im Gefolge Paul Feyerabends den Fallibilismus – der zunächst und dezidiert ja auch sein Ansatz, seine Setzung, ist –, so radikal und konsequent zu denken und zu praktizieren, daß wirklich restlos alles denkbar und möglich wird, auch noch die Alternative seiner Aufhebung im Zuge der Anwendung seines Prinzips auf ihn selbst. Dadurch erst erweitert sich Spinners Ansatz in seiner eigenen Intention zum totalen Pluralismus, der sich damit von Popper und seinen erkenntnistheoretischen und sozialphilosophischen Halbheiten abwendet.[17]

Doch solch totaler, seinerseits wiederum absoluter philosophischer Pluralismus ist entweder logisch und gesellschaftspolitisch unsinnig, und zwar auf nicht ungefährliche Art, oder er ist banal. In der Version Spinners erweckt er den Verdacht, beides zugleich zu sein. Wenn sich der mit ihm verknüpfte Fallibilismus schließlich selbst in Frage stellen lassen muß, so könnte das ernsthaft geschehen ja nur durch die Aufbietung einer Wahrheitstheorie, die vermöge ihrer Beweiskraft oder Behauptungsmacht aus unanfechtbarer Instanz die Anthropologie, das Erkenntnismodell und die Praktische Philosophie des Fallibilismus erschütterte. Sie müßte

---

[17] Vgl. den Abschnitt „Fallibilismus, Pluralismus, kritischer Rationalismus", a. a. O. 199 ff.

(gemäß der Vorstellung Spinners) monistisch und dogmatisch sein. Soll auch sie – oder gar eine Mehrzahl von
ihnen, ihre Vielzahl – in den konsequenten Pluralismus
aufgenommen werden, so rehabilitiert dieser zuletzt
wieder alles das, wovon er sich im Banne des Kritischen
Rationalismus absetzte, durch welchen Vorgang er sich
überhaupt erst konstituierte. Er hebt sich somit, indem
er seine faktische Außerkraftsetzung als Möglichkeit zuläßt, bereits selbst auf, falls er noch eine inhaltliche,
nämlich antimonistische, antidogmatische, kritizistische
und fallibilistische Konzeption sein will. Er ist gerade
infolge seiner radikalen, absolut konsequenten Entfal-
tungstendenz schon immer zu Ende, er ist mit dieser
Entfaltung dann auch am Ende. Eine substantielle Philosophie des absoluten Pluralismus kann es nicht geben.
Sie müßte noch alle philosophischen, ideologischen und
politischen Richtungen und Tendenzen in sich einbeziehen und gutheißen, die als Sprengkräfte des Pluralismus auf den Plan treten. Ein derartiger Theoretischer
Pluralismus ist die Philosophie der Selbstpreisgabe, des
geistigen und politischen Selbstmordes.
Es sei denn, dieser Theoretische Pluralismus werde einfach zum Theorienpluralismus banalisiert, zur bloßen
Feststellung, daß eine Vielzahl von Theorien und Philosophien besteht und weitertreibt. Dann wäre er als
Philosophie nur noch die leerste Formalität. Spinner
mindert tatsächlich an einigen Stellen seinen Theoretischen Pluralismus auf die Stufe der Konstatierung eines
Theorien-Pluralismus herab; er setzt beides ineins[18].
Aber andernorts knüpft er daran doch konzeptionelle,
allerdings zutiefst problematische Folgerungen: weil
Pluralität von Theorien, deshalb ist die größte, die

---

[18] So bes. a. a. O. 272, Anm. 35; aber auch 211 ff.

schrankenlose Pluralität – also ohne Ansehung der Inhalte, ohne Maßstab und Kriterien ihrer konkreten Bewertung – zugleich die beste, die wahre Pluralität! „Prinzipiell gilt deshalb: *Je mehr Ideen, desto besser*"![19] Darum kann Spinner sich dem „Schlachtruf" Feyerabends nach einer ideellen, anarchistischen *„Revolution in Permanenz"* anschließen[20] und seine Philosophie in diesem Sinne als pluralistische Revolutionstheorie ausgeben. Jene gesellschaftspolitische Pluralismustheorie aber, die die Grenzen des Pluralismus und seiner Liberalität gegenüber dezidiert antipluralistischen, dogmatischen und totalitären Positionen, die ihn auszunutzen und zu beseitigen trachten, zu bedenken und abzustecken sucht, wird mit Margherita von Brentano als Status-quo- und Monopol-Pluralismus abqualifiziert und abgelehnt.[21] In der Auseinandersetzung mit dem Marxismus möchte Spinner keinem Standpunkt konzedieren, den Pluralismus zu repräsentieren,[22] obwohl er doch selbst den Pluralismus als solchen positional zu vertreten und zu explizieren beansprucht. In diese grundlegende Widersprüchlichkeit und Unglaubwürdigkeit gelangt eben die Position, die eine Philosophie des Pluralismus und sonst nichts intendiert: ein universales, zugleich ganz formales, scheinbar konsequent gefaßtes, tatsächlich selbstmörderisches, letztlich leeres Theorem.

Fazit unserer bisherigen Erörterung: Eine (nichts als) pluralistische Philosophie ist eine Absurdität. Dagegen mag es Philosophien bestimmter inhaltlicher Prägung geben, die den gesellschaftspolitischen Pluralismus in sich

---

[19] A. a. O. 90.
[20] A. a. O.
[21] Vgl. a. a. O. 237 ff.
[22] Vgl. a. a. O. 238.

aufnehmen und bejahen, denen andere Philosophien ge-
genübertreten, die das nicht tun – und dieser Unterschied zwischen ihnen dürfte heute ein wesentliches
Merkmal für sie alle sein, ein Kriterium, das nicht zuletzt auch darüber Auskunft erteilt, wie sie jeweils zum
Gesamtthema der Ringvorlesung, zum Wesen der Freiheit, stehen.

III.

Es ist das Verdienst der Kommunikationstheorie von
Jürgen Habermas, um deren transzendentalphilosophische Fundierung sich Karl-Otto Apel bemüht, mit besonderer Prägnanz die entscheidende Frage thematisiert
zu haben, die sich für das Verhältnis von Pluralismus
und Philosophie stellt. Diese Frage lautet in der Ha-
bermasschen Formulierung, ob komplexe – d. h. moderne pluralistische – Gesellschaften noch eine vernünftige
Identität ausbilden können[23], ob eine „universalistische
Moral", „die allgemeine Normen (und verallgemeine-
rungsfähige Interessen) als vernünftig auszeichnet", sie
zu einen vermag[24], eine Moral, die mit Hilfe der Philosophie zu formulieren, ja die durch Philosophie zu begründen und zu explizieren wäre, da die Philosophie
für Habermas „der bis heute unersetzliche Statthalter
eines Anspruchs auf Einheit und Verallgemeinerung"
ist und nach wie vor die Aufgabe hat, „die Universalität
des in den Wissenschaften ausgebildeten objektivieren-

---

[23] So der Titel von Habermas' Hegelpreis-Rede, jetzt in: J. Habermas: Zur Rekonstruktion des Historischen Materialismus, Frankfurt a. M. 1976, 92 ff.
[24] A. a. O. 96.

187

den Denkens ebenso wie die Universalität der Grundsätze einer rationalen, der Rechtfertigung fähigen Lebenspraxis darzutun".[25] Die Philosophie steht vor dem Problem des Pluralismus jetzt also in der Weise, daß sie verantwortlich dafür gemacht wird, ob und daß sie den normativen Zusammenhalt und damit auch den faktischen Bestand der pluralistischen Lebenswelt verbürgen kann. Dies müßte sie begründen können. Es erhebt sich somit die Frage nach den Bedingungen der Möglichkeit von vernünftigen Identitätsprojektionen für komplexe Gesellschaften und Gruppen, mithin die Frage nach der Wahrheitsfähigkeit der Praxis in der modernen Lebenswelt, damit aber die Frage nach der Begründbarkeit einer verbindlichen Wahrheitstheorie überhaupt, also auch die Frage nach den Bedingungen der Möglichkeit und Verbindlichkeit objektiver Wahrheit, so daß in der Intention von Jürgen Habermas Praktische und Theoretische Philosophie aufeinander verweisen und eng miteinander verbunden sind. Karl-Otto Apel hat die genannte Fragestellung eigens als transzendentalphilosophische aufgenommen und entfaltet. Auch für ihn sind in ihr Ethik und Erkenntnistheorie zur Einheit gebracht.[26]

Die transzendentalphilosophische Fundierung einer kollektiven, normativ-verpflichtenden Identität in der komplexen modernen Lebenswelt kann nun aber am Grundtatbestand des Pluralismus eben nicht vorbeisehen; sie muß sich konstitutiv auf ihn zurückbeziehen. Die normative Verbindlichkeit dessen, was sie zu formulieren

---

[25] A. a. O. 57.
[26] Vgl. bes. K.-O. Apel: Transformation der Philosophie, Frankfurt a. M. 1973; Band I: Sprachanalytik, Semiotik, Hermeneutik, 7 ff.; Band II: Das Apriori der Kommunikationsgemeinschaft, 358 ff., speziell 395 ff.

sucht, muß sich ihrerseits an die freie Zustimmung der vielen Individuen, Kräfte, Gruppen und Gefüge binden, um deren universale Zusammenführung es geht. Deshalb ist nach Apels Worten die gegenwärtige Aufgabe der Philosophie selten schwierig, ja fast unmöglich, und andererseits doch selten dringlich.[27] Die Philosophie kann und darf kein inhaltliches Weltbild, kein substanzielles Prinzip vorweg dekretieren wollen. Sie vermag folglich (zunächst) nur auf die formalen Bedingungen zu reflektieren, unter denen Identitätsprojektionen verbindlich zustande kommen und geleistet werden können. Solche Identität ist also allererst aus der Pluralität heraus zu erzeugen, zu entwerfen. Sie muß sich aus der Übereinstimmung der Vielen, ja eigentlich aller, ergeben. Aber die Aufgabenstellung einer normativ verbindlichen und dann auch verpflichtenden Identität impliziert doch zugleich, daß solche Übereinstimmung nicht eine subjektiv beliebige, zufällige, jederzeit aufkündbare, in Apels Terminologie konventionelle sein kann und soll, sondern „vernünftig", d. h. allgemein und objektiv, zu sein hat.[28] Darin liegt geradezu der circulus vitiosus des Versuchs.

Es ist bekannt, daß Apels „neue Transzendentalphilosophie" in der Behauptung vom Apriori der intersubjektiven Kommunikationsgemeinschaft gipfelt, worin die stringente Bedingung für die Möglichkeit eines vernünftigen Konsenses der Subjekte über die Wahrheit und über verbindliche Normen aufgewiesen sein soll, aus der dann zugleich die bindende ethische Verpflichtung

---

[27] Vgl. a. a. O. Bd. II, 359 ff.
[28] Vgl. bes. auch K.-O. Apel: Sprechakttheorie und transzendentale Sprachpragmatik zur Frage ethischer Normen, in: K.-O. Apel (Hrsg.): Sprachpragmatik und Philosophie, Frankfurt a. M. 1976, 10 ff., hier 97 ff.; J. Habermas: a. a. O. 107 f. u. ö.

zu solchem Konsens gefolgert wird. Die Apelsche Transzendentalphilosophie führt so zur „Konsensustheorie der Wahrheit" und zur „Theorie kommunikativen Handelns", wie sie Habermas in den letzten Jahren mehr umrissen als ausgeführt hat. Wir können und müssen hier darauf im einzelnen nicht eingehen. Wir beschränken uns auf kurze Ausführungen zu der These, daß Apel an der selbstgestellten – und zwar prägnant gestellten – Aufgabe scheitert und schließlich doch kein zureichendes Verständnis der Pluralismusproblematik findet.[29]

Apel gelangt zu seiner Behauptung vom Apriori der Kommunikationsgemeinschaft infolge der Voraussetzung, daß menschliche Existenz als In-der-Welt-sein sich „immer schon" und primär sprachlich auslege und daß die anthropologisch konstitutive sprachliche Begegnung von Menschen mit Menschen die Grundform der Argumentation habe. Wenn wir nicht „immer schon" von der Intention auf Verständlichmachung unserer Vorstellungen und ihrer Gründe, und d. h. für Apel sogleich: auf Verständigung, geleitet wären, gäbe es überhaupt keine mitmenschliche Lebenspraxis, kein menschliches In-der-Welt-sein. Wer aber „immer schon" argumentiert, sofern er sich sprachlich nur artikuliert, der tut damit kund, daß er zu einer intersubjektiven, tendenziell universalen Argumentations- und Kommunikationsgemeinschaft gehört, die „immer schon" mitgegeben, ja dann apriorisch vorgegeben sein muß, wenn der Mensch soll existieren und sein Leben führen können, was für das Individuum nur im sozialen Kontext möglich ist.

Wenn jedoch das Apriori der intersubjektiven Kommu-

---

[29] Das gleiche gilt für Habermas, ohne daß wir dies hier belegen könnten. Vgl. A. Schwan: Wahrheit – Pluralität – Freiheit, 39 ff.

nikationsgemeinschaft die transzendentale Bedingung der Möglichkeit von menschlicher Existenz und Lebenspraxis ist, so kann und muß sie für Apel auch der transzendentale Grund der normativen Orientierung für das menschliche Erkennen und Handeln sein. Die Subjekte, die sich „immer schon" in den Argumentationszusammenhang eingefügt sehen, die gleichsam zur intersubjektiven Verständigung verurteilt sind, empfangen aus diesem – mit Kant angesetzten, aber neu interpretierten – letzten „Faktum der Vernunft" die transzendentale Grundnorm der Inter- bzw. Transsubjektivität als Richtmaß wahrer Erkenntnis und richtigen Handelns. Dieses Richtmaß bestimmt dann gerade auch das, was als vernünftiger Konsens gelten kann: Es muß sich um einen Konsens handeln, der in der Preisgabe partikularer subjektiver Ansprüche zugunsten „verallgemeinerungsfähiger", inter- bzw. transsubjektiver Interessen, Belange und Normen besteht. Wenn also der Konsens, gemäß dem früher Ausgeführten, Identitätsprojektionen begründet, so ist ihm die Grundnorm des Apriori der Transsubjektivität bereits vorgegeben. Aus dem Konsens können dann legitimerweise nur noch daran gebundene Einzelnormen entstehen.[30]

Die Apelsche Konstruktion ist eine zirkelhafte Fiktion. Sie kann bei aller abstrakten Formalität konkrete gesellschaftspolitische Folgerungen zeitigen, die wegen ihres potentiell antipluralistischen Charakters nicht ungefährlich erscheinen. Was aus einer Analyse konstitutiv sprachlicher Lebenspraxis von vorgeblich real-empirischem Charakter als transzendentales Apriori entwickelt und abgeleitet ist, das wird sodann der empirischen

---

[30] Vgl. dazu K.-O. Apel: Transformation der Philosophie, Bd. I, 9 ff.; Bd. II, 358 ff.

Lebenspraxis als Ideal vorgestellt, das zwingend zu antizipieren ist, um die Lebenspraxis auf seine tatsächliche Erfüllung hin allererst zu strukturieren und auf den richtigen Konsens festzulegen. Wo aber die Lebenspraxis hinter diesem Ideal zurückbleibt – und auch Apel sieht, daß sie das konkret ständig tut, obwohl er doch andererseits aus ihrer argumentativen Grundtendenz das Ideal erst konstruiert hat –, da gilt es, sie zeitweise „quasinaturalistisch" zum Objekt einer die Differenz von Idee und Wirklichkeit thematisierenden Ideologiekritik und Therapie[31] zu machen, um die Kluft zwischen Antizipation und Faktizität (zwischen der apriorisch unterstellten, gleichwohl in ihrer Idealität antizipierten, „allererst" noch zu realisierenden und der real bestehenden, in vielfacher Hinsicht bislang defizienten Kommunikationsgemeinschaft) fortschreitend zu schließen. Diese Aufgabe ist das Geschäft der Philosophie, die sich dazu durch ihre transzendentale Operation selbst legitimiert. Sie verschafft sich damit die Stellung der bestimmenden kritischen Instanz gegenüber der subjektivistisch zerrissenen Gesellschaft, und zwar mit dem Anspruch, die dieser unterstellte und von ihr aufgespürte emanzipatorische Grundtendenz „kontrafaktisch", also zugleich gegen sie, gegen die Zwänge, Einschränkungen und Behinderungen seitens des Bestehenden, zur Wirksamkeit zu bringen.[32]

Für das Verhältnis von Pluralismus und Philosophie ist das ein mißliches Ergebnis. Es resultiert aus dem pro-

---

[31] Sie wird aus der Analogie zum psychoanalytischen Arzt-Patient-Verhältnis angedeutet. Vgl. Transformation der Philosophie, Bd. I, 52 ff.; Sprachakttheorie und transzendentale Sprachpragmatik zur Frage ethischer Normen, a. a. O. 128 ff.
[32] Vgl. bes. Transformation der Philosophie, Bd. I, 65 ff.; Sprechakttheorie . . ., 126 ff.

blematischen Zirkel und der inakzeptablen Fiktion, die
die Transzendentalphilosophie konstruiert, um sich mit
einem objektivistischen Schein umgeben zu können und
dadurch sicher zu machen. Das Grundverkehrte, das sie
durchherrscht, ist die Sucht nach nichtsubjektiver, nach
zwingender Gewißheit, die sich zu einer formalistischen
Operation versteigt, welche keinerlei inhaltliche Kon-
kretionen für die präzise Formulierung von allseits
akzeptablen Normen der pluralistischen Gesellschaft zu
erbringen vermag, sich aber selbst das Recht an die Hand
gibt, im Namen ihrer Voraussetzungen und Postulate
diese Gesellschaft in ihrer Faktizität mehr oder minder
zu verwerfen und umzuorientieren.

Dabei ist auch schon der empirisch-analytische Ansatz,
der in die Konstruktion maßgeblich eingeht, kritikwürdig. Es ist nämlich sehr zu bestreiten, daß die Sprache
als die erst-, ja alleinursprüngliche Artikulationsform
des In-der-Welt-seins und demzufolge als die „Meta-
institution" für alle anderen menschlichen Äußerungs-
weisen und Institutionen gelten darf.[33] Gerade die ent-
wicklungspsychologischen Untersuchungen Jean Piagets,
auf die sich unsere Kommunikationstheoretiker so gern
berufen, haben erwiesen, daß „die Wurzeln des logischen Denkens" wie des In-der-Welt-seins insgesamt
nicht in der Sprache gesucht werden dürfen, sondern
„allgemeiner in der Koordination von Handlungen"[34]
des Menschen als eines Wesens kulturschaffender Lebensführung, die sich in einer Mannigfaltigkeit prinzipiell gleichwesentlicher Werke manifestiert, unter
denen z. B. die Familie und die gesamtgesellschaftliche

[33] Vgl. Sprechakttheorie . . ., 97 ff.
[34] J. Piaget: Einführung in die genetische Erkenntnistheorie, Frankfurt a. M. 1973, 26 f.

193

Verfaßtheit (die die Griechen Polis nannten, die sich heute aber in plurale Gebilde staatlicher Natur differenzieren) ebenso ursprünglich, also „meta"-institutionell, sind wie die Sprache. Dieser Gedanke ist in unserem Zusammenhang deshalb bedeutsam, weil Apel und Habermas aus dem Vorrang der Sprache die Konsequenz ableiten, daß der von den institutionellen Zwängen der übrigen Sozialgebilde zu entlastende sprachlich-argumentative Diskurs das antizipierte Grundmodell einer zukünftigen, „richtigen" konsensuellen Gesellschaftsgestaltung und vorerst die kritische „Gegeninstitution"[35] gegenüber den herrschenden Institutionen zu sein hat. Im Lichte dieses hypothetischen Modells[36] werden die konkreten Formen demokratischer Willensbildung, Entscheidungsfindung, Konvention und Verfassung der pluralistischen Gesellschaft ins Reich subjektivistischer Willkür verwiesen. Das ist um so leichtfertiger, als auch alle neuesten Bemühungen der Kommunikationstheorie, sich möglichst streng wissenschaftlich, nämlich sprachpragmatisch, sprechakttheoretisch und entwicklungslogisch abzustützen, nicht mehr als formale, daher keine zureichenden objektiven Strukturen für auch nur die geringste inhaltliche Wahrheits- und Normfindung oder für die Lösung von Konflikten zwischen prinzipiell gleichrangigen „verallgemeinerungs-

---

[35] So J. Habermas in: J. Habermas/N. Luhmann: Theorie der Gesellschaft oder Sozialtechnologie. Was leistet die Systemforschung? Frankfurt a. M. 1971, 201.
[36] Daß es sich um ein solches handelt, kommt in den mannigfachen Formulierungen von Habermas und Apel zur Definition bzw. Umschreibung des Diskurses implizit zum Ausdruck, expressis verbis aber bei J. Habermas: Wahrheitstheorien, in: H. Fahrenbach (Hrsg.): Wirklichkeit und Reflexion. Walter Schulz zum 60. Geburtstag, Pfullingen 1973, 211 ff., hier 259.

fähigen" Werten – z. B. zwischen Freiheit und Gleichheit, Vielfalt und Einheit, Sicherheit und Fortschritt – erbringen. So werden am Ende lediglich Wunschvorstellungen für das intellektuelle (Sprach)Spiel derer produziert, die sich wie halbe Philosophenkönige im modernen Gewande präsentieren.

IV.

Zur Erörterung standen bisher zwei zwar in entgegengesetzte Richtung strebende, im Grunde aber gleichermaßen szientistische Philosophien: Beiden geht es in der pluralistischen Lebenswelt von heute um den Entwurf einer objektiven, allgemeingültigen und dadurch normativ verpflichtenden Theorie. In beider Tendenz nach wissenschaftlich erhärteter Objektivität herrscht ein Grundbegehren gerade subjektivistischer, anthropozentrischer Philosophie, sich durch zwingende Stringenz abzusichern. Der von Helmut Spinner so genannte Theoretische Pluralismus mit seinem radikal und absolut gefaßten Fallibilitätsprinzip erkauft dies mit anarchischer Kriterienlosigkeit gegenüber der unbeschränkten Vielfalt konfligierender Theorien, Weltanschauungen und Kräfte, Apels antizipatorisch-transzendentale Begründung des Apriori der Kommunikationsgemeinschaft mit der akuten Gefahr eines neuen, elitären Dogmatismus in der Philosophie. Beide Ansätze bleiben philosophisch in einer abstrakten Formalität stecken, mit der sie die Wert-, Struktur- und Alltagskonflikte der pluralistischen Gesellschaft nicht erreichen; in beiden sind gleichwohl bedenkliche gesellschaftspolitische Konsequenzen angelegt, die auf ganz unterschiedliche Weise den Pluralismus außer Kraft zu setzen drohen. Jedesmal

195

steht das verfochtene Prinzip [der absoluten, schrankenlosen Pluralität zum einen, des „vernünftigen", aus dem vorausgesetzten Apriori zu folgernden und erst noch zu realisierenden Konsenses zum anderen] über dem konkreten, inhaltlich faßbaren Wohl der Individuen, der Gruppen und der Gesellschaft. Gerade dieses aber stärker zu thematisieren, muß demgegenüber die Philosophie wieder den Mut und die Kraft aufbringen, wenn sie ihre legitime Aufgabe in der modernen Lebenswelt – die normativen und strukturellen Grundlagen des Pluralismus zu reflektieren und zu klären – soll erfüllen können. Dazu gehört dann allerdings, daß sie sich des heute dominierenden objektivistisch-(schein)wissenschaftlichen Anspruchs begibt. Ihre Versuche und Überlegungen können nicht mit stringenter und zwingender Beweiskraft ausgestattet werden. Sie sollten lediglich und durchaus konzeptionelle Überzeugungskraft anstreben, mit der sie in eine offene Diskussion eintreten, um sich in ihr zu bewähren, zu modifizieren und vielleicht zu behaupten. Dann können sie das individuelle und soziale Handeln zwar nicht anleiten, aber doch mitbestimmend anregen.

Dieses Selbstverständnis und diese Leistungsfähigkeit der Philosophie sehen wir gegenwärtig am ehesten gegeben in einer personalistischen Anthropologie und Geschichtsphilosophie, wie sie beispielsweise Max Müller mit seiner „Metahistorik" vertritt. Sie geht von der konkreten endlichen Existenz des Menschen aus, deren Leben und In-der-Welt-sein sich zwischen Geburt und Tod zu verwirklichen hat und seinen Sinn nicht in abstrakten Theoremen und Idealen, sondern allein in gegenwartsbezogener Selbst- und Weltgestaltung zu finden vermag. Solche Selbst- und Weltgestaltung gewinnt vielfältigen manifesten Ausdruck in den sinnstiftenden oder -tradierenden Werken der Kunst, der Politik, der Wissenschaft, der Philosophie, der Religion, in deren Dienst wiederum die instrumentalen Leistungen der Arbeitswelt und der Verkehrsgemeinschaft treten. Die Teilnahme der Existenz an diesen Werken und Diensten, die ihre eigenen sind, in deren Geschehen und Geschichte sie zugleich aber immer schon hineingeboren und eingewiesen ist, macht das Individuum zur Person. Personalität der menschlichen Existenz besagt, daß sie stets ineins individuelle und soziale Existenz ist, Wesen des In-der-Welt-seins in einer geschichtlich bestimmten Pluralität von Werken und Leistungen sowie ihnen zugehöriger Institutionen.[37]

Für die so verstandene personale Existenz kommt es dann darauf an, die ihr durch jeweils konkreten Lebenszusammenhang, durch geschichtliche Situationen eingeräumten Möglichkeiten der Selbst- und Weltgestaltung zu ergreifen, sich an den aufgegebenen Werken zu beteiligen, die ihnen entsprechenden Institutionen mitzutragen (oder zu verändern, wenn sie erstarrt und dadurch unzeitgemäß geworden sind) und alle damit verbundenen Äußerungs-, Handlungs- und Entscheidungsweisen – Weisen der Entäußerung, des Engagements, auch der Entlastung, aber schließlich der Erfüllung ihrer Daseinsführung – sich innerlich anzueignen und zu sich zurückzuholen. Die dem Individuum offenen Möglichkeiten sind beschränkt, und dennoch steht es vor einer es auszeichnenden Aufgabe, deren Leistung die absolute Bedeutung des endlichen Menschen ausmacht. Solche

---

[37] Vgl. dazu M. Müller: Erfahrung und Geschichte. Grundzüge einer Philosophie der Freiheit als transzendentale Erfahrung, Freiburg/München 1971, 81 ff.; Philosophische Anthropologie, Freiburg/München 1974, 182 ff.; Sinn-Deutungen der Geschichte. Drei philosophische Betrachtungen zur Situation, Zürich 1976, 49 ff.

Leistung kann dem Individuum nicht abgenommen werden; sie ist gleichwohl nur in der Gemeinschaft erbringbar. Darum hat die Sozietät die Pflicht, den Individuen die Chance zur Erfüllung dieser Aufgabe und damit der eigenen Lebensgestaltung durch geeignete gesellschafts- und bildungspolitische Maßnahmen zu gewähren und, wo sie verstellt sind, immer wieder freizulegen. Umgekehrt ist die Mitwirkung an einer derartigen Politik der Gemeinschaft immer zugleich eine der Aufgaben der Individuen selbst.[38]

In der Philosophie Max Müllers steht nun so sehr die Gegenwart als die Zeit der möglichen Erfüllung personaler Existenz, als die Mitte ihres Lebens, als der Kairos ihres Gelingens oder Scheiterns, als der Augenblick des Erweises ihrer Mündigkeit bei aller Endlichkeit und Begrenztheit im Vorblick[39], diese Philosophie will sich so gänzlich jeden metaphysischen Rückgriff auf einen ursprungshaften Anfang und jeden utopischen Ausgriff auf ein fernes, endzeitliches Ziel der Geschichte versagen, ihre „Metahistorik" konzentriert sich so stark auf die jeweilige epochale Geschichtlichkeit einer gegenwärtig gestellten konkreten Aufgabe, daß die Frage aufzuwerfen ist, ob sie dann nicht gerade einer radikalen Vergeschichtlichung von allem – auch der Wahrheit und der Werte selbst – verfällt. Sie müßte dann die normative Kraft des jeweils Faktischen bejahen[40] und hätte ihrerseits nun wieder keine darüberhinausweisenden allgemeinen Kriterien für die Orientierung und Strukturierung personalen Lebens in der modernen Le-

---

[38]Vgl. bes. Erfahrung und Geschichte, 415 ff.
[39] So z. B. Erfahrung und Geschichte, 61 ff., 261 ff.; Sinn-Deutungen der Geschichte, 40 ff., 85 ff.
[40] Davon spricht M. Müller selbst: Erfahrung und Geschichte, 423.

benswelt zur Verfügung. Diese Schwierigkeit ist nicht
von der Hand zu weisen, obwohl die personalistische
Grundposition ihr entgegenwirken kann. U. E. ist es
möglich, vom Ansatz der Personalität des Menschen,
die immer Individualität und Sozialität zusammen-
schließt, eine Fundamentalanthropologie zu entwickeln,
die einerseits universale Strukturen für das Verhältnis
von Person zu Person, Person und Gesellschaft sowie
Person und Natur aufzeigt und andererseits gerade auch
zureichende sozialphilosophische Grundlagen der pluralistischen Lebenswelt, also der Moderne, erarbeitet.
Diese Fundamentalanthropologie kann hier nur not-
dürftig knapp skizziert werden.[41] Ausgangsort für sie
ist der Umstand, daß das Personsein des Menschen in
der Welt der erkennbaren und machbaren Dinge gerade
als das einzige nicht gänzlich Objektivierbare und
Machbare begegnet, als dasjenige, was sich dem objek-
tivistisch verfügenden Zugriff der Subjektivität entzieht
und statt dessen seinerseits den bestimmenden Grund
für Normen bildet, die binden und somit Verbindlichkeit beanspruchen. Solches Personsein wird manifest in
der Begegnung des Individuums mit dem Anderen. Indem dem Ich der Andere als ein anderes Ich, als Du,
d. h. weder als das eigene Ich, noch als ein Es, das feststellbar und bearbeitbar wäre, begegnet, beansprucht er
das Ich zufolge seiner Andersheit, die ihm doch zugleich
näher zu rücken vermag als jede Sache, da sie ihn als eine
gleichartige Existenz, als dasselbe Wesen der Person,
als das Nächste seiner selbst, angeht. Es entsteht in der

---

[41] Ausführlicher, jedoch in theologischer Grundlegung: A. Schwan:
Wahrheit – Pluralität – Freiheit, 197 ff., und ders.: Geschichtstheologische Konstitution und Destruktion der Politik. Friedrich Gogar-
ten und Rudolf Bultmann. Berlin/New York 1976.

Beziehung von Person zu Person ein Wesensverhältnis von Gleichen in ihrer Andersheit, von je Anderen in ihrer Gleichheit, über das nicht beliebig verfügt werden kann, das nicht auflösbar ist. Das Individuum sieht sich immer schon in ein Mitsein, in eine Zwischenmenschlichkeit gestellt, die nicht gleichgültig ist, sondern es vermöge der Nähe des Anderen und der Anderen beansprucht und bindet. Menschliche Existenz ist so durch Dialogizität und Sozialität bestimmt, gefordert, gebunden. Aus solcher Mitseinsstruktur wird die Existenz in sich zum Geschehen von Anruf und Entsprechung. Personsein bedeutet deshalb ganz und gar Beziehung des Ich zum Anderen, Hin-sein, Hin-ausstehen, in diesem Sinne – um einen Heideggerschen Terminus zu verwenden – Ek-sistenz.

Der Bezug, der das Personsein charakterisiert, ist nun aber der von Person zu (anderer) Person. Er ist im Wesen partnerschaftlicher Bezug. Darum gehört zu ihm, daß in ihm solche einander begegnen, denen Selbstsein, Eigenstand, Freiheit und Verantwortung zukommt. Nur die freie, eigenständige Verantwortung kann die Antwort als Entsprechung auf den Anruf des Du übernehmen und ihrerseits das Du in seiner gleichen und anderen Personalität als Partner beanspruchen. Die von der nichtobjektivierbaren dialogischen zwischenmenschlichen Begegnung ausgehende Erfahrung gewinnt damit substanziellen Boden: Die Person ist – und zwar gerade nicht als solipsistische bloße Individualität, sondern in ihrem partnerschaftlichen Hinsein auf andere Person(en) verstanden – Wesen der Substanz. Als solche ist sie einmalig, unaustauschbar, unvertretbar, von absoluter Würde. Diese Würde muß geachtet und gewahrt werden, und zwar für alle Personen in ihrem partnerschaftlichen Mitsein. Die absolute Würde ist also gerade die eines endlichen, im Dialog, im Miteinander, im Zwischen, nicht aber isoliert für sich existierenden Wesens. Infolgedessen wird sie – die Würde der Person, die Würde aller Personen in ihrer Gleichheit und Andersheit zueinander – zum maßgeblichen Grundprinzip für die Gestaltung des gemeinschaftlichen Lebens und seiner Ordnungsformen. An ihr bemessen sich die Grundrechte der Person und – da diese allen Personen zukommen und folglich von allen auch respektiert, in ihre Realisierung freigegeben und darin geschützt werden müssen – auch entsprechende Grundpflichten der Person, aller Personen.

Es stellt sich dann die Frage, unter welchen sozialen und politischen Bedingungen das Personsein und seine Würde geschützt, gesichert und aktualisiert werden können. Die Gemeinschaft einer Gruppe, einer Region, eines Volkes, eines Kulturraumes, schließlich der Menschheit im Ganzen ist der Bereich, innerhalb dessen sich das personale Mitsein vollzieht. Dieser Bereich muß so gestaltet sein, daß solche Verhältnisse innerhalb seiner möglich werden, ja daß er selbst – also das Feld der Politik im weitesten Sinne – solche Verhältnisse repräsentiert. Folglich muß er seinerseits die Merkmale der Personalität und Partnerschaft an sich tragen und in ihrem Geiste geordnet sein. Er muß soviel Freiheit und soviel Gleichheit wie möglich verwirklichen und sichern. Dazu bedarf es einer Politik der möglichst solidarischen Kooperation, aber auch der nötigen Entscheidungsbereitschaft innerhalb gemeinsam vereinbarter und dann kodifizierter, einklagbarer Spielregeln, um Wert- und Interessenkonflikte zwischen den Personen und ihren Sozialbildungen – als endlichen Entitäten – auf Zeit und unter fortwährender Überprüfung austragen und lösen zu können.

Das personalistische Denken geht so zwar von personalen Nächstenverhältnissen aus, sieht sie aber in unterschiedlicher Weise aktualisiert in den verschiedenen Begegnisebenen und ihren Institutionen, von unten nach oben sich ausdehnend, z. B. von der Familie über die Gemeinde, das Land, den Staat, die supranationalen Gemeinschaftsformen bis zur Weltgesellschaft (oder etwa vom Arbeitsplatz über den Betrieb, den Unternehmensverband, die Volkswirtschaft, die internationalen Wirtschaftsverflechtungen bis wiederum zur Weltgesellschaft), jedoch nicht nur vertikal, sondern auch horizontal, als Verhältnis gesellschaftlicher Teilgebiete zueinander. Für die Zuordnung dieser Ebenen und Institutionen wird sich einerseits das Subsidiaritäts- und das Föderationsprinzip empfehlen, mit denen die personal intensiven und basisnahen Gemeinschaftsformen gestärkt und der demokratische Aufbau der Gesellschaft von unten nach oben betont werden. Doch soll die subsidiäre und föderative Struktur die ganze menschheitliche Weite der Personalität und Partnerschaft durchmessen, da innerhalb ihrer die jeweils untere Stufe der Gliederung zur Integration in die nächsthöhere und so fort disponiert ist, um das Wohl des Ganzen und mit ihm das Wohl der Einzelteile zu verbürgen. So sind mit den Prinzipien der Subsidiarität und der Föderation die der Solidarität und der Integration verknüpft. Der Personalismus ist daher als freiheitlicher Solidarismus zu begreifen, als ein philosophischer Ansatz, der eine Theorie und Praxis rechtsstaatlicher, pluralistischer, aber auch aktiver und sozialer Demokratie zur Verwirklichung von möglichst viel Freiheit und Gleichheit unter den Menschen unserer geschichtlichen Zeit begründet.

In personalistischer Sicht läßt sich diese heute erreichbare und aufgegebene Form der Demokratie geradezu als politisches Existential begreifen.[42] Ein solches Existential ist die freiheitliche und soziale Demokratie, obwohl und gerade weil ihre Institutionen und Entscheidungsmechanismen das Signum der Relativität und der Profanität an sich tragen. Die demokratischen Institutionen und die in ihnen Handelnden haben nicht über den inneren Sinn des personalen Lebens zu befinden, sondern sich seinem Dienst zu unterstellen. Sie leisten dies im Unterschied zu den totalitären oder autoritären Herrschaftsformen mit einheitlicher und geschlossener Ideologie nicht zuletzt dadurch, daß sie die Pluralität der weltanschaulichen Erklärungsversuche und Handlungsmotivationen respektieren und schützen. Die Demokratie wird damit in ihrer Ordnungsfunktion zugleich zum paradoxalen Symbol, zur hinweisenden und verweisenden Anzeige für Wahrheiten, über die sie als Institution gerade nicht verfügt und verfügen will. Dieser Symbol- oder Zeichensinn deutet auf das komplexe Verhältnis von Wahrheit, Pluralität und Freiheit in der modernen Lebenswelt.

---

[42] So H. R. Schlette: Der Anspruch der Freiheit. Vorfragen politischer Existenz, München 1963, 106 ff.

Freiheit im weltanschaulichen Pluralismus

Zum Problem der Menschenrechte

Von Johannes Schwartländer, Tübingen

Die Vielheit von politischen Anschauungen, von Vorstellungen über Ziele und Sinn des Lebens, auch von „Menschenbildern" – kurz: der weltanschauliche Pluralismus ist in unserer modernen Welt eine Tatsache. Ob sich in diesem Pluralismus jedoch Freiheit machtvoll verwirklichen kann oder aber letztlich zerstören muß, das ist eine sich uns mit Recht immer wieder aufdrängende Frage; denn dieser moderne Pluralismus kennzeichnet in der Tat die Krise der modernen Welt. Die folgenden Erörterungen wollen dieser Frage nachgehen und sie – wenn auch nur in einigen Teilaspekten – zu beantworten versuchen. Dabei sollen die Menschenrechte als Leitfaden dienen.

I.

Will man den wirklich *kritischen Punkt* des alle Gesellschaftsschichten und alle Lebensbereiche durchdringenden Pluralismus aufdecken, dann sollte man zunächst auf die allgemein verbreitete *Einstellung zum Pluralismus,* seine unmittelbare Bewertung durch die Zeitgenossen achten. Denn sie läßt das Grundproblem des heutigen Menschen erkennen: wie er es mit seiner *Freiheit* hält, welchen Wert sie für ihn hat; ob sie für ihn überhaupt *noch* einen *Wert hat* oder umgekehrt, ob sie sein letzter, sein *Grund-Wert ist.*

Hier müssen wir uns zunächst die Tatsache eingestehen, daß der Pluralismus in unserer Gesellschaft ganz überwiegend als negativ empfunden wird. Diese *negative Bewertung* hat offensichtlich ihren Grund darin, daß die Vielheit der Interessen und Anschauungen als Bedrohung erfahren wird, als Bedrohung des eigenen sinnvollen Daseins, eines Daseins, das aber doch gerade um seine Angewiesenheit auf die Mitmenschen weiß. Die Angst stellt sich also bei denen ein, für die die „Vielheit" der Interessen und Anschauungen umschlägt in einen Gegensatz, Gegensatz aber das Fehlen möglicher Gemeinsamkeit bedeutet. Besonders ausgeprägt wird die negative Einstellung zum Pluralismus aber dort, wo dies Fehlen der Gemeinsamkeit als Verlust gesehen und als bleibender, sich vertiefender Verlust empfunden wird. Verlorenzugehen scheinen jene überkommenen Ordnungen und übergreifenden einheitlichen Vorstellungen von der Welt, die das Handeln und Zusammenleben in ihr sinnvoll ermöglichten. Diese negative Bewertung des modernen Pluralismus findet sich daher naturgemäß besonders in den traditionsorientierten Einstellungen. Und es ist nicht zu leugnen, daß die Entwicklung des modernen Pluralismus identisch ist mit der Auflösung der antikchristlichen Welt, deren geistige Kraft nicht nur das Mittelalter prägte, sondern sich auch noch in den fundamentalen und einheitsstiftenden Ordnungs- und Wertvorstellungen ausdrückt, die bis in die Gegenwart wirksam sind. Diese geschichtlichen Vorgänge sind im allgemeinen bekannt und sind auch im Rahmen dieser Ringvorlesung unter den verschiedensten Aspekten mehrfach analysiert worden, so daß ich nur an einige Zusammenhänge erinnern möchte, die nicht nur als geschichtlicher Hintergrund unseres Themas, sondern zugleich paradigmatisch für Erfahrungen in den gegenwärtigen Auseinandersetzungen um die Menschenrechte verstanden werden können.

In dieser Zeit, die wir Neuzeit nennen, entstehen die konfessionellen Aufspaltungen. Sie nahmen ihren Ausgang von dogmatischen Streitigkeiten in der Theologie und von kirchenpolitischen Zwistigkeiten, führten dann aber zu den fatalen Glaubenskriegen des 16. und 17. Jahrhunderts, die die geistige, politische und ökonomische Existenz der europäischen Völker erschütterten. Bewegten sich diese Konflikte zunächst noch innerhalb des gleichen christlichen Glaubens, so weiteten sie sich im 18., 19. und 20. Jahrhundert aus zum *Glaubens- und Weltanschauungspluralismus* schlechthin. Zusammen mit dieser Auflösung der Einheit der theologischen Weltsicht vollzieht sich die Auflösung der vor allem aus der Antike überkommenen Vorstellung von dem geschlossenen Kosmos mit seiner ganzheitlichen und werthierarchisch gestuften Ordnung, in die auch der Mensch eingeschlossen ist; und es geschieht die Problematisierung der dogmatischen Metaphysik überhaupt. Philosophisch hat dieser sich radikalisierende Pluralismus seinen extremsten Ausdruck durch Nietzsche gefunden in seiner Lehre vom prinzipiellen Perspektivismus der Welt. Parallel zu diesem weltanschaulichen Pluralismus kommt der *politische Pluralismus* auf. Es entstehen die Nationalstaaten. Mit diesen Staaten aber entwickelt sich die Tendenz auf absolute Souveränität, und zwar einer Souveränität des Staates gegenüber anderen Staaten, gegenüber der Kirche – und auf der anderen Seite gegenüber den „Ständen", dem Einzelnen, also gegenüber den „Untertanen".

Verschränkt in alle diese Entwicklungen und zugleich als bewußte Gegenbewegung zu jener Souveränitätsentfaltung des absoluten Obrigkeitsstaates geschieht die endgültige Emanzipation des Individuums.[1] Diese *Emanzipation des Individuums* bedeutet ohne Zweifel die radikalste Zuspitzung des modernen Pluralismus im Laufe der neuzeitlichen Geschichte bis in die Gegenwart hinein, und der individualistische Libertinismus ist gewiß eine der wirksamsten Ursachen für den negativen Pluralismus.

Zugleich geschieht in diesem Zeitraum, woran wir heute besonders leiden und wodurch das Problem des modernen Pluralismus seine kaum noch begreifbare und zu bewältigende Vielschichtigkeit und Komplexität erhält: die zunehmende *Aufspaltung des menschlichen Daseins* in immer einseitigere Lebensverhältnisse, so daß die Ganzheit des Menschen und seiner Welt verlorenzugehen scheint und die Rede nicht nur von der Vereinsamung des Menschen, sondern auch von seiner Eindimensionalität aufkommt und Mode wird. Die tiefe Aufspaltung des Lebens zeigt sich vor allem darin, daß sich die Moral von der Religion trennt, das Recht von der Moral, die Politik von der Ethik, das sachlich Nützliche von Recht, Moral und Glauben. Sie setzt sich fort in allen Bereichen und wird für uns heute eindringlich spürbar in der Aufsplitterung menschlichen Daseins, z. B. in den Funktionssystemen der modernen Arbeit und in dem gegenwärtigen Wissenschaftsbetrieb, in beiden unaufhaltsam der Trend zur Spezialisierung.

Diese Sicht der geschichtlichen Entwicklung läßt sich ausziehen, und es ist nicht zu bestreiten, daß sie sich mit einer

---

[1] M. Kriele sieht die Entstehung der Grund- und Menschenrechte überhaupt als „Antwort auf die Tendenzen zur Souveränität"; M. Kriele: Zur Geschichte der Grund- und Menschenrechte, in: Öffentliches Recht und Politik, Festschrift für H. U. Scupin, Berlin 1973, 194 f.

gewissen historischen Berechtigung vertreten läßt. Von diesen, teils geschichtlichen, teils persönlichen Erfahrungen her bedeutet der moderne Pluralismus wesentlich Auflösung der umgreifenden und tragenden Seins- und Wertordnung und damit notwendig Zerstörung der das gemeinsame Handeln ermöglichenden normativen Ordnung. Es ist von dieser Sicht her nur verständlich, wenn der moderne Pluralismus gleichgesetzt wird mit *Wertrelativismus* und *Nihilismus*. In der Regel wird Nietzsche dann zum Kronzeugen aufgerufen. Und hierin hat man insofern gewiß recht, als Nietzsche sich zweifellos zum Pluralismus bekannte und sich selbst „Verkünder des Nihilismus" nannte. Doch sollte man dabei eines gerade nicht übersehen: Nietzsches ganzes Trachten war gerichtet auf die Überwindung des Nihilismus. Dabei ging er von der Überzeugung aus, daß nur die Bejahung des Pluralismus zu dieser Überwindung führen könne. Seine Lehre vom „Willen zur Macht" und von der (schöpferischen) „Umwertung der Werte" stellt bekanntlich diesen Versuch dar. Muß dieser Versuch auch kritisch beurteilt werden – scheint er sich doch im radikalen Subjektivismus zu verfangen –, so bleibt Nietzsches Kritik an der negativen Einstellung zum Pluralismus nach wie vor bedenkenswert. Hat er doch in seiner großen Moralkritik gerade gezeigt, daß diese Negativhaltung ihre Wurzel eben nicht im Pluralismus haben kann, sofern dieser letztlich in der Freiheit des Menschen gründet; daß sie vielmehr umgekehrt einem fragwürdigen Uniformismus entspricht, nämlich jenem egalitären Moralismus, der seinerseits seinen Ursprung im *Ressentiment* und dessen Welt- und Menschenbild hat. Und in der Tat ist zu prüfen, ob die bei uns, in der öffentlichen Meinung und in der Theorie, so verbreitete Abwertung des Pluralismus nicht eben einer solchen Ressentiment-

Moral entspringt; ob sie, mit Nietzsche zu sprechen, nicht letztlich Ausdruck der Schwäche, keineswegs aber der Stärke ist.[2]

Spricht der Pluralismus wirklich die *Krisis der modernen Welt* aus, dann wird es wesentlich darauf ankommen, ob wir ihn *positiv* verstehen und damit bejahen können. Dies ist jedoch nur möglich, wenn sich in unserem modernen Pluralismus selbst allgemeine, für alle Menschen gültige Richtpunkte aufweisen lassen, durch die uns eine umgreifende Sinnorientierung und die Verwirklichung unserer Freiheit möglich ist.

Diese Möglichkeit gibt es, ja sie ist uns als geschichtliche Notwendigkeit gerade heute abgefordert. Ich sehe sie vor allem in der allgemeinen geschichtlichen Erfahrung dessen, was wir heute unter dem Titel *„Menschenrechte"* zusammenfassen. Dieser Titel wird heute gewiß oft recht vage und emotional gebraucht und mißbraucht. Deshalb ist es zunächst einmal erforderlich, die Menschenrechte in ihrer geschichtlichen Bedeutung, d. i. als *„grund-legendes" Ereignis* unserer Epoche zu erkennen. Das heißt: wir müssen sie erkennen als das, was sie zuerst und vor allem sind, nämlich die uns im wechselseitigen Mitsein auferlegte ursprüngliche „Verbindlichkeit", die „Pflicht" zu einer wirksamen Humanitas in der modernen Welt.

---

[2] Sosehr der moderne Pluralismus seine Eigenart durch Aufspaltung und Verselbständigung der Lebensbereiche erhält und sosehr die moderne Gesellschaft gerade durch die Vielheit der Weltanschauungen und Überzeugungen geprägt ist, so sollte doch nicht übersehen werden, daß die Vielheit überhaupt in der Geschichte der politischen Theorie schon immer als ein notwendiges Grundmoment des freien politischen Gemeinwesens angesehen wurde. Deshalb ist es für Aristoteles bereits ein Grundsatz: man muß den Staat, da er eine Vielheit ist, durch die Erziehung zu einer Gemeinschaft und Einheit machen. Vgl. Aristoteles: Politik, Hamburg 1958, 2. Buch, Kap. 5, 41 (1263b).

Vorerst zumindest ist ihr gängiges Verständnis – in der Politik, bei den Wissenschaftlern, bei den Juristen, aber auch bei den Philosophen, sofern sie sich überhaupt um diese geschichtliche Erfahrung ernsthaft kümmern – viel zu kurz gegriffen. Nach diesem gängigen Verständnis werden die Menschenrechte vorwiegend nur als subjektive Freiheitsrechte des Einzelnen aufgefaßt, und zwar mehr gegen den Staat und die Gesellschaft als auf Mitwirkung in ihnen.

Ich möchte deshalb gegen solche Auffassungen hier *die Grundthese* formulieren: In den Forderungen der *Menschenrechte* müssen wir die allgemeinsten – Sinn gebenden – Richtpunkte sehen, die den Menschen heute, den Einzelnen, den Gruppen, den Völkern, ja der Menschheit im ganzen, eine *ursprüngliche praktische Wert-Orientierung* in der Welt und für ihr Dasein in der Welt überhaupt möglich, ja notwendig machen.

Mit dieser Annahme, die für uns heute gewiß nicht willkürlich, sondern eigentlich normativ notwendig ist, läßt sich eine andere, und zwar positive Sicht auch des modernen Pluralismus und seiner Entwicklung gewinnen. Von ihr her erscheint diese Geschichte zwar als Geschichte des Kampfes, aber eben des Ringens des Menschen um seine *neue Welt-Stellung.* Deren Grundzug ist eben eine neue, und zwar *radikale Weise der Freiheit.* – Von dieser neuen Freiheit war in den vergangenen Vorträgen auch die Rede. Ich darf daran anknüpfen.

Eine eigentlich historische Darstellung der Entwicklung der Menschenrechte ist hier, auch nur im Abriß, nicht möglich. Ich kann nur an jene Forderungen erinnern, die sich im Laufe dieser Entwicklung als Menschenrechte artikuliert und zur Geltung gebracht haben. Und auch da will ich mich auf jene drei Bereiche beschränken, in denen dieser Kampf um die Menschenrechte vor allem geführt

wurde. Immerhin kann diese fast nur enumerative Auf-
zählung von Menschenrechten doch zeigen, um welche
konkreten Freiheitsforderungen es geht; und zugleich
kann dieser Aufriß deutlich werden lassen, daß es in diesen geschichtlichen Auseinandersetzungen immer um *die
neue,* diesseitsbejahende und wirklichkeitsoffene *Welt-
Stellung des Menschen* geht – eine Weltstellung, die sich
selbst und damit das „Wesen" des Menschen immer mehr
als verantwortliche Freiheit begreift und durchsetzt.

Dies geschichtliche Ringen des Menschen um seine neue
Weltstellung geschieht einmal im *Bereich des Glaubens.*
Hier vollzieht sich das, was man vielfach (mit dem leicht
irreführenden Wort) als Säkularisierung bezeichnet, ein
Vorgang, der sich heute weltweit vollzieht, sich also auf
die islamische und buddhistische Welt ebenso erstreckt
wie auf die christliche.[3] Die Säkularisierung oder Aufklärung wendet sich gegen jeden Glauben, der das Diesseits durch ein Jenseits entwirklicht und die irdische
Wirklichkeit entwertet. Sie wendet sich vor allem gegen
einen gleichsam theokratisch-absolutistischen Glauben,
der auch das Gewissen vergewaltigt und die Menschen
moralisch versklavt, ja die Moral überhaupt in einen nur
mehr mit Lohn und Strafe arbeitenden Vergeltungs-
mechanismus bzw. psychischen Unterdrückungsmecha-
nismus umdeutete. – Es geht deshalb in diesen Auseinandersetzungen, gleich ob sie gegen die Kirchen, in den
Kirchen oder in der Philosophie geführt werden, um die

---

[3] Dies Wort ist irreführend, sofern es die Vorstellung von „Abfall"
vom Glauben und „Verlust" der tieferen Sinndimension des Daseins überhaupt assoziiert. Es ist jedoch ein Mißverständnis, wenn
behauptet wird, daß die Aufklärung als solche sich gegen den
Glauben schlechthin richtet.

212

Verwirklichung eines freien Glaubens, d. i. einer der menschlichen Verantwortung zugesprochenen Sinnentscheidung, und es geht um die Sicherung der Freiheit des öffentlichen religiösen und weltanschaulichen Bekenntnisses, um das Recht auf freie Religionsausübung, und zwar mit Anerkennung der dem Glauben notwendigen „Communio" und der dieser Kommunikationsgemeinschaft entsprechenden Öffentlichkeit; ebenso geht es um das Recht auf religiöse Unterweisung.

Der Kampf um die Rechte des Menschen vollzieht sich zum anderen im *Bereich des Politischen*. Hier richtet sich der Kampf gegen jede Form eines politischen Absolutismus und Totalitarismus, sei es in der Gestalt einer absoluten Monarchie, sei es eines absoluten Parlamentarismus oder eines absoluten Demokratismus (d. i. der bloßen Mehrheitsdemokratie, die keine unbedingten, der Mehrheitsentscheidung entzogenen „Werte" gelten läßt, oder der Volksdemokratie ohne Opposition). Der Kampf richtet sich also gegen alle Systeme, in denen Gewaltanwendung des Staates nicht sinnvoll begründet ist und nicht abgestimmt erscheint auf das Selbstbestimmungsrecht seiner Bürger.[4] – Im Laufe dieser politischen Geschichte artikulieren sich seit dem Ende des 18. Jahrhunderts die Rechte der politischen Mitwirkung: allgemeines, und zwar aktives und passives Wahlrecht, Recht auf freie Meinungsäußerung und auf Versammlungsfreiheit, das Petitionsrecht, das Recht auf Staatsangehörigkeit, das

---

[4] Das Recht auf Schutz vor der Willkür des Staates ist in der Geschichte der Menschenrechte sehr früh aufgetaucht und hat seinen klassischen Ausdruck in der Habeas-Corpus-Akte gefunden. M. Kriele nennt das Recht auf Schutz vor willkürlicher Verhaftung das „Ur-Grundrecht"; M. Kriele: Einführung in die Staatslehre, Hamburg 1975, § 38.

Verbot der Zwangsausbürgerung; ebenso der Anspruch auf Gleichheit vor dem Gesetz, auf freien Zugang zu den öffentlichen Ämtern, das Verbot jeglicher Diskriminierung. Hier entstehen auch die Forderung auf Minderheitenschutz und die Forderung auf politische Selbstbestimmung der Völker.

Der Kampf um die Menschenrechte wird nicht weniger heftig geführt im *Bereich der natürlichen Selbsterhaltung und -entfaltung.* In dieser Richtung vollziehen sich bes. in den letzten 100–150 Jahren ohne Zweifel die auffälligsten geschichtlichen Veränderungen in der Stellung des Menschen zur Welt (Natur). Die enormen Leistungen der modernen Wissenschaft und Technik erlauben eine radikal neue Einstellung zur Natur, deren Auswirkungen heute noch nicht abzusehen sind. Der Mensch strebt, so scheint es, seit Beginn der Neuzeit immer stärker dahin, seine Abhängigkeit von der Natur – grundsätzlich – zu überwinden. Dies hat, besonders in unserem Jahrhundert, immer mehr zu der Erwartung geführt, daß wir durch die Entwicklung der Wissenschaft, Technik und Industrie dahin gelangen können, die Grundangst vor Not und Elend zu überwinden. Auf Grund dieser Entwicklung artikulieren sich immer eindringlicher das Recht auf allseitiges Glück (für alle), das Recht auf Arbeit, auf soziale Sicherheit. Da die Besorgung der Lebensmittel mit der Industrialisierung aller Produktionsweisen immer stärker in der Form eines allgemeinen gesellschaftlich organisierten Arbeitswesens geschieht, treten hier zunehmend die Forderungen auf, die wir heute als soziale Menschenrechte bezeichnen: also das Recht auf Mitbestimmung, auf Vereinigungsfreiheit, auf Erholung u. a. – In diesen Bereich gehört aber auch das, was man in dem modernen Völkerrecht seit neuestem als Sicherung eines materiellen Friedenszustandes durch soziale Gerechtigkeit fordert, also die Entwicklung eines internationalen Sozialrechts.[5] Gleichzeitig aber meldet sich, gleichsam als Kehrseite der radikalen Naturbeherrschung und -ausbeutung, das Recht auf eine „gesunde Umwelt".

Ich darf in einigen Thesen zusammenfassen, was dieser skizzenhafte Aufriß schon andeutet, und was eine weiterführende historische Betrachtung, die heute allerdings die Analyse der universalen Situation einschließen müßte, gewiß bestätigen würde:

1. In den großen geschichtlichen Erklärungen und Kodifizierungen von Menschenrechten müssen wir ein *gemeinsames,* alle Menschen betreffendes *Grundanliegen* sehen, und zwar nicht nur einiger westlicher Völker, sondern *der heutigen Menschheit* im ganzen.

2. In ihnen spricht sich eine umgreifende Ordnung der menschlichen Lebensverhältnisse, also eine *Grund-Ordnung der menschlichen Welt* aus, oder diese ist doch zumindest intendiert.

3. In diesen allgemeinen Erklärungen, nationalen Verfassungen und internationalen Pakten ist sogar eine *ursprüngliche Einsicht vom Ganzen der Weltordnung* wirksam. Allerdings handelt es sich hier um eine *praktische* Einsicht, die von der theoretischen Erkenntnis wesensmäßig verschieden ist, deren *universale Verbindlichkeit* aber faktisch anerkannt wird und die damit sogar zum verpflichtenden Ursprung einer gemeinsamen praktischen Welteinstellung werden sollte.

4. Es handelt sich bei diesem dem menschlichen Handeln

---

[5] So J. Delbrück: Völkerrecht und Weltfriedenssicherung, in: D. Grimm (Hrsg.): Rechtswissenschaft und Nachbarwissenschaften, München 1976, Bd. II, 181, 187 ff.

selbst überantworteten Ordnungs- oder auch „Wert"-Ganzen um ein *geschichtlich offenes Ganzes.*

– Aus den drei zuletzt genannten Gründen wird einsichtig, daß das normative Grundanliegen der Neuzeit, wie es sich gerade in der Geschichte der Menschenrechte meldet, sinnvoll nicht mehr unter dem Titel des „Naturrechts" erörtert werden kann, sofern dieses bis zu seinen gegenwärtigen Spätnachkommen hin an der antiken Kosmologie und der traditionellen Ontologie orientiert ist.[6] Die Menschenrechte müssen wesentlich als *geschichtliches Vernunftrecht* begriffen werden.

5. Dieses geschichtliche Faktum des allgemeinen Menschenrechtsdenkens, das doch, um mit Kant zu reden, das einzige und einzigartige (ursprüngliche) *Faktum der praktischen Vernunft* des Menschen ist, kann zum *Leitfaden einer philosophischen Theorie der Weltordnung* werden. Die Auslegung („Hermeneutik") gerade dieser „praktischen Einsicht", dieser Art von „Wissen" wird zur dringlichen Aufgabe der Philosophie. Hier hat sie daher auch als kritische Reflexion einzusetzen, sei es um die geschichtliche Welt-Stellung des Menschen neu zu bestimmen, sei es um seine ursprüngliche Freiheit zu be-

---

[6] Wenn es heute auch unmöglich scheint, die mit dem Kampf um die Menschenrechte aufkommende Normdiskussion noch naturrechtlich aufzufangen, so bleiben doch auch im Problemfeld Menschenrechte wesentliche Momente zu erörtern, die im Laufe der Geschichte gerade zu der Idee des Naturrechts geführt haben. H. Welzel z. B. hebt vier Punkte hervor, die wir auch heute noch aus dem Naturrechtsdenken übernehmen müssen: der Gedanke des unbedingten Verpflichtetseins als Kern und bleibender Wahrheitsgehalt des Naturrechts; die Anerkennung des Menschen als verantwortlicher Person; die Ordnung als Voraussetzung der Möglichkeit sozialethischen Handelns überhaupt; die Konkordanz aller sozialethischen Ordnungen. H. Welzel: Naturrecht und materiale Gerechtigkeit, Göttingen ⁴1962, Rückblick: Was bleibt.

gründen oder sei es auch um ein immer mögliches Abglei-
ten des menschenrechtlichen Denkens in Ideologie zu
verhindern.[7]

II.

Ein Blick auf die einzelnen Menschenrechtserklärungen
und auch auf die Grundrechtsteile der verschiedenen
Staatsverfassungen läßt deutlich werden, daß hier sehr
Verschiedenes zum Menschenrecht erklärt wird. Diese
Vielheit und Unterschiedlichkeit der sogenannten Menschenrechte weist, wie die kurze historische Skizze schon
sehen lassen konnte, darauf hin, daß es sich hier um konkrete Forderungen des Menschseins handelt, die sich aus
den bestimmten, geschichtlich sehr verschiedenen Situationen heraus melden. Dieser historische Ursprung der
menschenrechtlichen Forderungen, ihre geschichtlich-
situative Veranlassung und Konkretion ist charakteristisch für alle Menschenrechte. *Jede echte Menschenrechts-
forderung* artikuliert sich aus einer geschichtlichen Be-

---

[7] F. Ermacora weist mit Recht auf die Gefahr hin, die heute den
Menschenrechten durch ihre falsche „Verpolitisierung" droht, daß
sie nämlich „nicht primär zum Schutz des Menschen, sondern zur
Erreichung staatspolitischer, tagespolitischer, ja gar oft parteipoliti-
scher Ziele angesprochen werden; daß sie mehr und mehr der
Staatsraison zu dienen scheinen". Gegenüber dieser Tendenz fordert er die „Verrechtlichung" der Menschenrechte. F. Ermacora:
Die Menschenrechte: Entwicklung – Stand – Zukunft, in: Abhand-
lungen zu Flüchtlingsfragen, II, Wien 1967. Die noch größere Gefahr aber besteht für das Menschenrechtsdenken wohl darin, daß
die Menschenrechte im Sinne eines modernen Humanitarismus verkürzt, ja als Ausdruck dieser modernen Ressentimentmoral mißdeutet werden. Ihr verbreiteter ideologischer Mißbrauch in der
Politik leistet dem ebenso Vorschub wie ihre oberflächliche Behandlung durch die „Fundamentaltheoretiker".

drohung menschenwürdigen Daseins heraus. Sie soll diese konkrete Not wenden, ist also in diesem Sinne eine geschichtliche Not-wendigkeit oder das, was Hegel *eine* echte *geschichtliche „Erfahrung"* nennt. Deshalb erscheinen die Menschenrechtsforderungen in der Geschichte – von ihrem ersten Auftreten in der amerikanischen Unabhängigkeitserklärung vor genau 200 Jahren und der Französischen Revolution an bis in die unmittelbare Gegenwart hinein – auch als Kampf des Menschen, als Kampf nämlich um die Grundbedingungen eines der Würde des Menschen entsprechenden Daseins (conditions humaines). Diese conditio humana besteht letztlich in einem Leben in Frieden und Gerechtigkeit. Ihr historischer Ursprung ist auch Grund dafür, daß die Menschenrechte in ihrer konkreten Formulierung recht verschieden geprägt sind und sich auch nach Zahl und Gewicht erheblich voneinander unterscheiden können.

Doch diese geschichtliche Bedingtheit der Menschenrechte darf gerade nicht zu der heute gängigen Annahme verführen, daß sie überhaupt „nur relativ" seien, daß ihr Sinngehalt ein schlechthin bedingter sei. Wir müssen hier offensichtlich schärfer unterscheiden lernen zwischen dem *historisch-situativen Ursprung* der Menschenrechte und ihrem eigentlich *normativen Ursprung.* Wo und wie artikuliert die Menschenrechte nämlich immer auftreten, da drücken sie zwar geschichtlich konkrete und in diesem Sinn partikulare Ansprüche aus, erheben aber nichtsdestoweniger den Anspruch auf allgemeine Anerkennung, sittlich-vernünftige Notwendigkeit und rechtliche Gültigkeit. Diese normative Gültigkeit der verschiedenen Menschenrechte hat ihren Grund darin, daß diese unterschiedlichen Rechte der geschichtlich bedingte Ausdruck für die selbst aber immer unbedingte Würde des Menschen sind. Die Würde des Menschen gilt uns deshalb als „unantastbar" von jedem anderen, jedem Einzelnen und jeder Gemeinschaft und Institution, und sie ist von jedem Menschen selbst „unaufgebbar". Sie ist nichts anderes als der allgemeine Titel für die ursprüngliche Freiheit, d. i. die im wahren Sinn sittliche Verfaßtheit des Menschen. Die Würde des Menschen kennzeichnet also das Unbedingte menschlichen Daseins, wie immer dieses ausgelegt und verwirklicht worden ist und wird. In *unserer* Tradition ist diese Würde als Grund dafür angesehen worden, daß wir sagen: der Mensch ist *Person.*

Das tiefe Problem der Geschichtlichkeit zeigt sich nun aber darin, daß wir selbst diese, für unsere abendländische Selbsterfahrung des Menschen ohne Zweifel höchste Bestimmung, daß der Mensch Person und nie nur Sache ist, nicht mehr so einfach wie bisher, gleichsam noch übergeschichtlich-dogmatisch verstehen können. Denn die Begegnung besonders mit den östlichen Kulturen scheint offensichtlich selbst diese höchste Sinn- und Seinsbestimmung des Menschen nicht unberührt zu lassen. Sie wirft vielmehr die Frage auf, ob die Bestimmung des Menschen als Person nicht einer wesentlich neuen Auslegung bedarf, wenn sie in der universalen Verständigung über Menschenrechte allgemeine Anerkennung und Begründungsbedeutung behalten oder noch gewinnen soll.

Die zureichende Bestimmung der normativen Gültigkeit der Menschenrechte gehört gewiß zu den dringendsten, aber wohl auch schwierigsten Aufgaben der Philosophie. Denn sie fordert, wie wir auch im vorausgegangenen Vortrag dieser Ringvorlesung hörten, nicht weniger als die „Begründung" der – wie Herr Krings es nannte – „transzendentalen Freiheit". Ich glaube, daß es verfrüht ist, schon heute eine solche zureichende Bestimmung der normativen Gültigkeit der Menschenrechte zu geben, die Aussicht auf universale Anerkennung hat. Die Zeit der europäisch-abendländisch verstandenen Universalgeschichte mit ihrem absoluten Gültigkeitsanspruch, damit auch mit ihrem Anspruch, das Wesen des Menschen zu „begreifen", ist vorbei. Es würde sich gerade in der jetzt weltweit werdenden Auseinandersetzung um Bedeutung, Geltungsanspruch und letzten Grund der Menschenrechte gewiß naiv ausnehmen, wollte man heute einen solchen Anspruch auf wirklich universale Anerkennung für ein Denken im Sinne unserer großen philosophischen Systeme anmelden. Das heißt nun wiederum nicht, diese in ihrer großen Bedeutung für das universale Gespräch über die Menschenrechte zu leugnen. Das heißt nur, sie kritisch auf ihre geschichtlich-hermeneutische Bedeutung hin zurückzunehmen. Ich will deshalb hier nur einige m. E. für die Begründung wichtige Gesichtspunkte aufzeigen. Um dabei an Bekanntes anzuknüpfen, greife ich auf Kant zurück. Dies geschieht aber nicht in der Absicht, sein System der „Metaphysik der Sitten" als zureichende Begründung der Menschenrechte zu behaupten; doch hat er in seiner kritischen Aufhellung der Sittlichkeit des Menschen wesentliche Momente der Menschenrechtserfahrung aufgedeckt. Vier Einsichten Kants scheinen mir für unser Thema noch heute von grundlegender Bedeutung, zumal dann, wenn wir seine zeitbedingten Bestimmungen auf unsere Erkenntnissituation hin transformieren.

Kant geht *erstens* in seiner Bestimmung der Freiheit des Menschen nicht von der traditionellen, onto-theologischen Metaphysik des Abendlandes aus. Vielmehr bricht er bewußt mit dem dogmatischen Naturrechtsdenken, mit dem Dogma von einem angeblichen „Wissen" (objektiven Erkennen) einer Seins- und Sinnordnung des

Kosmos im ganzen, aus der auch die letzten Prinzipien des menschlichen Handelns und freien Zusammenlebens abgeleitet werden könnten. Gerade durch den neuzeitlichen religiösen und weltanschaulichen Pluralismus sieht er sich gezwungen, die *neue,* ursprüngliche *Freiheit* des Menschen *in der* allen Menschen gemeinsamen *Vernunft zu begründen.* Dabei geht er in seiner philosophischen Kritik der „praktischen Vernunft" von der jedem Menschen zugänglichen Tatsache des sittlichen und auch menschenrechtlichen Bewußtseins aus. Und er versucht dann mit Hilfe der kritisch-transzendentalen Analyse in diesem Bewußtsein den wahren Sinn der vom Menschen schon immer beanspruchten Freiheit aufzuhellen, und zwar den vollen Wirkbereich, die ganze Tiefe, aber auch die Grenzen dieser Freiheit. In dieser Weise hat Kant in der „reinen praktischen Vernunft" das eigentliche Wesen der menschlichen Freiheit sehen gelehrt. Dies heißt aber im präzisen Sinn: die reine praktische Vernunft oder, was dasselbe ist, der reine vernünftige Wille ist zugleich das, was man in der philosophischen Fachsprache einerseits das Seins-Prinzip und andererseits das Erkenntnis-Prinzip der Freiheit nennt.

Kant hat *zweitens* durch seine kritische Philosophie auf den tiefen Gegensatz aufmerksam gemacht, der allem modernen Denken und der modernen Zivilisation zugrunde liegt. Er hat nämlich auf den entscheidenden Unterschied hingewiesen, der zwischen der *wissenschaftlich-technischen Rationalität* und der eigentlich *sittlichen Vernunft* besteht. Sittliche Vernunft bedeutet für Kant Selbst-Gesetzgebung (Auto-nomie). Der Wille gibt sich selbst das Gesetz und ist eben darin reiner vernünftiger Wille. Und dieser vernünftige Wille ist der sich selbst durchsichtige Grund und der Maßstab freien Handelns. Dieses unterscheidet sich von allem Tun und Verhalten, das seinen Grund und Maßstab in der uns vorgegebenen Natur hat, deren Gesetze durch die Wissenschaften erkannt werden und in der Technik des Menschen – Technik ist hier im weitesten Wortsinn zu verstehen – zur Anwendung kommen. Kant spricht noch von den „*Gesetzen*" der sittlichen Vernunft. Wir müssen heute statt von Gesetz von „*Norm*" sprechen. Denn wir haben es hier mit Handlungen zu tun. Alles Handeln aber gehört der geschichtlich-gesellschaftlichen Wirklichkeit an, deren Eigentümlichkeit wir heute schärfer, als Kant es zu seiner Zeit überhaupt sehen konnte, von der „Gesetzlichkeit" aller nicht-menschlichen Wirklichkeit abzuheben gelernt haben. Alle Normen, worunter man heute primär „Handlungsregeln" versteht und auch verstehen sollte, sind wesentlich geschichtlich geprägte Regeln. Aber diese Normen sind, und darin behält Kant ohne Zweifel recht, Regeln der Freiheit, und nicht der Natur. – Autonomie ist das eigentliche Fundament aller Menschenrechtsforderungen. Der Mensch ist dann, jedoch auch nur dann autonom, wenn er sich in seinem Handeln kraft eigenen Entschlusses nach solchen Regeln, Prinzipien und Normen richtet, von denen er überzeugt sein kann, daß sie auch zu einer allgemeinen Ordnung des menschlichen Miteinander-Lebens und -Handelns tauglich wären. Die sittliche Vernunft dient also einer allgemeinen Ordnung, in der nicht nur jeder mit allen anderen zusammen vernünftig leben kann, sondern in der die gegenseitige Anerkennung die im wörtlichen Sinne ursprunghafte Vernünftigkeit ist, d. i. das Vernehmen von ursprunghaftem Sinn.

Ebenso wichtig für die Sinnbestimmung und damit Begründung der Freiheit ist *drittens* die von Kant immer festgehaltene Einsicht, daß nur die Freiheit vom Menschen als wirklich vernünftig behauptet werden kann, die ihm im Sinne einer *unbedingten Verbindlichkeit* seines Wollens, d. i. als ein „Sollen" bewußt wird. Das Bewußtsein der Pflicht – das ist die heute oft leichthin bespöttelte und von Kant doch so beharrlich und fast emphatisch herausgestellte Erkenntnis – ist das Tor zur Freiheit, und sie allein ist der Ursprung der Einsicht in die Würde des Menschen. Wir ziehen es heute vor, nicht von *Pflicht* zu reden, sondern von *Verantwortung*. Dies ist sinnvoll, aber nicht um den von Kant mit Recht betonten unbedingten Verbindlichkeitscharakter des menschlichen Handelns – als die den Menschen auszeichnende Weise seines In-der-Welt-Seins – zu relativieren. Wo dies letztere geschieht, ist das Wesentliche der Kantischen Einsicht verloren. Vielmehr ziehen wir den Begriff Verantwortung vor, weil er für uns die prinzipielle *Gegenseitigkeitsstruktur* dieser sittlich-rechtlichen Freiheit ausdrückt. Mit der Anerkennung dieser neu gesehenen Verbindlichkeitsstruktur kann auch der bei Kant noch vorhandene Subjektbegriff überwunden werden.[8]

Auf eine letzte Einsicht Kants in das Wesen der praktischen Vernunft des Menschen sei *viertens* noch hingewiesen. Kant hat die Scheinansprüche der spekulativen Metaphysik, das dogmatische „Wissen" um den letzten Sinn unseres Daseins überhaupt, aufgelöst. Doch hat er zugleich einen Weg eröffnet für einen *„vernünftigen Glauben"*, und er hat gezeigt, daß ein solcher Glaube für die verantwortliche Freiheit notwendig ist. In diesem der verantwortlichen Freiheit notwendigen Sinnverstehen gründet das Recht auf Glaubens- und Weltanschauungsfreiheit, ein Recht, das den modernen Weltan-

---

[8] Vgl. J. Schwartländer: Verantwortung, in: Hdb. phil. Grundbegr., München 1974.

schauungs-Pluralismus als *Ausdruck höchster Freiheit* legitimiert. Mit diesem ihrem Sinnverstehen übersteigt die hier zu Wort kommende Freiheit des Menschen weit die nur ethische Dimension.

III.

Wir müssen noch die besondere *Bedeutung des Politischen* herausheben, da erst dadurch das geschichtlich Neue der Menschenrechte wirklich klar werden kann. Dazu müssen wir den Blick gleichsam aus der transzendentalen Dimension wieder zurückwenden in die geschichtlich-konkrete Perspektive der menschlichen Freiheit. Es gehört zu den grundlegenden Einsichten der Aufklärung, daß wir zwischen *sittlichen* Normen und *rechtlichen* Normen unterscheiden müssen. Sittliche Normen wenden sich an die innere Freiheit, die Gesinnung des Menschen; sie erlauben grundsätzlich keinen äußeren Zwang. Rechtliche Normen fordern die Übereinstimmung unseres äußeren Handelns mit den vom Staat erlassenen Rechtsnormen. Sie dienen der Regelung der äußeren Freiheit, der Sicherung der Freiheit im äußeren Handeln, und sind Sache der politischen Entscheidung. Diese Ausdifferenzierung entspringt der für die Gestaltung unserer Politik wichtigen geschichtlichen Erfahrung, daß nämlich zum einen nur das Recht mit äußerem Zwang verbunden werden kann und somit nur der Staat als politische Ordnungsmacht das Monopol auf Gewalt hat, allerdings nur auf eine rechtlich legitimierte, d. i. in der Idee des Rechts begründete Gewalt; und daß zum anderen der Staat immer nur für die äußere Freiheit zuständig ist, d. i. für die rechtliche Ordnung im äußeren Zusammenleben und -handeln. Das besagt gerade: der Staat darf nie in die innere Freiheit und die personalen Entscheidungen des Menschen – gleich auf welche Grundverhältnisse des menschlichen Daseins (Lebensverhältnisse) diese sich beziehen – eingreifen, er darf nicht mit seinen Mitteln der Gewalt das Gewissen (das „subjektive" und das „objektive") seiner Bürger zwingen. Das wäre Gesinnungsterror und bedeutete radikale Zerstörung der sittlich-verantwortlichen Selbstbestimmung und damit der Würde des Menschen.

Dennoch können sittliches Handeln und Politik, Ethik und (positives, politisches) Recht nicht einfach getrennt werden. Bliebe es bei einer solchen Aufteilung, dann liefe das auf eine Zerstörung der humanen Lebenswirklichkeit hinaus, nämlich auf ihre Aufspaltung in eine innere Freiheit hier, die aber politisch wirkungslos bliebe und in der Wirklichkeit ganz schutzlos wäre, und eine äußere Gewalt dort, die zwar das positive, „geltende" Recht für sich beanspruchen könnte, die aber keine echten, nämlich an der Würde des Menschen ausgerichteten Maßstäbe hätte.[9] Die permanente Gefahr des Auseinanderklaffens von Sittlichkeit und Politik ist die eigentliche *Misere der Moderne*. Wir stehen hier offensichtlich vor einem Grundproblem der modernen Welt überhaupt, insbesondere vor dem der modernen Politik: die sinnvolle Vereinigung von Macht und Gewalt hier – heute einer durch die modernen Techniken allerdings ins Ungeheure steigerbaren Gewalt – und von Selbstbestimmung und Freiheit eines jeden Menschen dort.

Die Menschenrechte erheben nun den Anspruch, gera-

---

[9] Hierzu auch E. W. Böckenförde: Die historische Rechtsschule und das Problem der Geschichtlichkeit des Rechts, in: ders.: Staat – Gesellschaft – Freiheit, Frankfurt a. M. 1976, 25 ff.

de dieses Grundproblem positiv zu artikulieren und seine Auflösung allen Menschen als die gemeinsame politische Aufgabe vor Augen zu stellen. Menschenrechte sind auf der einen Seite der Ausdruck der wesentlichen Freiheiten des Menschen, drücken also die Forderungen der sittlichen Selbstverwirklichung des Menschen aus; in diesem Fall die sittlichen Forderungen der Epoche des modernen Pluralismus. Auf der andern Seite stellen sie, wo immer sie auftauchen, nicht nur eine *ethische,* sondern zugleich eine *rechtlich-politische* Aufgabe dar. Wir können es geradezu als das Neue der Forderung nach allgemeinen Menschenrechten ansehen, daß diese Menschenrechte im Gegensatz zu den in der langen Geschichte des Abendlandes sich entwickelnden bloß naturrechtlichen Forderungen *als Grundrechte* in der politischen Verfassung eines Volkes, ja der ganzen universalen Völkergemeinschaft erscheinen.[10] Es gehört ganz offensichtlich beides zum Charakter der Menschenrechte: daß sie sich einerseits verwirklichen wollen durch politisch-rechtliche Normen und daß andererseits das politische Zusammenleben und -handeln in ihnen eine sittliche Fundierung erfährt, daß also der Mensch in seiner unbedingten Verantwortungsfreiheit zum Fundament des Politischen wird. Dies ist das wirklich Revolutionäre, das durch die Erklärungen der Menschenrechte

---

[10] H. Arendt hat dies neue, universale Verständnis vom Menschenrecht kurz nach dem zweiten Weltkrieg ausgesprochen: „Diese neue Situation, in der ,die Menschheit' faktisch die Rolle zu spielen beginnt, die früher der Natur oder der Geschichte zugeschrieben war, hat zur unmittelbaren Folge, daß jene faktische Mitverantwortlichkeit, die die Mitglieder jedes nationalen Gemeinwesens ... tragen, sich nun in die Sphäre des internationalen Lebens hinein zu erstrecken beginnt." H. Arendt: Es gibt nur ein einziges Menschenrecht, in: Die Wandlung 4 (1949), 767.

in der amerikanischen Unabhängigkeitserklärung von
1776 und in der Französischen Revolution von 1789
geschichtlich zum Durchbruch kommt und von hier ab
als eine neue geschichtliche Wirklichkeit nicht mehr rück-
gängig gemacht werden kann.[11] Deshalb kann auch mit
Recht gesagt werden, daß erst mit diesen politischen
Gründungen die Geschichte des modernen Staates, d. h.
des Rechts- und Verfassungsstaates beginnt, und zugleich auch, was wir heute schärfer herausstellen müssen, die demokratische Revolution.

Die Tatsache, daß die Menschenrechte sich als Grundrechte im Raum der politischen Verfassung, und das
heißt zugleich mit Hilfe der rechtlich legitimierten
Zwangsgewalt verwirklichen wollen, weist jetzt aber
auch auf die Sonderstellung, ja auf den Vorrang des
Politischen hin. Wir können diesen wichtigen Sachverhalt auch „prinzipiell" ausdrücken: Es gibt im Grunde
nur *das eine Recht des Menschen,* nämlich *„im Recht zu
leben".* Es handelt sich hier um den fundamentalen Anspruch des Menschen auf rechtlich gesichertes Dasein
oder darauf, einem politischen Gemeinwesen (Staat)
anzugehören. Es handelt sich dabei um ein wirklich
fundamentales Recht; denn ohne dieses grundlegende
Recht wäre es dem Menschen überhaupt nicht möglich,
auch nur irgendeines seiner übrigen Menschenrechte in
der heutigen Welt zu *realisieren.*

---

[11] Auf dieses für die Politik so wichtige geschichtliche Ereignis hat
bekanntlich Jellinek bereits vor 80 Jahren hingewiesen: „Erst jene
Erklärung der Menschenrechte hat den bis dahin nur dem Naturrecht bekannten Begriff des subjektiven Rechts der Staatsglieder
gegenüber dem Staatsganzen in vollem Umfang im positiven Recht
entstehen lassen". – G. Jellinek: Die Erklärung der Menschen- und
Bürgerrechte, in: R. Schnur (Hrsg.): Zur Geschichte der Erklärung
der Menschenrechte, Darmstadt 1964, S. 2.

Auf dieses Grundrecht hat Kant bereits hingewiesen; er nennt es das dem Menschen mit seiner Menschheit gleichsam „angeborene Recht", das „nur ein einziges" ist.[12] Auf den gleichen Sachverhalt stößt Hannah Arendt unter einem ganz anderen geschichtlichen Aspekt. Sie macht auf die Erscheinung der „displaced persons" aufmerksam, ein Problem, das nach dem ersten Weltkrieg auftauchte und seit dem zweiten Weltkrieg sich weltweit ausdehnte und Millionen Menschen in allen Teilen der Welt betrifft. „Daß es so etwas gibt, wie *ein Recht, Rechte zu haben*, ... oder ein Recht, einer politisch organisierten Gemeinschaft anzugehören, – das wissen wir erst ... weil wir ... bereits angefangen haben, in ‚Einer Welt' zu leben. Nur bei vollständiger Organisiertheit des Menschengeschlechts konnte der Verlust der Heimat und des politischen Status identisch werden mit der Ausstoßung aus der Menschheit überhaupt."[13]

Auf diese Existenzbedrohung macht, das sollten wir sehen, auch der leidenschaftliche, ja brutale Kampf im arabischen Raum aufmerksam, wo die Israelis, doch ebenso die Palästinenser, um Anerkennung dieses einen, fundamentalen Rechts kämpfen. Daß in diesem Kampf vielfach elementare Menschenrechte bedenkenlos verletzt werden, kann und darf nicht übergangen werden. Gerade diese Verbrechen weisen auf die Dringlichkeit eines menschenrechtlich orientierten Völkerrechts und eines wirksamen „Weltbürgerrechts" hin. Dennoch muß die elementare Lebens-Notwendigkeit dieses Kampfes – die aber keine Rechtfertigung des Krieges sein kann – begriffen werden. In der Auseinandersetzung geht es

---

[12] Metaphysische Anfangsgründe der Rechtslehre, Einleitung, A. A. Bd. VI, 237.
[13] H. Arendt: a. a. O. 760 f.

diesen Völkern um die Ermöglichung ihres ursprünglichen Menschenrechts überhaupt, um die Verwirklichung ihres politisch-rechtlichen Daseins im eigenen Staat.

Der Anspruch, im-Recht-zu-leben, enthält nun zwei wichtige Aspekte: Der eine Aspekt ist gerade deutlich geworden. Wir können ihn bezeichnen als den *Prioritätsanspruch des Politischen,* d. i. die Vorrangigkeit der Politik. Denn von der politisch-rechtlichen Verfassung hängt die Sicherung aller anderen Lebensverhältnisse des Menschen ab. In diesem Sinne bedingt und „umschließt" die Politik alle Lebensbereiche und Weltverhältnisse. Dies erklärt und rechtfertigt – zum Teil wenigstens – warum in der Gegenwart die Politik gegenüber allen anderen Bereichen des menschlichen Daseins eine immer beherrschendere Rolle einnimmt. – Doch ebenso gehört es zum ursprünglichen Sinn des fundamentalen Rechts, im-Recht-zu-leben, daß der Staat (und universal gesehen die Vereinten Nationen) als Verwirklichung der äußeren und politischen Freiheit dazu dient, *alle anderen Freiheiten des Menschen zu garantieren.* Das aber heißt: der Staat, die Völkergemeinschaft, ja die Politik in all ihren Organisationen und Institutionen haben wesentlich die – bewußt dienende – Aufgabe, alle die Lebensverhältnisse zu sichern, die in den Menschenrechtskatalogen eingefordert werden.

Hier stellt uns die Geschichte der Menschenrechte offensichtlich vor ein anthropologisches Grundproblem, das wir am ehesten wohl mit dem Begriff der *ursprünglichen Vieldimensionalität* des menschlichen Daseins charakterisieren können.[14] Der kurze Ausblick auf die Ge-

---

[14] Den Begriff Vieldimensionalität wähle ich hier deshalb, weil er von vornherein wesentliche Verweisungsbezüge in sich enthält und festhält, z. B. die Verschränkung sowohl wie die Einheit der un-

schichte der Menschenrechte hat bereits gezeigt, daß es in ihr nicht nur um die Sicherung und Entfaltung der eigentlich *politischen Freiheit* geht. Ebenso geht es dem Menschen um seine gleichsam vitale *Daseinssicherung*. Wir müssen, wie wir sahen, dies genauer ausdrücken: Es geht in dieser Geschichte darum, daß der Mensch seine Lebenserhaltung und -entfaltung in einer seiner Freiheit und Würde angemessenen Form verwirklichen kann. Dies ist der Sinn der sog. sozialen Menschenrechte, von denen die Rede war. Es scheint daher die geschichtliche Bedeutung dieser Rechte zu sein, dem Menschen jene Dimension zu sichern, die wir kurz als *Bereich der ökonomischen Lebensgemeinschaft* bezeichnen können.

Ebenso hatte der Ausblick auf die Geschichte der Menschenrechte auf einen ganz anderen Bereich hingewiesen, der vom Menschen zur Verwirklichung seiner ursprünglichen Freiheit als schlechthin notwendig eingefordert wird. Die Grundforderungen auf Freiheit des Glaubens und der Weltanschauung, der Glaubensgemeinschaft, der religiösen Unterweisung u. a. machen auf eine Dimension menschlichen Lebens aufmerksam, die sicher nicht auf die der Daseinserhaltung und auch nicht auf die des politischen Handelns zurückgeführt werden kann, ja gerade nicht zurückgeführt werden darf. Die ursprüngliche Bedeutung und die Eigenständigkeit dieses *Bereichs des Glaubens und der Weltanschauung* deutlich zu machen, gehört mit zum Sinn der

---

terschiedenen Bereiche der Grundverhältnisse; darüber hinaus deutet er sogar den wichtigen Gesichtspunkt der geschichtlich-offenen Ganzheit an. Er wehrt also, exakt gedacht, gerade die nur negativen Vorstellungen des Pluralismus ab.

Menschenrechtsforderungen und ihrer philosophisch-kritischen Auslegung.

In diesem Sinn lassen sich in den großen Menschenrechtserklärungen und den Grundrechtssystemen der freiheitlichen Verfassungen auch Menschenrechte aufweisen, die auf noch andere ursprüngliche Grundverhältnisse menschlichen Daseins hinweisen. So haben sich z. B. im Laufe der Geschichte jene Lebensgemeinschaften herausgebildet, die man aufgrund ihrer Lebensbedeutung und Struktur in Abhebung von der ökonomischen Lebensgemeinschaft zu dem *Bereich der sittlich-personalen Lebensgemeinschaften* zusammenfassen könnte. Mit Recht werden hier Ehe und Familie (und alle auf sie zielenden Grundrechte) genannt; nur sollten wir darunter nicht ohne weiteres nur unsere derzeitigen Formen von Ehe und Familie verstehen. Denn geschichtliche Erfahrung lehrt, daß sich dies sittlich-personale Grund-Verhältnis gewiß noch in vielen anderen Gemeinschaftsformen, wie Lebensbünde, Orden etc. vollzieht. Daß gerade dieser Bereich bei uns heute in eine tiefe Krise geraten ist, braucht nicht gegen seine ursprüngliche Bedeutung für die Freiheit des Menschen zu sprechen. Was die moderne Gesellschaft aber mit dem Zerfall, bzw. mit der Zerstörung dieses Bereichs verliert, wird uns heute z. B. immer eindringlicher bewußt durch das elementare Recht des Menschen auf ein der menschlichen Würde angemessenes Altern und Sterben. Alle Leistungen des Staates auf diesem Gebiete, die in ihrer Bedeutung gewiß nicht verkleinert werden sollen, können durchweg, um mit den Medizinern zu sprechen, nur als symptomatische Therapie, niemals aber als kausale Therapie bezeichnet werden. Eine wirklich kausale Therapie müßte zunächst einmal die Eigenständigkeit der personalen

Lebensgemeinschaften und die ihnen eigene Werthaftigkeit und Struktur erkennen und anerkennen.

Ich habe wiederholt darauf hingewiesen, daß die großen Menschenrechtserklärungen nicht nur auf die ursprüngliche Freiheit, auf die *Personalität* des Menschen *als Sinn-Grund* des menschlichen Daseins zielen, sondern daß sie ebenso gerichtet sind auf die Verwirklichung des Menschen in allen ihm wesentlichen Grundverhältnissen, also auf sein *ganzheitliches* Dasein. Sie enthalten, ebenso wie die meisten Grundrechtssysteme der politischen Verfassungen der freiheitlichen Demokratien, in der Tat deutlich den Anspruch, die praktische Lebenserfahrung und Welteinstellung eines Volkes, einer Gesellschaft, bzw. einer Epoche zum Ausdruck zu bringen. Wir müssen sie also verstehen als geschichtliche Versuche, die *humane Lebenswelt in ihrer „Ganzheit"* vor Augen zu stellen. In diese sind alle die Forderungen eingegangen, die den Menschen in ihrer geschichtlichen Situation zur Verwirklichung der menschlichen Würde wesentlich waren bzw. sind.

Damit kommt erst hier die sowohl umgreifende wie eigentlich praktisch-integrative Bedeutung der Menschenrechte voll zum Vorschein. Sie geben nämlich der heute unübersehbaren Tatsache Ausdruck, daß sich im Laufe unserer Geschichte die verschiedenen Lebensbereiche immer stärker voneinander abgehoben und in ihrer Eigenbedeutung und Eigenstruktur herausgebildet haben. Eben dies berechtigt uns, von verschiedenen Grund-Verhältnissen des menschlichen Daseins zu sprechen. Dieser Grundzug unseres modernen Lebens ist, wie eingangs erwähnt, eine der Wurzeln des heutigen Pluralismus. In ihm erkannten wir jedoch auch die Gefahr der Aufspaltung und Zersplitterung der menschlichen Lebenswirklichkeit und die Tendenz zur reduktiven Eindimensionalität, also die typischen Erscheinungen des „negativen" Pluralismus. Die Entwicklung der Menschenrechte spiegelt aber gerade die gegenläufige Bewegung in der Geschichte der Neuzeit und Moderne wider. Denn sie weist immer wieder auf die Unterdrükkung der dem Menschen zum sinnerfüllten Leben notwendigen Lebens- und Weltverhältnisse hin und stellt damit immer neu die unverkürzte Wirklichkeit wahren Menschentums vor Augen. Die Menschenrechte beweisen damit nicht nur ihre kritische Funktion für die Lebenspraxis, indem sie gegen alle reduktiven Vermischungen und Vereinseitigungen Stellung nehmen; sie haben vielmehr zugleich einen eminent affirmativen Charakter, da sie immer wieder auf die Integration aller dieser sich herausbildenden Lebensverhältnisse drängen. Es ist bisher noch viel zuwenig beachtet worden, daß die Menschenrechte, gerade auch die als Grundrechte in die politischen Verfassungen freier Demokratien eingegangenen Menschenrechte, die ursprüngliche Vieldimensionalität des menschlichen Lebens und Zusammenlebens und durch sie die Einheit und Ganzheit des weltlichen Daseins des Menschen zur Geltung bringen wollen.[15]

Die großen Menschenrechtserklärungen enthalten damit auch die fundamentalen „Werte" des gemeinschaft-

---

[15] Zu dieser ursprünglichen „Gliederung" der geschichtlichen Menschenrechte vgl. J. Schwartländer: Die Menschenrechte und die Notwendigkeit einer praktischen Weltorientierung, in: Von der Notwendigkeit der Philosophie in der Gegenwart, Festschrift für K. Ulmer, Wien 1976, 166–189. – In der Interpretation der Grundrechte des Grundgesetzes finden sich analoge Vorstellungen bei G. Dürig in: Maunz/Dürig/Herzog: Kommentar zum Grundgesetz, Art. 1 Rdnr. 46–54, und bes. bei P. Häberle: Die Wesensgehaltgarantie des Art. 19 Abs. 2 Grundgesetz, Karlsruhe ²1972, 70 ff., 96 ff.

lichen Lebens und stellen insofern ein „Wertganzes"
dar. Dabei kann der Begriff Wert dann nicht mißdeutet
werden, wenn er, wie das hier geschieht, auf das Dasein
des Menschen bezogen ist und dieser als verantwortliche
Freiheit verstanden wird; wenn er also einerseits in der
Unbedingtheit der sittlichen Existenz des Menschen begründet und andererseits mit den verschiedenen Weisen
seiner geschichtlich konkreten Freiheiten verbunden
wird. Allerdings darf, das sollte bei der hier betonten
Herausstellung der Geschichtlichkeit des Menschen und
seiner Ordnungen klar geworden sein, auch die Vorstellung von einem Wert-Ganzen nicht mißverstanden
werden. Es kann sich hier nicht um ein geschlossenes,fi-
xiertes Ganzes, sondern nur um ein *geschichtlich lebendiges Ganzes* handeln. Das bedeutet: die in einer bestimmten Situation artikulierten Rechte, Freiheiten und
Werte können in anderen Situationen ergänzt werden,
sie können an Bedeutung gewinnen oder verlieren. Es
handelt sich hier also, um mit Jaspers zu sprechen, um
ein *„offenes"* Wertganzes.

Von diesem Verständnis von Wert und Wertganzem aus
dürfen wir jetzt zusammenfassend sagen: Wo immer
ein Volk, bzw. eine Gesellschaft sich ausdrücklich zu
Menschenrechten bekennt und diese geschichtlich sich
artikulierenden Grundforderungen nach einem menschenwürdigen Dasein als Grundrechte in die Verfassung aufnimmt, da kommt eine gemeinsame Welteinstel-
stellung zum Ausdruck, die alle Lebensbereiche als Ganzes umfaßt und zum Ausdruck bringen will.[16] – Daß

---

[16] Das Grundgesetz der BRD artikuliert ausdrücklich das Bekennt-
nis „zu unverletzlichen und unveräußerlichen Menschenrechten als
Grundlage jeder menschlichen Gemeinschaft, des Friedens und der
Gerechtigkeit in der Welt". Zur Bedeutung eines solchen Bekennt-

sich hier so etwas wie ein *Ethos* meldet, dürfte gerade dem kritisch-offenen Denken einsichtig sein.

Die Rede von der „gemeinsamen Welteinstellung" und dem in dem Bekenntnis zu Menschenrechten sich meldenden gemeinsamen „Ethos" bedeutet indessen gerade keine Aufhebung des Pluralismus als solchem. Denn die geschichtliche Herausbildung der verschiedenen Grundverhältnisse erlaubt nicht nur deren relative Eigenständigkeit und verschiedenartige Integration, sondern die Ausgestaltung dieser Bereiche (Grundverhältnisse) des menschlichen In-der-Welt-Seins ist selbst der freien, wenn auch verantwortlich auf die je entsprechende Wirklichkeit bezogenen Gestaltung durch den Menschen aufgegeben. Gerade diese freie Gestaltungsmöglichkeit erfahren wir heute besonders einprägsam in der Begegnung mit anderen Kulturen, z. B. in der Fülle der Erscheinungen der Familienstrukturen im Westen, in Asien und in Afrika. Nur aus dieser Erfahrung selbst aber läßt sich erkennen, was darin als „conditions humaines" anerkannt werden muß. Diese Fülle der Erscheinungen aber nicht nur im Sinne ihrer gegenseitigen Relativierung, sondern ebensosehr als Ausdruck der schöpferischen Macht menschlicher Freiheit zu verstehen, gehört ebenso zu der Sinn erschließenden Bedeutung der Menschenrechte wie deren *immanentes Wertapriori,* dessen letzter, unbedingter Maßstab die unantastbare und unaufhebbare Würde des Menschen ist.

Mit dieser Sicht ist aber ein ganz anderes Verständnis der Menschenrechte eröffnet als das bis heute immer noch vorherrschende. Denn in der Regel werden die

---

nisses siehe W. Hamel: Die Bedeutung der Grundrechte im sozialen Rechtsstaat, Berlin 1957, bes. I. Das Bekenntnis zu Menschenrechten.

Menschenrechte verstanden aus dem Verhältnis des Einzelnen zum Staat, mag dies Verhältnis primär gesehen werden als Schutz der Freiheit des Einzelnen, oder als Sicherung der Mitwirkung im Staat oder als Leistungsanspruch der Einzelnen – und auch der kollektiven Individuen – an den Staat. Das stärkere Aufkommen der sog. sozialen Rechte seit Mitte des vorigen Jahrhunderts hat innerhalb dieser verschiedenen Möglichkeiten zwar neue Akzente gesetzt, aber es hat an der Grundauffassung im allgemeinen nichts geändert. Die juristische Bezeichnung der grundrechtlich garantierten Menschenrechte als „subjektive öffentliche Rechte" kann letztlich den vollen und tiefen Sinn der Menschenrechte ebensowenig erschließen wie ihre „humanitäre" Auslegung in der allgemeinen Öffentlichkeit. Hier wird das Grundanliegen der Menschenrechte gar zu leicht in das nur Private des Einzelnen, ins Sozialeudämonistische oder in eine humanitaristische Vorstellung abgedrängt, deren gemeinsamer Boden das *Ressentiment* ist.

In Wahrheit geht es den Menschenrechten indessen um die Verwirklichung des Menschen in seiner *machtvollen Freiheit*. Menschenrechte fordern ebenso die Anerkennung der personalen Würde in jedem Menschen wie die Ermöglichung seines ganzheitlichen, erfüllten Daseins. Deshalb ist ihr Ziel nicht nur die Verwirklichung der politisch-rechtlichen Freiheit, sondern sie sind zugleich auch darauf gerichtet, daß der Mensch seine Daseinssicherung in der ökonomischen Lebensgemeinschaft, seine – im engeren Sinne – sittliche Verwirklichung in personalen Lebensgemeinschaften, seinen Glauben und seine weltanschaulichen Überzeugungen in der ihnen angemessenen Kommunikation, seine kulturell-humane Bildung in den Kulturgemeinschaften vollziehen kann. Und in allen diesen Grundverhältnissen geht es darum, daß er dies seiner Freiheit und Würde entsprechend tun kann, und zwar in voller Gegenseitigkeit mit den Mitmenschen.

Darf ich abschließend noch einmal auf die Bedeutung des ,einen „fundamentalen" Menschenrechtes zurückkommen und von ihm her die Bedeutung der Menschenrechte, genauer: der grundrechtlich garantierten Menschenrechte formulieren. Das eine fundamentale Recht, Vollbürger eines freien Rechtsstaates und einer in diesem Sinne völkerrechtlichen Gemeinschaft zu sein, ist also zugleich auf die Verwirklichung des Menschen in allen ihm wesentlichen Bereichen gerichtet, die erst zusammen das ausmachen, was wir seine Lebens-Welt nennen können. Damit erhält dies politische Grundrecht zugleich von dem Ganzen der Menschenrechte her sein gleichsam „substanziales" Maß, seine „materiale Gerechtigkeit".

Der durch das Menschenrechtsdenken selbst geforderte Vorrang des Politischen vor allen anderen Lebensbereichen darf also *weder* dahin führen, den Bereich des Politischen *total* (als Ganzes) zu setzen, *noch* dahin, seine Prinzipien und Normen, seine Zwecke und Einrichtungen für *absolut* (vollkommen) zu erklären. Vielmehr gehört es gerade zum Sinn eines jeden Bekenntnisses zu Menschenrechten und Grundrechten, daß diese zugleich mit der zugestandenen Priorität des Politischen die Grenzen des Politischen bestimmen und die ursprüngliche Bedeutung auch der Bereiche des Nichtpolitischen sichern wollen.

Ich habe vom Problem der Menschenrechte gesprochen. Dabei habe ich nur einige Aspekte dieses vielschichtigen Problemfeldes aufreißen können. Nur wenig gesprochen habe ich von den Schwierigkeiten, sei es ihrer Begründung, sei es ihrer Verwirklichung. So gut wie gar nicht gesprochen habe ich von den Gefahren ihrer Verkehrung. Das alles sind dringliche, zum großen Teil ungelöste Fragen. Dennoch sollte der notwendig skizzenhafte Aufriß etwas von der fundamentalen und auch epochalen Bedeutung der Menschenrechte deutlich gemacht haben. Er sollte zumindest gezeigt haben, daß wir in ihnen den eigentlichen Schlüssel für das Verständnis einer sinnvollen Freiheit im modernen Pluralismus haben.

Die Grundlegung des Freiheitsbegriffs in der Antike*

Von Hans Krämer, Tübingen

I.

Wenn ich hier über die *Grundlegung* des Freiheitsbegriffs in der Antike spreche, so beruht dies darauf, daß es eine Vorstellung von politischer Freiheit und vollends einen philosophisch-ethischen oder psychologischen *Begriff* von Freiheit vor den Griechen nicht gegeben hat. In den vorgriechischen Kulturen des Mittelmeerraums und des Alten Orients, in die wir Einblick haben, war zwar soziale Freiheit und Knechtschaft bekannt und auch juristisch kodifiziert, aber darüber hinausgehende Freiheitsvorstellungen fehlten völlig – im philosophischen wie im politischen Bereich – und hier außenpolitisch ebenso wie innenpolitisch – wie es denn auch eine Diskussion über verschiedene Staatsformen dort nicht gegeben hat.[1] Dem-

---

* Für Auskünfte und klärende Gespräche schulde ich folgenden Tübinger Kollegen Dank: A. Böhlig, H. Brunner, F. Fischer, T. Grimm, H. Happ, D. Jähnig, K.-E. Petzold, W. Röllig, P. Schreiner, P. Thieme; ferner Frau M. Schadewaldt. – Zur Einführung in das Thema sind die folgenden allgemeineren Darstellungen zu empfehlen: A. Trendelenburg: Notwendigkeit und Freiheit in der griechischen Philosophie, in: Beiträge z. Philos. II, 1855, 112 ff., Sonderausgabe Wiss. Buchgesellschaft, Darmstadt 1967; M. Pohlenz: Griechische Freiheit, Heidelberg 1955; M. van Straaten: What did the Greeks mean by liberty? I. The Hellenic period, II. Plato and Aristotle, Theta-Pi, Vol. I 2; III 2 (1971/2), 105–127, 123–144; W. Warnach: Artikel ,Freiheit', in: Historisches Wörterbuch der Philosophie, Bd. II, Basel/Stuttgart 1972, Sp. 1064–1083; O. Gigon: Der Begriff der Freiheit in der Antike, Gymnasium 80, 1973, 8–56.

gegenüber weist sich die griechisch-römische Herkunft unseres Freiheitsbegriffs durch unsere Terminologie noch heute aus, wenn wir Wörter wie ,Autonomie', ,Demokratie', ,Autarkie', ,liberal' oder ,Republik' gebrauchen (dem letzteren entspricht das griechische Wort ,Politie', womit die Demokratie als die Verfassung schlechthin gemeint ist). Eine *offene Gesellschaft* und alles das, was durch sie bedingt wird, gibt es erst seit der griechischen Antike. Alle früheren Gesellschaften waren demgegenüber mehr oder weniger geschlossene Gesellschaften.

Bei den Griechen stand zunächst gleichfalls die soziale Freiheit im Vordergrund; vom siebten Jahrhundert an trat die politische hinzu, zunächst noch auf den Kampf der Aristokratie gegen die Tyrannis bezogen und noch keineswegs im Sinne der Demokratie zu verstehen.[2] Der entscheidende geschichtliche Durchbruch des Freiheitsgedankens erfolgte dann in den Perserkriegen. Er wurde hervorgetrieben durch das Kontrasterlebnis drohender Knechtschaft und bezog sich auf die ganze Nation. Von dort aus übertrug er sich auf die einzelnen Stadtstaaten und ihre internen Parteiungen.[3] Freiheit, Eleutheria,

---

[1] Mystische Freiheitsvorstellungen finden sich in China bei Tschuang-tse (Dschuang Dsi), dem Vertreter des älteren Taoismus (zweite Hälfte d. vierten vorchristl. Jhdts.), religiös-soteriologische in Indien vor allem in der Schule der Samkhya (ca. 500 nach Chr.), die auf ältere Erlösungslehren der Upanischaden zurückgreift.

[2] Zur Entwicklung des politischen Freiheitsbegriffs: V. Ehrenberg: Von den Grundformen griechischer Staatsordnung, in: Polis und Imperium. Beiträge z. Alten Geschichte, Zürich/Stuttgart 1965, bes. 124 ff.; ders.: Der Staat der Griechen, Zürich/Stuttgart ²1965, bes. 107–125; Chr. Meyer: Artikel ,Freiheit' II 1. Die griechische Polis, in: Geschichtliche Grundbegriffe. Lexikon zur politisch-sozialen Sprache in Deutschland, Bd. II, Stuttgart 1975, 426 ff.

[3] D. Nestle: Eleutheria. Studien zum Wesen der Freiheit bei den Griechen und im Neuen Testament, Teil I: Die Griechen, Tübingen 1967; Th. Gelzer: Die Verteidigung der Freiheit der Griechen

wurde gegen Ende des fünften Jahrhunderts zum mitunter ideologisch-propagandistisch verwendeten Schlagwort.[4] Politische Freiheit war dabei weitgehend negativ definiert als die Freiheit von der Beherrschung durch andere. Sie schloß im übrigen die Neigung, selbst über andere zu herrschen, keineswegs aus.[5] – In dieser Zeit kommt auch das Wort ‚Autonomie‘ auf, das besagt, daß ein Staat nach seinen eigenen, selbstgegebenen, nicht von außen oktroyierten Gesetzen lebt. – Parallel zu dieser durch die Perserkriege eingeleiteten Entwicklung verläuft vom Ende des sechsten Jahrhunderts an innenpolitisch die fortschreitende Entwicklung von der Adelsherrschaft weg zur Herrschaft des Volkes, zur *Demokratie*, mit den erklärten Merkmalen der *Freiheit* und Gleichheit der Bürger. Freiheit bedeutet hier in der Demokratie die Selbstregierung der Staatsbürger.[6] Allerdings hatten nur die freien Vollbürger an der Regierungsgewalt Anteil. Andere Gruppen waren davon ausgeschlossen. Gleiche Freiheit für *alle* gab es also auch in der Demokratie nicht. Die Demokratie der antiken Polis war im übrigen grundsätzlich eine plebiszitäre, keine repräsentative Demokratie, kannte aber doch Wahlen zu Ämtern und überhaupt umschichtige Regierungsverantwortung.[7]

---

gegen die Perser bei Aischylos und Herodot, in: Freiheit. Begriff und Bedeutung in Geschichte und Gegenwart, Kulturhist. Vorl. d. Univ. Bern 1971/2, hrsg. v. A. Mercier, Bern und Frankfurt a. M. 1973, 27–53.

[4] H. Diller: Freiheit bei Thukydides als Schlagwort und als Wirklichkeit (1962), in: Thukydides, Wege d. Forschung Bd. 98, hrsg. v. H. Herter, Darmstadt 1968, 639–660.

[5] Vgl. z. B. Platon: Gorgias 452 D.

[6] Aristoteles: Politik IV 4, VI 2. Zur Freiheit als Zentralwert der Demokratie auch Platon: Politeia 557 B, 562 B/C.

[7] Aristoteles: Politik VI 2.

Theoretiker wie Platon und Aristoteles diagnostizierten bei weiter fortgeschrittenen Formen der Demokratie ein Zuviel an Freiheit und ein Defizit an Herrschaft: *An*archie genannt. Sie suchten eine gesetzliche – wir würden heute sagen: rechtsstaatliche – Demokratie von einer gesetzlosen abzugrenzen, die man später Ochlokratie: Pöbelherrschaft genannt hat. Freiheit wird also nicht als politischer Letztwert verstanden, sondern problematisiert und relativiert und zu anderen Werten ins Verhältnis gesetzt. Im Anschluß an die in der Sophistik geführte Diskussion um die beste Staatsform hat Platon demgemäß in seinem politologischen Spätwerk, den ‚Gesetzen‘, die Theorie der *gemischten Verfassung* entwickelt.[8] Sie sollte ein Gleichgewicht zwischen demokratischen und aristokratischen Momenten herstellen und dadurch das richtige Maß an Freiheit realisieren, ohne weder in Anarchie einerseits noch in Despotie andererseits abzugleiten. Institutionell beruhte dieses Gleichgewicht auf der Verteilung der Regierungsgewalt an verschiedene Behörden und Instanzen, die einander wechselseitig kontrollieren und limitieren konnten. Das moderne Prinzip der Gewaltenteilung ist hier grundsätzlich vorweggenommen. Die Dreiteilung von Legislative, Exekutive und Jurisdiktion hat zuerst Aristoteles formuliert,[9] aber er hat auch den übergeordneten Gedanken der gemischten Verfassung von Platon übernommen, variiert und über Theophrast, Dikaiarch, Polybios, Cicero und Machiavelli an die Neuzeit weitergegeben.[10] Während jedoch die gemischte Verfassung heute keine Rolle mehr

---

[8] Platon: Nomoi III 691–702; IV 712–15; VI 756–57; vgl. XII 962, VIII 832, IX 856; dazu Brief VIII 354 f.

[9] Aristoteles: Politik IV 14.

[10] Vgl. K. von Fritz: The Theory of the mixed constitution in antiquity, New York 1954; G. J. D. Aalders: Die Theorie der ge-

spielt – man hat sie zuletzt im 19. Jahrhundert mit der konstitutionellen Monarchie in Verbindung gebracht –, hat der untergeordnete Gedanke der Gewaltenteilung nach seiner Erneuerung durch Locke und Montesquieu vor allem über die amerikanische Verfassung von 1787 in die Breite gewirkt und besitzt bekanntlich heute in den demokratischen Verfassungen des Westens seinen festen Platz. Die Funktion hat sich dementsprechend gewandelt: Ursprünglich zwischen *verschiedenen* Staatsformen vermittelnd und zum Ausgleich zwischen Freiheit *und* Ordnung bestimmt, figuriert die Teilung der Gewalten jetzt fraglos innerhalb des demokratischen Systems und dient hier ausschließlich als Garant der Freiheit. Darin spiegelt sich das Pathos des neuzeitlichen Freiheitsverständnisses, das in polemischer Wendung gegen ein Jahrtausend des Gottesgnadentums und kirchlicher Autorität jedes antike Freiheitsbedürfnis bei weitem übersteigt.[11]

Ein kurzer Seitenblick auf *libertas* im Imperium Romanum: Auch dort kommt es zu einer Problematisierung der Freiheit, die zur Einschränkung und zunehmend zum Verlust führt. Der Historiker Tacitus zeigt rückblickend, daß die republikanische Freiheit zwangsläufig in Machtkämpfe und Bürgerkriege treiben mußte, und begreift so die Notwendigkeit der Monarchie im Prinzipat. Es bleibt aber zuletzt bei einer Antinomie der Werte, die unaufhebbar ist und die eine Unausweichlichkeit der Unwerte

---

mischten Verfassung im Altertum, Amsterdam 1968; N. Machiavelli: Discorsi I 2.

[11] Beiläufig sei bemerkt, daß einige der Voraussetzungen des modernen Individualismus über den Protestantismus und die mittelalterliche Mystik in die apex mentis-Spekulation des antiken Neuplatonismus und der Stoa zurückführen (dazu E. von Ivanka: Plato Christianus, Einsiedeln 1964, 314–351).

nach sich zieht: Der innere Frieden und das Überleben des Staates und die Erhaltung der politischen Freiheit stehen einander unvereinbar gegenüber. Beide schließen einander aus. Dabei ist allerdings im Auge zu behalten, daß die Freiheit der römischen Republik, die im Prinzipat unterging, keine demokratische, sondern die aristokratische der senatorischen Herrenschicht gewesen ist.[12]

Im übrigen fehlt in der vorchristlichen Antike ganz der moderne Gedanke einer politischen oder sozialen Befreiungsbewegung auf universaler Basis. Er konnte nicht aufkommen, weil es einen universalen geschichtlichen Prozeß und ein lineares Geschichtsbild so wenig gab wie eine egalisierende und zugleich emanzipatorische Anthropologie christlicher Prägung. Auch die politischen oder sozialen Utopien, die von der Sophistik bis zum Hellenismus immer wieder auftauchten, strebten eher zur patriarchalisch geschlossenen Gesellschaft zurück und vermochten das Fabulös-Märchenhafte nur selten abzustreifen.[13] –

Die in den griechischen Demokratien verwirklichte und

---

[12] Zu Tacitus F. Klingner: Tacitus, Antike 8, 1932, 155 ff. (= F. K., Römische Geisteswelt, ⁴1961, 490 ff.); W. Jens: Libertas bei Tacitus, Hermes 84, 1956, 331 ff., bes. 346 ff.; modifizierend Ch. Wirszubski: Libertas as a political idea at Rome during the late Republic and early Principate, Cambridge 1950, bes. 160 ff.; R. Häussler: Tacitus und das historische Bewußtsein, Heidelberg 1965, 400 ff.; sowie D. Flach: Tacitus in der Tradition der antiken Geschichtsschreibung, Hypomnemata 39, 1973, 196 ff. Vgl. ferner die einschlägigen Beiträge in dem Sammelband: Prinzipat und Freiheit, Wege d. Forschung Bd. 135, hrsg. v. R. Klein, Darmstadt 1969, sowie J. Bleicken: Artikel ‚Freiheit' II 2. Römische libertas, in: Geschichtliche Grundbegriffe, Bd. II, 1975, 430 ff.

[13] Instruktiv H. Braunert: Utopia. Antworten griechischen Denkens auf die Herausforderung durch soziale Verhältnisse, Veröffentlichungen d. Schleswig-Holsteinischen Universitätsgesellschaft, N. F. Nr. 51, 1969, bes. 13 ff.

ständig zunehmende politische Freiheit zog die Freiheit der *individuellen Lebensführung* nach sich. Beide wurden durch bestimmte Richtungen der Sophistik propagiert und radikalisiert, einerseits mit dem Satz von der natürlichen Gleichheit aller Menschen, andererseits mit der Definition, Freiheit sei, zu tun was man will, oder anders gewendet: zu tun, was gefällt.[14] Während der Freiheitsgedanke in seinen Anfängen stets wie selbstverständlich auf die Gesetze der Polis bezogen und dadurch eingeschränkt war,[15] vollzog sich später, vor allem nach dem Aufgehen der Polis in den Großreichen des Hellenismus, eine Emanzipation des Einzelnen, eine Individualisierung und auch Verinnerlichung der Freiheitsvorstellung. Die Vision einer schrankenlosen Freiheit und die drohende Konfrontation zwischen Einzelnem und Gemeinschaft führte zur Suche nach neuen Normen und Bindungen. Freiheit wird damit zum Thema der *philosophischen Ethik*, die mit der Sokratik aufkommt und die bei Platon und Aristoteles, in der Stoa und im Epikureismus auch in der Analyse des Freiheitsbegriffs Grundlegendes leistet. Dabei zeichnen sich vor allem drei Themenkreise ab, die drei verschiedene Aspekte des Freiheitsbegriffs betreffen: *Zunächst* den Begriff der Zurechenbarkeit, Verantwortlichkeit, Freiwilligkeit und daran anschließend das Problem der Willensfreiheit, des Determinismus oder Indeterminismus. *Zweitens* die Analyse der Wahlfreiheit und der Entscheidung zwischen verschiedenen Möglichkeiten. *Drittens:* Freiheit als Selbstsein im Sinne der Autarkie. Ich werde diese drei Themen im folgenden der Reihe nach abhandeln.

---

[14] Aristoteles: Politik VI 2; Platon: Politeia 557 B.
[15] Vgl. z. B. Herodot VI 104, 4.

II.

Die Klärung des Begriffes der Zurechenbarkeit, des Willentlichen und Nichtwillentlichen, erfolgt nach Ansätzen bei Platon und in der platonischen Akademie[16] bei Aristoteles im dritten Buch der Nikomachischen Ethik und im zweiten der Eudemischen.[17] Aristoteles definiert die willentliche Handlung negativ durch die Abwesenheit von äußerem Zwang oder von Unkenntnis; in anderer Wendung dadurch, daß die Unterlassung bei uns steht. Das Willentliche wird dabei so weit wie nur möglich gefaßt: Es ist keineswegs auf den Vorsatz beschränkt, der erst mit der Wahlfreiheit akut wird. Darum sind Handlungen aus Leidenschaft und Affekt durchaus als willkürlich und zurechenbar zu betrachten. Der sokratische Satz, daß Schlechthandeln unfreiwillig sei, wird demgemäß korrigiert. Unkenntnis gilt nur als Entschuldigungsgrund, wenn sie sich auf sachliche Information, nicht auf das sokratische Wertwissen bezieht, und auch dann nur, wenn jemand sein Informationsdefizit nicht selbst fahrlässig herbeigeführt hat. Auch Zwangsentscheidungen werden überwiegend als willentlich beurteilt. Die Grenze des Willentlichen ist nur dort erreicht, wo die menschliche Natur nach allgemeiner Auffassung unzumutbar überfordert wird. – Diese phänomenologisch korrekte Analyse bezieht sich indessen allein auf die Handlungsfreiheit, nicht auf das viel schwierigere Problem der Willensfreiheit, das vermutlich ganz außer-

---

[16] Dazu R. Walzer: Magna Moralia und aristotelische Ethik, Neue Philol. Unters. 7, 1929, Teil A. Das Problem der Willensfreiheit, 84 ff.; K. A. Neuhausen: De voluntarii notione Platonica et Aristotelica, Klass.-philol. Studien Heft 34, 1967; insbesondere Platon: Nomoi IX 860–69, Xenokrates περὶ ἑκουσίου b. Diog. Laert. IV 12.
[17] Eth. Nic. III 1–3, Eth. Eud. II 6–7, vgl. Magna Moralia I 12–16.

halb des Gesichtskreises von Aristoteles lag. Aristoteles geht es darum, ob und wann der natürliche Impuls zum Zuge kommt, nicht aber um die innere Undeterminiertheit, die Freiheit des Wollens selbst.[18] Dieses Problem stellte sich erst der hellenistischen Philosophie in einer Zeit, als das Verhältnis des Individuums zum Weltganzen und zum Schicksal aufgrund der Krise aller politischen und religiösen Werte neu überdacht werden mußte. Im Ansatz war die Zurechenbarkeit des Menschen vor den Göttern und dem Schicksal freilich schon vorphilosophisch in der frühgriechischen Dichtung angesprochen worden. Die Lösung war entweder zweiseitig-dialektisch, synergistisch gewesen wie in den Prologen der ,Odyssee' oder bei Aischylos[19] – in dem Sinne, daß der göttlichen Entscheidung eine gleichgerichtete des Menschen zur Seite geht und umgekehrt – oder aber komplementär derart, daß der Mensch in eigener Verantwortung über das ihm zugemessene Schicksal *hinaus* handelt und leidet, wobei er dann doch zunehmend vom Gang des Schicksals eingeholt und zur Ordnung gerufen wird: so wiederum in der ,Odyssee', bei Solon und auch bei Anaximander und Herodot.[20]

---

[18] Maßgebend sind hier noch immer die Klärungen von R. Loening: Die Zurechnungslehre des Aristoteles, 1903, Nachdruck Hildesheim 1967, 267 ff., 273–318 (,Angebliche Willensfreiheit').
[19] Dazu W. Schadewaldt: Der Prolog der Odyssee, Harv. Studies, in: Class. Philology 63, 1958, 15–32 (= W. S., Hellas und Hesperien I², Zürich und Stuttgart 1970, 42–58); A. Lesky: Göttliche und menschliche Motivation im homerischen Epos, Heidelberg 1961/4, 27 ff., 38 ff.; H. Hommel: Schicksal und Verantwortung. Aischylos ,Agamemnon' 1562, in: Wege zu Aischylos II = Wege d. Forschung Bd. 465, hrsg. v. H. Hommel, Darmstadt 1974, 232–263. Vgl. insbesondere Aisch. Pers. V. 742.
[20] Grundlegend dazu W. Jaeger: Solons Eunomie, Berlin 1926, 69 ff. (= W. J., Scripta minora I, Rom 1960, 315–37); für Herodot O.

In der *stoischen Philosophie* des Frühhellenismus wuchsen nun beide Gesichtspunkte: derjenige der freien Selbstbestimmung des Menschen und derjenige seiner Einfügung in einen providentiellen Sinnzusammenhang der Welt, erstmals zu voller Schärfe und Tragweite heran. Die Freiheit des Menschen war unverzichtbar, wenn anders Vollkommenheit und Schlechtigkeit, sittliche Leistung und das Ideal des Weisen, ja wenn Ethik und Philosophie überhaupt ihre Bedeutung behalten sollten. Andererseits lag in der Hingabe an einen tragenden Weltplan, an den einheitlichen, alles bis ins einzelne durchdringenden Sinnzusammenhang des Logos die eigentliche soteriologische Pointe dieser Philosophie. Das Dilemma war wesentlich unlösbar. Die Stoa hat den Konflikt exemplarisch ausgetragen, indem sie die Freiheit bis zu dem Punkte verfolgte, wo sie in der totalen Providenz aufgehen mußte. Sie setzte zunächst ein mit der Sicherung der Handlungsfreiheit und der Unterscheidung von innerem und äußerem Freisein, wozu die Unterscheidung eines Systems von Haupt- und Nebenursachen trat.[21] (Bekannt ist Chrysipps Vergleich mit der Walze, die zwar von außen angestoßen wird, aber wesentlich aufgrund ihrer eigenen Beschaffenheit ins Rollen gerät.)[22] Im Innern wiederum ist von allen Eindrücken, Vorstellungen und Begriffen abzusondern das eigentliche Spontaneitätszentrum, die personale Mitte des Menschen, in Gestalt der ‚Zustimmung' (Synkata-

---

Regenbogen: Herodot und sein Werk, in: O. R.: Kleine Schriften, München 1961, bes. 95 ff. (= Herodot, Wege d. Forschung Bd. 26, hrsg. v. W. Marg, Darmstadt ²1965, bes. 101 ff.). Vgl. Odyssee α 32 ff., Solon fr 3 D., Anaximander VS 12 B 1 D.-K., Herodot I 207, VII 10 ff.

[21] Stoicorum veterum fragmenta II 336 ff., 945, 974.

[22] Stoicorum veterum fragmenta II 974, 1000.

thesis). Diese Zustimmung ist zugleich der zentrale Terminus der stoischen Erkenntnistheorie.[23] Die Zustimmung entscheidet über ‚wahr‘ und ‚falsch‘ in einem ethisch relevanten Akt. In der Fähigkeit zuzustimmen oder die Zustimmung zu verweigern oder aber sich in beidem zu enthalten (Epoché zu üben) liegt die innere Freiheit des Menschen beschlossen, seine Haltung und Gesinnung gegenüber dem Weltlauf, die ihm bleibt, auch wo er nicht verändernd in ihn eingreifen kann. Freilich empfiehlt es sich, den Weltplan im Sinne eines amor fati sich zu eigen zu machen, denn wer sich verweigert, wird nichtsdestoweniger, wie es im Vergleich heißt, wie der Hund am Wagen mitgeschleppt: „Sträub’ ich mich so handl’ ich schlecht und folgen muß ich doch“, wie es ein Vers des Kleanthes formuliert, auf den wohl auch ein anderer, bei Seneca erhaltener zurückgeht: „Den Willigen geleitet das Schicksal, den Widerwilligen zieht es mit“: ducunt volentem fata, nolentem – trahunt.[24] Wenn Freiheit hier als Einsicht in den Weltgang, als begriffene Notwendigkeit gedeutet wird – was sich in der Neuzeit bei Spinoza, Hegel, Marx, Engels oder Nietzsche modifiziert wiederfindet –, so ist damit das letzte Wort jedoch noch keineswegs gesprochen. Dies zeigt sich zunächst in der stoischen Widerlegung des Vorwurfs eines quietistischen Fatalismus: Wenn alles ohnehin seinen Gang gehe, brauche man nicht mehr zu handeln. Gegen diesen sogenannten „faulen Schluß“, das „Argument von der Passivität“, wie man es damals nannte, macht Chrysipp geltend, daß die Mitwirkung oder Nichtmitwirkung des Menschen bereits providen-

---

[23] Stoicorum veterum fragmenta II 974, 979 ff.; vgl. etwa 91, 97, 115, I 61.
[24] Stoicorum veterum fragmenta I 527, vgl. II 975.

tiell eingeplant sei: Die Synergie ist „mitverhängt": „konfatal".[25] Hier wird deutlich, daß der Weltplan sich gleichsam *durch* den Menschen und seine vermeintliche Entscheidungsfreiheit *hindurch* realisiert. In der Tat kann, wenn die Welt einheitlich und total determiniert ist und der Mensch zur Welt gehört, strenggenommen keine Kausalkette spontan im Menschen anfangen, weil sonst der Weltzusammenhang suspendiert und desintegriert würde. Für den tiefer Blickenden ist daher auch das letzte Reservat der Freiheit, die Zustimmung oder Nichtzustimmung, unvermeidlich determiniert – schon von der individuellen Anlage in Gestalt der angeborenen Pneumamischung her.[26]

Die Freiheit erweist sich damit am Ende doch nur als vordergründig, als *Schein*, wie es die Gegner der Stoa direkt ausgesprochen haben, als Schein, der sich auf einer ersten Ebene für uns subjektiv einstellt[27], der sich aber auf einer zweiten, übergreifenden Ebene in vielfältige Determiniertheiten auflöst (providentiell-theologisch im Sinne des Welt-Logos, aber auch physikalisch-kausal in der vom Pneuma vermittelten Ursachenkette, die die Stoiker schicksalhaftes Verhängnis nannten: Heimarmene, lateinisch Fatum).[28]

---

[25] Stoicorum veterum fragmenta II 956–58, 998, 1007.

[26] Vgl. H. von Arnim: Die stoische Lehre von Fatum und Willensfreiheit, Wiss. Beilage zum 18. Bericht d. Philos. Gesellschaft an der Univ. zu Wien, Leipzig 1905, bes. 13–17; M. Pohlenz: Die Stoa I, ³1964, 101–106.

[27] Stoicorum veterum fragmenta II 991, vgl. Karneades bei Cicero: De fato 31, 40. Ähnlich subjektiv bleibt das Phänomen des „Zufalls", wenn sich die Ursachenkette menschlicher Einsicht entzieht: Stoicorum veterum fragmenta II 965–73 (vgl. Cic. Ac. I 29).

[28] Wenn ich hier von zwei Ebenen spreche, so ist das legitim. Die hellenistische Philosophie kann ohne die Denkform der beiden Ebenen auch sonst nicht zureichend verstanden werden – weder in der

Die Stoa hat also ihre Lösung nicht dialektisch halten können, sondern in letzter Instanz die freie Selbstbestimmung des Menschen dem tragenden Welt-Sinn untergeordnet. Überall dort, wo mit dem Providenzgedanken wirklich ernst gemacht wird, kann Freiheit eben nur scheinhaft bleiben – auch im christlichen Bereich, wo man sich zwar der stoischen Providenzlehre angeschlossen hat, aber ebenso wie im Neuplatonismus häufig der stoischen Konsequenz ausgewichen ist. Der Schein der Freiheit kann im übrigen für die Praxis und auch für eine Philosophie der Praxis durchaus zureichend sein.

Zur gleichen Zeit befand sich der *Epikureismus* in einem ähnlichen Dilemma. Ihm lag nicht weniger an der freien Selbstbestimmung, um Spielraum für die Ethik und die Lebenskunst zu gewinnen. Auf der anderen Seite stand die epikureische Philosophie im Zeichen eines Determinismus anderer Art: nicht des teleologisch-providentiellen wie die Stoa, sondern des mechanistischen Atomismus. Der Aufklärer Epikur hatte eigens auf Demokrit zurückgegriffen, um durch eine Entmythisierung und Entteleologisierung der Welt den Menschen von der Furcht vor übermenschlichen Mächten zu befreien. Dadurch gelang jedoch nur eine Teilbefreiung, denn das mechanistische Weltbild ließ seinerseits für Spontaneität keinerlei Raum. Epikur versuchte diesem Manko abzuhelfen, indem er die mechanistischen Gesetze partiell aufhob und durch den Zufall ersetzte, wodurch zugleich die Spontaneität menschlicher Freiheit erklärt sein sollte. (Es handelt sich um eine minimale Abweichung des

stoischen Güterlehre noch in der Erkenntniskritik des skeptischen Probabilismus, um einige weitere Beispiele zu nennen.

Atoms von der Senkrechten der Fallbewegung.)[29] Man wird diese etwas gewaltsame Lösung nicht als gut bezeichnen können, weil sie zusätzliche Voraussetzungen ohne Erklärung ins System einführt. Epikur hat im Unterschied zur Stoa nicht auf verschiedenen Ebenen argumentiert, sondern Freiheit und Notwendigkeit auf ein und derselben Ebene ausgleichen wollen und dadurch die Konsistenz des Systems gefährdet. Ähnlich steht es mit seinem Versuch, sich der vermeintlichen *logischen* Notwendigkeit durch die Flucht in eine dreiwertige Logik zu entziehen und den Satz vom ausgeschlossenen Dritten aufzuheben.[30] Bereits Aristoteles hatte indessen klargestellt,[31] daß nur die Alternative selbst, nicht ein bestimmtes ihrer beiden Glieder notwendig ist und daß ferner logische Aussage und physikalische Realität getrennt zu halten sind. Während endlich die Stoiker im Streit um die Selbständigkeit des Möglichen sich intensiv mit dem megarischen Möglichkeitsbegriff auseinandergesetzt haben,[32] der Mögliches nur im Wirklichen und Notwendigen anerkannte und dadurch Freiheit faktisch aufhob – N. Hartmann hat bekanntlich in unserem Jahrhundert diesen Begriff teilweise wiederbelebt –, hat Epikur zur modalontologischen Possibilienthematik überhaupt nicht Stellung ge-

---

[29] Epikur fr 280/81, 379 Usener; Diog. Oen. fr 30 Grilli (Fr 32 Chilton), Lukrez II 251 ff.; vgl. Epikur: Brief an Menoikeus 134, fr 395 Us., sowie den Traktat über Willensfreiheit (G. Arrighetti: Epicuro, Opere, ²1973, Nr. 31). Die letzte eingehende Erörterung bei D. J. Furley: Two Studies in the Greek Atomists, Princeton 1967, Study II: Aristotle and Epicurus on voluntary action 159–237.
[30] Epikur fr 376 Usener; Cicero: De fato 37/38.
[31] Aristoteles: De Interpretatione cap. 9.
[32] Stoicorum veterum fragmenta II 959–964, vgl. Trendelenburg: a. a. O. 58–62.

nommen, da er dialektische Begriffsunterscheidungen a limine ablehnte.

Eine *dritte Lösung* hat dann der große Gegner der Stoa und Führer der Aporetischen (Skeptischen) Akademie: Karneades, entwickelt.[33] Karneades hat das teleologisch-providentielle Weltbild der Stoa skeptisch destruiert und insgesamt den stoischen Certismus durch einen fallibilistischen Probabilismus ersetzt, der von der Endlichkeit des Menschen ausgeht. In einer wesentlich undurchschaubaren Welt war damit Freiheit gerettet – freilich um den Preis, daß der übergreifende Sinnzusammenhang verloren war, also mit dem beständigen Risiko des Scheiterns. Genauer gesprochen: Karneades hebt die *zweite* Ebene der Stoa auf und behält allein die *erste* zurück. Aus der Als-Ob-Freiheit der Stoa wird dadurch echte Freiheit, ohne daß sich freilich darüber auf dem Boden des Probabilismus andere als wahrscheinliche, eben probable Aussagen machen ließen. Skeptizismus und Freiheit gehen hier wie im Pyrrhonismus[34] eine enge Verbindung ein. Der kritisch geleitete Zersetzungsprozeß des stoischen Systems läßt dabei bezeichnenderweise anstelle der intellektualistischen die voluntaristischen Momente stärker hervortreten[35] – wie sich dies dann in der skeptizistischen crise pyrrhonienne der Neuzeit bis hin zum Idealismus wiederholt hat – mit dem Primat der technischen und dann der praktischen Vernunft. Karneades zeigt darin wie in seiner Erkenntnislehre unter allen antiken Philosophen die größte

---

[33] Karneades bei Cicero: De fato 23, 28, 31–33, 38, 40; De natura deorum III 85 ff.
[34] Vgl. z. B. Sext. Emp. XI 118.
[35] Vgl. A. Weische: Cicero und die Neue Akademie. Untersuchungen zur Entstehung u. Geschichte des antiken Skeptizismus, Münster 1961, 28 ff., 47 ff.

Affinität zur Moderne, und man kann es nur bedauern, daß er so gut wie unbekannt zu sein scheint.[36] Politisch gesehen ist Karneades, der Anhänger der Vertragstheorie war, mit Vorbehalt dem demokratischen Freiheitsverständnis zuzuordnen.

Das Problem der Willensfreiheit ist in der Folgezeit weitgehend in den Bahnen der Stoa behandelt worden (ich meine die christliche Providenz-, Prädestinations- und Gnadenlehre). Erst seit dem 17. Jahrhundert konnte ein mechanistischer Determinismus nach der Art Epikurs hinzutreten, hat aber im Zeichen der neuzeitlichen Naturwissenschaft und in der Nachfolge des Jansenismus zunehmend an Bedeutung gewonnen. Eine Wendung brachte die Freiheitslehre Kants. Kant ließ die kosmologisch-psychologische Betrachtungsweise der Stoa und überhaupt die Problemstellung des Hellenismus hinter sich und griff auf das Reich des Zeitlos-Intelligiblen im Platonismus zurück. Platon selbst hatte in den Mythen der ‚Politeia‘ und des ‚Phaidros‘ eine präexistentielle Urwahl der Lebensform angedeutet[37] und damit eine überempirische Erweiterung der Verantwortlichkeit angestrebt, ohne sie völlig durchzuhalten. (Die Urwahl ist ihrerseits durch Entscheidungen des vorhergegangenen Lebensablaufs, also empirisch mitdeterminiert.) Der Neuplatonismus hat derlei Gedankengänge fortge-

---

[36] Wie denn die Kenntnis antiker Philosophie heute nur allzu oft auf wenige Hauptschriften des Aristoteles reduziert erscheint, die dann voreilig mit „der (!) antiken Philosophie" gleichgesetzt werden.

[37] Platon: Politeia X 617 D–621 B, Phaidros 249 B, vgl. 246 A ff. und dazu Trendelenburg: a. a. O. 29 ff.; J. Stenzel: Das Problem der Willensfreiheit im Platonismus, in: J. St.: Kleine Schriften zur griechischen Philosophie, Darmstadt 1956, bes. 183 ff.; ders.: Metaphysik d. Altertums, 1934, Nachdruck Darmstadt 1971, 123 ff.

führt[38]. Sie kehren im Idealismus bei Fichte und Schelling explizit, bei Kant implizit wieder. Dies letztere ist darin begründet, daß Kant den metaphysischen Platonismus nur in kritischer Brechung wiederholt. Er bietet daher keine theoretische Ausarbeitung des Freiheitsbegriffs, wodurch metaphysische Probleme wie das der Providenz und Prädestination von vornherein entfallen. Kant gerät damit und mit dem Primat der praktischen Vernunft in etwa in die Nähe des Skeptizismus der zuletzt behandelten karneadeischen Position, mit deren Phänomenalismus er sich auch in seiner theoretischen Philosophie berührt.

Die Erfahrungen, die dem kantischen, aber auch dem stoischen Freiheitsbegriff zugrunde liegen, sind in den gegenwärtig von der Phänomenologie vertretenen mit eingegangen – ich denke etwa an die Position von Hermann Schmitz[39] –, und man kann die Freiheit des Willens heute gewiß nicht mehr anders als phänomenologisch plausibel machen.

III.

Soviel zu Freiwilligkeit und Willensfreiheit. Davon zu unterscheiden ist die *Wahlfreiheit*. Sie war im griechischen Epos und Drama mehr oder weniger explizit beschrieben worden. Platon und seine Schule hatten philosophisch mit ihr gearbeitet.[40] Genauer analysiert hat sie

---

[38] Z. B. Plotin: Enn. III 1,7/8; III 2, 10.
[39] H. Schmitz: System der Philosophie, Dritter Band: Der Raum, Dritter Teil: Der Rechtsraum. Praktische Philosophie, Bonn 1973, 5. Kapitel: Die Freiheit, bes. 527 ff.
[40] R. Walzer: Magna Moralia und aristotelische Ethik, 131 ff.

aber erst Aristoteles.[41] Die Wahlfreiheit äußert sich in
der prohairesis, was genau übersetzt Vorzugswahl heißt.
Die prohairesis stellt nach Aristoteles einen Spezialfall
des Willentlichen dar, das dazu Oberbegriff ist. Bei der
Vorzugswahl kommt als unterscheidendes Merkmal der
Vorsatz, also ein Element der Überlegung hinzu. Sie
schließt daher sowohl volitive als auch rationale Momente in sich. Sie unterscheidet sich vom vernünftigen
Wollen und Wünschen dadurch, daß sie nur betrifft, *was
uns freisteht* (während Wünschen auch Unmögliches betreffen kann); ferner dadurch, daß sie sich auf die *Mittel*,
das Wollen aber auf das Ziel bezieht. (Jemand *will* beispielsweise glücklich sein, und um das zu erreichen, *entscheidet* er sich dafür, gesund zu leben: Das erste ist das
Ziel, das zweite das Mittel.) Die Vorzugswahl unterscheidet sich weiterhin von der praktischen Lebensklug-
heit, der Phronesis, durch ihr volitives, von Trieb und
Begierde umgekehrt durch ihr rationales Element. Die
Vorzugswahl ist nur in Grenzfällen liberum arbitrium
indifferentiae oder existenzielle „Entscheidung", sonst so
weit wie möglich zu fassen und auch auf den technisch-
instrumentellen Bereich zu beziehen. Ihren eigentlichen
Ort aber hat sie im Bereich der Handlungen und Handlungsziele und des aus Handlungen aufgebauten Charakters. Es ist eine der wesentlichen Einsichten der aristotelischen Ethik, daß der Charakter des Menschen nichts
Naturgegebenes ist, sondern in Wechselwirkung mit dem
Handeln steht, das durch Wiederholung und Gewöhnung den Charakter erst allmählich sich verfestigen und

---

[41] Aristoteles: Eth. Nic. III 4/5, Eth. Eud. II 10, vgl. Magna Moralia I 17. Vgl. H. Kuhn: Der Begriff der Prohairesis in der Nikomachischen Ethik, in: Die Gegenwart der Griechen im Neueren
Denken, Festschrift f. H. G. Gadamer, Tübingen 1960, 123–140.

zur zweiten Natur werden läßt, die dann ihrerseits auf das Handeln normierend zurückwirkt. Die prohairesis hat demgemäß eine doppelte Bedeutung: Sie bezieht sich sowohl auf die Einzelhandlung wie auch – als Grundentscheidung – auf die Lebensführung und den Charakter des Menschen im ganzen. Gerade weil der Mensch für seine Taten verantwortlich ist, ist er es auch für seinen Charakter. In der prohairesis äußert sich darum für Aristoteles vorzugsweise die Freiheit des Menschen, sie ist das Personzentrum, ähnlich wie die Zustimmung oder Nichtzustimmung in der Stoa.

Die Stoa kennt im übrigen die Vorzugswahl in verschiedenen Funktionen, wenn auch oft unter anderer Bezeichnung. Sie spielt vor allem als Wahl und Abwahl des Naturgemäßen und Naturungemäßen eine zwar untergeordnete, aber gleichwohl wichtige Rolle. Obschon die natürliche Güterwelt für die stoische Ethik gemessen an Tugend und Schlechtigkeit wertneutral ist, kommt der richtigen Wahl als einer Betätigung der Vernunft selbst hohe Bedeutung zu.[42] Wo diese Wahlfreiheit fehlt, ist das Leben nicht mehr lebenswert und kann, wie im Falle des Cato Uticensis, weggeworfen werden.[43]

Die Freiheit der Vorzugswahl behält ihren festen Platz in der Ethik des Neuplatonismus, des Mittelalters und im Idealismus, wenngleich sie der überlegenen Seinsfreiheit untergeordnet bleibt, auf die ich gleich zu sprechen komme. Der kantische Begriff des Willens entspricht im übrigen der prohairesis in verschiedenen Zügen, etwa

---

[42] Stoicorum veterum fragmenta I 192, III 14/15, 118, 124, 128, 190–196, Diog. Bab. 44, Antipater Tars. 57–59, Arched. Tars. 21.
[43] Stoicorum veterum fragmenta III 757 ff., vgl. J. Rist: Stoic Philosophy, Cambridge 1969, Kap. 13: Suicide.

darin, daß er sich auf das in unserer Macht Stehende bezieht – in anderer Hinsicht jedoch entspricht er mehr der bulesis, dem vernünftigen Wollen bei Aristoteles, etwa als Vermögen des Ziels und Äquivalent der Vernunft. Eine eindeutige Zuordnung scheint mir nicht möglich.[44]

Die antike Ethik hat die Struktur des menschlichen Wahlvermögens analysiert und im einzelnen beschrieben, aber sie hat es nicht wie die Philosophische Anthropologie oder die Philosophie der Existenz im 20. Jahrhundert anthropologisch zu begründen versucht. Ebenso wenig tritt in ihren Gesichtskreis die Unendlichkeit der Wahlmöglichkeiten und die damit zusammenhängende Problematisierung der Wahlfreiheit.

IV.

Die bisher behandelten Aspekte der Freiheit, die Handlungs- und die Wahlfreiheit, sind in der antiken Philosophie kein Letztes, sondern sind der *Freiheit des Selbstseins* subordiniert. Während die antiken Diskussionen um politische Freiheit, um Handlungs- und Wahlfreiheit, um Determinismus und Willensfreiheit von der Neuzeit rezipiert oder fortentwickelt worden sind und daher nur noch historische Bedeutung haben, steht es im Falle der Freiheit des Selbstseins anders. Sie kann zunehmend auch systematisches Interesse beanspruchen, weil die Neuzeit hier in Rückstand geraten ist und an-

---

[44] Zur Eigenart des – auch noch für Kant maßgebenden – christlichen Willensbegriffs seit Clemens und Augustin A. Dihle: Artikel ‚Ethik‘, in: Reallexikon f. Antike u. Christentum, Bd. VI, 1966, Sp. 683 ff., 750 ff., 783 ff.

dererseits der wachsende Spielraum der Wahlfreiheit zur Neuformulierung der Freiheit des Selbstseins herausfordert.

Freiheit des *Selbst*seins heißt *Aut*arkie, wörtlich „Selbstgenügen".[45] Autarkie gibt es sowohl ethisch-individuell wie politisch wie auch theologisch-metaphysisch. Im Begriff der Autarkie liegt einmal das Moment der Selbsterhaltung und Selbstbehauptung, das Vermögen, sich selbst aus sich heraus im Sein zu halten – zweitens das Moment der Unabhängigkeit, Selbständigkeit und Freiheit,[46] mit der Tendenz zur Absolutheit und Vollkommenheit. Drittens hat Autarkie die Bedeutung der Erfülltheit, Sicherheit, Zufriedenheit, der Eudämonie. Autarkie ist seit Demokrit und der Sophistik ein Zen-

---

[45] Vgl. P. Wilpert: Artikel ‚Autarkie‘, in: Reallexikon f. Antike u. Christentum, Bd. I, 1950, Sp. 1039–1050; J. Ferguson: Moral values in the ancient world, London 1958, 133–158 (‚The Triumph of Autarcy‘); O. Gigon: Artikel ‚Autarkeia‘, im Lexikon der Alten Welt, 1965, Sp. 414; ders.: Der Autarkiebegriff in der griechischen Philosophie, Ajatus 28, 1966, 39–52; ders.: Der Begriff der Freiheit in der Antike, Gymnasium 80, 1973, bes. 11–16; G. Widmann: Autarkie und Philia in den aristotelischen Ethiken, Diss. Tübingen 1967, bes. 27 ff.; W. Warnach: Artikel ‚Autarkie, autark‘, in: Historisches Wörterbuch der Philosophie, Bd. I, Basel/Stuttgart 1971, Sp. 685–690; K. Gaiser: Das griechische Ideal der Autarkie, Resumé in: Acta Philologica Oenopontana III, 1976, 35–37. Vgl. auch R. Harder: Eigenart der Griechen, Freiburg i. Br. 1949, 26 ff. (= R. H.: Kleine Schriften, München 1960, 17 ff.). – Autarkie ist der positive Gegenbegriff zu dem Begriff der „Bedürfnisse" in der modernen Philosophie.

[46] Z. B. Epikur Gnomol. Vatic. 77 (τῆς αὐταρκείας καρπὸς μέγιστος ἐλευθερία); Stoicorum veterum fragmenta III 351–65, 567 ff., 590 f., 597, 599, 603; Philo Al., Quod omnis probus liber sit; zu Plotin das Folgende S. 263 ff. Vermutlich gehören auch die Schrifttitel des Antisthenes (περὶ ἐλευθερίας καὶ δουλείας Diog. Laert. VI 16) und der Akademiker Xenokrates (περὶ τοῦ ἐλευθέρου Diog. Laert. IV 12) und Philipp v. Opus (περὶ ἐλευθερίας: Artikel ʼφιλόσοφοςʼ der Suda) in diesen Zusammenhang.

tralbegriff der Ethik.[47] Er verhält sich zum Begriff des Gutes derart, daß derjenige, der das Gut für sich realisiert hat und nichts weiter mehr bedarf, autark ist. Im strengsten Sinne kommt dies nur dem übermenschlichen, göttlichen Sein zu, dem Menschen gelingt es nur approximativ oder temporär. Darum gibt es auch Grade und Stufen der Autarkie.

Autarksein heißt zunächst, sich im Sein halten. Autarkie ist daher implizit immer auch schon ontologisch verstanden. Die Philosophie Platons hat dies dann explizit herausgearbeitet,[48] und alle folgenden philosophischen Schulen setzen die Ontologisierung des Autarkiebegriffs voraus. Maßgebend sind dabei die Kategorien der Einheit und der Identität. Autark ist danach, was in sein Wesen gelangt und darum in sich erfüllt und sich selbst genug ist. Es ist infolgedessen sowohl mit sich selber eins wie es sich auch nach außen als Eines und Identisches abgrenzt und behauptet. Dies trifft für den Idealstaat Platons ebenso zu wie für den Idealtypus des autarken Menschen in der späteren Sokratik, dessen Autarkie in der Stoa wie bei Epikur mit den Mitteln einer vom Platonismus übernommenen Ontologie beschrieben wird.[49]

---

[47] Demokrit VS 68 B 246 Diels-Kranz, vgl. B 176, B 209, B 210; der Sophist Hippias v. Elis VS 86 A 12 D.-K. (vgl. A 1). Hierher gehört auch Thukydides II 41, 1 (τὸ σῶμα αὔταρκες, verknüft mit ἐλευθερία 40, 5), zurückweisend auf Herodot I 32, 8/9 (dazu: K. Gaiser: Das Staatsmodell des Thukydides, Heidelb. Texte 8, 1975, 65 ff.). Vergleichbar ist der Begriff des ἐλεύθερον bei Antiphon VS 87 B 44 D.-K. fr A col. 4, 8.

[48] Platon: Philebos 20 D/E, 67 A in Verbindung mit 24 A ff., 64 D ff.; Nomoi III 692 A 8, 714 A 8, 793 B 8 (σωτηρία) im Kontext; Timaios 34 B mit 31 A/B; vgl. Politeia 443 E 1, Ps. Pl. Epinomis 992 B 6 f.

[49] H. J. Krämer: Platonismus und hellenistische Philosophie, Berlin 1971, III.: Zum hellenistischen Arete- und Eudämoniebegriff, 188 ff.,

Autarkie als freies Selbstsein nach außen setzt Selbstsein im Sinne der Selbstidentität voraus. Die Stoa hat
dieses Selbst- und zugleich Weltverhältnis dynamisch als
Identifikationsprozeß begriffen in ihrer Lehre von der
Selbst-Zueignung.[50] Diese Theorie von der Zueignung,
Oikeiosis genannt, sucht die zielgerichtete Spontaneität
und Selbstvermitteltheit des Organischen analytisch zu
erfassen und dient der stoischen Ethik als anthropologisches Fundament. Der Prozeß der Selbstzueignung vollzieht sich allseitig und umfaßt kognitive, affektive und
volitive Aspekte in Gestalt der Selbstwahrnehmung, der
Selbstliebe und der Selbsterhaltung. Das Phänomen der
Selbsterhaltung wird hier erstmals philosophisch thematisiert. Das Leben ist etwas, dem es in seinem Sein um
dieses selbst geht – so könnte man mit einer neueren Formulierung sagen, die im übrigen selbst in der Tradition
dieser stoischen und über Spinoza vermittelten Lehre
steht. Die ontologische Tragweite ist klar und könnte
noch weiter ausgeführt werden.[51] Entscheidend ist jedoch,
daß das Ziel des Zueignungsprozesses im *Selbst-sein* des
Lebewesens nach innen wie nach außen liegt: Die Zueignung vollzieht sich, indem das Eigene, das was es

---

220 ff. Auch bei Aristoteles ist Autarkie Vollendung (τέλειον) als
ungehinderte höchste *Energeia* der Eudämonie (Eth. Nic. I 5/6).
[50] Die wichtigsten Belege: Stoicorum veterum fragmenta I 197 ff.,
II 724, 845, III 146, 178 ff., 340 ff.; Cicero: De finibus III – V pas-
sim; Hierokles: Ethische Elementarlehre, hrsg. v. H. von Arnim,
Berl. Klassikertexte Heft IV, 1906. Zur Einführung: S. G. Pem-
broke: Oikeiosis, in: Problems in Stoicism, ed. by A. A. Long, London 1971, 114–149.
[51] Neben die Existenzsicherung tritt die Erhaltung und Entfaltung
des So-Seins der Art und Gattung nach – in Fortführung der klassischen Eidoslehre, deren Teleologie damit eine Introversion erfährt.
Die Selbsterhaltung stellt ferner einen Spezialfall der allgemeinen
physikalischen Spannung (Tonos) des Pneuma dar, die alles Seiende
zusammenhält.

eigentlich ist, das Oikeion, ihm selber zugeeignet und anvertraut wird (daher Oikeiosis). Beim Menschen ist dies die Vernunft, der Logos. Mit ihm ist die Autarkie im Sinne der inneren Freiheit gegeben. Autarkie ist hier als Resultat eines Prozesses der Selbstwerdung verstanden, wobei das Eigene, Zugehörige sich vom Fremden zunehmend absondert.[52] In den Begriffen des ‚Eigenen' und des ‚Fremden' steckt die Unterscheidung von Identität und Differenz, oder, ins Prozeßhafte übersetzt: von Identifizierung und Diremption.

Autarkie ist – dies hat die stoische Zueignungslehre wohl deutlicher werden lassen – Selbstsein und Selbstidentität im Selbstbezug wie im Weltbezug, nach innen wie nach außen gerichtet.[53] Die Freiheit des Selbstseins ist die höchste erreichbare Form von Freiheit. Während die Handlungsfreiheit negativ Freiheit *von* äußerem Zwang ist, die Wahlfreiheit positiv Freiheit *zum* Besseren, ist die Freiheit des Selbstseins beides: sowohl Freiheit *von* Zwang wie positiv Freiheit *zu sich selbst.* Sie setzt darum beim Menschen die Handlungsfreiheit und vor allem die Wahlfreiheit voraus. Wahlfreiheit und Seinsfreiheit hängen darin zusammen, daß derjenige im höchsten Sinne frei *ist,* der die richtigen *Grundentscheidungen* getroffen *hat.* Je nach der Lebenswahl kann daher bald die theoretische Lebensform, die vita contemplativa, als Inbegriff der Autarkie erscheinen – wie bei Aristoteles oder im Neuplatonismus –, bald die mehr praktisch gerichtete Apathie und Ataraxie, die „Unempfindlichkeit" und

---

[52] Vgl. z. B. Antiochos b. Cicero: De finibus V 26 (vivere ex hominis natura undique perfecta et *nihil requirente* im Zusammenhang der Oikeiosis-Lehre).
[53] Der Mensch kann nur dann „selbst genügen", wenn er zuvor er „selbst" geworden ist.

„Unerschütterlichkeit" der Vernunft den Affekten und der Außenwelt gegenüber – wie in der Sokratik und im Hellenismus. In der hellenistischen Philosophie unterscheiden sich Stoa und Epikureismus wieder dadurch voneinander, daß die innere Freiheit der Stoa durch die Haltung der Gleichgültigkeit gegenüber der Welt erreicht wird, diejenige Epikurs dagegen durch Lebenskunst und Minimisierung der Bedürfnisse. Der Stoiker stellt sich der Welt – heroisch, aber mit innerem Vorbehalt; der Epikureer flüchtet vor ihr quietistisch ins einfache Leben. Im zweiten Fall gewinnt Autarkie, wie auch sonst häufig in der Sokratik,[54] die engere Bedeutung der *Genügsamkeit,* die Freiheit wird erkauft durch eine reductio ad minimum der Ansprüche und Mittel.

Ich habe bereits angedeutet, daß die Diskussion um Autarkie und Seinsfreiheit auch in die theologisch-metaphysische Dimension hineinreicht. Wo immer die philosophische Theologie im göttlichen Sein ein ideales Modell für die Ethik entwirft, erscheint dieses als Inbegriff vollkommener Autarkie: bei Platon, bei Aristoteles, in der Stoa und auch bei Epikur.[55] Die eigentliche metaphysische Ausarbeitung des Freiheitsbegriffs erfolgt jedoch im Neuplatonismus, und zwar im achten Traktat der sechsten Enneade *Plotins,* der den Titel trägt: ‚Der freie Wille und das Wollen des Einen.'[56] Plotin unternimmt es

---

[54] Ebenso bei Demokrit und in der atomistischen Ethik.

[55] Platon: Timaios 33 D, 34 B, 68 E; Aristoteles: Metaph. N 1091 b 16 ff., De caelo A 279 a 20 ff.; Stoicorum veterum fragmenta II 549 ff.; Philodem De dis III fr 85,5; fr 20,6; vgl. Epikur b. Sext. Emp. IX 43 ff.

[56] Plotin: Enn. VI 8, bes. cap. 13–21. Vgl. die monographische Analyse des Traktats bei P. Henry: Le problème de la liberté chez Plotin, Revue Neo-Scolastique 33, 1931, II. 180 ff., III. 318 ff.; weiterführend H. J. Krämer: Der Ursprung der Geistmetaphysik, Amsterdam ²1967, 394–403.

hier, die Seinsfreiheit am Ur-Einen selbst exemplarisch aufzuweisen. Obgleich Plotin hier wie sonst die Unfaßbarkeit des Urgrundes nachdrücklich betont, wagt er es doch unter vielen methodischen Kautelen, seinem inneren Selbstbezug spekulativ näherzukommen. Der Urgrund steht über der Sphäre des geistigen Seins, denn Geist und Denken setzen immer schon die Zweiheit von Subjekt und Objekt voraus. Noologische und theologische Mittel etwa aristotelischer Provenienz scheiden damit von vornherein aus. Statt dessen bedient sich Plotin des Begriffsapparats der vorhin geschilderten stoischen Zueignungslehre,[57] die primär auf einem präreflexiven Bewußtseinsniveau operiert. Diesem Modell entnimmt Plotin eine Subjekt-Objekt-Kategorik und wendet sie bedingungsweise auf eine Wesenheit an, die strenggenommen *vor* der Subjekt-Objekt-Spaltung liegt. Das Beisichselbstsein des Urgrundes stellt sich demgemäß dar als eine Art der – wie sehr hier immer metaphorisch zu verstehenden – Selbstwahrnehmung, der Selbstliebe und der Selbsterhaltung. Das Eine ist auf sich selbst gerichtet, sieht sich selbst, liebt sich selbst, gefällt sich selbst, will und wählt sich selbst; es *erhält* sich selbst, ja es *setzt* darüber hinaus sich selbst und bringt sich selbst hervor. Es *hält* sich nicht nur im Sein, sondern *gibt sich selbst sein Sein*.[58] Es ist infolgedessen ganz bei sich selbst, aus sich selbst und durch sich selbst und daher in voller Freiheit, Autarkie, Voll-

---

[57] Die drei Momente der stoischen Oikeiosis: Selbstwahrnehmung, Selbstliebe (Sichselbstgefallen), Selbsterhaltung kehren in Enn. VI 8 wieder. Der Zusammenhang ist bisher nicht beachtet worden. Vgl. die Parallele Enn. III 8, 6, 18 ff.; 8, 3 ff.

[58] Enn. VI 8, 13, 54 ff.; 14, 41 f.; 16, 14 f.; 17; 29; 37. Der Übergang von der Selbsterhaltung zur Selbstsetzung deutlich VI 8, 20, 19 ff. (Selbstsetzung ist Grenzfall der Existenzerhaltung, wie diese Grenzfall der Selbsterhaltung und -entfaltung überhaupt.)

macht und Selbstverfügung rein es selbst. Der Traktat schließt folgendermaßen:[59] „Damit ist Es als einziges in Wahrheit *frei,* weil es . . . nur Es *selbst* ist und wahrhaft es *selbst,* wo doch jedes andere Ding sowohl es selbst wie ein anderes ist." Der folgenreiche Gedanke der *Aseität* erwächst hier aus einer radikalen Zuspitzung der Seinsfreiheit im Sinne der Autarkie.[60] Das Absolute ist in sich absolut frei und daher, wie Plotin betont, zugleich notwendig. Höchste Einheit und Identität gewährleisten in der Tat höchste Freiheit. Alles übrige ist frei und autark nur in dem Maße, als es am Absoluten partizipiert. Es ist nur annähernd und bedingungsweise aus sich selbst, da es mit anderem koexistieren und sich nach außen gegen es abgrenzen muß.

Plotin VI 8 markiert nicht nur den höchsten Punkt der antiken Freiheitsdiskussion, sondern der antiken Philosophie überhaupt. Von hier aus ergeben sich nicht nur systematische Konsequenzen für die Ontologie und Ethik des Neuplatonismus, sondern auch für die vorangegangenen Philosophien der klassischen und hellenistischen Epoche. Dies gilt insbesondere für die stoische Zueignungslehre, aus der Plotin letzte Folgerungen gezogen hat. Auch der Kosmos der Stoa vollbringt bereits eine solitäre Selbsterhaltungsleistung,[61] aber er setzt sich nicht so radikal selbst wie das Eine Plotins. Man wird im

---

[59] Enn. VI 8, 21, 31–33; vgl. 3, 20 ff.
[60] Zum Autarkiebegriff VI 8, 15, 27; 21, 23 ff. Vgl. V 3, 13, 16 ff.; Jamblich De myst. VIII 2.
[61] Stoicorum veterum fragmenta II 549 ff.; dazu H. Blumenberg: Selbsterhaltung und Beharrung. Zur Konstitution der neuzeitlichen Rationalität, Ak. d. Wiss. u. d. Lit. Mainz, Geistes- u. sozialwiss. Kl. 1969/11, 15 ff. (mit verfehlter Abwertung der stoischen Tradition in der Neuzeit zugunsten der aristotelischen; zur Ergänzung geeignet: H. Hommel: Schöpfer und Erhalter, Berlin 1956, 55 Anm. 180, 81 f., 107 ff.).

übrigen sagen dürfen, daß der Gedanke der Selbstsetzung im Neueren Idealismus am Ende eines langen Weges steht, der mit der Selbsterhaltung der stoischen Zueignungslehre anhebt. Ein entscheidender Schritt auf diesem Wege ist noch in der Antike, nämlich eben bei Plotin getan.[62]

Die *endliche* Freiheit realisiert sich bei Plotin und im Neuplatonismus im Streben zum Einen, in der Betrachtung des Einen und in der Vereinigung mit ihm.[63] Das ist die dem Menschen angemessene Freiheit des Selbstseins, der die Wahlfreiheit untergeordnet wird. Dieser Freiheitsbegriff bleibt für die Patristik und das christliche Mittelalter maßgebend, wenngleich er, wie schon im späteren Neuplatonismus, eine theologische Überhöhung erfährt: Der Mensch gelangt hier in sein Wesen und wird wahrhaft frei, wenn er von Affekten losgelöst sich der Kontemplation Gottes und der Vereinigung mit ihm hingibt. Auf dieser Stufe der Seinsfreiheit spielt die Wahlfreiheit keine Rolle mehr.

Genau besehen steht auch noch der Freiheitsbegriff des Neueren Idealismus im Zeichen der Seinsfreiheit. Freiheit ist zuletzt die reine Spontaneität von Vernunft und Wille, die jede Wahlfreiheit überholt. Die Selbständig-

---

[62] Ähnliches ist für den methodischen Ansatz Descartes' im Selbstbewußtsein zu konstatieren: Manche wußten und wissen, daß dafür Entscheidendes schon bei Augustin steht (zusammenfassend: H. Scholz: Augustinus und Descartes, Blätter f. Deutsche Philosophie 5, 1931/2, 405–23 = H. S.: Mathesis universalis, Basel 1961, 45–61, vgl. 75 ff.), aber nur ganz wenige wissen, daß Augustin damit lediglich eine Defensivposition wiederaufgreift, die die Mittlere Stoa gegenüber ihren skeptizistischen Kritikern eingenommen hatte: A. Schmekel: Die positive Philosophie in ihrer geschichtlichen Entwicklung, Bd. I: Forschungen zur Philosophie des Hellenismus, Berlin 1938, 641–670; A. C. Lloyd: Nosce te ipsum and conscientia, Archiv für Geschichte der Philosophie 46, 1964, 188–200.
[63] Dazu P. Henry: a. a. O. 50 ff., 180 ff.; Warnach: a. a. O. Sp. 1072.

keit der Vernunft in Abgrenzung von der Triebwelt ist eo ipso frei. „Denn frei ist, was nur den Gesetzen seines eigenen Wesens gemäß handelt und von nichts anderem weder in noch außer ihm bestimmt ist" – so sagt Schelling in der Freiheitsschrift.[64] Indessen ist diese Art der Seinsfreiheit nicht mehr die aristotelisch-neuplatonische theoretischer Kontemplation; sie erinnert mit dem Primat der praktischen Vernunft eher an die Autarkie der hellenistischen, zumal der stoischen Philosophie, die der Ethik den Primat eingeräumt hatte. Auch die naturrechtlichen Prämissen der kantischen Ethik sind ja ohne den universalen Logos der Stoa schwerlich zu denken.

Die eigentliche Errungenschaft der kantischen Ethik ist der *Autonomiebegriff*, die Konzeption einer Freiheit, die sich „autonom" selbst Regel und Gesetz gibt und dadurch zugleich begrenzt wie ermöglicht. Es ließe sich zeigen, daß der innere Zusammenhang von Freiheit und Regel auch der antiken Individualethik klar bewußt war.[65] Zu einer systematischen Ausarbeitung ist der Gedanke jedoch nicht gelangt. Es fehlte auch die Vorstellung, daß Regeln nicht erkannt oder anerkannt, sondern spontan *gesetzt* werden können, und vollends die moderne Akzentuierung der Unbedingtheit, Gesetzlichkeit und Allgemeingültigkeit der Freiheitsregel.

---

[64] Fr. W. J. Schelling: Philos. Unters. über das Wesen der menschlichen Freiheit (1809), Cotta-Ausgabe, 384.
[65] Vgl. z. B. Aristoteles Metaph. Λ 1075 a 19–23 (dazu R. G. Mulgan: Aristotle and the democratic conception of freedom, Auckland Class. Essays pres. to E. M. Blaiklock, Oxford 1970, 95–111, bes. 104; Trendelenburg: a. a. O. 45 f.); zur „Einförmigkeit" des hellenistischen Arete- und Eudämoniebegriffs oben Anm. 49; für Proklos liegt die höchste Freiheit (μεγίστη ἐλευθερία) in der freiwilligen Unterordnung im Gehorsam (ἐθελοδουλεία: De providentia 24, 9 f.); vgl. Xenokrates fr 3 Heinze. – Vom Bereich des Politischen war schon oben S. 244 f. die Rede.

Der Autonomiegedanke bedeutet zweifellos einen wesentlichen Fortschritt über die antike Ethik und ihren Freiheitsbegriff hinaus. Freiheit wird hier prinzipieller gefaßt: Sie tritt reflektierend gleichsam hinter sich und gewinnt sich damit in einer ganz neuen Dimension.

Auf der anderen Seite ist der Begriff von Freiheit, der vom antiken *Autarkiegedanken* abgedeckt wird, ungleich umfassender als der kantische. Die allgemeine ontologische und praxeologische Tragweite, die ihn auszeichnet, erscheint bei Kant aufs bloß Moralische reduziert und verengt.[66] Freiheit kann daher jetzt zur Eudämonie in Opposition treten, während beide ursprünglich auf dem Boden des Autarkiegedankens zusammengehört hatten. Vor allem aber verschwinden in der Kant-Nachfolge die vielfältigen Formen der älteren Seinsfreiheit und Autarkie mit ihren Chancen wie mit ihren spezifischen Möglichkeiten der Selbstbegrenzung theoretisch und praktisch aus dem Gesichtskreis. Sie geraten in den toten Winkel der Adiaphorie und werden vergleichgültigt. Der philosophischen Ethik gehen dadurch wesentliche Orientierungsmittel für die Lebensführung verloren. Der Vorgang ist um so folgenschwerer, als die ungeheure Expansion der Mittel und Möglichkeiten, mit der sich die *Wahlfreiheit* in der Neuzeit zunehmend konfrontiert findet, nur durch eine systematische Reflexion auf die Bedingungen einer übergeordneten *Seinsfreiheit* aufgefangen werden kann. Es ist ein verbreiteter Irrtum zu meinen, die moralische Freiheit sei dafür allein zuständig. Ihre Kompetenz wäre damit bei weitem überfordert. Die philosophische Ethik wird sich daher auf die

---

[66] Maßgebend für die Moralphilosophie ist der sozialethische Gegensatz von Gut und Böse, im Unterschied zum umfassenderen Gegensatz der älteren Ethik zwischen Gut und Schlecht.

Dauer nicht davon dispensieren können, das, was einst mit Seinsfreiheit gemeint war, wieder *uneingeschränkt* zum Thema zu machen. Autarkie und Autonomie würden dabei in neuer Weise aufeinander zu beziehen sein. Daraus würden sich ferner Konsequenzen auch für die Bestimmung von *politischer* und *geschichtlich-utopischer* Freiheit ergeben.

Lassen Sie mich von da her abschließend noch zum gegenwärtig vorherrschenden Freiheitsbegriff Stellung nehmen: zum pluralistisch-liberalistischen, der sich wie in der Antike aus dem politisch-demokratischen folgerichtig entwickelt hat. Er ist heute philosophisch in der Wertphilosophie fundiert, die inhaltlich, wenn auch nicht methodisch, eine gegen Kants Formalismus gerichtete Erneuerung der antiken Güterethik darstellt. Die antike Güterethik hatte auch bereits verschiedene Lebensziele und Lebensformen typologisch unterschieden und zum Gegenstand von Grundentscheidungen der Wahlfreiheit gemacht. Hier steht es nun doch wohl so, daß heute die Wahlfreiheit weithin als ein Letztes betrachtet und als Selbstzweck absolut gesetzt wird. Demgegenüber könnte es hilfreich sein, sich daran zu erinnern, daß in der älteren Ethik die Wahlfreiheit der Freiheit autarken Selbstseins stets subordiniert gewesen ist. Gewiß, es ist nicht zu verkennen, daß dabei in praxi ein dialektisches Verhältnis vorliegt: Was das ‚Selbst‘ ist, das wir realisieren können, und wo seine Möglichkeiten und Grenzen liegen, das kann nicht a priori festgelegt, sondern nur im Vollzug und auf Grund konkreter Entscheidungen erprobt und ausgemessen werden. Gleichwohl bleibt es dabei, daß Wahlfreiheit kein Letztes ist, sondern von der Freiheit des Selbstseins transzendiert und übergriffen wird. Sie geht in die Freiheit des Selbstseins ein und wird im Endresultat darin aufgehoben. Nur dann bleibt auch die Entscheidung für diesen oder jenen Wert nicht dezisionistisch willkürlich oder zufällig, sondern kann vom Selbstsein des eigenen Wesens her begründet werden.

Wenn wir demnach gegen die idealistische Ethik die Restitution der vollen, unverkürzten Seinsfreiheit glauben einklagen zu müssen, so würden wir gegenüber dem Wertpluralismus zu bedenken geben, daß bloße Wahlfreiheit nicht in jeder Hinsicht Ziel, sondern überwiegend Mittel ist. Der eigentliche Sinn der Wahlfreiheit ist es, volle *Seins*freiheit zu *ermöglichen*.

Die Befolgung dieser Einsicht dürfte nicht nur von theoretischem, sondern auch von eminent praktischem Interesse sein.

Freilich würde eine systematische Klärung dessen, was Selbstsein und Freiheit des Selbstseins heute bedeuten kann, über die Antike kritisch hinausführen müssen. Eine solche kritische Auseinandersetzung und die zugehörige positive Ausarbeitung gehören aber nicht mehr in den Rahmen dieses historischen Referats.[67]

---

[67] Diesen systematischen Implikationen wird in größerem Zusammenhang ausführlicher nachgegangen werden. – Hier sei nur zur Verdeutlichung des Vorstehenden bemerkt, daß der Begriff ‚Freiheit des Selbstseins‘ nicht nur in dem seit der Sokratik legitimen Doppelsinn a) der Selbständigkeit gegenüber anderem, b) der Realisierung des (wahren) Selbst verwendet ist (zum Zusammenhang oben S. 261 f.), sondern auch – wie noch augenfälliger der Ausdruck ‚Seinsfreiheit‘ – c) auf das überwiegend zuständliche Niveau eines als Selbstzweck geführten Lebens verweist, das die Vorläufigkeit eines noch instrumentellen – und damit abhängigen – Handelns, Entscheidens, Bewegens und Werdens hinter sich gelassen hat. Ein Bezug zum Selbstsein der Existenzphilosophie ist im übrigen nicht intendiert. Der Sache nach dürfte sich das letztere dem hier verfolgten umfassenderen Begriff des Selbstseins als ein relativ abstrakter und wohl nicht nur oberflächlich stoizisierender Spezialfall einordnen lassen.

Persönliche und politische Freiheit bei Spinoza

Zu Spinozas dreihundertstem Todestage
am 21. Februar 1977

Von Axel Stern, Hull/England

„Freiheit besteht darin, daß man tut, was man wünscht"
(liberty consists in doing what one desires) und „alle
Beschränkung, als solche, ist ein Übel" (all restraint, quâ
restraint, is an evil) – so schreibt John Stuart Mill in seinem Buch „Über die Freiheit"[1]. Dies sind klassische Definitionen des individualistischen Liberalismus. Für Kant
würden diese Begriffsbestimmungen unannehmbar sein.
Er sieht Freiheit als eine Voraussetzung der praktischen
Vernunft an, ihre Existenz als unbeweisbar und, in der
Sinnenwelt, als unaufweisbar. Denn die Sinnenwelt ist
notwendig, sie ist kausal bestimmt und hat, als solche,
keinen Platz für Freiheit. Auch wenn wir in Rechnung
stellen, daß der größte „Utilitarist" eigentlich gar keiner
ist und seinen jungen Wein einer menschlich warmen
Moral, wegen seiner doktrinären Erziehung, in die alten
Schläuche von Benthams und seines Vaters James Mills
Begriffsrahmen zu füllen nicht umhin kann, wenn auch
Kant und Mill, jeder auf seine Art, Individualisten der
Moral sind, so bleiben doch ihre Auffassungen philoso-
phisch-grundsätzlich unvereinbar.
Diesen beiden Denkern (gesehen als philosophische Ver-
treter der Zwillinge in Max Webers sozio-historischer
Sicht, nämlich des protestantischen und des kapitalisti-

---

[1] J. S. Mill: On Liberty (Über die Freiheit), 1859, 5. Kap., 5. bzw.
4. Absatz.

schen Individualimus) kann man nun solche wie Rousseau, Hegel und Marx gegenüberstellen, für die der notwendig gesellschaftliche Charakter der Menschen eine Grundvoraussetzung ist und damit auch die Bedingung aller menschlichen Freiheit. Diesen wie jenen stellt sich Spinoza entgegen, der Philosoph, der Mensch und Gesellschaft ohne vorgefaßte Werturteile untersucht, das heißt, der wertfreie Philosophie treibt, und zwar in der einzigen Bedeutung des Wortes, in der sinnvoll von Wertfreiheit gesprochen werden kann. Mit anderen Worten: die besonderen Werte, die einem am Herzen liegen und um derentwillen Forschung und Begriffserläuterung unternommen worden sind, werden nicht in die Arbeit selbst hineingetragen – auf die Gefahr hin, daß sie im Endergebnis in unerwartet anderem Lichte erscheinen oder überhaupt nicht verwirklicht werden mögen.

„Die Freiheit", sagt Spinoza in seinem *Tractatus politicus*, „oder die Stärke des Geistes ist die Tugend der Einzelnen, die Sicherheit aber ist die Tugend des Staates."[2] Trotzdem zielt, was Spinoza über politische und soziale Probleme schreibt, auf Freiheit ab, nämlich auf Freiheit als notwendige Bedingung der Haltbarkeit und Sicherheit eines Staatswesens. Sieben Jahre früher schrieb er: „Der Zweck des Staates ist in Wahrheit die Freiheit."[3] Die Bedeutung von „Freiheit" ist nicht identisch in ihren verschiedenen Anwendungen (auf Gott-oder-Natur, auf den Einzelnen und auf Gesellschaft oder Staat), doch können wir die Ableitung klar verfolgen. Das Thema der vorliegenden Arbeit ist die *persönliche und politische*

---

[2] Spinoza: Tractatus Politicus, 1. Kap., § 6.
[3] Spinoza: Tractatus Theologico-Politicus, 20. Kap., 227 (Erstausgabe 1670) (Deutsche Übersetzung von G. Gawlick, Hamburg 1976, 301).

Freiheit, die ja in aller Munde ist und von allen gepriesen wird, in deren Namen aber heimliche oder offene, höfliche oder brutale Unterdrückung fast allerseits, wenn nicht betrieben, so doch geduldet wird. Wenn ich Spinoza allen anderen Philosophen vorgezogen habe, um zur Erhellung des Freiheitsproblems beizutragen, so deswegen, weil er der nüchternste und unvoreingenommenste aller Denker ist, besonders in seinen zwei Spätwerken, auf die ich mich hauptsächlich beziehen werde: der *Ethik* (wohl 1675 beendet) und dem *Tractatus politicus* (ca. 1675 bis 1677). Manche haben ihn deshalb geradezu für gefühllos und gefährlich gehalten in seiner rückhaltlosen Art, alle – auch die „heiligsten" – Werte unsentimental unter seine kritische Lupe zu nehmen. Andere dagegen haben gespürt, daß es seine Liebe zur Wahrheit war, die ihm die Stärke gab, alle anderen Neigungen zu überwinden.

Voraussetzungsloses Denken gibt es nicht. Man kann sich nur mehr oder weniger seiner Begriffs- und methodologischen Voraussetzungen bewußt sein. Spinoza beginnt jeden der fünf Teile seiner *Ethik* mit Begriffsbestimmungen und Axiomen. „Ursache seiner selbst", „Substanz" und „Gott" („das absolut unendliche Sein", später auch als „Gott oder Natur" bezeichnet) sind ein und dasselbe. Die Definitionen der drei Begriffe sind verschieden. Die Lehrsätze des Ersten Teiles dienen hauptsächlich dazu, die besagte Identität aufzuzeigen und zu entwickeln, was daraus folgt. Sehen wir uns das sogenannte ontologische Argument bei Spinoza näher an; denn es hat solch eine bunte Geschichte, seit Anselm von Canterbury es erstmals formuliert – und Gaunilo Einwürfe erhebt. Auch Thomas Aquinas lehnt es ab, und Descartes nimmt es wieder auf, aber Gassendi ist nicht überzeugt. Leibniz ergänzt es, Kant verwirft es, und so geht es weiter bis in unsere Zeit.

Spinoza beginnt seine *Ethik* mit den Worten: „Unter *Ursache seiner selbst* verstehe ich dasjenige, dessen Wesen die Existenz notwendig einschließt." Natürlich muß das, dessen Wesen es ist, Ursache seiner selbst sein, als existierend *gedacht* werden, wenn es dies Wesen überhaupt hat. Dagegen kann man sehr wohl das Wesen des Kreises denken, ohne denken zu müssen, daß es so etwas auch irgendwo gibt. Es sei hervorgehoben, daß diese Einschließung von Existenz durch Wesen als *Definition* gegeben wird. Nach weiteren Definitionen, insbesondere von Substanz und Gott, folgt das Argument, daß es nur *eine* Substanz geben kann[4] und sie Ursache ihrer selbst und unendlich[5], mit anderen Worten, das absolut unendliche Sein ist. Nun erst wird der Beweis der Existenz vorgetragen, oder richtiger, es werden drei Beweise (zu Ethik I, Lehrsatz 11) gebracht. Die ersten zwei sind *a priori,* und gegen sie können die üblichen Einwände gegen das ontologische Argument erhoben werden. Aber der dritte Beweis ist, wie Spinoza selbst sagt, *a posteriori:* „Also entweder es existiert nichts oder das absolut unendliche Sein existiert gleichfalls notwendig." Vielleicht liegt es uns näher, diese Argumentenfolge in umgekehrter Richtung durchzugehen: Man wird zugeben, daß es *etwas* gibt. Nun kann man nicht sinnvoll fragen, ob *alles,* was es gibt, also solches von etwas anderem hervorgebracht ist – sonst wäre es ja eben nicht alles-was-es-gibt. Wenn weiterhin jedwedes, das existiert, verursacht ist oder mit anderem notwendig zusammenhängt, dann kann man die Totalität von allem, was es gibt, als Ursache seiner selbst bezeichnen oder als absolut unabhängig. Da es nun ferner zum Begriff des Endlichen gehört,

---

[4] Spinoza: Ethik, 1. Teil (I), Lehrsatz 6, Folgesatz.
[5] Ebd. I, Lehrsatz 7 und 8.

daß es etwas jenseits oder außer seiner selbst gibt, so folgt, daß alles-was-es-gibt absolut unendlich ist.

Damit sind wir schon ganz nahe dem Begriff der Freiheit von Gott-oder-Natur. *„Frei"*, sagt Spinoza, „soll dasjenige Ding heißen, das lediglich kraft der Notwendigkeit seiner Natur existiert und durch sich selbst zum Handeln bestimmt wird; ... *gezwungen* dasjenige, das von einem anderen bestimmt wird, auf eine gewisse und bestimmte Weise zu existieren und zu wirken."[6] Also ist das absolut unendliche Sein oder Gott oder Natur frei. Denn es gibt ja nichts anderes, das bestimmend oder zwingend oder sonstwie darauf wirken könnte. Andererseits kann, in diesem Sinne von „frei", sonst nichts frei sein. Allerdings, als Menschen wollen wir solch absolute Freiheit auch gar nicht beanspruchen. Wir gehören zur Natur, und so sind wir vielfältig von ihr abhängig. Unsere Freiheit kann daher nur relativ sein. Auf die Tatsache, *daß* wir existieren, kann „frei" offensichtlich überhaupt nicht angewandt werden. In den Rest der Definition muß man eine Einschränkung einfügen. Ein Mensch ist also frei, *insofern* er zum Handeln und Wirken durch sich selbst – und nicht von anderem oder anderen – bestimmt wird. Doch geben wir Spinoza das Wort: „Es ist unmöglich, daß der Mensch nicht ein Teil der Natur sei; ... hieraus folgt, daß der Mensch notwendig immer Leidenschaften unterworfen ist, und daß er der allgemeinen Ordnung der Natur folgt und sich ihr anpaßt, soweit es die Natur der Dinge erfordert."[7] Wenn dies zugegeben ist, dann „nenne ich einen Sklaven, ... wer nur vom Affekte oder von Meinung ... geleitet wird [und] – er mag wollen oder nicht – das tut, worüber er

---

[6] Ebd. I, Definition 7.
[7] Ebd. IV, Lehrsatz 4 und Folgesatz.

sich in der größten Unkenntnis befindet; ... [den] aber einen Freien, ... der von der Vernunft geleitet wird, ... [das heißt,] sich in allem nur nach sich selbst richtet und nur das tut, was er als das Wichtigste im Leben erkannt hat, und was er deshalb am meisten begehrt"[8]. Hieraus wird auch klar, daß für Spinoza unsere Freiheit darin besteht, daß unser Tun unter der Leitung unserer Vernunft unternommen wird. „Handeln" *(actio)*, im eigentlichen Sinne, wird nur hierfür gebraucht; sonst werden wir als „leidend" *(passio)* bezeichnet. Unser eigentliches Bestreben *(conatus)* ist es, frei zu sein. Warum, so fragt man sich, sind dann so verhältnismäßig wenige von uns frei, und warum sind wir auch in diesen günstigen Fällen nicht beständiger frei?

Vielleicht sollte hier erst ein mögliches Mißverständnis aus dem Weg geräumt werden. Willkür und Laune werden manchmal für Freiheit gehalten. Mills Definition, „Freiheit besteht darin, daß man tut, was man wünscht", schließt diese beiden ein (und Mill verteidigt daher auch nicht jedwede Freiheit des Individuums). Spinoza schreibt: „Das Bestreben *(conatus)*, womit jedes Ding in seinem Sein zu beharren sucht, ist nichts als das wirkliche Wesen dieses Dinges"[9] und weiter: „Alles das, wovon wir uns vorstellen, daß es zur Lust beiträgt, streben wir zu verwirklichen; wovon wir uns aber vorstellen, daß es ihr zuwiderläuft oder zur Unlust führt, das streben wir zu entfernen oder zu vernichten"[10]; hierbei ist „Lust der Übergang des Menschen von geringerer zu größerer Vollkommenheit, Unlust der Übergang des Menschen von

---

[8] Ebd. IV, Lehrsatz 66, Folgesatz.
[9] Ebd. III, Lehrsatz 7.
[10] Ebd. III, Lehrsatz 28.

größerer zu geringerer Vollkommenheit".[11] Dies bedeutet dreierlei:

1. Wir tun immer, was wir begehren, d. h. das, wovon wir entweder wissen oder uns nur vorstellen, daß es zu einer relativen Lustvermehrung führt, – zumindest in dem Sinne, daß es uns zur gegebenen Zeit als das kleinere zweier (oder mehrerer) Übel erscheint. Dies ist als eine analytische Wahrheit über den Begriff des Tuns zu verstehen. Wenn jemand eine Treppe hinuntergestoßen wird und beim Fallen eine Katze verletzt, so ist diese Verletzung nicht sein „Tun".

2. Wenn das, was wir tun oder begehren, zu geringerer Vollkommenheit, d. h. zu Unlust führt, so liegt die Ursache davon außerhalb unseres eigentlichen Wesens, selbst wenn es unsere eigenen Ängste, Eifersucht, Hochmut usw. oder irgendwelche Komplexe sind. Auch dies ist als eine analytische Wahrheit zu verstehen, und zwar so, daß es widersinnig wäre, das zum eigentlichen Wesen eines Dinges zu zählen, wodurch dieses Ding vermindert oder zerstört wird. Natürlich müssen solche nicht zum Wesen gehörende Ursachen nicht immer nur Unlust, sie können ebenfalls Lust und Begehren in uns hervorrufen.

3. Da „Handlungen des Geistes nur aus voll oder entsprechenden (adäquaten) Ideen entspringen"[12], kann launenhaftes und willkürliches Tun nicht ein Handeln, d. h. nicht frei sein. Macht es doch die Laune wie die Willkür gerade aus, daß wir keine vernünftige Erklärung dafür (uns selbst oder anderen) liefern können.

Freiheit also entspringt adäquaten Ideen. Ehe ich diesen letzteren Begriff erläutere, muß noch darauf hin-

---

[11] Ebd. III, Definitionen der Affekte, 2 und 3.
[12] Ebd. III, Lehrsatz 3.

gewiesen werden, daß Spinoza der aristotelischen Akrasía oder dem Unterschied zwischen dem Erkennen und dem Tun vollauf Rechnung trägt. In seinen Worten: „Ein Affekt kann nur gehemmt oder aufgehoben werden durch einen entgegengesetzten und stärkeren Affekt, als der zu hemmende es ist"[13] und „Die wahre Erkenntnis des Guten und Schlechten vermag keinen Affekt zu hemmen, sofern sie wahr ist, sondern allein sofern sie selbst als Affekt betrachtet werden kann".[14] Spinoza zeigt sehr ausführlich und in Einzelheiten, wie verschiedenen passiven Affekten aktive Affekte entgegengestellt werden können, und wie wir diese letzteren durch Verstehen zu stärken vermögen. Schließlich faßt er folgendermaßen zusammen, worin „die Macht des Geistes über die Affekte besteht:

1. in der Erkenntnis der Affekte;

2. in der Trennung der Affekte von dem nur verworren vorgestellten Denken an ihre äußeren Ursachen;

3. in der Zeitdauer, worin die Affekte, welche sich auf Dinge beziehen, die wir erkennen, solchen Affekten überlegen sind, welche sich auf Dinge beziehen, die wir verworren und verstümmelt denken;

4. in der Vielfalt der Ursachen, die denjenigen Affekten zugrunde liegen, welche sich auf die den Dingen gemeinsamen Eigenschaften . . . beziehen;

5. in der Ordnung schließlich, in der der Geist seine Affekte miteinander in Zusammenhang bringen und in die er sie einordnen kann."[15] In der Schwierigkeit, solche Geisteskraft zu entwickeln, liegt weitgehend die

---

13 Ebd. IV, Lehrsatz 7.
14 Ebd. IV, Lehrsatz 14.
15 Ebd. V, Lehrsatz 20, Anmerkung.

Antwort auf die Frage nach der Unvollständigkeit und Seltenheit menschlicher Freiheit.

Während so für Spinoza menschliche Freiheit wirklich erreichbar ist, liegt für Kant das Problem recht anders: Die Sinnenwelt ist notwendig kausal zu verstehen, womit für Kant die Freiheit dort ausgeschlossen ist; auch Menschen müssen sich daher kausal verstehen, soweit sie zur *Sinnenwelt* gehören. Damit ist Freiheit für Kant als etwas Wirkliches unbeweisbar; sie muß aber in der intelligiblen Welt vorausgesetzt werden, und die Menschen müssen „in Ansehung dessen, was in [ihnen] reine Tätigkeit sein mag (dessen, was gar nicht durch Affizierung der Sinne zum Bewußtsein gelangt), sich zur *intellektuellen Welt* zählen".[16] Spinoza ist Monist; seine Ethik basiert auf der Freiheit; und Pflicht, im moralischen – im Gegensatz zum sozialen – Sinne des Wortes, erscheint überhaupt nicht. Kant ist Dualist, und seine Ethik für Vernunftwesen, die auch der Sinnenwelt angehören – wie z. B. die Menschen –, hat als Mittelpunkt die Pflicht. Das Problem der Akrasía wird damit zweitrangig; das des Übergangs von reiner Erkenntnis zur Tat wird dagegen von ihm sehr wohl gesehen: „wodurch [kann] Vernunft praktisch, d. i. eine den Willen bestimmende Ursache"[17] werden? Seine Antwort ist: Selbstliebe, Eigennutz, sowie alle Neigungen sind, als der Sinnenwelt zugehörig, untauglich; es ist „Interesse" oder Achtung für Gesetzmäßigkeit überhaupt; und „Achtung" ist definiert als „ein ... durch einen Vernunftbegriff selbstgewirktes Gefühl"[18] – was einen an

---

[16] Kant: Grundlegung zur Metaphysik der Sitten, 1785; Akademie Ausgabe Bd. IV, 451.
[17] Ebd. 460.
[18] Ebd. 401.

die kartesische Zirbeldrüse erinnert, die beim Menschen die Verbindung zwischen der denkenden und der ausgedehnten Substanz bewerkstelligen soll. Es ist die Achtung, die unsere „noumenale" Freiheit in unser „phänomenales" Tun übersetzen soll.

Der Empiriker Hume, dem der Gedanke einer „intelligiblen Welt" ganz fremd ist, schreibt 46 Jahre vor Kant und 62 Jahre nach der Veröffentlichung der *Ethik:* „Die bloße Vernunft kann nie ein Motiv für eine Willenshandlung sein, ... noch kann sie sich bei der Bestimmung des Willens einer Neigung (oder einem Gefühl oder einer Leidenschaft) *(passion)* entgegenstellen" („reason alone can never be a motive to any action of the will; ... it can never oppose passion in the direction of the will").[19] Denn „die Vernunft ist die Dienerin der Neigungen (oder Gefühle oder Leidenschaften) und kann nur dies sein" („reason is and ought only to be the slave of the passions").[20] Jedoch „sobald wir die Unwahrheit einer Voraussetzung oder die Unzulänglichkeit irgendeines Mittels bemerken, fügen sich unsere Neigungen (oder Gefühle oder Leidenschaften) unserer Vernunft ohne allen Widerstand" („The moment we perceive the falsehood of any supposition, or the insufficiency of any means our passions yield to our reason without any opposition")[21]. Verglichen mit Spinoza (wie natürlich auch mit Kant) unterschätzt Hume die Rolle der Vernunft, indem er ihr nur ihre analytische Funktion zuerkennt, aber alle Dynamik abspricht. Die *passions* – ein weiter Begriff, den ich mit „Neigungen, Gefühle

---

[19] Hume: A Treatise of Human Nature (Ein Traktat über die menschliche Natur), 1739, 2. Buch, 3. Teil, 3. Abschnitt (Deutsche Übersetzung von T. Lipps, Hamburg 1973, 151).
[20] Ebd.
[21] Ebd.

oder Leidenschaften" wiedergegeben habe – sind nach Hume Grund für alles, was die Menschen zu Tun oder Handeln führen kann. Dagegen zeigt Spinoza, wie gesagt, daß Begehren und Lust sowohl aktiv wie passiv sein und zu entsprechendem Tun führen können; nur Unlust ist notwendigerweise passiv und tritt als solche in passivem Tun zutage. Andererseits überschätzt Hume, wie das dritte Zitat zeigt, den Einfluß der Vernunft. Es ist eben nicht so, daß die bloße Erkenntnis von der Unhaltbarkeit einer Voraussetzung oder von der Unangemessenheit eines Mittels automatisch unsere Neigungen, Gefühle oder Leidenschaften außer Kraft setzt.

Spinoza erkennt die Stärke unserer Affekte viel klarer: „Ein Begehren, das aus der wahren Erkenntnis des Guten und Schlechten entspringt, kann durch viele andere Begierden unterdrückt oder gehemmt werden, die [passiven] Affekten entspringen, deren Stärke also von dem dem unsren unendlich überlegenen Vermögen äußerer Ursachen abhängt"[22]; ferner: „durch Begierden nach Dingen, die gegenwärtig sind und angenehm oder verhältnismäßig gesichert erscheinen".[23] Zusammenfassend zitiert er Ovids Zeilen „Ich sehe und lobe das Bess're, doch dem Schlechteren folge ich nach" („video meliora proboque, deteriora sequor"). Sehr oft aber haben wir nicht einmal solche wahre Erkenntnis des Guten und Schlechten, und dann „erstreben, wollen, verlangen oder begehren wir etwas nicht, weil wir es für gut halten, sondern umgekehrt, wir halten es darum für gut, weil wir es erstreben, wollen, verlangen oder begehren".[24]

---

[22] Ethik, IV, Lehrsatz 15 mit Beweis.
[23] Ebd. IV, Lehrsätze 16 und 17.
[24] Ebd. III, Lehrsatz 9, Anmerkung.

Hierfür hat später Ernest Jones[24a], ein englischer Schüler Sigmund Freuds, den Ausdruck „rationalisieren" geprägt. Auf Spinozas Erläuterungen, *wie* und mit wieviel Mühen wir uns aus derartiger Unterwerfung unter Ursachen, die unserem eigentlichen Wesen fremd sind, befreien können, wurde schon hingewiesen. *Warum* aber, so mag sich manch einer fragen, *sollen* wir uns befreien? Die Frage so zu stellen, verfehlt den ganzen Sinn des spinozistischen Unternehmens. Ein Sollen kann es im Persönlichen nicht geben, sondern nur im Gesellschaftlichen oder Politischen, das heißt da, wo Verpflichtungen anderen gegenüber entstanden sind. Pflicht schlechthin ist sinnlos; Pflicht zu sich selbst ist metaphorisch. Anders gesagt, das „Gute an sich" gibt es nicht; der Begriff des Guten setzt ein Streben voraus, und „gut" bezeichnet die Erfüllung solchen Strebens. Sinnvoll formuliert lautet also obige Frage: Warum bemühen wir uns um unsere Befreiung? und die Antwort: Weil es unser wesensnatürliches Streben ist, wir selbst zu sein, autonom und nicht heteronom.

Aristoteles beginnt seine *Metaphysik* mit der Feststellung, daß alle Menschen einen natürlichen Erkenntnistrieb haben. Spinoza sieht, daß unser Erkenntnistrieb der Ausdruck unseres Bestrebens ist, ganz wir selbst zu werden. Uns selbst zu erkennen, schließt notwendigerweise ein, all das zu erkennen, was sich unseren Sinnen wie unserem Denken darbietet, oder vielmehr, was wir so umfassen können. Denn wenn unsere Sinne als passiv beschrieben werden mögen, so kann doch unsere Vernunft aktiv sein. „Unter *Idee*", sagt Spinoza, „verstehe ich einen Begriff des Geistes, den der Geist bildet,

---

[24a] Rationalization in Everday Life (Rationalisierung im alltäglichen Leben), 1908.

weil er ein denkendes Ding ist. Ich sage lieber ‚Begriff‘ *(conceptus)* als Anschauung *(perceptio)*, weil das Wort ‚Anschauung‘ anzudeuten scheint, daß der Geist von seinem Gegenstande leide; während ‚Begriff‘ eine Tätigkeit des Geistes auszudrücken scheint.“[25] Je mehr Dinge wir begreifen oder verstehen und je mehr wir sie verstehen, d. h. je adäquater unsere Begriffe sind, desto mehr streben wir danach, in gerade diesem Bemühen um Verstehen zu beharren. Werden wir uns, in der Tat, einmal dessen bewußt, daß unser Denken und Fühlen oft nur die aufgewärmte Weisheit oder Dummheit und die zur Schau getragene Haltung anderer ist, und entwickeln wir dann auch noch ein Empfinden dafür, daß wir aus Bequemlichkeit oder auch aus Feigheit uns von Vorurteilen statt von unserem eigenen Urteil, von unserer eigenen Vernunft, leiten lassen, dann können wir nicht umhin, danach zu streben, solch passives Denken und Fühlen zu überwinden. Mit anderen Worten, die Selbstentfremdung, von der wir in Hegel und dann in Marx gelesen haben, und die von unseren persönlichen (u. a. Familien-), wie auch beruflichen, sozialen oder politischen Abhängigkeiten stammen mag, ist nicht etwas, das ein Mensch *wählt*, sondern etwas, das er *erleidet*.

Hier stellt sich nun die Frage, wie es möglich ist, daß wir wählen können. Denn man erinnert sich daran, daß Spinoza ja ein Determinist ist. Und im üblichen Sinne von „Wahl-“ oder „Willensfreiheit“ zeigt auch Spinoza mit aller wünschenswerten Klarheit und mit Humor, daß sie eine Illusion ist. „Die Menschen halten sich für frei, weil sie sich ihres Wollens und ihres Triebes bewußt sind, und an die Ursachen, von denen sie zum

---

[25] Ethik, II, Definition 3 und Erläuterung.

Begehren und Wollen bestimmt werden, da sie diese nicht kennen, nicht einmal im Traume denken."[26] Als Beispiel lassen wir es hier mit einem Rückweis auf das Rationalisieren bewenden. Denn daß wir unfrei sind, insofern wir nicht der Leitung unserer Vernunft folgen, wird wohl gerne zugegeben werden. Es ist von entscheidender Bedeutung zu verstehen, daß Spinozas Determinismus methodologisch und nicht metaphysisch ist. Damit soll deutlich gemacht werden, daß er sich nicht sozusagen außerhalb des Alls aufstellt und es von dort als determiniert beschreibt, wie es die Metaphysiker gerne tun. Man kann sich, auch um Gottes, des Determinismus oder der Freiheit willen, überhaupt nicht außerhalb unseres Alls aufstellen – nicht einmal, um rechtens eine „noumenale Welt" oder ein „Reich der Zwecke" à la Kant zu postulieren, um dann auch einen „Sinn" für die Moral und einen „Sinn" für die gewöhnliche Welt postulieren zu können. Nichts – weder Dinge noch Welt – hat einen Sinn, es sei denn, wir geben ihm einen. Wir Menschen haben Absichten, setzen uns Ziele und verfolgen Zwecke. Und solche Absichten, Ziele und Zwecke sind Ursachen fast all unseres bewußten Tuns. Nicolai Hartmann hat in seinem nachgelassenen Werk „Teleologisches Denken" (1951) glänzend entwickelt, wie alle Teleologie deterministisch ist und nur eine gleichsam gespiegelte Kausalität darstellt. Spinozas Determinismus als methodologisch zu bezeichnen, bedeutet, daß es sich hier nicht um eine angebliche Tatsache über die Welt, sondern um ihre prinzipielle *Erklärbarkeit* handelt. „Es liegt in der Natur der Vernunft, die Dinge nicht als zufällig, sondern als notwendig zu be-

---

[26] Ebd. I, Anhang.

trachten."[27] Und wenn, oder vielmehr insofern wir die Notwendigkeit, das heißt die notwendigen Zusammenhänge dessen, was geschieht, eingesehen haben, so sind wir zu adäquater Erkenntnis gelangt; und darin besteht unsere Freiheit. Wenn ich logisch oder mathematisch korrekt denke, dann habe ich „keine Wahl", d. h. keine *willkürliche* Wahl (z. B. zu behaupten, daß $5+7=13$), aber ich bin frei in dem Sinne, daß ich meiner eigenen (und damit *der*) Vernunft folge. „Die Erkenntnis der Wirkung hängt ab von der Erkenntnis der Ursache und schließt diese ein"[28] – dies stellt Spinoza als Axiom auf. Wenn wir also etwas adäquat erkannt haben, dann wissen wir nicht nur, daß, was geschieht oder geschehen ist, nicht hätte anders sein können, sondern wir wissen auch, ob und wieweit es in Zukunft vermeidlich oder unvermeidlich ist und zu welcher Verwendung es möglicherweise gebracht werden kann. Und damit haben wir den höchsten Grad der Freiheit, d. h. der Unabhängigkeit vom Nicht-Selbst erlangt, der überhaupt erreichbar ist.

Hierzu ist noch zu bemerken, daß kausale und logische Notwendigkeit *idealiter* zusammenfallen, obwohl dies praktisch sehr selten der Fall ist (doch man denke an die theoretische oder *mathematische* Physik), und zwar wegen der unabweislichen Beschränkungen unseres Verstehens. Spinoza drückt die logisch-kausale Koinzidenz in diesen Worten aus: „Es liegt in der Natur der Vernunft, die Dinge unter einer gewissen Form der Ewigkeit *(sub quâdam aeternitatis specie)* aufzufassen"[29], wobei „Ewigkeit" für Spinoza Unabhängigkeit von der

---

[27] Ebd. II, Lehrsatz 44.
[28] Ebd. I, Axiom 4.
[29] Ebd. II, Lehrsatz 44, Folgesatz 2.

Zeit bedeutet; sie „kann durch die Dauer oder die Zeit nicht erklärt werden, mag man die Dauer auch anfangs- und endlos denken".[30] Ein kausaler oder, wie wir heute lieber sagen würden, ein naturgesetzlicher Zusammenhang (d. h. einer, der die notwendigen und zureichenden Bedingungen für etwas feststellt) kann durch die logische Formel ausgedrückt werden „$B \supset G$" (in Worten: Wenn die Bedingungen B erfüllt sind, dann tritt Ereignis oder Geschehen G ein), oder auch „$G \supset B$" (in Worten: Wenn G eingetreten ist, dann muß B erfüllt gewesen sein). Beide Formeln zusammmen geben aber „$B = G$" (in Worten: Der Wahrheitswert von B ist derselbe wie der von G), nämliche logische Identität. Diese hat natürlich nichts mit Dauer, nicht einmal mit immer-währender Dauer zu tun. „Wie lange haben zweimal zwei denn schon vier ergeben?" ist eine sinnlose Frage. Diese Identität von Grund und Ursache ist allerdings axiomatisch und, in diesem Sinne, *a priori,* eine sozusagen programmatische Erklärung über das Wesen der Vernunft. Um aber gleichsam aller unbegründeten metaphysischen Spekulation vorzugreifen, die nur ideologische Wunscherfüllung, d. h. Einbildung sein kann, macht Spinoza am Anfang seiner „Ethik" „Tatsachenkontrolle" aller Wahrheiten zum Axiom (Nr. 6): „Eine wahre Idee muß mit ihrem Gegenstande übereinstimmen. "

Um vom Persönlichen zum Sozialen überzuleiten, beginnen wir wohl am besten mit Spinozas angeblichem philosophischen Egoismus. So sagt er beispielsweise: „Niemand, der nicht von äußeren und seiner Natur entgegengesetzten Ursachen bezwungen wird, unterläßt es, seinen Nutzen zu suchen oder sein Sein zu erhal-

---

[30] Ebd. I, Definition 8.

ten."[31] Wie schon bemerkt, folgt dies analytisch aus
dem Begriff des Tuns, der einschließt, daß der Täter,
um als solcher bezeichnet werden zu können, einen bewußten oder unbewußten Beweggrund haben muß. Spinoza teilt durchaus nicht Hobbes' schlechte Meinung
von den Menschen, die ausnahmslos selbstisch seien.
„Liebe", sagt Spinoza z. B., „ist ... Freude, begleitet
von der Idee einer äußeren Ursache. ... Einer, der liebt,
ist notwendig bestrebt, das, was er liebt, gegenwärtig
zu haben und zu erhalten."[32] Liebe kann natürlich „aktiv" wie „passiv" sein. Wenn wir zum freien oder vernünftigen Menschen kommen, wird eine Deutung im
Sinne von Selbstsucht offensichtlich grotesk: „Fragt man
nun: Wenn ein Mensch aus einer vorhandenen Todes-
gefahr durch Treulosigkeit sich retten könnte, rät dann
nicht die Rücksicht auf die Selbsterhaltung unbedingt,
treulos zu sein?, so ist zu antworten: Wenn die Vernunft dies riete, so riete sie es folglich allen Menschen,
und mithin riete die Vernunft den Menschen überhaupt,
betrügerisch Verträge zur Vereinigung ihrer Kräfte und
zur Beobachtung gemeinsamen Rechtes zu schließen,
d. h. in Wahrheit kein gemeinsames Recht zu haben –
was widersinnig ist."[33] Hierzu drei Bemerkungen:
1. Spinoza verteidigt nicht die These Platos, wie auch
manch anderer Moralisten, daß es besser sei, gerecht zu
sein und gefoltert zu werden, als Unrecht zu tun, eine
Auffassung, auf die schon Aristoteles antwortete, solch
eine Alternative sei nur des Argumentes wegen vorge-
bracht, und es sei durchaus besser, einen Zustand zu

---

[31] Ebd. IV, Lehrsatz 20, Anmerkung.
[32] Ebd. III, Lehrsatz 13, Anmerkung.
[33] Ebd. IV, Lehrsatz 72, Anmerkung.

schaffen, in dem man gerecht leben kann, ohne gefoltert zu werden.

2. Keinerlei Vorwurf oder Tadel wird gegen die ausgesprochen, die in jener heiklen Lage treulos handeln, um am Leben zu bleiben. Denn Tadel oder Vorwurf, wie auch Lob oder Verdienst gehören nicht zu Spinozas *moralischem* Denken. („Lob und Tadel sind Affekte der Lust und Unlust, begleitet von der Idee einer menschlichen Tüchtigkeit oder Schwäche als ihrer Ursache.")[34] Er würde lediglich bemerken, daß solche Menschen eben nicht frei waren.

3. Diese Annahme des Todes durch den freien Menschen kann mit seinem Selbsterhaltungsstreben in Einklang gebracht werden, wenn man sich daran erinnert, daß adäquate Ideen ewig, d. h. zeitlos sind. So bewahrt der vernünftige Mensch in diesem außerordentlichen Falle seine wesentliche Freiheit gerade durch seinen zeitlichen Tod.

Der freie Mensch nun lebt nicht als Einsiedler oder in einer Kolonie mit anderen freien Menschen. Der Grund ist nicht der negative, daß ja niemand ganz frei sein kann, sondern positiv, daß „der von Vernunft geleitete Mensch freier ist in einem Staat, wo er nach gemeinsamem Beschlusse lebt, als in der Einsamkeit, wo er nur sich allein gehorcht"[35], daß er „das Gute, welches [er] ... für sich begehrt, auch den übrigen Menschen wünscht"[36] und „durch nichts mehr zeigen kann, wieviel Geschick und Geist er besitze, als daß er die Menschen so heranbildet, daß sie schließlich nach ihrer eigenen Vernunftherrschaft leben".[37] Dabei wird der freie

---

[34] Tractatus Politicus, 2. Kap., § 24.
[35] Ethik, IV, Lehrsatz 73.
[36] Ebd. IV, Lehrsatz 37, Beweis.
[37] Ebd. IV, Anhang, § 9.

Mensch sich und seinen Einfluß niemandem aufdrängen; denn sein unmittelbares Bestreben ist es ja zu verstehen, insbesondere andere Menschen zu verstehen, und aus solchem Verstehen zu lernen, ihnen bei der Gewinnung ihrer Freiheit zu helfen. Diese nicht oberflächliche, sondern ganz grundsätzliche Toleranz steht im Gegensatz zu jenem Menschen, der aus passivem „Affekt sich bestrebt, daß die anderen lieben, was er selbst liebt, der nur gewalttätig handelt und deshalb verhaßt ist, besonders denjenigen, denen etwas anderes gut scheint und die deshalb ihrerseits ... mit gleicher Gewalt streben, daß die übrigen wiederum nach ihrem Sinne leben sollen".[38]

Spinoza beginnt den *Tractatus politicus* mit den Worten: „Die Affekte, von denen wir bestürmt werden, fassen die Philosophen als Fehler auf, in die die Menschen durch eigene Schuld verfallen", und einige Zeilen später: „Sie nehmen die Menschen ja nicht, wie sie sind, sondern wie sie sie haben möchten." Ob vom Einzelnen oder vom Staate die Rede ist, es wird nie und nichts vorgeschrieben. So wird es nicht verwundern, wenn der Begriff des Naturrechts, wie dieses üblicherweise (auch sogar von Hobbes) verstanden wird, als solches verschwindet. „Unter Naturrecht verstehe ich die Naturgesetze selbst oder die Regeln, nach denen alles geschieht. Demgemäß erstreckt sich das natürliche Recht ... jedes einzelnen Individuums so weit wie seine Macht".[39] Hier aber setzt das faktische Argument ein. „Das natürliche Recht des Menschen, solange es das eines Einzelnen ist und durch seine alleinige Macht bestimmt ist, ist nichtig und besteht mehr in der Einbildung als in der

---

[38] Ebd. IV, Lehrsatz 37, Anmerkung 1.
[39] Tractatus Politicus, 2. Kap., § 4.

289

Wirklichkeit. . . . Ohne gegenseitige Hilfe können die Menschen kaum ihr Leben fristen und ihren Geist ausbilden".[40]

Diesen Gedanken der „gegenseitigen Hilfe" hat Pjotr Kropotkin zum Titel und Thema eines Buches gewählt[41], in welchem er der Mißdeutung von Darwins Entwicklungstheorie durch den rücksichtslos aggressiven Kapitalismus des späten neunzehnten Jahrhunderts entgegentritt, der sich unter Berufung auf *survival of the fittest,* die „natürliche Zuchtwahl", moralisch rechtfertigen wollte. Dies von Darwin genommene Schlagwort stellt eine Tatsache fest, nämlich daß die, welche zum Überleben am tauglichsten sind, im Kampf ums Dasein überleben. Die Menschheit (wenn auch durchaus nicht alle Staaten und Gesellschaften, die sie ausgebildet hat) hat ja bislang überlebt und wird so lange überleben, wie sie das dazu notwendige Miteinanderarbeiten und Einanderverstehen zeitigt. Das Raubtier-Ideal des „freien Löwen oder Adlers" usw. ist doppelt widernatürlich für den Menschen. Denn erstens kann der Mensch nicht für sich allein leben – „allen Menschen wohnt die Furcht der Vereinzelung und Isolierung inne"[42] –, auch der seltene, allein arbeitende Terrorist braucht ja die Gesellschaft als Haß-Objekt, und selbst der Eremit verläßt sie für ein sehr un-raubtierhaftes Leben erst, nachdem er viele Jahre in der menschlichen Gesellschaft gelebt hat. Zweitens machen Raubtiere Tiere anderer Gattungen zur Beute, wogegen die Menschen, Vegetarier oder Fleischesser, über ihresgleichen herfallen. Was für eine

---

[40] Ebd. 2. Kap., § 15.
[41] Pjotr Kropotkin: Mutual Aid (Gegenseitige Hilfe in der Tier- und Menschenwelt) 1902. Deutsche Ausgabe von Gustav Landauer, Leipzig 1910.
[42] Tractatus Politicus, 6. Kap., § 1.

Freiheit ein Raubtier immer haben mag, sie ähnelt in keiner Weise der Freiheit, nach der auch der unvernünftigste Mensch trachten kann.

Spinoza macht folgende Feststellungen. „Da alle Menschen, die zivilisierten wie die unzivilisierten, überall sich zu wechselseitigen Beziehungen verbinden und irgendeinen sozialen Zustand herstellen, so darf man die Ursachen und natürlichen Grundlagen des Staatswesens nicht aus den Lehrsätzen der Vernunft ableiten wollen, sondern muß sie aus der allgemeinen Natur des Menschen entnehmen"[43]; in der Tat „streben die Menschen von Natur nach dem Staatsleben und können es unmöglich jemals gänzlich auflösen".[44] Mit anderen Worten, der Mensch ist wesentlich und unumgänglich sozial; diese Einsicht hatte Spinoza schon in der *Ethik*[45] gewonnen. Ja, „wenn die menschliche Natur so beschaffen wäre, daß die Menschen das, was ihnen am meisten nützt, auch am meisten begehrten, so bedürfte es keiner Kunst, Eintracht und Treue zu erhalten. Weil es aber bekanntlich ganz anders mit der menschlichen Natur bestellt ist, muß ein Staatswesen notwendig so eingerichtet werden, daß alle, Regierende wie Regierte, mögen sie wollen oder nicht, dasjenige tun, was das Gemeinwohl verlangt".[46] Das „muß ... notwendig" bedeutet „wenn es der Gefahr der Selbstzerstörung entrinnen soll". Hier darf wohl an den Sophisten Thrasymachus erinnert werden, an seine Behauptung, „Recht ist, was zum Vorteil des Stärkeren ist", und daran, wie er von Sokrates im ersten Buch von Platos „*Staat*" da-

---

[43] Ebd. 1. Kap., § 7.
[44] Ebd. 6. Kap., § 1.
[45] Vgl. Ethik, IV, Lehrsatz 35, Anmerkung.
[46] Tractatus Politicus, 6. Kap., § 3.

hin manövriert wird, den Begriff „Recht" im moralischen statt im beschreibenden Sinne zu verwenden, und so geschlagen wird. Spinoza passiert so etwas nicht. Er würde wohl nichts gegen jenen Satz einzuwenden haben; doch würde er darauf hinweisen, daß es dem „Vorteil des Stärkeren" sehr dienlich ist, wenn er sich um die Zufriedenheit der von ihm abhängigen Schwächeren kümmert. Sollte er aber darin zu nachlässig oder anmaßend sein und zu viele Irrtümer begehen, dann wird er eben nicht lange der Stärkere bleiben. „Der Staat vergeht sich *(peccat)*, wenn er tut oder geschehen läßt, was die Ursache seines Verderbens sein kann."[47] Und hier stoßen wir unmittelbar auf das Problem der Freiheit im Staate.

Totalitarismus mit seiner besonderen Art der Verneinung von Freiheit ist eine Erscheinung des zwanzigsten Jahrhunderts. Platos Staat zum Beispiel als totalitär zu beschreiben, zeigt einen beachtlichen Mangel an geschichtlichem Verstehen (auch wenn dieser Mangel von Denkern wie Bertrand Russell und Popper an den Tag gelegt wird). Andererseits ist orientalischer Despotismus keine Neuerscheinung, und zwischen jenem und diesem besteht nun doch eine gewisse Verwandtschaft. Mit Bezug darauf tritt Spinoza im *Tractatus politicus* dieses eine Mal aus seiner Objektivität heraus, wenn er schreibt: „Die Erfahrung scheint zu lehren, daß es für Frieden und Eintracht förderlich sei, alle Gewalt einem einzigen zu übertragen. Denn kein Staat hat so lange ohne wesentliche Veränderung bestanden als der türkische. Dagegen waren keine von geringerer Dauer als Volksstaaten und Demokratien, und keine wurden von

---

[47] Ebd. 4. Kap., § 4.

soviel Aufständen erschüttert. Wenn aber Sklaverei, Barbarei und Trostlosigkeit Frieden heißen sollen, dann gibt es für die Menschen nichts Erbärmlicheres als den Frieden. In der Tat gibt es gewöhnlich mehr und heftigere Streitigkeiten zwischen Eltern und Kindern als zwischen Herren und Sklaven, und doch liegt es nicht im Interesse eines Haushaltes, das väterliche Recht in eine Herrschaft umzuwandeln und damit die Kinder als Sklaven zu behandeln. So ist es eine Forderung der Sklaverei und nicht des Friedens, alle Gewalt einem Einzelnen zu übertragen. Denn Frieden besteht nicht im bloßen Verschontsein vom Krieg, sondern in der Einigung und Eintracht der Geister.“[48] Unsere Erfahrung ist allerdings noch trauriger, indem wir Sklaverei *mit* Krieg erfahren haben, wenn auch die „tausend“ Jahre nur etwa zwölf dauerten.[48a] Der türkische Despotismus hat laut Spinozas Naturrecht oder Naturgesetz völlig richtig gehandelt, da er seine Selbsterhaltung erfolgreich durchgesetzt hat. Spinozas ausnahmsweise Empörung über solch einen Staat muß wohl dahingehend verstanden werden, daß er diejenigen, die einen solchen Zustand unerträglich finden würden, das heißt solche, die schon in einem hohen Grade gemäß der Leitung der Vernunft leben, ernstlich ermahnen will, rechtzeitig etwas zu unternehmen, sobald sich die Möglichkeit einer derartigen Entwicklung anzeigen sollte. Er kann doch nicht vergessen haben, was er ein paar Kapitel vorher sagte, insbesondere dies: „Ein Staatswesen, dessen Heil von der Gewissenhaftigkeit *eines* Menschen abhängt und dessen Geschäfte nur dann gehörig besorgt werden

---

[48] Ebd. 6. Kap., § 4.
[48a] Hitler, deutscher Reichskanzler und „Führer“ von 1933 bis 1945, behauptete, sein „Drittes Reich“ werde tausend Jahre dauern.

können, wenn die, denen sie obliegen, gewissenhaft handeln, ein solches Staatswesen kann nicht von Bestand sein."[49]

Was den hübschen Vergleich mit der streitlustigen Familie angeht, so möchte man sagen, daß – jedenfalls mit Bezug auf *junge* Kinder – die Verantwortung (ich meine dies im rein ursächlichen Sinne; denn wir sprechen wieder in der objektiven Tonart) für deren lebendige Selbständigkeit oder, möglicherweise, deren Widersetzlichkeit bei den Eltern liegt. Auf das Staatswesen angewandt, ist das jedenfalls auch Spinozas Auffassung. „Sicherlich sind Aufruhr, … Verachtung und Verletzung der Gesetze nicht so sehr der Schlechtigkeit der Untertanen zuzuschreiben, als vielmehr dem verkommenen Zustande des Staates. Denn die Menschen werden nicht als Staatsbürger geboren, sie werden erst dazu gemacht. … So wie aber die Fehler der Untertanen, ihre Zügellosigkeit und Widersetzlichkeit dem Staate anzurechnen sind, so müssen andererseits auch ihre beharrliche Gesetzestreue und ihre Tüchtigkeit in erster Linie der Tüchtigkeit und dem vollkommenen Rechtszustand des Staates zugerechnet werden."[50]

Die Macht jeder Regierung ist beschränkt durch die den Staatsbürgern verbleibende, faktisch unveräußerliche Macht, d. h. diese müssen ihren Vorteil darin sehen, sich jener zu fügen. Spinoza drückt dies so aus: „Ein Staat, der nur darauf abzielt, die Menschen durch Furcht zu leiten, wird eher frei von Fehlern sein, als daß er wirkliche Vorzüge hat. Die Menschen sollten so geleitet werden, daß es ihnen scheint, sie würden gar nicht geleitet, sondern lebten nach eigenem Sinne und eigenen

---

[49] Ebd. 1. Kap., § 6.
[50] Ebd. 5. Kap., § 2 und § 3.

freien Entschlüssen."[51] Dergestalt liegt aller Regierung eine demokratische Beauftragung zugrunde. Dies gilt auch für die Monarchie. Spinoza beschreibt den Willen des Königs als das bürgerliche Gesetz selbst, und damit als den Staat. Dann fährt er fort: „Ist also der König gestorben, dann hat sozusagen auch der Staat geendet, das Staatsleben kehrt zum Naturzustand und folglich auch die höchste Gewalt ganz natürlich zum Volke zurück."[52]. Bei seiner Diskussion der Aristokratie erwähnt er immer wieder den Vorteil sehr zahlreicher Mitglieder in den Regierungsversammlungen, weil sich so die Wahrscheinlichkeit erhöht, daß doch einige intelligente Menschen daran teilnehmen und daß der dummen und bestechlichen genug sind, um einander die Waage zu halten, so daß vernünftige Staatsbeschlüsse gefaßt und gute Gesetze gemacht werden können.

Noch in anderer Weise ist die Macht des Staates eingeschränkt. Spinoza beginnt mit einem Vergleich mit dem Einzelnen. Ein Mensch mag wohl das Recht haben, mit einem Tische zu tun, was ihm beliebt, – er wird ihn doch nie zum Gras-fressen bringen können. Ebensowenig aber kann der Staat einen Menschen, weil dieser unter dem Rechte des Staates steht, „fliegen machen oder ... das mit Ehrfurcht zu betrachten veranlassen, das Lachen oder Ekel erregt".[53] Im *Tractatus* von 1670 ist er ausführlicher. „Es wird niemals eine höchste Gewalt geben, die alles so ausführen könnte, wie sie will. Denn vergebens wird sie einem Untertan befehlen, den zu hassen, der ihn durch eine Wohltat verpflichtet, oder

---

[51] Ebd. 10. Kap., § 8.
[52] Ebd. 7. Kap., § 25.
[53] Ebd. 4. Kap., § 4.

den zu lieben, der ihm Schaden zugefügt hat, von Beleidigungen sich nicht verletzt zu fühlen, von Furcht sich nicht befreit zu wünschen, und noch sehr vieles andere dieser Art, das sich aus den Gesetzen der menschlichen Natur ergibt. Denn niemals haben sich die Menschen so ihres Rechtes begeben . . . , daß sie nicht von denen, die ihr Recht und ihre Macht übernahmen, gefürchtet worden wären und daß der Regierung nicht von den zwar ihres Rechtes beraubten Bürgern mehr Gefahr gedroht hätte als von den [äußeren] Feinden."[54] Die Gedanken- und Redefreiheit trägt viel zur Beständigkeit eines Staates bei. Dies schließt nicht die Erlaubnis ein, zum Aufstande aufzuwiegeln; wenn jedoch solche Demagogie um sich greift, würde Spinoza darauf schließen, daß der Staat schlecht geordnet ist (wie wir gesehen haben). Die Begriffe des stabilen und labilen Gleichgewichts mögen den Gedanken Spinozas veranschaulichen. Freiheit der Staatsbürger gibt einem Staatswesen ein stabiles Gleichgewicht, was bedeutet, daß auch ernste Stöße nicht dauernden Gleichgewichtsverlust, d. h. den Zusammenbruch des Staates bringen. Innere Unterdrückung dagegen macht das Staatswesen zum leichten Opfer auch geringer Stöße, das Gleichgewicht ist labil, weil die Bürger hauptsächlich aus Furcht sich der Staatsgewalt unterwerfen, die zudem noch viel Kraft (geheime und offene Polizei usw., die auch selbst wieder eine Gefahr für den Staat werden kann) darauf verwenden muß, den Staat aufrechtzuerhalten.

Der freie Mensch folgt den Gesetzen seines Staates allerdings nicht aus Furcht, „sondern, sofern er sein Sein nach der Leitung der Vernunft zu erhalten strebt, d. h.

---

[54] Tractatus Theologico-Politicus, 17. Kapitel, 187 (Erstausgabe 1670). Deutsche Übersetzung von G. Gawlick, a. a. O. 248.

sofern er frei zu leben trachtet, sucht er Rücksicht zu nehmen auf das gemeinschaftliche Leben ... und daher nach den gemeinsamen Beschlüssen des Staates zu leben. Er wünscht also ... die gemeinschaftlichen Rechte des Staates aufrechtzuerhalten, um desto freier zu leben."[55] „Ein Staat wird erhalten durch die Erhaltung seiner Gesetze. Aber diese sind nur dann unzerstörbar, wenn sie in der Vernunft und in den allgemeinen Affekten der Menschen ihre Stütze haben ... Stützen sie sich bloß auf die Hilfe der Vernunft, dann sind sie kraftlos und leicht zu vernichten"[56], und dasselbe gilt, wie wir schon sahen, wenn sie sich nicht auf Vernunft und nur auf Affekte stützen. Schließlich „sobald es das Gemeinwohl verlangt, werden zweifelsohne die Verträge oder Gesetze, durch die die Menge ihr Recht auf eine Ratsversammlung oder auf einen einzigen Menschen überträgt, notwendigerweise gebrochen werden"[57], und zwar, solange dies möglich ist, auf verfassungsmäßigem Wege. Freiheit ist die Bedingung eines gesunden (d. h. stabilen) Staatswesens. Der Mensch kann, wenn überhaupt, nur im Sozialen frei sein. Freiheit, d. h. adäquates Verstehen und ein Handeln, das daraus entspringt, ist das wesensechte Streben eines jeden. Soweit wir frei sind, sind wir auch eins mit uns selbst. Und wer eins mit sich selbst ist, ist auch eins mit seinen Mitmenschen.

---

[55] Ethik, IV, Lehrsatz 73, Beweis.
[56] Tractatus Politicus, 10. Kap., § 9.
[57] Ebd. 4. Kap., § 6.

Die Wandlungen des Freiheitsbegriffs bei Schelling

Von Walter Schulz, Tübingen

Das Thema meines Referates heißt „Die Wandlungen des Freiheitsbegriffes bei Schelling". Ich behandle also einen historischen Gegenstand. In welchem Grade oder schärfer: ob überhaupt eine solche Beschäftigung mit der Vergangenheit für unsere gegenwärtigen Probleme ertragreich sein kann, das läßt sich nicht im vorhinein ausmachen, sondern dies kann sich nur aus der konkreten Auseinandersetzung mit den Denkern der Vergangenheit ergeben. Zunächst einige äußere Angaben. Schelling ist 1775 geboren. Er hat im Tübinger Stift studiert und dort mit 19 Jahren seine erste philosophische Schrift – „Über die Möglichkeit einer Form der Philosophie überhaupt" – verfaßt. Diese Schrift hat Schelling an Fichte gesandt, der sich sehr zustimmend geäußert hat. Schelling und der Kreis seiner Freunde, zu dem ja auch Hegel und Hölderlin gehörten, waren in dieser gemeinsamen Zeit in Tübingen überzeugt, daß ein neues Zeitalter anbrechen werde. Sie vertrauten auf die unbedingte Kraft der Philosophie, insofern diese wegweisende und umstürzende Ideen setzt. Das Alte muß und wird fallen, denn der Geist der Zeit selbst drängt vorwärts. Schelling und seine Gesinnungsfreunde werden sich – das ist ihre Meinung – als wesentliche Träger dieses Geistes erweisen. Mit 22 Jahren wird Schelling Professor in Jena. Daß seine Vorlesungen außerordentlich erfolgreich waren, bezeugen zahlreiche Urteile seiner Hörer. Schelling bringt in den Jahren bis 1800 in sehr rascher Folge ein

Werk nach dem anderen heraus. Es handelt sich zum Teil um nicht vollendete Arbeiten. In diesen Werken spricht sich ein außerordentlich starkes Selbstbewußtsein aus: Schelling glaubt sich im Besitz der Wahrheit. 1809 gibt Schelling eine Schrift über die Freiheit heraus: „Philosophische Untersuchungen über das Wesen der menschlichen Freiheit und die damit zusammenhängenden Gegenstände". Er ist damals 34 Jahre alt. Von diesem Zeitpunkt an veröffentlicht Schelling nichts mehr. Inzwischen ist Hegel ganz in den Vordergrund getreten. Zwischen ihm und Schelling, den einstigen Jugendfreunden, bricht ein Konkurrenzkampf aus, der sich bis zum intimen Haß steigert. Schelling, an maßlosem Ehrgeiz Hegel sicher übertreffend, spricht Hegel jeden philosophischen Rang ab; Hegels Philosophie sei nur eine Episode. 1851 wird Schelling nach Berlin gerufen, um die Drachensaat des Hegelschen Pantheismus zu bekämpfen. Die Vorlesungen Schellings sind – so Jaspers – das letzte große akademische Ereignis. Der anfängliche Erfolg schlägt aber alsbald in eindeutigen Mißerfolg um. Schelling wird verspottet und gibt die Lehrtätigkeit auf. Er ist verbittert gestorben, bis zum Tode noch verkündigend, daß das große Werk, das die Philosophie endgültig ins Freie führen würde, bald erscheinen werde – aber es ist eben nicht mehr erschienen.

Wenn man sich nun fragt, warum der Weg Schellings von anfänglich ungeheurem Erfolg zu schließlich eklatantem Mißerfolg führt, so wird man wohl antworten müssen: der späte Schelling stand zwischen den Zeiten. Er war unzeitgemäß, und zwar unzeitgemäß nicht nur den anderen gegenüber, sondern – wenn ich so sagen darf – auch sich selbst gegenüber. Es war ihm nicht möglich, seine wesentlichen und vorwärtsweisenden Ansätze in eine ihnen entsprechende Form zu bringen. Er hat sie

in spekulativen und theologischen Konstruktionen vorgetragen, die zum Teil abstrus wirken.

Das Grundproblem Schellings, von dem her sich diese
lange, über 50 Jahre währende Zeit seines Philosophierens aufschlüsseln läßt, ist das Problem der Freiheit. Es
ist nun aber nicht leicht, die sich wandelnden Aspekte,
von denen her Schelling dies Problem der Freiheit angeht, in einen sinnvollen Zusammenhang zu bringen.
Schematisierend läßt sich jedoch folgendes sagen: Freiheit wird bei Schelling wesentlich als spekulativ-theo-
logisches Problem abgehandelt. Diese Betrachtung der
Freiheit steht im Zentrum seiner Analysen. Neben dieser Hauptlinie aber gibt es, kaum beachtet, einen zweiten Ansatz, von dem her die Freiheit anthropologisch
betrachtet wird: Freiheit erscheint im Problemzusam-
menhang der menschlichen Kommunikation einerseits
und des geschichtlichen Geschehens andererseits. Auf beiden Wegen aber gelingt es Schelling, die Freiheit zu
problematisieren. Das besagt konkret: Schelling begreift,
daß Freiheit nicht nur, und vielleicht nicht einmal primär, eine Auszeichnung des Menschen ist, sondern auch,
und vielleicht vor allem, ein Verhängnis. Dies will ich
Ihnen nun verdeutlichen. Ich wende mich zunächst der
Erörterung der spekulativ-theologischen Betrachtung
der Freiheit zu.

Schelling schreibt am 4. Februar 1795 an seinen Freund
Hegel aus Tübingen einen Brief. Offenbar in Beantwortung von Fragen Hegels erklärt er, es sei doch wohl
klar, daß die orthodoxen Begriffe von Gott für ihn und
Hegel überholt seien. In diesem Zusammenhang heißt
es nun: „Mir ist das höchste Prinzip aller Philosophie
das reine, absolute Ich, d. h. das Ich, inwiefern es bloßes
Ich, noch gar nicht durch Objekte bedingt, sondern
durch *Freiheit* gesetzt ist. Das A und O aller Philoso-

phie ist Freiheit." Schelling setzt sodann das absolute
Ich und Gott gleich und erklärt: „Persönlichkeit entsteht durch Einheit des Bewußtseins. Bewußtsein aber
ist nicht ohne Objekt möglich, für Gott aber, d. h. für
das absolute Ich gibt es *gar kein* Objekt, denn dadurch
hörte er auf, absolut zu sein. – Mithin gibt es keinen
persönlichen Gott, und unser höchstes Bestreben ist die
Zerstörung unserer Persönlichkeit, Übergang in die absolute Sphäre des Seins, der aber in Ewigkeit nicht *möglich* ist – daher nur *praktische* Annäherung zum Absoluten, und daher – *Unsterblichkeit.* Ich muß schließen.
Lebe wohl. Antworte bald Deinem Sch."[1] Diese knappen Sätze sind inhaltlich und stilistisch typisch für den
jungen Schelling. Sie besagen: Das letzte Prinzip alles
Seienden ist ein Absolutes, das als Absolutes gegensatz-
los ist. Es hat kein Bewußtsein, und ihm kommt keine
Persönlichkeit zu, denn Bewußtsein ist ebenso wie Persönlichkeit durch den Gegensatz zur Welt der Objekte
bestimmt. Dies Absolute ist das eigentliche Ziel. Unser
Streben zum Absoluten hin bedeutet eine Zernichtung
der Persönlichkeit. In der aus demselben Jahr (1795)
stammenden Schrift „Philosophische Briefe über Kriti-
zismus und Dogmatismus" erklärt Schelling dementsprechend: „Der höchste Moment des Seins ist für uns
Übergang zum Nichtsein, Moment der Vernichtung."[2]
Dieser Zustand ist für uns jetzt nicht erreichbar, weil
wir als Bewußtsein auf Gegensätze eingestellt sind.
Aber wir müssen auf ihn hin uns ausrichten, das heißt,
jede Art von Beschränkung zu durchbrechen suchen.
Dieser Weg zum Absoluten hin ist unendlich, und der

---

[1] Aus Schellings Leben. In Briefen, Leipzig 1869, Bd. I, 76 f.
[2] Schelling: Sämtliche Werke, hrsg. v. K. Fr. A. Schelling, Stuttgart
und Augsburg 1856 ff., Bd. I, 324.

unendlichen Annäherung an das Absolute entspricht unsere Unsterblichkeit.

Bedenkt man diesen Ansatz, dann ist es offensichtlich: Freiheit ist hier völlig unbestimmt. Als absolute Gegensatzlosigkeit ist sie die bloße und leere Idee der reinen Indifferenz. Sie wissen, daß Hegel in der Vorrede zur „Phänomenologie des Geistes" diese Bestimmung des Absoluten verspottet hat. Hegel spricht von diesem Absoluten als der Nacht, worin, wie man zu sagen pflegt, alle Kühe schwarz sind, und erklärt, von einem solchen Absoluten zu reden, sei die Naivität der Leere an Erkenntnis.[3] Hegel hat mit diesem Vorwurf völlig recht, denn wenn man das Absolute als gegensatzlose Indifferenz bestimmt, dann kann man in der Tat gar nichts mit ihm anfangen.

Schelling selbst hat, und zwar bereits vor dem Erscheinen der „Phänomenologie des Geistes", diesen Mangel der Bestimmung des Absoluten bemerkt. Es gibt diesem Ansatz zufolge zwei Dimensionen, die nicht miteinander vermittelt sind: unsere Welt der Gegensätze und darüber eben das reine Absolute, in dem es keine Unterschiede gibt. Ein solcher Dualismus ist der spekulativen Philosophie unangemessen. Spekulative Philosophie hat sich in einem geschlossenen System, das das Ganze des Seienden einheitlich von einem Prinzip her ableitet, zu vollenden. Das heißt konkret: es müßte an sich möglich sein zu zeigen, wie aus dem Absoluten die Welt der Gegensätze entspringt. Hier stößt Schelling nun aber auf ein altes Problem der theologischen Metaphysik. Man kann die Gegensätze in der Welt nicht von einem Absoluten her erklären, insofern diese Gegensätze ein

---

[3] Hegel: Phänomenologie des Geistes, hrsg. v. J. Hoffmeister, Hamburg 1952, 19.

Zeugnis der Unvollkommenheit und der Endlichkeit sind. Unvollkommenes kann nicht aus Gott, der reine Vollkommenheit ist, stammen, es muß auf die Freiheit des Menschen als eine Freiheit zur Verkehrung zurückgeführt werden. Schelling erklärt dementsprechend, der Grund der Wirklichkeit als einer endlich-unvollkommenen Welt liege im Abfall des Menschen von Gott. Schelling nimmt hier also theologisches Gedankengut der Tradition auf. Aber – und dies ist das Entscheidende – Schelling durchdenkt dies Traditionsgut so radikal, daß es in seinen wesentlichen philosophischen Grundlagen entscheidend modifiziert wird. Das heißt konkret: Schelling entdeckt, daß der Mensch nicht primär reines Vernunftwesen ist und daß Freiheit gar nicht mit praktischer Vernunft im Sinne Kants identisch ist. Freiheit ist vielmehr die Möglichkeit zur Perversion. Schelling ist die Bedeutung dieser Uminterpretation der Tradition nicht verborgen geblieben. Es genügt nicht, so sagt er, Freiheit im formalen Sinn als Selbstbestimmung und Autonomie herauszustellen, wie dies Kant und Fichte taten. Freiheit ist eine Bestimmung des lebendigen Lebens. Das besagt: Freiheit ist Vermögen des Guten und des Bösen. Das Wesen des Bösen besteht in nichts anderem als darin, daß der Mensch die Entwicklung zur Vernunft hin – diese Ordnung ist das Gute – verkehren kann.

Schelling hat diese Möglichkeit der Freiheit als einer Freiheit zur Verkehrung zu begründen versucht durch eine Interpretation der Subjektivität, die die eigentlich philosophische Leistung seines späten Denkens darstellt. Sie ist erstmalig in der Freiheitsschrift dargelegt und wird dann in den Vorlesungen zur Philosophie der Mythologie und der Offenbarung ausführlicher entwickelt. Diese Interpretation der Subjektivität ist kompliziert, ich erläutere dennoch ihren Grundansatz, denn ihr kommt innerhalb der philosophischen Entwicklung in Richtung auf die Gegenwart eine kaum zu überschätzende Bedeutung zu.

Es walten in der durch die Ichhaftigkeit bestimmten Subjektivität gegenstrebige Tendenzen. Die Grundlage ist ein naturhafter Drang. Subjektivität ist primär Kraft und Energie, die sich äußern wollen. Die Kraft ist besinnungslos; wenn sie nicht gezügelt wird, wirkt sie sich als reine Zerstörung jeder Ordnung aus. Schelling redet von dieser Möglichkeit der Subjektivität als der ersten Potenz und bezeichnet sie als das reine Seinkönnen oder als das blind Seiende. Es ist der bloße Wille als Drang. Es gibt in der Subjektivität eine Gegenmöglichkeit. Gegen die Naturkraft steht der Verstand. Der Verstand ist aber als solcher kraftlos. Er ist das dem schrankenlosen Willen „Maß Gebende, dem für sich blinden und unfreien Besinnung und Freiheit Vermittelnde".[4] Schelling bestimmt diese zweite Potenz als das objektive oder reine Sein. Als in sich seiend hat die Subjektivität die Möglichkeit, in sich zu ruhen und sich selbst zu genügen. Diese zweite Potenz sucht den Ausbruch der Subjektivität zu zügeln, indem sie die reine Kraft, wie Schelling sagt, „verständigt". Zur Subjektivität gehören beide Tendenzen: naturhafte Kraft und formender Verstand. Schelling setzt deswegen beide Kräfte als eine Einheit an und bestimmt diese Einheit als dritte Potenz. Diese drei Potenzen kommen Gott und Mensch zu. Gleichwohl zeigt sich ein entscheidender Unterschied zwischen Gott und Mensch.

Schelling erklärt, daß mit den drei Bestimmungen der

---

4 Schelling: S. W., Bd. X, 289.

Subjektivität, dem dunklen Drang, dem Verstand und deren Vereinigung, Gott als Gott noch gar nicht erfaßt sei. Gott an ihm selbst ist nämlich die reine Freiheit, sich in diesen Potenzen als den Möglichkeiten seiner selbst vollkommen uneingeschränkt bewegen, mit ihnen spielen und sie beliebig gegeneinander ausspielen zu können. Gott vermag sich als die Einheit von Natur und Verstand aufs Spiel zu setzen. Er kann es sich leisten, die Natur in sich freizusetzen, nicht nur weil er auch Verstand hat, sondern – und erst dies ist das Entscheidende – weil er als reine Freiheit über Natur und Verstand erhaben ist.

Der Mensch hat diese reine Freiheit, die ihn über seine Natürlichkeit und seine Verständigkeit hinaushebt, nicht. Dem Menschen ist die Einheit von Natürlichkeit und Verständigkeit als sein Wesen, an das er gebunden ist, vorgegeben. Gleichwohl ist im Menschen eine Tendenz, weil er ein seiner selbst bewußtes ichhaftes Wesen ist, sich über seine ihm zukommenden Möglichkeiten zu erheben. Dieser Tendenz hat der Mensch nachgegeben und gibt ihr immer wieder nach. Schelling greift hier auf die Geschichte des Sündenfalles zurück. Der Mensch setzt die Natur in sich frei, um gleichsam von sich aus sich eine nur von ihm abhängige Welt aufzubauen. Aber dies Unternehmen scheitert, weil der Mensch nicht wie Gott reine Freiheit ist. Wenn er die Natur als den dunklen Drang in sich freisetzt, dann verliert er die Herrschaft über sich selbst und verkehrt die Ordnung in der Welt und vor allem in sich selbst. Die Perversion besteht also in der Umordnung des Ranges: die Naturkraft als blinder Drang wird über den Verstand gesetzt, und dieser wird von ihr in Dienst gestellt. Das besagt konkret, daß der Mensch seine Perversion künstlich auszugestalten versucht, um den beabsichtigten Genuß zu steigern. Ein Beispiel: Schelling unterscheidet im geschlechtlichen Bereich die Wollust und die Grausamkeit. Die Grausamkeit ist eine Perversion des Geistes und wird von diesem inszeniert. „Wer mit den Mysterien des Bösen nur einigermaßen bekannt ist (denn man muß es mit dem Herzen ignorieren, aber nicht mit dem Kopf), der weiß, daß die höchste Corruption gerade auch die geistigste ist, daß in ihr zuletzt alles Natürliche, und demnach sogar die Sinnlichkeit, ja die Wollust selbst verschwindet, daß diese in Grausamkeit übergeht, und daß der dämonisch-teuflische Böse dem Genuß weit entfremdeter ist als der Gute."[5] Der Grausame will an sich und zunächst die Destruktion des anderen genießen, aber er zerstört damit auch sich selbst. Die Perversion ist – so fassen wir zusammen – durch eine eigentümliche Dialektik bestimmt. Der Mensch ist es selbst, der die Natur freisetzt, und doch erscheint auf der anderen Seite diese Freisetzung als ein Geschehen, das den Menschen ohne sein Zutun überkommt.

Es wäre nun möglich, eine genauere Interpretation der einzelnen Analysen dieser Perversion zu geben, die Schelling – oft nur gelegentlich und am Rande – entwickkelt. Ich will dies nicht tun, sondern verweise kurz auf die grundsätzliche Wandlung, die sich in Schellings Denken vollzieht. Schellings Blick wird nun frei für die negativen Seiten in der Welt. Er entdeckt, daß die Welt wesentlich nicht von der Vernunft bestimmt ist. Vor allem aber: wenn man erkennt, daß das Sein in Unordnung geraten ist, dann muß man darauf verzichten, die Vernunft als das eigentliche Gestaltungsprinzip, das in der Natur problemlos waltet, anzusetzen. Schelling gerät

---

[5] Schelling: a. a. O. Bd. VII, 468.

also in gewissen Gegensatz zu seinem eigenen früheren Denken. Der frühe Schelling hat, so kann man sagen, nur das Positive in der Natur gesehen. Das heißt konkret: er hat das Harmonische als Prinzip der Selbstgestaltung, etwa in den Bildungen der Kristalle oder den Phänomenen des Organismus, in den Vordergrund gerückt. Die von ihm beschriebene Natur ist gleichsam die paradiesische Natur. Jetzt wandelt sich seine Einstellung zur Natur wesentlich. Das heißt nicht, daß die Natur böse sei. Das Böse ersteht erst und allein durch den Menschen, der die Natur gegen das Verständige zum Prinzip erhebt. Die Natur an sich ist also durchaus nicht böse. Sie wird aber nicht mehr wie früher problemlos als Vorform des bewußten Geistes, das heißt als sinnvolle Ordnung, gedacht. Natur ist vielmehr in sich selbst betrachtet als Drang zu bestimmen, und dieser Drang ist in sich zentrierte „selbstische" Kraft. Schelling bezeichnet diesen Drang nun gerade als Willen. Er sagt zwar gelegentlich, daß dieser Drang noch nicht der verständige Wille sei, sondern den Verstand nur „ahne". Gleichwohl: die Naturkraft ist das eigentlich bestimmende Element des Willens als solchen. Mit dieser Gleichsetzung von Wille und Drang vollzieht Schelling eine entscheidende Neuinterpretation in der Bestimmung des Menschen, und diese Interpretation hat sich in der Geistesgeschichte des späteren 19. Jahrhunderts durchgesetzt.

Schopenhauer erklärt den Willen zum Grundprinzip alles Seienden. Dieser Wille ist blinder Trieb. Er ist die Quelle alles Leidens, weil er unersättlich ist. Man kann jedes einzelne Willensziel ändern, das Wollen selbst bleibt die bestimmende Macht. Der Verstand aber untersteht nach Schopenhauer dem Willen, der dunkle Wille hat sich, wie Schopenhauer sagt, beim Menschen im Verstand ein Licht angezündet. Schopenhauer sucht Auswege, er meint sie in der Kunst und in der Askese zu finden.

Nietzsche erklärt, solche Auswege seien nicht möglich. Sie sind nicht der Struktur des Lebens angemessen. Wenn der Wille als Wille zur Macht der Grundcharakter des Lebens ist, dann kann kein Lebendiges hinter diesen Willen zurückgehen, es sei denn, es verzichtet auf das Leben überhaupt. Nietzsche zieht nun aus diesem Ansatz die Konsequenz: der Wille im Sinn der Tradition als einheitliches Vermögen ist ebenso eine Erfindung der Philosophen wie die Vernunft und das Ich. In Wahrheit ist der Mensch ein Gesellschaftsbau von Trieben, und dementsprechend muß die Freiheit als Illusion entlarvt werden. Es ist dem Menschen nicht möglich, zu entscheiden, ob er so oder so handeln will. „Der Täter ist zum Tun bloß hinzugedichtet – das Tun ist alles."[6]

Von Schopenhauer und Nietzsche her ließe sich die Linie weiterverfolgen zur modernen Anthropologie und zu Freud. Freud setzt in der zweiten Topik das Es als Grundschicht an, über ihm stehen das Ich und das Über-Ich. Das Ich, die Dimension des Bewußtseins, befindet sich in einer prekären Situation. Es soll den ganzen Haushalt des Menschen in Ordnung bringen, und es wird doch zugleich vom Es, der Triebschicht, und dem Über-Ich, dem Gewissen, bedrängt. Freud erklärt: „Wenn das Ich seine Schwächen einbekennen muß, bricht es in Angst aus, Realangst vor der Außenwelt, Gewissensangst vor dem Über-Ich, neurotische Angst vor der Stärke der Leidenschaften im Es."[7] Dies Wort erinnert an Schelling. Der späte Schelling spricht von der Angst des Lebens. Er

---

[6] Fr. Nietzsche: Werke, hrsg. v. K. Schlechta, München 1956, Bg. II, 790.
[7] S. Freud: Gesammelte Werke, London 1952 ff., Bd. XV, 85.

meint mit diesem Ausdruck die Angst davor, daß das Dunkel-Chaotische hervorbrechen könne. Der Mensch steht ständig, ob er es sich ausspricht oder nicht, in dieser Angst, und sie gründet eben darin, „daß", so sagt Schelling, „der wahre Grundstoff alles Lebens und Daseins eben das Schreckliche ist".[8]

Ich will nun noch in aller Kürze den zweiten Ansatz der Freiheitskonzeption Schellings darlegen. Dieser zweite Ansatz ist auf das Ganze der Entwicklung Schellings bezogen nicht so wesentlich wie der soeben dargelegte. Er ist zudem nur in einem bestimmten Werk, nämlich Schellings „System des transzendentalen Idealismus" entwikkelt worden. Gleichwohl ist er bedeutsam, und zwar aus einem doppelten Grunde: einmal, er ist nicht spekulativ-theologisch ausgerichtet, und sodann, er weist ebenso wie der soeben gekennzeichnete Ansatz auf Grenzen der Freiheit hin.

Nun konkret: Schelling behandelt im vierten Teil dieses Werkes das System der praktischen Philosophie.[9] Die praktische Philosophie hat es mit der Selbstbestimmung des Menschen zu tun, das heißt der Handlung aus Freiheit. Diese Selbstbestimmung kann man niemandem erklären, der sie nicht aus eigener Anschauung kennt. Freiheit ist nicht demonstrierbar. Gleichwohl: es zeigen sich Widersprüche, die es zu beheben gilt. Schelling erklärt, auf Kant und Fichte zurückgreifend, jede Handlung geschieht empirisch gesehen in einem bestimmten Moment der Zeit und ist aus dem vorhergehenden Geschehen zu erklären. Die Behauptung, es gebe freie Handlungen, scheint also unerlaubt, wenn wir unser Tun solchermaßen als durchgängig bedingt ansehen müssen. Um zu einer

---

[8] Schelling: a. a. O. Bd. VIII, 339.
[9] Schelling: a. a. O. Bd. III, 532 ff.

Lösung dieses Problems zu kommen, erklärt Schelling nun grundsätzlich: die Freiheit läßt sich überhaupt nicht durch eine Betrachtung, die beim einzelnen stehenbleibt, erfahren. Schelling sagt: „Der Akt der Selbstbestimmung, oder das freie Handeln der Intelligenz auf sich selbst ist nur erklärbar aus dem bestimmten Handeln einer Intelligenz außer ihr."[10] Die Erläuterung dieses Satzes ist kompliziert. Schelling greift zudem auf Gedankengänge Fichtes zurück. Gleichwohl geht seine eigene Lösung über Fichte hinaus. Freiheit ist, so erklärt Schelling, nur indirekt zu erfassen, nämlich dann, wenn mir ein anderer eine Forderung stellt. Dieses Herantragen von Forderungen geschieht alltäglich und ist ein durchaus bekanntes anthropologisches Faktum. Und ebenso bekannt und anerkannt ist der Sachverhalt, daß man der Forderung nachkommen oder nicht nachkommen kann. Die Handlung, die von mir gefordert wird, muß nicht notwendig geschehen. Schelling sagt von dieser Handlung: „Sie kann erfolgen, sobald dem Ich der Begriff des Wollens entsteht, oder sobald es sich selbst reflektiert, sich im Spiegel einer anderen Intelligenz erblickt, aber sie muß nicht erfolgen."[11]

Ich erfahre die Möglichkeit meiner Freiheit durch eine von einem anderen an mich gestellte Forderung. Durch diese ersteht mir allererst der Begriff des Wollens als eines freien Wollens: ich kann ja oder nein sagen. Aber ich erkenne nicht nur mich als einen, der wollen kann, durch den anderen, auch dieser andere deklariert sich seinerseits eben durch diese Forderung als ein wollendes Ich. Nun bleibt Schelling bei diesem Ergebnis nicht stehen. Er vertieft die Untersuchung, indem er das menschliche

---

[10] Schelling: ebd. 540.
[11] Schelling: ebd. 542.

Miteinander zum Problem erhebt. Menschen als wollende Wesen sind individuell, und das heißt: eingeschränkte Wesen. Menschliches Wollen bewegt sich in begrenzten Möglichkeiten. Wir fangen immer in einem bestimmten Zeitalter aufgrund bestimmter Konstellationen an. Sodann und vor allem: die einzelnen Individuen sind bereits von sich aus beschränkt. Jedes Individuum stellt einen Organismus dar, das heißt, eine besondere Einheit von bestimmten Anlagen in physischer und psychischer Hinsicht. Ich bin, so erklärt Schelling, ehe ich mir meiner Freiheit bewußt bin, schon in dieser Freiheit eingeschränkt, bestimmte Handlungen sind für mich gar nicht möglich.

Eben diese Eingrenzung der Freiheit wirft ein neues Problem auf. Gibt es eine Garantie dafür, daß das Handeln dieser verschiedenen Individuen miteinander harmoniert? Geschichte erscheint zunächst als Willkür. Schelling sagt selbst, der Mensch habe nur deswegen Geschichte, weil, was er tun wird, sich nicht im voraus errechnen läßt. Aber Schelling geht über diesen Ansatz hinaus. Geschichte ist nicht nur durch Freiheit bestimmt, sondern auch durch Notwendigkeit. Beides muß vereint werden.

In der Freiheit selbst waltet eine verborgene Notwendigkeit. Diese ist das Schicksal. Schicksal bringt das, was wir nie beabsichtigt haben und was die sich selbst überlassene Freiheit nie zustande gebracht hätte, zustande. Aber ein angemessener Begriff der Geschichte erfordert, daß man von der Bestimmung Schicksal weitergeht zur Bestimmung Vorsehung. Schelling sagt, es sei eine transzendental notwendige Voraussetzung, eine Sinnhaftigkeit im Geschehen anzusetzen, sonst könnte man gar nicht handeln. Aber diese Voraussetzung bedeutet, daß wir, im Bilde gesprochen, letztlich doch nicht die Selbsterfinder der besonderen Rollen eines Dramas sind, sondern daß der Gesamtdichter durch uns hindurch handelt. Ohne Bild: Wir sind als innere Erscheinung frei; als und insofern unsere Freiheit aber in die Weltbegebenheiten eingeordnet ist, untersteht sie dem Grund aller Harmonie, das heißt Gott, der in der Geschichte als Vorsehung sich offenbart. Gottes Walten vermögen wir aber nie ganz zu durchschauen, so können wir uns als frei erscheinen.

Diese Lösung, daß letztlich nur Gott das Geschehen lenkt, hat Schelling auch in den späten Entwürfen seiner Philosophie beibehalten, ja sogar verstärkt. Das heißt: auch die Freiheit der Perversion, von der ich im ersten Teil dieser Vorlesung sprach, wird schließlich von Gott zum Guten gewendet. Der Mensch bringt zwar Unordnung in die Geschichte hinein, aber Gott bleibt der Herr der Geschichte. Durch die Menschwerdung Christi werden der Sündenfall und seine negativen Folgen selbst negiert.

Der Rückgriff auf die christliche Metaphysik ist vom Text der Werke Schellings her ein Sachverhalt, den man anzuerkennen hat. Aber es ist ein Sachverhalt, der nur dogmatisch behauptet werden kann und der nicht, wie Schelling meint, a priori konstruierbar ist. Und sodann und vor allem: dieser Rückgriff auf die christliche Metaphysik ändert nichts an der Tatsache, daß Schelling im Rahmen des idealistischen Denkens grundsätzliche Zweifel an der Vernünftigkeit der Welt anmeldet. Er erkennt, daß es nicht genügt, genauer: daß es sogar verfehlt ist, den Menschen als reines Vernunftwesen einem übersinnlichen Kosmos zuzuordnen. Wird Freiheit als Autonomie im Sinne einer formalen jederzeit möglichen Selbstbestimmung gedacht, und wird von dieser Freiheitskonzeption her der Mensch bestimmt, dann verkürzt man das Wesen des Menschen und das Wesen der Freiheit.

Sicher: Freiheit ist eine Auszeichnung des Menschen, insofern es dem Menschen möglich ist, sich vom Gegebenen loszureißen. Aber Freiheit ist auch eine Belastung, nicht nur, und nicht einmal primär, weil die menschlichen Freiheitsmöglichkeiten beschränkt sind, sondern weil der Mensch in sich selbst sich nicht feststellen kann. Daß der Mensch – mit Nietzsche geredet – das nicht festgestellte Tier ist, das bedeutet nicht nur, daß er weltoffen ist, sondern auch, daß er selbst ortlos ist. Das heißt konkret: der Mensch ist weder ein Tier noch ein Gott, und dementsprechend kann er weder biologisch von reiner Natürlichkeit noch theologisch von reiner Geistigkeit her begriffen werden. Er ist von Grund aus ambivalent, und gerade diese Ambivalenz ist das Spezifikum der menschlichen Freiheit.

Die Objektivität der Freiheit

Hegels Rechtsphilosophie heute

Von Klaus Hartmann, Tübingen

Kann Freiheit objektiv sein? Ist sie nicht vielmehr etwas
Subjektives? Meint man nicht, der Einzelne, von sich aus
gesehen, also subjektiv, sei frei, während in objektiver
Blickrichtung, in der der Soziologen etwa, aber auch in
der der Kantischen Erkenntnistheorie, das Regelhafte
und Determinierte des Einzelnen ins Auge fällt? ,Ob-
jektiv' hieße hier etwas Vergegenständlichtes, das damit
Gesetzlichkeiten der Gegenstände unterläge. ,Subjektiv'
kann dagegen trotzdem ein Freiheitsanspruch bestehen.
Wir könnten uns auch eine Ontologie denken, die diesem Anspruch ,objektiv' Genüge tut, den Menschen als
an sich freies Wesen denkt (ob mit N. Hartmann oder
mit J.-P. Sartre und seiner Subjektontologie wäre hierfür relativ gleichgültig).
Aber auch dann wäre noch eine Seite der Objektivität
nicht berücksichtigt. Könnte Freiheit in dem Sinne objektiv sein, daß ein Miteinander von Einzelfreiheiten
wiederum eine Freiheit ist, ein neu sich jeder Einzelfreiheit bietender Freiheitsgegenstand?
Es gibt etwa die Redeweise von ,freiheitlichen Verhältnissen', also von einer Sozialgestaltung, die – man versteht noch nicht, ob in jedem Fall von Einzelfreiheit,
oder anderswie objektiv – frei ist. Man denkt an Rechtsstaatlichkeit, an unabhängige Gerichte, Grundrechte,
manche denken auch an sozialstaatliche Verhältnisse, die
es erst jedem ermöglichen sollen, seine Rechte wahrzunehmen. Man denkt also an eine objektive Ordnung von

Einzelfreiheiten, die insgesamt dem Einzelnen seine subjektive Freiheit ermöglicht, soweit sie nicht beschränkt oder verwirkt ist gemäß der Rechtsstaatlichkeit.

Man kann solche freiheitlichen Verhältnisse als objektive Freiheit ansprechen. Aber wenn man näher zuschaut, so ist solche objektive Freiheit, sind solche freiheitlichen Verhältnisse noch klärungsbedürftig. Handelt es sich nicht um ein Aggregat von lauter Einzelfreiheiten, d. h. um private Freiheitsansprüche, denen Regelungen und Gesetze entgegenstehen, die ihnen gegenüber ein Abstraktes und Fremdes ausmachen, von Exekutoren im Fall von Verstößen durchgesetzt?

Offensichtlich stehen wir hier vor dem Problem des Verhältnisses von Einzelfreiheit und sozialer Freiheit, oder, reflektierend gewendet, vor dem von Subjektontologie und Ethik einerseits und Sozialphilosophie andrerseits. Vorbilder für eine Zusammenschau beider finden sich etwa in Platos Analogie von Seelenvermögen und Staat,[1] oder in Aristoteles' Bestimmung des Verhältnisses von Ethik und Politik[2] und dem bei ihm zumindest empfundenen Erfordernis einer Bestimmung des Verhältnisses von ethischem und politischem Handlungsziel. Ein anderes klassisches Vorbild ist Kants Lehre. Kant hat einerseits eine Individualethik: hier bestimmt sich die Einzelfreiheit im Verhältnis zur Vernunft in Gestalt des kategorischen Imperativs (d. h. der Forderung der Vernunft an den Einzelnen).[3] Der soziale Aspekt einer solchen ethischen Sehweise ist das Ansinnen, sich eine Welt moralischer Wesen zu denken, ein *Reich der Zwecke,* das

---

[1] Plato: Staat. 4. Buch.
[2] Aristoteles: Nikomachische Ethik, Buch 1, 1 und 3.
[3] I. Kant: Grundlegung zur Metaphysik der Sitten, Akademie-Ausgabe Bd. IV, 416.

gleichsam durch allseitige, wenn auch kontingente Erfüllung des moralischen Gesetzes zustande käme.[4] Andrerseits hat Kant eine Rechtslehre: in ihr wird ein Zusammenbestehen von Einzelfreiheiten gedacht durch Einschränkung dort, wo solche Freiheiten in Kollision geraten. Eine solche Einschränkung verlangt ein Einverständnis aller, für Kant – im Rahmen einer langen diesbezüglichen Tradition – also einen Vertrag, einen *Gesellschaftsvertrag,* in dem sich alle dem Recht unterwerfen.[5]

Man sieht, die soziale Freiheit ist hier negativ, als Einschränkung der Einzelfreiheit gedacht, auf daß ein Zusammenbestehen der Willen möglich werde. Freiheit ist insofern nicht objektiv, als keiner als Freiheit das Aggregat, dessen Teil er unter dem Recht wäre, ganz möchte, es sei denn als kleineres Übel, als im Ganzen vorzuziehende Lösung, denn es liegt ja auch eine Unfreiheit der eigenen Willkür darin. Ich habe die (unbeschränkte) Freiheit zur Moral und die (beschränkte) Willkürfreiheit, also eine beschränkte Einzelfreiheit im sozialen Rahmen. Das Ganze erscheint vom Einzelnen aus nicht positiv frei.

Auch die moderne Subjektontologie tut sich schwer mit der Vermittlung von Einzelfreiheit und sozialer Freiheit; Sartre hat in seinem Frühwerk die Frage gar nicht erst angesprochen, in seinem Spätwerk die Frage zwar bedacht, aber keine positive, harmonische Beziehung zwischen beidem entwickeln können.[6]

---

[4] Ebd. 433.

[5] Metaphysik der Sitten, Akademie-Ausgabe Bd. VI, § 47.

[6] In „l'être et le néant" kennt Sartre nur duale, dazu noch antagonistische, Verhältnisse, und darüber hinaus allein objektivierte Subjektpluralitäten für einen Anderen (nous-objet). In der „Critique de la raison dialectique" finden sich neben entfremdeten Kollektiven

Ließe sich die negative Charakteristik des sozialen Bereichs anders sehen, könnte dieser Bereich einen positiven Freiheitsstatus haben? Und könnte es eine Theorie geben, die in sich, also in *einer* Theorie, Einzelfreiheit und soziale Freiheit verknüpfen kann?

Hegels Rechtsphilosophie in ihren Grundzügen

Ein entscheidender Entwurf in dieser Richtung ist der Hegelsche. Verfolgen wir die Grundgedanken. Freiheit wird vom Begriff des Willens her entwickelt. Hegel sieht die Willensbestimmung als freie nicht im Gesetz (im moralischen oder bürgerlich-rechtlichen Gesetz), sondern im Gegenstand des Willens. Damit ist der Kantische Dualismus von Willkür oder Eudämonismus und moralischem Willen (der in der Antike nicht bestanden hatte, insofern ja in der Konzeption der Eudämonie Lust und Einsicht zusammengehörten), wieder geheilt, aber andrerseits eine Reihe von verschiedenen Verhältnissen von Wille und Gegenstand eröffnet, die auf ihre Dignität hin diagnostiziert werden können. Der Wille kann frei sein als sich auf irgendeinen Gegenstand versteifend, der ihn aber nicht befriedigt; er kann frei sein im Verhältnis zu einem Gegenstand, der ihn eher oder ganz befriedigt. Die Diagnose, welche Gegenstände das sind, und warum, ergibt sich aus einer ontologischen Perspektive wie folgt.

Die Gegenstände des Willens lassen sich danach ordnen, ob sie dem Willen kategorial fremd sind – wie ein Ding

---

auch plurale Subjekte, Gruppen, die jedoch in ihrer Entwicklung zunehmend zu entfremdeten Sozialgebilden werden. Vgl. K. Hartmann: Sartres Sozialphilosophie, Berlin 1966.

gegenüber einem Subjekt – oder nicht. Ein dinglicher Gegenstand des Begehrens steht in seiner Dignität unter dem Willen, der ihn begehrt, ist ihm nicht kongenial. Ein Gegenstand seinesgleichen, eine andere Freiheit, stünde dagegen mit ihm auf einer Stufe, wäre ihm kongenial. Ein solches Verhältnis gilt daher für Hegel als höher, ja mehr noch, als Selbstidentifikation des Willens, als Zusichkommen durch den Anderen, als Beisichsein im Anderen.[7] Darüber hinaus wäre zu fragen, ob über bloße Dualität hinausgehende plurale Sozialgebilde eine noch höhere Form der Freiheit darstellen. Hier gilt, daß die Partikularität nur dualer Partner weiter *entschränkt* gedacht werden kann in einem Allgemeineren, in höher pluralen und schließlich allumfassenden Sozialgebilden. Angesichts ihrer höheren Allgemeinheit können sie Weisen der Einordnung des Einzelnen in ein Vernünftiges sein, durch das als Mitglied anerkannt zu sein für ihn erhöhte Freiheit wäre.

Bestehen solche Verhältnisse und Gebilde, sind sie für die philosophische Rekonstruktion zuzugestehen, so kann man von einer neuen Wirklichkeit sprechen, von einer Welt der Freiheit im Unterschied zu einer Naturwelt oder auch einer Welt mißlingender Freiheit, die sich an dinglichen Gegenständen enttäuscht oder sich über sie streitet. Die Freiheit, die die Freiheit will, sie affirmiert, will damit Geist als objektive Freiheit; sie stünde mitten inne in dieser. Der Einzelne wäre Moment eines ‚konkreten Allgemeinen‘.

Eine solche Konzeption wäre in mehrererlei Hinsicht zu betrachten. Einmal ersetzt sie den Kantischen Sollens- und Pflichtenstandpunkt durch einen *ontologischen*

---

[7] Das Vorstehende ist eine Skizze der §§ 4–29 der Hegelschen Rechtsphilosophie.

Standpunkt, demgemäß etwas, was durch Freiheit wirklich ist, und nicht etwas, was sein soll, normativ anerkannt wird.[8] Es gibt objektive Freiheit, so wahr es praktische – durch Praxis konstituierte – Sozialgebilde gibt, und in ihnen liegt Affirmativität, Erfüllung von Einzelfreiheiten durch objektive – allgemeine und reale – Freiheit.

Weiter gestattet die Konzeption eine *Einheit der Theorie* von Einzelfreiheit und sozialer Freiheit, Theoriebereiche, die sonst immer auseinanderfallen (etwa bei Kants zweifachem Ansatz bei der Moral und beim Recht) oder nur unbefriedigend einander angenähert werden (etwa wenn Aristoteles in der *Nikomachischen Ethik* die Politik als den höchsten Bereich des Ethischen auffaßt, diesem Standpunkt dann aber individualethisch widerspricht, wenn seine Ethik in der Kontemplation des Philosophen als höchster dianoetischer Tugend terminiert).

Allerdings treten für Hegels Theorie auch Schwierigkeiten auf, ist doch jetzt die Frage, wie sich Moral zum Recht oder zu affirmativen Freiheitswirklichkeiten verhält, und, wenn es deren mehrere gibt, wie diese zueinander normativ zu stehen kommen. Für eine Stellungnahme dazu müssen wir die Hegelsche Theorie noch etwas genauer verfolgen.

---

[8] Rechtsphilosophie. §§ 142 ff., bes. 148–152. Interessant ist in diesem Zusammenhang der 1. Cursus der Hegelschen Propädeutik, in dem eine ontologische Soziallehre als eine solche und auch im Kantischen Idiom als eine Pflichtenlehre vorgeführt wird. Vgl. F. Schneider: „Hegels Propädeutik und Kants Sittenlehre" in: K. Hartmann (Hrsg.): Die ontologische Option, Berlin 1976, 31–115.

Ethik und ‚konkrete Allgemeine‘

Hegel will die Ethik nicht in so einfacher Weise, wie es
schien, durch Einbettung des Einzelnen in affirmative
Sozialgebilde entbehrlich machen. Ethik kommt unter
dem Titel ‚Moralität‘ durchaus bei ihm vor. Sie wäre
ein Ausdruck dafür, daß der Einzelne vollkommen sein
will, damit aber einem Ideal nachhängt, das er nicht
wirklich machen kann, was umgekehrt bedeutet, daß er
Herr des Ideals bleibt und so sich zu wichtig nimmt, bis
hin zur Ironie als Bestimmung der Überheblichkeit über
Andere.[9] Moralität wäre somit kritisiert als unziemliche
Beschränkung des Standpunkts auf den Einzelnen und
das Ideal; aber andrerseits ist nicht zu leugnen, daß es
konkrete Situationen gibt, in denen der Einzelne sich
fragen muß, wie er sich entscheiden ‚soll‘. Es bleibt also
ein Problem zurück, nämlich, inwieweit ethische Sach-
lagen, die dem Menschen nicht durch konkrete Allgemeine abgenommen werden, und damit ethische Projek-
tionen eines Ideals, wenn auch vielleicht nur in selteneren
Fällen, unausweichlich bleiben.

Die Vielfalt ‚konkreter Allgemeiner‘

So wie die Moralität neben anderen ‚Gestalten‘ der Freiheit stehen bleibt, so ist nun überhaupt die Mehrfachheit
von Freiheitsgestalten oder Freiheitswirklichkeiten in
den Blick zu nehmen. Hegel nennt als erste das ‚abstrakte Recht‘, eine Freiheitswirklichkeit, in der die
Einzelnen aufgrund ihres Anspruchs auf Dinge zueinander in Beziehung treten (als Eigentümer einander

---

[9] Rechtsphilosophie, §§ 129 ff., bes. 140.

ausschließend oder als Vertragspartner sich einigend).[10] Diese Gestalt ist noch nicht eine befriedigende Welt der Freiheit, wo die Freiheit die andere Freiheit will, sondern eine, bei der die Freiheit dinglich fixiert ist und die andere Freiheit nur hinnimmt, um selbst Eigentümer bleiben zu können; das Verhältnis ist ein niederes, das für gewisse Aspekte des Naturzustands der klassischen Theorie steht. Die Welt der Freiheit beginnt für Hegel eigentlich erst mit dem, was er im Unterschied zu abstraktem Recht und Moralität ‚Sittlichkeit‘ nennt. Innerhalb dieser Rubrik differenziert er in Familie, Gesellschaft, Korporation und Staat.[11]

Die *Familie* ist die natürliche, unmittelbare plurale Freiheitsgestalt. Die *Gesellschaft* ist eine in sich atomisierte Gestalt pluraler Einzelfreiheiten, die sich gegenseitig bedingen – auf sich ‚reflektieren‘ – in Produktion und Markt (Hegel bildet damit weitere Aspekte des klassischen Naturzustands nach) und die Regelungen für ihren Zusammenhalt über die ‚invisible hand‘ Adam Smiths hinaus – also Rechtspflege und Polizei, darin inbegriffen das Wohlfahrtswesen – treffen. Die *Korporation,* oder wie wir heute wohl sagen würden, der Berufsverband, zeigt eine der Gesellschaft gegenüber schon höhere Einheit, ein Sich-Zugehörig- und Verpflichtet-Fühlen des Einzelnen gegenüber einem Sozialgebilde, in dem er seine Anerkennung hat. Der *Staat* schließlich ist die Gestalt, die Hegel als Vollkommenheit auszeichnet: hier herrscht allseitige Anerkennung der Einzelnen als Bürger, Anerkennung aller durch das Ganze und Anerkennung des Ganzen durch Alle. In ihm ist also jedes Kon-

---

[10] Rechtsphilosophie, §§ 41 ff., §§ 72 ff.
[11] Das Folgende ist ein Überblick über die §§ 142 ff., 158 ff., 182 ff., 250 ff. und 257 ff. der Hegelschen Rechtsphilosophie.

kurrenzverhältnis weggedacht, das auf Gesellschafts-
ebene typischerweise besteht. Der Staat ist für jeden Einzelnen das Allgemeine, in dem er sich als Einzelner und
Partikulärer ohne Fremdheit inkludiert weiß.

Die Rangierung der ‚konkreten Allgemeinen‘

Die Hegelsche ontologische Theorie des Sozialen geht
also in ihrer Bestimmung objektiver Freiheit von der
relativen Vollkommenheit, der relativen Einheit und
Geschlossenheit der jeweiligen Gestalt aus. Daraus ergibt sich ihre *Rangierung* in der Theorie (in der genannten Reihenfolge), und damit also auch ein Theorem über
den Vorrang und die relative oder oberste Selbstzweck-
haftigkeit der jeweiligen Gestalt, also letztlich ein Theorem über die überragende Rolle des Staates.
Man bedenke: es liegt an der Vollkommenheit der jeweiligen Gestalt für sich (ob noch unmittelbar, noch konkurrenziell oder nicht mehr konkurrenziell, sondern
allseitig affirmativ), daß der reale Zusammenhang im
Ganzen, im Gemeinwesen, wie angegeben hierarchisch
bestimmt ist. Dachte die klassische Gesellschaftsvertragstheorie daran, daß die Einzelnen im sog. Naturzustand
eine politische Regie stiften müssen, um Schutz für
Eigentum und Leben zu haben, so liegt darin zwar ein
Hegel verwandter Gedanke der *Defizienz* einer vorstaatlichen Stufe.[12] Aber Aufhebung der Defizienz – die
politische Regie der Gesellschaft, so daß sie ‚political
society‘ im Lockeschen Sinne wird – ist in einem Zweck-

---

[12] Hegels Ablehnung des klassischen Konzepts gründet darin, daß
darin nur eine Genesis, keine Geltung dargetan wird und daß das
Ergebnis eines Gesellschaftsvertrages nur den Willen Privater wider-
spiegele. Vgl. Rechtsphilosophie § 258.

argument begründet, nämlich daß so die Einzelnen mit Einschränkungen Einzelne bleiben können; nur ihre Rechtsautonomie haben sie abgetreten. Der Staat ist *instrumental* verstanden und ist nicht schon deshalb, weil er den Einzelnen zu Schutz verhilft, seinerseits im Verhältnis zur Gesellschaft als Vollkommenheit anzusprechen; höchstens ist eine ‚political society‘ dem Naturzustand vorzuziehen. Der Staat bleibt bloßer Faktor, der die Gesellschaft ermöglicht.

Hegel theoretisiert seinerseits die Defizienzen der einzelnen von ihm (über die klassische Theorie hinaus) unterschiedenen Gestalten – abstraktes Recht, Gesellschaft – im Sinne einer Wahrheitsrangierung – er bahnt Vollkommneres und Vollkommenes durch dialektisch zugespitzte Fassung der jeweiligen Defizienzen an –, und das ‚Wahrste‘, der Staat, erhält damit seiner Vollkommenheit wegen auch die Rolle, die Lösung der Defizienz der Gesellschaft und des abstrakten Rechts zu sein.

Zugegeben: auch mit einer solchen Anbahnung einer sozialen Ordnung, eines sozialen Systems lassen sich Strukturvorschläge entwickeln, die der klassischen Theorie entsprechen. Wo Allgemeines zur Steuerung gesellschaftlicher und naturzuständlicher Partikularitäten in Anspruch genommen werden muß, da hat der Staat den Vorrang. Wir brauchen geradezu die Hegelsche Wahrheitsrangierung von Gesellschaft und Staat, damit dargetan ist, daß er, so wahr Soziales affirmativ theoretisiert werden soll, involviert ist. Andere Theorien müssen das ‚vorstellend‘ zeigen (durch spontanen gemeinschaftlichen und somit fiktiven Beschluß, den Naturzustand zu beenden).

Man könnte, noch wiederum ganz anders, meinen, die Lösung könnte unter Vermeidung einer Hierarchie von konkreten Allgemeinen und übrigens auch unter Vermeidung einer Aufhebung der Ethik im Recht auf eine *Wertphilosophie* gegründet werden. So könnte der Einzelne Werte der Moral vor sich haben, aber auch Werte der Gemeinschaft, ja man könnte diesen eine Priorität verleihen. Aber: in einer solchen Wertposition könnte man nicht darstellen, daß gesellschaftliche und staatliche Institutionen *Bedingung* sind für andere Wertwahlen oder für individuelle Freiheit. Wie könnte man für Werte der Selbstverwirklichung aufgeschlossen sein, ja wie könnte eine solche Aufgeschlossenheit geboten sein – eine Konvertibilität von axiologischer und deontischer Ethik einmal zugestanden[13] –, wenn nicht die Implikation gewährleistet wäre, daß hierfür gesellschaftliche und staatliche Institutionen vonnöten sind, die erst so zarten Wertregungen einen Spielraum eröffnen, ganz entgegen der vermeintlichen Freiheit im Naturzustand?[14]

Die Hegelsche Wahrheitsrangierung oder ,veritative Implikation' des Staates ist also als unverzichtbar zu nehmen, andrerseits ist sie im Wertidiom nicht ausdrückbar, da auch dem höchsten Wert die Implikation fehlt, Bedingung für die Realisierung anderer Werte zu sein. Ein Grund, dies Idiom im Bereich der objektiven Freiheit zu verlassen.

---

[13] Wir denken an J. N. Findlays Standpunkt in Values and Intentions, London 1961.
[14] Die material-wertethischen Hierarchien terminieren nicht einmal im Politischen (wenn wir von Aristoteles, wertethisch interpretiert und auf diesen Punkt hin vereinseitigt, absehen).

Linearität der Theorie und Koexistenz
der ‚konkreten Allgemeinen'

Aber zurück zu Hegel. Wenn der Staat die ‚wahrste' Wirklichkeit ist, so können wir doch nicht wegen einer solchen Wahrheitsrangierung alle Staat und nur Staat sein wollen, was auch immer das heißt (ähnlich wie die teleologische Rangierung in der aristotelischen Ethik uns nicht überzeugend ansinnen kann, alle Philosophen zu werden oder wie Kierkegaard uns nicht überzeugend ansinnen kann, uns alle religiös zu vereinzeln). Gibt die ‚veritative' Rangierung der Gestalten mit dem Staat an der Spitze auch Auskunft über das vollkommene *Verhältnis* der zusammenbestehenden Freiheitsgestalten zueinander, gibt sie die zu affirmierende Lösung für die stehen bleibende *Diversität* und *Koexistenz* der Gestalten?[15]

Hegel darf sicherlich nicht nur so gelesen werden, daß die wahrste Gestalt, der Staat, Integration und ‚Aufhebung' der vorausgehenden, unwahreren ist. Sondern er muß auch so gelesen werden, daß jede Gestalt eine Freiheitsverwirklichung, eine objektive oder subjektive Freiheit ist. Der Einzelne ist in ‚multipler Teilnahme' auf die einzelnen Sphären oder Gestalten bezogen, steht in

---

[15] Für eine nähere Behandlung des folgenden siehe K. Hartmann: „Ideen zu einem neuen systematischen Verständnis der Hegelschen Rechtsphilosophie", Perspektiven der Philosophie, Bd. II, Amsterdam 1976, 167–200. Vgl. ders.: „Systemtheoretische Soziologie und kategoriale Sozialphilosophie", Philosophische Perspektiven Bd. V, Frankfurt a. M. 1973, 130–161, und für das Verhältnis Hegel–Kierkegaard ders.: „Die Konkurrenz spekulativ-philosophischer und theologischer Wahrheit" in: Transzendenz und Immanenz, Philosophie und Theologie in der veränderten Welt, Stuttgart 1977 (Vorträge des internationalen Symposions der Humboldt-Stiftung 1976).

ihnen (ganz so, wie entsprechend bei Aristoteles in der *Nikomachischen Ethik* nicht nur die Kontemplation des Philosophen, sondern auch die Lust und die Praxis in verschiedenen Lebensbereichen, allen voran im politischen, empfohlen wird). Veritativ sind die anderen Sphären noch weniger vollkommen, mehr seins-, weniger geistmäßig; aber eine Rücksicht auf das Ganze – nicht als wahre oberste Sphäre, in der alles andere aufgehoben ist, sondern als real bestehendes wahres Ganzes koexistierender Sphären – verlangt die Affirmation jeder Sphäre.[16]

Damit eröffnen sich von Hegel nicht oder nur fehlerhaft behandelte Probleme der Koexistenz der Sphäre oder Gestalten. Begrifflich ist zunächst verlangt eine so zu nennende ‚stratifikatorische' Lesart der Dialektik. Die kategoriale Ebene des Staates muß als *eigene Ebene* theoretisiert werden. Wir haben von einem *politischen Plenum* auszugehen, von dem zu fragen wäre, wie es sich objektiviert in einem politischen Staat. Hegel dagegen denkt daran, dem politischen Staat teils die Bürger, teils aber auch die Gesellschaft gegenüberzusetzen, stellt sich also vor, wie nur Gewisse geeignet seien, am Staat teilzuhaben. Hier liegt gerade für seine Kategorienlehre des Sozialen ein Denkfehler vor. Kategorial ist gerade die *Volkssouveränität,* die Hegel ablehnt, zwingend, eben als (allerdings noch zu verdeutlichender) Ausdruck für das politische Plenum dort, wo vom Staat

---

[16] Hegel erkennt die ‚multiple Teilnahme' an, bleibt aber unklar, weil er die Bejahung des Rechts für Familie und bürgerliche Gesellschaft einerseits als Teilbefriedigung auffaßt gegenüber der anderen Teilbefriedigung im Staat (so etwa Rechtsphilosophie, § 260, auch § 264), andrerseits aber doch die Befriedigung im Staat sieht und das Privatwohl als untergeordnetes Moment deutet gegenüber dem Wohl des Staates (Rechtsphilosophie § 126).

in Unmittelbarkeit geredet wird.[17] Um diese Konsequenz zu verschleiern, weicht Hegel denn auch von der dialektischen Abfolge ab und theoretisiert den politischen Staat vom Einzelnen, dem Fürsten, statt vom Allgemeinen, der Legislative, aus.[18] Geht man dagegen wie vorgeschlagen vor, so ist *Demokratie* eröffnet, und für das politisch Besondere wären Parteien (statt Ständen) in die Theorie einzubringen.

Umgekehrt gilt es dann aber auch einer legitimen so zu nennenden ‚integrativen' Lesart der Dialektik Geltung zu verschaffen. Ist Gesellschaft etwas eignes, wie auch der Staat, so kann doch die Frage nicht abgewiesen werden, wie beide sich zueinander verhalten. Was soll der Staat an sich ziehen? Gilt nicht auch *Subsidiarität?* Wie soll sich der Staat – nicht als politisches Plenum, als Gesamtheit der Bürger, sondern als politischer Staat, als Regie des politischen Plenums – gesellschaftlich rekrutieren? Sicherlich nicht, wie Hegel meinte, aus den schon im Allgemeinheitsbewußtsein fortgeschrittenen Exponenten der Stände oder der Korporationen, wodurch doch gerade Interessenvertreter, d. h. partikuläre Elemente, den Staat bestimmen würden (hier liegt ein veritativer Irrtum vor), sondern vielmehr nach Eignung für das politische Geschäft als eines allgemeinen, unabhängig vom gesellschaftlichen Status (so jedenfalls in einer normativen Theorie). Die Pointe ist, daß ein so korrigiertes Konzept der Hegelschen Rechtsphilosophie nur strenger nachdenkt, was aus der Hegelschen Philosophie für den sozialen Bereich folgt.

---

17 Vgl. K. Hartmann: „Ideen . . .", a. a. O. 185–189.
18 Rechtsphilosophie, § 273 gegenüber § 275. Vgl. K. Hartmann: „Ideen . . .", a. a. O. 178. Vgl. ferner K.-H. Ilting: Hegels Rechtsphilosophie, Edition Ilting, Bd. I, Stuttgart 1973, 107.

Von ‚Hegels *Rechtsphilosophie* heute' reden heißt, solche Probleme ernst nehmen, solche Kritik äußern, solche Korrekturen liefern. Dabei gebietet es die Fairness, Vorstufen heutiger Reflexion auf Hegels *Rechtsphilosophie,* so besonders die bei Lorenz von Stein, zur Kenntnis zu nehmen. Lorenz von Stein hat das Koexistenzverhältnis von Staat und Gesellschaft zum Thema seiner Lebensarbeit gemacht und die Frage gestellt, wie ein von Kräften der klassenmäßig bestimmten Gesellschaft besetzter Staat, also partikulär bestimmter Staat, auf die Gesellschaft im Allgemeininteresse wirken könne, also eine Überwindung gesellschaftlicher Partikularität durch den – zunächst oder auf unabsehbare Zeit partikulär bestimmten – Staat durchsetzen könne, um nur ein wesentliches Motiv zu nennen.[19]

‚Hegels *Rechtsphilosophie* heute' heißt, solche Gedanken weiterdenken. Man muß einerseits Korrekturen wie die aufgezeigten vornehmen. Man könnte weiter von einem ‚zweiten Teil' der *Rechtsphilosophie* sprechen, der ihr zuzuordnen wäre und der die Folgerungen enthielte, die sich aus der Korrektur des linearen, veritativen Denkschemas ergäbe. Ein solcher zweiter Teil ist zum Teil von Stein geleistet, zum Teil erst noch zu durchdenken.

Die Korrektur und die Komplementierung der Hegelschen *Rechtsphilosophie* ist, wie gesagt, teils geleistet, teils noch aufgegeben, aber es handelt sich aus gutem Grund um Korrektur und Fortführung von etwas auch Beizubehaltendem, Maßgebendbleibendem. Die Hegelsche *Rechtsphilosophie* liefert in ihrer kategorialen Rekonstruktion der verschiedenen Sozialgebilde (oder Ge-

---

[19] Vgl. K. Hartmann: „Reiner Begriff und tätiges Leben", Kolloquium über Lorenz von Stein, Tübingen 1977 (erscheint demnächst, hrsg. von R. Schnur).

stalten objektiver Freiheit) und in ihrer Diagnose sozial-philosophischer Theorien (so etwa der Gesellschaftsvertragstheorie) eine normative Sozialphilosophie. Ein innergesellschaftliches Konzept von Demokratie etwa – Demokratisierung genannt – erweist sich für eine von Hegel gegebene Logik von Partikularität und Allgemeinheit schnell als haltlos; an den Hegelschen Sinngebungen von Partikularität für Gesellschaft und Allgemeinheit für Staat ist schwerlich zu zweifeln. Nur daß die Abwägung von Staat und Gesellschaft als koexistent mehr erfordert, als beide in ein lineares, veritatives Schema einzuordnen. Hier tut sich – innerhalb einer Logik von Partikularität und Allgemeinheit – der Reichtum konkreter Fragen auf: soll über Städteplanung zentral, an höherem Ort oder in der betreffenden Stadt entschieden werden? Ist der Instanzenzug zwischen Bürger und politischem Entscheidungszentrum zu lang? Ist politische Subsidiarität (Gemeindeautonomie, Föderalismus) gefordert, und wie weit?

Man sieht, was mit unserem ‚zweiten Teil‘ der Hegelschen *Rechtsphilosophie* gemeint ist, nämlich nicht nur, wie Hegel dachte, empirische Positivitäten, die unphilosophisch wären, und kann sich klarmachen, inwieweit Lorenz von Steins Verwaltungslehre eine Näherung an das Gewünschte und Verlangte ist.

Es scheint übrigens, daß sich mit dem gemachten Vorschlag der so oft gegen Hegel vorgebrachte Einwand, daß für ihn der Staat das *höchste Recht* habe,[20] also auch der

---

[20] Hegel spricht vom „absoluten Recht" der gegenwärtigen Stufe des Weltgeistes, also des welthistorisch führenden Staates. Diese Bestimmung ist aber als geschichtsphilosophische nicht für die ‚innere Verfassung für sich‘ heranzuziehen. Hegel spricht auch vom Recht des Weltgeistes als dem „allerhöchsten" (Rechtsphilosophie § 340), aber das sagt gerade (trotz der Implikation, daß der ein-

unvollkommene Staat, womit die Frage des Rechtspositivismus angeschnitten wäre, anders darstellt. Ein Staat, der nicht in der Volkssouveränität verankert ist, wäre kritikwürdig oder noch nicht zureichend entwickelt; nur als so verankert kann er die Allgemeinheit der politisch Vielen, des politischen Plenums, sein. Daß der Einspruch gegen einen Staat, der das nicht leistet, subjektiv oder partikulär ist, von einem Individuum oder einer Gruppe kommt, hieße zwar, daß es sich um ‚äußere Reflexion‘ auf den betreffenden Staat handelt, deshalb wäre der Einspruch aber noch nicht irrig. Der Einspruch müßte sich allerdings prüfen lassen an der Logik der Partikularität und der Allgemeinheit, die für die Aufzeigung der Affirmativität des Staates unverzichtbar ist.

Man kann der Meinung sein, daß mit den aufgezeigten Kautelen (mit stratifikatorischer Lesart der Dialektik, die den nichtstaatlichen Sphären ihre Eigendignität beläßt, mit der ebenfalls zu bejahenden integrativen Lesart der Dialektik, die dem Staat seine Regie als allgemeine vindiziert, inhaltlich gesprochen mit Subsidiarität und Volkssouveränität) das Problem immer noch nicht gelöst sei: daß es vielmehr der Fixierung von Grundrechten als Individualrechten bedarf. Dies wäre in unserer Auffassung aber kein Gegensatz zu unserer Hegel-Korrektur, sondern verriete nur die Sorge, daß der philosophisch konzipierte Staat sich nicht philosophisch verhielte, so daß man insofern eine den Staat verbal bindende Festschreibung in der *Verfassung* verlangt. Das

zelne Staat das höchste Recht innehat), daß die Allgemeinheit des Rechts gegenüber partikulären, nationalen Rechten eben das allerhöchste Recht sei. Von hier aus ist, mit Hegel, der *Rechtspositivismus* einzuschränken. Die geschichtsphilosophische Vision kann als Art und Weise gelten, wie Hegel das ideelle Recht ausdrückt.

– gegenüber einer Aufzeigung einer Ganzheit von konkreten Allgemeinen ‚ideelle' – Staatsrecht als Bindung des Staates an Normativität wäre zu bejahen nicht nur als ‚Ausdruck' des ontologischen, in sich gegliederten konkreten Allgemeinen, sondern auch als Berufungsinstanz und Garantie für die Sicherung der Normativität des konkreten Allgemeinen.[21]

Hegels Rechtsphilosophie nur historisch oder ideologisch?

Nun ist ein Bedenken nicht zu verheimlichen, nämlich, daß wir Hegels *Rechtsphilosophie* (und gegebenenfalls auch Lorenz von Steins Weiterentwicklung) systematisch zu ernst nähmen, seien dies doch nur geschichtlich lokalisierte Standpunkte in einer Entwicklung, die solche Positionen längst überholt hat. Marx hat Hegels Philosophie als Ausdruck seiner Zeit verstanden, besonders der deutschen Verhältnisse zu seiner Zeit, also zu einer Zeit und in einer Situation, in der statt der Wirklichkeit der Geist auf den Thron gehoben und entsprechend für die Wirklichkeit ein ‚Geiststaat' als herrschend proklamiert wurde.[22] Das zu ziehende Fazit wäre die Umkehrung

---

[21] Die Verselbständigung eines ideellen Rechtsbereichs – Grundrechte, Völkerrecht – über den souveränen Nationalstaat hinaus wird heute angestrebt, aber Hegel hat wohl recht, wenn er meint, daß „es in dieser Beziehung immer beim Sollen bleiben" muß. Rechtsphilosophie § 330. Nur die Konzeption des Weltgeistes eröffnet die Sicht auf ein ganz Allgemeines. Vgl. Rechtsphilosophie §§ 259 Zusatz, 340.

[22] K. Marx: Zur Kritik der Hegelschen Rechtsphilosophie. Einleitung, MEW Bd. I, 384 f.: „War nur in Deutschland die spekulative Rechtsphilosophie möglich, dies abstrakte überschwengliche *Denken* des modernen Staats, dessen Wirklichkeit ein Jenseits bleibt, mag dies Jenseits auch nur jenseits des Rheins liegen: so war ebensosehr

dieser Umkehrung der realen Verhältnisse zugunsten der Wirklichkeit (all dies von Marx gemeint im Anschluß an Feuerbachs ‚Umkehrung der Umkehrung‘).[23] Verlangt wird ein *Gattungsleben,* eine Unverschiedenheit von Einzelmensch, menschlicher Pluralität und Struktur dieser Pluralität.[24] Hier liegen also neben einer Kritik der Hegelschen Kategorienlehre zwei Einwände: *geschichtliche Relativität* der Hegelschen Theorie und in eins damit *Ideologizität* des Standpunkts. Man könnte weiteres modernes Material zum Thema innergesellschaftlicher statt staatlicher Regelungen (Demokratisierung, Rätesystem usw.) herbeischaffen, wie es heute populär ist. Was sagen wir dazu?

Natürlich ist zuzugeben, daß Hegels *Rechtsphilosophie* eine historische Theorie, eine Theorie von vor über 150 Jahren ist. Und Hegel hat darauf reflektiert, daß Philosophie *„ihre Zeit in Gedanken erfaßt“* sei[25] und daß eine solche Erfassung am Ende einer Zeit stehe (wie die Rede von der „Eule der Minerva“, die „mit der einbrechenden Dämmerung ihren Flug“ beginnt, zu verstehen gibt).[26] Hegel rechnete also darauf, daß eine andere Zeit – oder

---

umgekehrt das *deutsche,* vom *wirklichen Menschen* abstrahierende Gedankenbild des modernen Staats nur möglich, weil und insofern der moderne Staat selbst vom *wirklichen Menschen* abstrahiert oder den *ganzen* Menschen auf eine nur imaginäre Weise befriedigt.“

[23] Zum Gedanken der Umkehrung, die bei Hegel vorliege: L. Feuerbach: Zur Kritik der Hegelschen Philosophie, Sämtliche Werke, Stuttgart 1959, Bd. II, 190; Vorläufige Thesen zur Reform der Philosophie, ebd. 238 ff. Vgl. S. Avineri: The Social and Political Thought of Karl Marx, Cambridge 1968, 10–12, und K. Hartmann: Die Marxsche Theorie, Berlin 1970, 47–50. Zum Problem der Verwirklichung der Philosophie bei Marx, siehe ebd. 20–43.

[24] Zur philosophischen Kritik dieser Konzeption siehe K. Hartmann: Die Marxsche Theorie, 174–176.

[25] Rechtsphilosophie, Jubiläumsausgabe, Stuttgart 1964, 35.

[26] Rechtsphilosophie, ebd. 37.

doch eine wesentlich andere Zeit – eine andere philosophische Rekonstruktion erfordere.

Aber was wäre eine andere Rekonstruktion? Sie könnte nicht an der grundlegenden Position vorbeigehen, wie sie Hegel kategorial geltend gemacht hat. Es mag eine andere konkrete Gestalt des politischen Ganzen möglich oder bereits verwirklicht sein (so haben viele moderne Staaten keine Monarchie mehr, manche nähern sich schon einem Gewerkschaftsstaat), aber es ist nicht ausdenkbar, daß die Logik von Partikulärem und Allgemeinem umgestoßen werden könnte, etwa durch utopische Praxis, durch eine Kommunikationsgemeinschaft, und wie die Konzepte heute heißen. Die genannte Logik ist mit der Prinzipiierung der *Rechtsphilosophie* durch die Hegelsche *Logik* recht gut gesichert.

Man kann fragen, ob Hegel in seiner *Rechtsphilosophie* – oder in ihren verschiedenen, jetzt zugänglichen Kollegfassungen – Raum gelassen habe für Weiterentwicklungen liberalerer Art. Hier liegt der Ansatz der Junghegelianer, aber auch der Ansatz K.-H. Iltings, der Hegel eine gegenüber der gedruckten Fassung der *Rechtsphilosophie* von 1820 liberalere Auffassung in seinen Kollegs vor und wiederum nach 1820 nachweisen möchte.[27] Eine solche, im Prinzip wie angedeutet junghegelianische These müßte aber die Behauptung sein, daß Hegel in seiner *Rechtsphilosophie* den politischen Bereich nicht zu Ende theoretisiert, sondern geschichtlichen Antizipationen Raum gegeben habe.[28] Ich habe mich nicht überzeugen

---

[27] Hegels Rechtsphilosophie, Edition Ilting, Bd. I, Einleitung.
[28] Der Hauptnachweis liegt für Ilting im § 360 der Rechtsphilosophie im Verhältnis zum entsprechenden § 142 der Homeyer-Nachschrift von 1819. A. a. O. 80 f.

können, daß eine solche These gerechtfertigt ist,[29] so sehr die Hegelsche *Geschichtsphilosophie* Raum läßt für ein Weiterprozessieren der Geschichte als politischer Geschichte von Staatskonzepten, die zur Zeit ihrer Abfassung noch das Problem von Parlamentarismus und Königtum vor sich sieht.[30]

Nach dem schon Gesagten wäre auch der Marxsche *Ideologieverdacht* gegenüber der Hegelschen *Rechtsphilosophie* abzuweisen. Die Alternative, eine Rückkehr vom ‚Geist-Staat‘ zum Gattungsleben, ist kategorial nicht ausdenkbar. Das Allgemeine kann nicht im Unmittelbaren aufgehen; auch die darin implizit geleugnete Differenzierung der menschlichen Existenz in Bereiche, die subsidiär ihr Eigenrecht und ihre Affirmativität haben, ist unaufgebbar im Interesse der Freiheit. Schließlich wäre die innergesellschaftliche Regie auch organisationssoziologisch nicht anders denn als Parteiherrschaft oder Minderheitsherrschaft denkbar. Insofern, so scheint es, lassen sich die genannten Einwände gegen die Hegelsche *Rechtsphilosophie*, abwehren.

Weniger als Infragestellung der Theorie denn als wirkliche Gefährdung des Gemeinwesens kann schließlich ein Übergewicht gesellschaftlicher Kräfte im Staat, wie es von manchen (Schelsky, Forsthoff, Habermas) diagnostiziert wird, gegeben sein (so sehr schon Lorenz von Stein diesen Fall bedacht hatte). Ich sehe nicht, daß eine Theorie wie etwa die hier sich nahelegende Laskische[31] mit den von ihr anerkannten Lenkungsfunktionen ge-

---

[29] Siehe meine Rezensionen in: German Studies. Philosophy and History, vol. VII, no. 2 (1974), 137–143 und vol. IX, no. 1 (1976), 22–27.

[30] Siehe den Schluß des Werkes.

[31] Vgl. Harold Laski: Introduction to Politics, London 1931.

sellschaftlicher Kräfte eine akzeptable Rechtfertigung solcher Verhältnisse wäre. Die hier vertretene Position könnte vielmehr umgekehrt in die Rolle geraten, die Funktion von *Kritik* übernehmen zu müssen.

Schluß

Es blieben, was Hegels *Rechtsphilosophie* heute ihrer Geltung nach betrifft, die hier gemachten Einwände, die sich auf Theoriemängel beziehen – veritative Linearität ohne rechte Berücksichtigung der ‚existenzialen' Koexistenz der Bereiche und Fehler in der Fassung dieser Koexistenz, soweit Hegel sie in den Blick bekommt. Hegels *Rechtsphilosophie* steht heute in einer doppelten Gestalt vor uns: unverzichtbar für grundsätzliche Fragen betreffend Partikuläres und Allgemeines und die Affirmativitätsbeziehung zwischen ihnen, und korrigierbar und überarbeitungsbedürftig, was Fragen zu Staat und Gesellschaft im Zusammenhang, aber auch die Fassung des Staates für sich angeht. Ihr Charakter als normative ontologische Theorie ist zu akzeptieren, denn wir wollen wissen, wie der soziale Bereich freiheitlich geordnet sein kann, was wiederum heißt, wissen, welche Sozialordnung Affirmativität bei sich hat. Allerdings sind nicht alle Hegelschen Lehren hierzu annehmbar. Es gilt das Unverzichtbare dieser bedeutenden Theorie anzuerkennen und sie weiterzudenken.

Man muß sich – dies ist ein letzter Punkt – klarmachen, was man mit dem Ausgeführten fordert. Man fordert einmal, daß eine ontologische Theorie heute noch etwas zu sagen hat, und man fordert zum anderen, daß eine rationale Theoretisierung willkommen ist, daß also nicht eine Skepsis gegenüber der Rationalität im Institutionenbereich angängig ist, wie sie etwa Arnold Gehlen vertritt. Sind Institutionen für ihn irrational zustande gekommen und erweisen sie sich dann als ‚sekundär-zweckmäßig‘, also als etwas, das in einer direkt angestrebten Zweckmäßigkeit nicht möglich gewesen wäre, ja meint er sogar, daß die Vorstellung von Zweckmäßigkeit das Engagement gerade verhindert hätte oder forthin behindert, so verlangt die hier bejahte Position, daß Rationalität im Nachdenken einer wie auch immer zustande gekommenen Institution, aber auch in der Prüfung ihrer Affirmativität und notfalls in der Korrektur in Richtung auf Affirmativität und Optimalität ein legitimes, den theoretischen Habitus bestimmendes Ziel ist.

Mythos und Freiheit bei Friedrich Hölderlin

Von Bruno Liebrucks, Frankfurt a. M.

In der Sprache der Zeitgenossen nach dem zweiten Weltkrieg schließen Mythos und Freiheit einander aus. Mythische, mythologische oder auch nur metaphysische Rede scheinen aus wissenschaftlichen, philosophischen und politischen Gründen verboten. Im Zeitjargon der Zeitschriften und auch der Zeitungen wird mit den Worten „Mythos" oder auch nur „mythisch" auf Obsoletes, wenn nicht gar finstere Reaktion hingewiesen. Wer die Macht von Bedeutungen und des Bedeutungswandels von Wörtern in einer Gesellschaft kennt, wird dem kaum entgegentreten wollen. Glaubt er bei einem Dichter wie Hölderlin dennoch Mythisches zu vernehmen, so wird es, wenn er nicht mit Alfred Rosenbergs sogenanntem „Mythus des 20. Jahrhunderts" verwechselt werden soll, geneigt sein, Ausführungen über den Mythos bei Hölderlin am besten einem Archiv zu übergeben, nicht jedoch an die Öffentlichkeit zu bringen. Erst recht wird er sich nicht zur Rede ermutigt finden, wenn er einige Hölderlinforscher, darunter den bedeutenden Ryan damit beschäftigt sieht, „Hölderlin ohne Mythos" in einem kleinen Sammelband vorzutragen. Der Mythos scheint immer nur blutig gewesen zu sein und blutig sein zu können. Hölderlin ist zwar der Dichter des Friedens. Was würde es aber eintragen, wenn ich Ihnen die These meines letzten Bandes von „Sprache und Bewußtsein" erläutern wollte, daß Hölderlins Götter im Hegelschen Begriff wohnen? Der Begriff Hegels scheint bis heute zum mindesten im pejorativen Sinn metaphysisch. Man meint, man könne zu ihm nur gelangen, wenn man die Regeln der formalen Logik schlicht unbeachtet läßt. Wozu dann noch den Reigen des Mythos aufführen? Angesichts dieser Situation kann ich es mir nicht leisten, etwa mit Hilfe der „Konkordanz zu Hölderlins Gedichten nach 1800" von Bernhard Böschenstein einfach nachzusehen, wo Hölderlin selbst die Worte „frei" und einmal sogar das Wort „Freiheit", nur einmal! gebraucht, in welchem Zusammenhang sie stehen. Da ist, um nur einiges anzuführen, im Gedicht „Der Frieden" von den blühenden Sternen des Äthers, den „Heiligfreien" (Vers 56) die Rede. Sterne, die blühen und heiligfrei sein sollen? In der Ode „An die Deutschen" hören wir von einer Zeit, in der unter dem Himmel des Vaterlandes „die freie, / Klare, geistige Freude glänzt". (Vers. 39/40). In der Ode „Diotima" spricht er zwar von „Freien" Menschen, aber solchen, „die nimmer sind" (Vers 13) und dazu noch „Göttermenschen" (Vers 12) (2.1 S. 28)[1]. In „Ermunterung" (2.1. S. 35) fragt er in der zweiten Fassung, warum ein „heiliges Herz", das auch „freies" genannt wird, schläft? Man scheint damit dem Menschlichen schon näher gerückt, aber dieses Herz ist „Echo des Himmels!" (Vers 1). In der Ode „An Eduard" (erste Fassung) würde der Dichter, sofern der Freund Sinclair es geböte, singen und wiederum fragen, wo das Zeichen der Liebe sei, und zwar am Tag „wo spricht das Herz/ Sich aus? und wann im Leben, wann ist es frei" (?) (Vers 17/18) 2.1. S. 39). In der zweiten Fassung von „Der Wanderer" ist nicht von der Freiheit des Men-

---

[1] Die Zahlen sind Hinweise auf die Bände und Seitenzahlen der großen Stuttgarter Ausgabe.

schen die Rede, sondern vom Taunus. Von ihm lesen
wir

> „Und mit Eichen bekränzt neiget der Freie das
> Haupt" (Vers 54) (2.1. S. 81).

In derselben Elegie nennt er sich selbst frei, aber in Er-
innerung an den Tag der Kindheit: „Wo ich frei, wie
Geflügelte, spiel' auf luftigen Ästen" (69). In der Elegie
„Stutgard" (2.1. S. 86 Vers 17/18) ist von Bergen die
Rede, die in großer Bewegung begriffen scheinen.

> „Und wie Wagen, bespannt mit freiem Wilde, so
> ziehn die
> Berge voran"

Ist das wirklich begriffen? Ich bin zwar der Meinung,
daß dem wirklich so ist, aber wie soll ich das in einem
Vortrag sozusagen plausibel machen? Das scheint ja
wohl mythische, aber weit ab von logisch verständlicher
Rede zu sein. In *„Brod und Wein"* ist es wieder nicht der
Mensch, sondern die Nacht, die so etwas wie ein Bestehen zu haben scheint. Sie ist es, die

> „Selber aber besteht, ewig, in freiestem Geist."
> (Vers 30. 2.1. S. 91)

In *„Die Wanderung"* steht der Vers, den er in Lüften
gehört haben will:

> „Denn sagen hört' ich
> Noch heut in den Lüften:
> Frei sei'n, wie Schwalben, die Dichter." (Vers 26 ff.
> 2.1. S. 138/39),

was etwas modifiziert im Entwurf „Dem Allbekann-
ten" wiederkehrt, wo der Gesang frei genannt wird.
Um etwas über das Verhältnis von Mythos und Freiheit
bei Hölderlin zu sagen, muß ich mich mit einer Hinfüh-
rung begnügen, die an den Rand mythischer Sprache
führen soll.
Die Hölderlinforschung hat seit Hellingraths Ausgabe

gerade nach dem zweiten Weltkrieg einen großen Aufschwung genommen. Sie ist von vorbildlichem Rang, wovon schon sich jeder Leser des Hölderlin-Jahrbuches und der großen Beißnerschen Ausgabe des Werks überzeugen kann. Mit Behutsamkeit wird hier die allegorische Deutung von der symbolischen oder gar mythischen Sprache unterschieden. Ich nenne nur solche Namen wie Beißner und seine Schule, Ryan, Gaier, Böschenstein. Die Bertaux und Kirchner dürfen in diesem Kreis vom Jakobinertum Hölderlins sprechen, wenn auch nicht unwidersprochen, aber als ausgewiesene Hölderlinkenner. Wir sind in einer Atmosphäre, in der auch philosophisch die Frage nach dem Verhältnis von Mythos und Freiheit bei Hölderlin gestellt werden kann. Aber nicht, wie ich eben zeigte, mit herausgerissenen Zitaten.

Angesichts unserer Situation und des unbestreitbaren Ranges der Hölderlinforschung taucht die Frage auf, warum dann die philosophische Erörterung? Hölderlin hat philosophische Aufsätze geschrieben, die ich als eine größere Form der Antizipation einer neuen dichterischen Bewußtseinsstufe betrachte. Aber auch darüber kann ich hier nicht sprechen, wie ja schon die von mir genannte These verständlich machen sollte.

Ich trage daher das Hölderlinsche Werk als einen Gang durch Stufen des Bewußtseins vor, die an der kleinen Wortform des Adjektivs ablesbar sind. Dabei unterscheide ich die vorsubjektive, die subjektive, die objektive, die sphärische, die wesenhafte, die gestalthafte Stufe und die der Meisterschaft. Von diesen sieben Stufen will ich hier einiges zur subjektiven, zur objektiven, zur sphärischen, der wesenhaften und der gestalthaften sagen.

Die Ausführungen stehen unter der Frage nach dem Verhältnis von Dichtung und Erkenntnis. Wenn Dichtung keine Erkenntnis vermittelt, gehört sie in die Gegend von Festvorträgen, denen sie zu Emblemen und Glanzlichtern verhilft.

Die subjektive Stufe ist die der „Tübinger Hymnen", wie sie heute genannt werden. In diesen Hymnen werden die Menschheit, die Schönheit, die Freundschaft, die Liebe, der Genius der Jugend und der der Kühnheit, aber auch die Freiheit besungen. Darunter verstehen wir heute immer noch Ideale, allenfalls Begriffe als Hindeutungen auf das Wesen von Sachverhalten. Unter solchem Begriff vom Begriff hat Kunst nichts mit Begriffen zu tun. Sie mag dann zwar sozusagen nach bestimmender oder auch reflektierender Interpretation rufen, im Begriff selbst kann sie dann nicht wohnen. In der *„Hymne an die Göttin der Harmonie"* scheint eine Mythisierung des pythagoreischen Begriffs der *harmonia* vorgenommen zu sein, weil inhaltlich die Harmonie nicht als Ideal, sondern als Göttin angesprochen wird, die sogar selbst spricht. In den beiden *„Hymne(n) an die Freiheit"* tritt die Freiheit gleichfalls als sprechende Göttin auf. Wenn das nicht Remythisierung ist, wie sollen wir es verstehen? Dazu bedarf es eines subjektiven Aufschwunges des Dichters als des Sehers. Er naht dem Heiligtum der Göttin. Zunächst ganz subjektiv

„Froh, als könnt' ich Schöpfungen beglüken,
Kün, als huldigten die Geister mir,
Nahet, in dein Heiligtum zu bliken,
Hocherhab'ne! meine Liebe dir;"

und gleich darauf

„Schon erglüht der wonnetrunkne Seher..."
(1.1. S. 130. Vers 1 ff.) *(Hymne an die Göttin der Harmonie).*

Zunächst haben wir „als–ob" Formulierungen. Dann

aber spricht die Göttin selbst zu dem Seher, nennt ihn den Auserwählten der Schöpfungsstunde, ihren Sohn und fordert ihn sogar auf, Schöpfer ihrer Schöpfungen zu sein. Binder hat sich um diese Stufe bemüht. Leider kann ich Ihnen hier nicht seine Resultate und meine Antwort darauf vorführen. Der Seher ist, wie wir hörten, „wonnetrunken". Das wird in *„An die Stille"* auch von der Göttin gesagt:

> „Ha! dir träuft die wonnetrunkne Zähre
> Und Entzükung strömt in mein Gebein" (1.1. S. 115. Vers 33 f.).

Wenn „die Stille" auch in jeder Stufe in anderer Bedeutung auftritt, hier müßte aus ihr Fremdes begegnen und nicht hochgesteigerte Subjektivität, wie der Gebrauch des Adjektivs „wonnetrunken" sowohl in Verbindung mit „Seher" wie der Göttin doch wohl verrät. Daß es sich dabei nur um eine Projektion und Mythisierung eines modernen Subjekts handelt, ist deshalb nicht eindeutig feststellbar, weil die erhabene Schönheit, die über die Hymnen ausgegossen ist, nicht unbeachtet bleiben darf. Wir könnten dabei an so etwas wie die von Schelling in der „Philosophie der Mythologie" geschilderte Astralreligion denken. Der Mensch schaut sich, obwohl er selbst Mittelpunkt ist, peripherisch in den Sternen an, die nicht nur als Pheripherie, sondern als pheripherische Zentra erfahren werden. Aber Schelling behauptet das nicht als eine moderne Möglichkeit. Außerdem begegnet das Wort „Gestirn" auch in späteren Stufen der Hölderlinschen Dichtung. Dennoch möchte ich bei der Bestimmung der Tübinger Hymnen als Dichtung der Subjektivität bleiben, weil die inhaltlich vorgetragenen Behauptungen sehr viel weiter gehen als die dichterischen Möglichkeiten. Die ganze Stufe kann als Antizipation späterer Erfüllung angesehen werden. Zwar mag wohl wahr sein,

was die Göttin der Freiheit in der zweiten „*Hymne an
die Freiheit*" an zwei Stellen (Vers 45 und 59 ff.) sagt.

„Unentweiht von selbsterwählten Gözen,
Unzerbrüchlich ihrem Bunde treu,
Treu der Liebe seeligen Gesezen,
Lebt die Welt ihr heilig Leben frei" (1.1. S. 158,
158/59).

Hier wird nicht von der Freiheit des Menschen, sondern
von einer Freiheit des Lebens der Welt gesprochen. Aber
nicht wahr ist doch wohl schon inhaltlich, was in den
schönen Versen der ersten „Hymne an die Freiheit"
(1.1. S. 139) steht.

„Majestätisch, wie die Wandelsterne,
Neuerwacht am off'nen Ozean,
Stralst du uns in königlicher Ferne,
Freies kommendes Jahrhundert! an." (Vers 69 ff.)

Dennoch kündigt sich auch hier schon etwas Weiterfüh-
rendes an. Der der Göttin der Harmonie gewidmete
Dienst soll nicht ein von isolierten oder auch in Freundschaft verbundenen Menschen als Subjekten sein, sondern Vers 89 ff.

„Frei und mächtig, wie des Meeres Welle,
Rein wie Bächlein in Elysium,
Sei der Dienst an ihres Tempels Schwelle,
Sei der Wahrheit hohes Priestertum."

Die Metaphern deuten auf ein naturhaftes Sein des Menschen hin, das wir nicht mehr als subjektiv bezeichnen
können. Es handelt sich nicht um Metaphern in der Bedeutung des Wortes „Metapher" bei Hölderlin, in der uns
das Wort nicht zur Realität als einer gestellten und zurechtgemachten, sondern zur Wirklichkeit trägt. Diese
Metaphern dagegen sind zwar in einem konventionellen
Sinn schön. Sie geben jedoch keine dichterische Erfüllung
an dem Anspruch Hölderlins und der Frage nach Wahr-

heit und Erkenntnis gemessen. Es ist gesagt, daß der Dienst an der Göttin so sein soll, nicht daß er so ist. Selbst inhaltlich handelt es sich, wo es um den Menschen geht, um eine postulatorische Antizipation.

Zur Kennzeichnung der *objektiven* Stufe erwähne ich hier nur vier Verse aus dem Gedicht „*Diotima*" (Bruchstücke einer älteren Fassung [1.1. S. 212 ff.]). Hier finden wir weniger anspruchsvolle, aber schon rein objektive Wendungen wie

> „Da ich noch in Kinderträumen
> Friedlich wie der blaue Tag,
> Unter meines Gartens Bäumen
> Auf der warmen Erde lag," (Vers 33 ff.).

Der Kindheit goldene Tage gelangen damit makellos in die Sprache. Als Übergang von der subjektiven in die objektive Stufe wäre das Gedicht „*An die Natur*" (1.1. S. 191) zu nennen, in dem wir schon inhaltlich erfahren, daß „der Jugend goldne Träume starben" (Vers 59) und mit ihnen die „freundliche Natur" (Vers 60). Es schließt mit den im dichterischen Ausdruck schon ganz objektiven Versen

> „Das erfuhrst du nicht in frohen Tagen,
> Daß so ferne dir die Heimath liegt,
> Armes Herz, du wirst sie nie erfragen,
> Wenn dir nicht ein Traum von ihr genügt."

Eine Ausbreitung der Stufe kann ich mir hier aus Zeitgründen nicht erlauben.

Von der richtigen Bestimmung des Begriffs der „Sphäre" hängt weitgehend der Zugang zum Werk Hölderlins ab. Realität als Inbegriff von Objekten aufgefaßt führt in ein Weltbild, in dem es immer nur die Möglichkeit der Rezeption von Mythenrezeptionen gäbe, wie der von Manfred Fuhrmann herausgegebene große Bericht über „Mythisches in nicht mehr mythischer Zeit" unter dem

Titel „Terror und Spiel" (München 1971) gezeigt zu haben scheint. Aus Zeitgründen wähle ich hier zur Beschreibung der sphärischen Stufe nur das Gedicht *„Die Musse"* aus. Von der Sphäre sei hier nur so viel gesagt, daß sie nicht subjektiv oder objektiv ist, sondern innerhalb ihrer selbst sowohl die Subjektivität wie die Objektivität hat. Zur Erklärung dieses Satzes gehörte ein Durchgang durch die theoretischen Erläuterungen Hölderlins. Ich bitte daher, den Satz so gelten zu lassen. In *„Die Musse"* (1.1. S. 236) werden vier Sphären so gestaltet, daß sie gegen den objektiven Ausdruck gesetzt diesen zugleich einbegreifend da sind. Keine der vier Sphären ist eine durch Gedanken erreichte. Denn, wie es gleich zu Anfang heißt, „Sorglos schlummert die Brust und es ruhn die strengen Gedanken" (1.1. S. 236 Vers 1). Der Dichter geht auf die Wiese hinaus,

> „wo das Gras aus der Wurzel
> Frisch wie die Quelle mir keimt, wo die liebliche Lippe der Blume
> Mir sich öffnet und stumm mit süßem Othem mich anhaucht," (Vers 2 ff.).

Mitten in der Lust der rötlichen Blüten, der Schwalben, Schmetterlinge und Bienen steht er im noch immer objektiv beschriebenen „friedlichen Felde" (Vers 10)

> „Wie ein liebender Ulmbaum da, und wie Reben und Trauben
> Schlingen sich rund um mich die süßen Spiele des Lebens."

Die objektiven Wendungen werden metaphorisch gebraucht. Nicht mehr metaphorisch sind „die süßen Spiele des Lebens". Das ist die *erste* Sphäre.

Die *zweite* Sphäre ist ab Vers 13 wieder von objektiven Adjektiven umstellt, die nun nicht mehr angeführt werden müssen. Sie steht in den Worten „da werd' ich zum

Adler" (Vers 18) vor uns. Ein bodenloser Wechsel des Lebens findet als Wechsel des Wohnorts auf einem Spaziergang! statt. Objektiv kann Hölderlin nicht zum Adler geworden sein, auch nicht ein fiktiver Dichter. Metaphorisch sagt er es ausdrücklich nicht. Es ist die Sphäre des Wechsels des Lebens.

> „da werd' ich zum Adler, und ledig des Bodens
> Wechselt mein Leben im All der Natur wie
> Nomaden den Wohnort" (Vers 18/19).

Der sphärische Wechsel des Wohnorts des Lebens findet während eines Spazierganges statt. Es geht zu wie bei Nomaden. Nicht bäuerlich-seßhaft.

Die *dritte* Sphäre ist die des Geistes der Unruhe. Er wird mit dem verselbständigten Adjektiv „Der Furchtbare" (Vers 28) eingeführt. Vor dem Hintergrund zerbrochener Säulen steht er als „der geheime" (28). Er ist sowohl in der Erde wie im Menschen, da er beide durchgreift. Im nachgestellten verselbständigten Adjektiv ist er der auch heute noch „Unbezwungne" (Vers 30), dann abklingend „der alte Eroberer". Diese Sphäre läßt sich weltanschaulich nicht ausbeuten. Im Zeitalter der technischen Revolutionen muß man diese Sphäre nicht nur auf die Koalitionskriege der Zeit Hölderlins beziehen, sondern auch auf die Entdeckung des Geistes der Wissenschaft und wissenschaftlichen Philosophie, der er aus Jena gerade entflohen war. Es ist ein Geist, von dem wir schon Deutlicheres erfahren haben als Hölderlin,

> „Der die Städte, wie Lämmer, zerreißt, der einst den Olympos
> Stürmte, der in den Bergen sich regt, und Flammen herauswirft,
> Der die Wälder entwurzelt und durch den Ozean hinfährt

Und die Schiffe zerschlägt . . ." (Vers 31 ff.).
Darin besteht sein titanenhafter Charakter nicht nur
zur Zeit der Titanen, nicht nur zur Zeit Hölderlins, sondern auch in unserer Zeit. Dieser Geist regt sich in den
Bergen und wirft Flammen heraus wie der Etna. Er ist
also auch naturhaft. Zu ihm gehört der Bergbau, die Gewinnung des Silbers, der Kohle. Zu ihm gehören heute
die U-Boote, die „durch den Ozean" fahren und morgen
nicht mehr nur Schiffe zerschlagen werden. Wissenschaft
und Politik, Technik und Krieg arbeiten sich hier in die
Hände. Dieser Geist ist nicht schon eine Gestalt, die wir
als begrenzte schon sehen könnten. Er ist das, was ich
die dritte Sphäre des Gedichts genannt habe. Er kann
als Gesinnung eines Einzelnen auftauchen wie auch als
Schlagabtausch atomarer Kräfte. Die Natur bliebe dabei und davon unberührt, wie die folgenden Verse sagen
            „und doch in der ewigen Ordnung
Niemals irre dich macht, auf der Tafel deiner
Geseze
Keine Sylbe verwischt, der auch dein Sohn,
o Natur, ist
Mit dem Geiste der Ruh' aus Einem Schoose
geboren. –" (Vers 34 ff.)
Es handelt sich auch um die Erfahrung der Koalitionskriege. Aber diese Erfahrung hätte noch einen objektiven Ausdruck finden können. Als Sphäre dagegen um-
greift sie Mensch und Natur wie seine und ihre Geschichte. Hier wird kein ideales Sein im Hintergrund
einer objektiven Welt, wie wir dann zu sagen pflegen,
transparent. Hier wird weder Idealität noch Realität,
sondern Wirklichkeit, wenn auch noch nur sphärisch
gestaltet.
Die vierte Sphäre ist die, in der er
        „von menschlichem Leben

Ein erzählendes Blatt zu gutem Ende gelesen"
(Vers 39 f.).

Das führt die Sphäre von „Leben! Leben der Welt!"
(Vers 41) herauf, die schon ein Bereich ist, der mehrere
Sphären binden kann, wie auch die Worte von der ewigen Ordnung der Natur schon zu ihrem Wesen, nicht
mehr zu einer ihrer Sphären gehören.

„Die Sphäre, welche höher ist als die des Menschen,
diese ist der Gott." Das ist das Schlüsselwort Hölderlins
zum Begreifen des Übergangs von der Sphäre in die Erfahrung der Gestalt, die nicht in einem der Erfahrung
transzendenten Bereich liegt, sondern hier auf der Erde
begegnet.

In der *wesenhaften* Stufe sind, wie ich schon andeutete,
mehrere Sphären in einem Bereich gebunden, ohne daß
sie schon gestalthaft im Wort sind. Dazu greife ich das
Gedicht „*Abschied*" heraus (1.1. S. 276), von dem ich
nur den wesenhaften Ausdruck gebe. Vor dem Dichter
steht der Tod als die Situation der Trennung von der
Welt, die den Namen Diotima trägt. Die dritte Strophe
lautet in der Beißnerschen Fassung

> „Aber weiß ich es nicht? Wehe! du liebender
> Schuzgeist! ferne von dir spielen zerreißend bald
> Auf den Saiten des Herzens
> Alle Geister des Todes mir" (Vers 9 ff.).

Die Geister des Todes sind Sphären, die im Bereich Tod
zusammengehalten werden. Gestalthafte Erfahrung
klingt in der ersten Strophe an, wenn wir die Lesarten
berücksichtigen.

> „Wenn ich sterbe mit Schmach, wenn an den
> Frechen nicht
> Meine Seele sich rächt, wenn ich hinunter bin
> Von des Genius Feinden
> Überwunden, ins feige Grab,

Dann vergiß mich . . ." (Vers 1 ff.).

Hier wurde die Wendung „stumme Grab" in „feige Grab" geändert. Stumm ist das Grab wesenhaft. Der Sarkophag ist kein lauter Fleischfresser. Wenn das Grab dagegen „feige" genannt wird, muß noch etwas Anderes erfahren sein.

Wenn wir uns dem, was ich die *gestalthafte* Stufe, oder die Begegnung der Natur in Gestalten nenne, nähern wollten, müßten wir jetzt das ganze Aufsatzmaterial heranziehen. Das „Trauerspiel" *„Der Tod des Empedokles"* wurde nicht vollendet. Ich denke deshalb, weil Hölderlin sich nicht des Frevels des Übermaßes der Innigkeit des Empedokles schuldig gemacht hat, in dem der Reformator in dem Augenblick, in dem sich die Genien der Welt in ihm vergaßen, als die Vertauschung von Menschlichem und Göttlichem stattfand, an sich als Ich gedacht hat. Das heißt in unserem Zusammenhang: er fiel im entscheidenden Augenblick in die Stufe der Subjektivität zurück, die sich zwar durch alle Stufen durchhält, aber nicht die Herrschaft gewinnen darf. Empedokles sühnt seine Schuld, die in einer späteren Fassung auch „Sünde" genannt wird, in einem freiwilligen, sogar freudigen Tod in den Flammen des Etna. Er büßt die eigne Flamme des von Hölderlin terminologisch so genannten Übermaßes der Innigkeit. Hölderlin hat sich auch nicht des Übermaßes der Objektivität des Gegenspielers des Empedokles schuldig gemacht. In den Gesängen der gestalthaften Stufe und denen der Meisterschaft, zu denen die meisten im zweiten Band der großen Stuttgarter Ausgabe angeführten gehören, also die Oden, die Elegien und die Hymnen, die man als *das Werk* Hölderlins bezeichnen kann, hat er im Austausch des menschlich Organischen und des göttlich-Aorgischen der Natur, der im Aufsatz *„Grund zum*

Empedokles" als „Innigkeit" bezeichnet wird, das Übermaß der Innigkeit, dessen sich Empedokles schuldig
machte, dichterisch gebändigt. Er ist an der Gefahr des
Versinkens im Abgrund der Sprachlosigkeit, der sowohl
dem Übermaß der Innigkeit wie dem der Objektivität
droht, vorübergegangen. Dazu verhalf ihm seine Fröm-
migkeit wie sein großer Kunstverstand. Weitere Ausführungen zu diesem großen Fragenkomplex will ich
hier nicht machen, sondern gleich zur *gestalthaften* Stufe
übergehen, in der wir eine Antwort auf die Frage nach
dem Verhältnis von Mythos und Freiheit erhalten.
Ich beginne mit der Ode „*Die Götter*" (2.1. S. 16), die
ich ganz vorlese.

> „Du stiller Aether! immer bewahrst du schön
> Die Seele mir im Schmerz, und es adelt sich
> Zur Tapferkeit vor deinen Stralen,
> Helios! oft die empörte Brust mir.
>
> Ihr guten Götter! arm ist, wer euch nicht kennt,
> Im rohen Busen ruhet der Zwist ihm nie,
> Und Nacht ist ihm die Welt und keine
> Freude gedeihet und kein Gesang ihm.
>
> Nur ihr, mit eurer ewigen Jugend, nährt
> In Herzen die euch lieben, den Kindersinn,
> Und laßt in Sorgen und in Irren
> Nimmer den Genius sich vertrauern."

Dazu nur einige inhaltliche Bemerkungen. Die Bewahrung der Seele ist nicht die Bewahrung eines Subjekts.
Sie wird noch im Schmerz als schöne behalten. Der
Äther und die guten Götter, die beide fast noch erst
wesenhaft in der Sprache sind, verhelfen zur Überwin-

dung des „Zwistes" und zur Bewahrung des Kindersinnes, für den wir heute nur noch das Fremdwort
„infantil" in unserer Sprache haben. Die Bewahrung
des Kindersinnes über die „männlicheren Saturnustage"
hinaus, die Freude und die Tapferkeit angesichts des
Bedrohlichen führen den Menschen in die Freiheit. Das
geschieht in einer neuen Weise der Wahrnehmung. Es
werden keine Götzen, sondern Götter wahrgenommen.
In dieser Ode jedoch erfahren wir noch nicht die sprachlich gestalthafte Erscheinung von „Göttern", sondern
die Verbundenheit mit dem wesenhaften Bereich von
„Ihr guten Götter", während der gottlose Mensch nicht
zu eigenem freien Dasein gelangt. Wie bei Hegel das
Wesen einer Sache nicht ihr Begriff ist, so ist die Nennung des Bereichs der Götter noch nicht der im Lied
erscheinende Gott. Es ist nur gesagt, daß der Mensch
ohne Götter im Bereich der Empörung lebt. Er ist immer
auf dem Sprung gegen den Mitmenschen, auf dem Weg
zur Isolation, allein und ohne Götter zu sein. Selbst
wenn die empörte Natur im Menschen sich in blutigen
Revolutionen nimmt, was ihr auf Grund der geschicht-
lich-menschlichen Entwicklung längst zusteht, so ist sie
in solchem Tun noch götterlos. Sie ist darin ohne Freude,
ohne Sprache, ohne Gesang. Sie ist darin genauso ent-
sprachlicht, wie sie rechtlos ist, weil sie darin nur dem
Übermaß der Innigkeit wie dem der Objektivität entspricht.
Der Aufsatz „Grund zum Empedokles" hat die religiöse
Wahrheit der „Innigkeit" philosophisch aufgeklärt. In
ihr wird der Mensch des Göttlichen ansichtig. Aber auch
der Schein ist entlarvt, wo die Innigkeit die Nüchtern-
heit verliert und zum Fascinosum wird. Sowohl im
Übermaß der Objektivität, dem Streben der Erhaltung
der Institutionen, wie auch in der Auffassung der

menschlichen Freiheit als solcher von umstandslos Emanzipierten, liegt immer noch die „herrische Furcht des Unbekannten", die sich der Auffassung des Menschen als eines Ichzentrums verdankt. So, wie ich es jetzt vortrage, ist es immer noch wesentlich ausgedrückt. Davon philosophisch angemessen zu sprechen, ist nur im Begriff des Begriffs möglich, was in einem Vortrag nicht geschehen kann. Hier kann ich daher nur sagen, daß Hölderlin uns zur Einübung einer neuen Wahrnehmung auffordert, wenn wir der sphärenlosen Anschauung der Ausbeuter der Natur und des Menschen entrinnen wollen.

Erst nach der Namengebung der Götter wird auch die Welt der Kindheitstage sagbar. Die Allegorien müssen dazu gut gelernt sein, als „Bestehendes gut gedeutet" aufgefaßt sein, dann aber in die Vergessenheit herabgesunken sein, damit aus diesem Prozeß in nüchterner Betrachtung Gestalten erfahrbar werden.

Wenn Herodot (II, 53) sagt, die Dichter Hesiod und Homer hätten den Griechen (hellesin) ihre Theogonie gemacht, so scheint das in der Auffassung Herodots deren subjektive „Verfahrungsweise" gewesen zu sein. Wenn dagegen Hesiod nach dem Ende des Kampfes der Götter gegen die Titanen von dem Tag spricht, an dem die Götter, nach der Erde Rat, den Zeus antrieben,

„König zu sein und Herrscher,
Den Herrn des Olymp, den weitblickenden Zeus,
Über die Unsterblichen.
Und er verteilte gerecht unter sie
Vorrechte und Ehren" (Theogonie Vers 881 ff.),

so sieht das in unserer modernen Sicht wie der Bericht von einem objektiven Vorgang aus.

Die Namengebung der Götter wäre dann ein Objektionsverfahren, das der Mensch übt, wie der schon aufgeklärte Herodot sich das vorstellt und ein vom Menschen unabhängiges Geschehen nach Hesiod, in dem Zeus den Göttern ihre Bereiche zuweist.

Bei dem schon modernen Hölderlin dagegen ist Jupiter die Gestalt gewordene *Sphäre* der Herrschaft. Jupiter ist in dem Gesang „*Natur und Kunst* oder *Saturn und Jupiter*" die Gestalt gewordene *Hybris* einer Sphäre. Er ist nicht subjektiver, nicht objektiver, nicht objektivierter Geist, auch nicht die „objektive Reflexion" Hegels, sondern der im Vokativ stehende Gott, den man nicht bei Schelling, sondern nur im Begriff Hegels finden kann, wenn man ihn philosophisch, d. h. logisch exakt finden will. Dieser Jupiter ist zugleich, wie der Mensch, ein Sohn der Zeit, der Gesetze gibt und nun nicht Wissenschaft treibt und Realitätsschemata vorträgt, sondern uns zur Wirklichkeit führt, indem er „was die / Heilige Dämmerung birgt, verkündet". („*Natur und Kunst oder Saturn und Jupiter*" 2.1. S. 37 f. Vers 27/28). Indem die Hybris zur Gestalt wird, ist ihr das „Herab denn!" gesprochen. Dieses „Herab denn!" tönt aus dem dichterisch eroberten Bereich der Innigkeit, die weder in das Übermaß ihrer selbst gefallen, noch in das Übermaß der Objektivität entflohen ist. Natur als Saturn ist nicht Natur als Dasein unter transzendentalen Gesetzen, was Natur in wissenschaftlicher Betrachtung immer ist und bleiben muß, sie ist nicht Inbegriff von Objekten, nicht Natur als zweckmäßige, sondern Natur als *Frieden*.

In „*Natur und Kunst oder Saturn und Jupiter*" steht der Dichter nicht vor einer objektiven Gestalt, die es nicht gibt, sondern in und zugleich vor einer Sphäre, die als Wohlgestalt begegnet. Die Nennung des „Jupiter", als eine neue Nennung ist nur von der Sphäre der Natur aus, die der Frieden ist, möglich. Nur von ihr aus kann der gehörige Abstand, „Jupiter" gegenüber, eingehalten werden. Sie erst hat die Nennung ermöglicht. So ruft er die Gestalt gewordene Hybris der Sphäre: Herrschaft unter dem Namen Jupiter an.

Das Herausrufen, die Evokation der Gestalt eines gegenwärtigen Gottes aus dem Bereich der Natur und zugleich seine Erfahrung wären nicht möglich, wenn das, was hier modern und mythisch zugleich genannt werden muß, dieses Herausrufen wäre unmöglich, wenn der Mythos dem Übermaß der Innigkeit, der Vertauschung von Subjekt und Objekt oder dem Übermaß der Objektivität entspränge. Diesen pejorativen Sinn erhielt der Mythos nach dem zweiten Weltkrieg vornehmlich bei uns unter denen, die in negativer Abhängigkeit vom Nationalsozialismus diesen zu bekämpfen vorgaben, was sie in Wirklichkeit aber wegen der Eindimensionalität ihres Daseins nicht konnten und nicht können. Deshalb ist das richtige Verständnis der Gestalt und des Mythos bei Hölderlin zwar von eminenter Bedeutung, aber gegen die Herrschaft des Geistes unserer Zeit besonders schwer zu gewinnen.

Zur Anrufung, ja Evokation der Gestalt der Herrschaft gehört nicht nur die Gewinnung des Abstandes, sondern die gesamte Erfahrung von Herrschaft von den Tagen der Tübinger Jahre an und der immer distanzierte Blick als „Republikaner" im politischen Geschehen seiner Zeit. Weist man jedoch eindimensional auf das Republikanertum Hölderlins hin, so gewinnt man nicht Freiheit von Herrschaft, sondern plädiert, nolens volens, nur für eine neue. Hier ist die philosophische Halbbildung der größte Feind der Erkenntnis und das schlimmste Unglück, das eine Gesellschaft dann trifft, wenn diese auch noch praktiziert wird.

Die ersten Verse nennen Herrschaft im hohen Sinn des Wortes. Sie wird nicht anarchistisch um neuer Herrschaft willen unter einer erschlichenen Friedensideologie verleugnet, sondern als Gestalt angerufen, die dem modernen Dichter gegenübersteht. Hier steht ein Mensch einem Gott gegenüber, was er in Freiheit nur im Begriffsstatus kann, in dem allein solches Gegenüberstehen noch mit Sinn aussagbar ist. Das hohe Walten am Tage, das homerische Halten der Waage, das hesiodische Verteilen der Lose sind nicht Bilder, die einen alten Mythos heraufbeschwören, sondern die möglich gewordene Distanzierung vom Bereich der Herrschaft, während diese in gestalthafter Form in der Erfahrung steht. Die alten *fremden* Bilder sind nicht Erinnerung an Altes, was niemals zu einer Dichtung ausreichte, weil Erinnerung hier „blos Gedachtes" zum Gegenstand hätte, sondern die Evokation von etwas, was zur Zeit Hölderlins so gegenwärtig war wie heute, die Evokation von Herrschaft. Es ist nicht die Beschreibung gegenwärtiger Herrschaft als Sphäre oder Bereich, sondern ihre Anrede als einer Gestalt. Wenn und solange wir unter einer Herrschaft stehen, können wir sie nicht einmal objektiv beschreiben, geschweige denn als Gestalt ansprechen. Die Beschreibung der Sphäre ist im Anruf der Gestalt nur als Moment enthalten.

„Du waltest hoch am Tag' und es blühet dein
Gesez, du hältst die Waage, Saturnus Sohn!
Und theilst die Loos' und ruhest froh im
Ruhm der unsterblichen Herrscherkünste."
(Vers 1 ff. 2.1. S. 37).

Das Gesetz Jupiters ist unsterblich, als solches gerade nicht objektiv, auch nicht von einer, wie wir sie dann fälschlich zu nennen pflegen, objektiven Macht verhängt. Es „blühet" (Vers 1). Auch heute noch steht Jupiter im Ruhm der unsterblichen „Herrscherkünste", eines von Hölderlin geprägten Wortes, die auch morgen und übermorgen noch bestehen werden, da sie doch das Moment wesentlicher Unsterblichkeit an ihnen haben. Das Blühen schon im ersten Vers stammt vom Vater Jupiters, dem Saturn. Nur solange Herrschaft mit der saturnischen Natur in Verbindung bleibt, ja aus ihr gespeist wird, kann sie blühen und nicht als objektiver Druck über uns stehen. Dieser gegenwärtige Jupiter weiß vielleicht gar nichts von unserer Geschichte und Überlieferung. So erzählt der Dichter ihm etwas vom Hörensagen, nämlich daß die Sänger nicht nur uns, sondern zugleich „sich" sagen, daß er den Vater Saturn in den Abgrund verwiesen habe. So jammert Natur dort unten. Sie ist „drunten" gerade heute am modernen Tag. Räumlich kann man nicht zugleich unten und oben sein, und so erzählen uns denn unsere modernen Logiker als der Weisheit, wenn nicht letzten so doch ersten Schluß, daß eine Stadt nicht nördlich von sich selbst liegen kann. Zugleich oben und unten zu sein, ist nur in einem mythischen Raum möglich, in dem wir wirklich leben, nicht in einem idealen Raum, den Kant zum Behufe wissenschaftlich einwandfreier Aussage doch eigens entworfen hatte, womit auch er im unsterblichen Ruhm von Herrscherkünsten ruht. Im Sprachraum, der immer ein mythischer im nicht pejorativen Wortsinn ist, hören wir den Jammer und das Seufzen der genötigten und gefolterten Natur. Wer ihn nicht hört, wird ihn erst noch erfahren müssen. Das wird dem Jupiter als eine Geschichte, die die Sänger sich erzählt haben, entgegengehalten, so als bliebe die Wahrheit des Gesagten noch offen. Diese Kunde tritt, weil sie eine kritische ist, nicht als wissenschaftliche Behauptung auf. Saturn als Gott der goldenen Zeit hat nicht gehandelt und nicht geherrscht, wie Natur weder handelt noch herrscht. Sie jammert, wie allerdings nur die Sänger sagen, „schuldlos" „drunten". Das ist eine Gegend, in der „die Wilden vor dir mit Recht sind" (Vers 8). Wie können Wilde, wo auch immer, „mit Recht" sein? Diese Wilden sind im Tartarus, dort aber dem Jupiter zeitlich wie logisch vorgeordnet „vor dir". Die zugleich zeitliche und logische Vorordnung macht das „mit Recht" nicht nur akzeptabel, sondern wahr. Die saturnische Natur sprach noch nicht zu Menschen. Sie sprach kein Gebot aus. Viele Gebildete haben vielleicht nicht Alfred Rosenberg, aber Ludwig Klages gelesen und erwarten in diesem Zusammenhang ein Plädoyer für pelasgische Zustände. Wir möchten weder in den Tagen von Salamis noch in vorhomerischen Zeiten leben, da wir an unserer Zeit genug haben.

Dieser Gesang ist schon sprachlich. Die Sänger haben „sich" den alten Mythos erzählt. Er wird nicht anklagend vorgetragen, sondern so, wie wir ihn kennen, vom Hörensagen. Er ist eine Anrede der Sänger auch an sie selbst. Der Sänger weiß, daß zur Evokation des Gottes der Herrschaft auch das tapfere Vergessen der alten Sagen gehört. Was von der Natur als saturnisch stöhnender gesagt wird, ist der Hinweis auf einen Zustand, in dem Natur sich in dem Augenblick befand, in dem diese Verse geschrieben wurden. Den Herrschenden kann man niemals in direkter Rede begegnen. Aischylos ließ den Titanen Prometheus sagen, was er als Mensch seiner Zeit den Herrschenden nicht sagen konnte und durfte. Daß die Technik nicht schuld sei an der Kreuzigung des Prometheus, läßt er nicht einen Wissenschaftler sagen, den es in unserem Sinn noch gar nicht gab, sondern den Apparatschik des Zeus, *Kratos*. Hölderlin läßt die halbvernommene Kunde alter Sänger für sich sprechen.

Die Ansprache des Gottes ist eine Ansprache an die Gegenwart des Dichters und an ihn selbst. Beiden ruft er das „Herab denn!" zu. Es ist keine Rede von Vernichtung der Herrschaft, sondern vom „Herab denn!" (Vers 13) zu Jupiter. Er war also doch ein Revolutionär, sagen unsere herrschaftlichen Ausbeuternaturen, die diese Dichtung für ihre Zwecke ausschlachten möchten und so in der wohligen Eindimensionalität ihrer Ideologie hängen bleiben. Das Bewußtsein soll herab aus den logischen Zeichensystemen zur Quelle der Vergessenheit, angesichts deren man nicht „creativ" wird, sondern das neue dichterische Wort und den Anblick des Jupiter buchstäblich *schöpft*. Bei Sophokles war Apollon während der Opfer nicht mehr sichtbar („*König Ödipus*" Vers 910). Diese sphärische Gestalt ist nur sichtbar im Opfer des Bewußtseins des Tages an die Vergessenheit aller Eindimensionalität, was kein sacrificium intellectus ist, sondern die Aufklärung der Aufklärung, um einen sowohl Hegelschen wie Hölderlinschen Ausdruck hier einzusetzen. Das sagen die Worte „oder schäme des Danks dich nicht!" (Vers 13). Danken heißt nicht Fahrenlassen des Bewußtseins. Dieses Herabsteigen ist das Herabsteigen in den Mythos, dessen sich Philosophie selbst im Zeichen Jupiters nicht zu schämen braucht, weil sie im Dank oben bleibt. Jedenfalls soll der Gott sich nicht schämen. Der Gesang ist aus einer Innigkeit geschrieben, die ein Tausch in großen Maßen geblieben war. Man kann das Werk Hölderlins auch aufgehaltene Schizophrenie nennen, wenn man einen modernen Ausdruck haben will.

Daraus folgt der Aufruf am Schluß des Gesanges. Angerufen wird die gegenwärtige Gestalt des Gottes, damit zugleich die Sphäre der Kunst, soweit sie epigonal die barocken Allegorien zwar gelernt hat, was nötig ist, aber nicht vergessen hat. Angerufen werden politisch die positiven Rechtsordnungen, die immer gelernt und befolgt sein müssen. Sie werden im Namen eines ewigen *Rechts* angerufen, das auch dort ist, wo die Wilden sind. Sie werden zur Versöhnung des wilden Denkens mit dem Denken und Anschauen der Welt in logisch-wesentlichen Kategorien aufgerufen. Der Dichter ruft de profundis saturnalibus dem obersten Gott der Antike, nicht etwa Gott, das „Herab denn!" zu, das das „Herab denn!" der modernen Herrschaft Europas über die Welt war und zugleich das „Herab denn!" des Künstlers, dessen Nennung nicht aus Angelerntem und in Objektivität Stehengelassenem allein kommt, sondern aus dem Bereich der Natur mit ihren immerquellenden Brunnen. Das Gelernte ist nicht eingeschmolzen, sondern zweimal reflektiert zur eigenen Sprache, wie wir aus den Ausführungen zur Reflexion und dem Aufsatz über die *„Verfahrungsweise des poetischen Geistes"* heute von Hölderlin wissen. Die Prophezeiung des an den Felsen geschmiedeten Prometheus scheint sich ein zweites Mal zu erfüllen.

Und doch kehrt die Ode in den Anfangston zurück. Das Übermaß der Innigkeit am Anfang war nur „fingiert". Mit leisen, aber eindringlichen Worten hat Hölderlin im *„Grund zum Empedokles"* (4. 1. S. 149) ausgeführt, daß die tragische Ode nicht mehr „in jenen Grad von übermäßiger Innigkeit fallen" darf, „mit dem sie auf ihren Anfangston ausgieng, denn sie hat gleichsam erfahren, wohin diß führte", nämlich das Übermaß der Innigkeit. Aus ihm war de profundis die Nennung des obersten Gottes zwar allein möglich. Dieser Urton wird wiedergefunden, aber „mit Besonnenheit". Die Ode geht nicht durch ein Verschmelzen zweier Bewußtseinslagen, sondern „durch eine mäßige freiere Reflexion oder Empfindung sicherer freier gründlicher (d. h. aus der Erfahrung und Erkenntniß des Heterogenen) in den Anfangston zurük" (4. 1. S. 149). Leider kann ich Ihnen hier die Bemerkungen nicht vortragen, die in der Stuttgarter Ausgabe unter dem Titel „*Reflexion*" stehen. Der Dichter ist beim Anruf des obersten Gottes weder in die Höhe noch in die Tiefe gefallen. Er hat auch keine Angst vor dem Gefühl wie wir heute. Die gedoppelte Reflexion geht weit über die antike Kategorie des Maßes hinaus, da ja schon die erste Reflexion maßlos ist. Im Schöpfen aus dem Saturnischen wird dem Gefühl Konsistenz und Sicherheit verliehen. Dazu muß das Gefühl „berichtigt" werden (4. 1. S. 234). Der Dichter bedient sich des Verstandes, ohne das Gefühl einfach zu kommandieren. Die Berichtigung des Gefühls ist die Reflexion der Reflexion, die wieder zum Grundton zurückführt und den Wechsel der Töne herbeigeführt hat, wie wir von Ryan gelernt haben. In der Poesie wird auch das Unpoetische poetisch, wie der ungenannte Gott Saturn in ihr genannt wird, was doch ein Fehler sein müßte. „Aber hierzu ist schneller Begriff am nöthigsten." In „*Diotima*" (2.1.28) hat es im gleichen Zusammenhang geheißen

> „Die Himmlischen sind jezt stark,
> Sind schnell. Nimmt denn nicht schon ihr altes
> Freudiges Recht die Natur sich wieder?"
>
> (Vers 18 ff.)

Das „Herab denn!", das Jupiter zugerufen wird, ist im Gesang als Dissonanz zu lesen, die die Konsonanz des Ganzen nicht stört. Eine unmittelbare Rückkehr zur Sphäre oder zum Bereich des Saturn wäre heute die Rückkehr zum Gemeinen, durchaus verwandt dem Tun der „Weisen", die „nur mit dem Geiste, nur allgemein unterscheiden" und damit „schnell wieder ins reine Seyn zurück" (4.1. S. 237) fallen.

Die gegenseitige Korrektur von Gefühl und Verstand steht in der Ode nicht mehr in der ersten Reflexion, sondern in der zweiten, die bei Hegel dem Begriff, bei Hölderlin der „Gottesfreude" entspringt. Auch der Jupiter in uns soll sich des Danks nicht schämen. Er soll dem Älteren dienen

„Und gönn' es ihm, daß ihn vor Allen,
Göttern und Menschen, der Sänger nenne!"
(Vers 15 f.)

Der Blitz des hier angeredeten Jupiter kommt „aus dem Gewölke", nicht aus der Hand Jupiters, sondern als Elektrizitätsphänomen, was auch Hölderlin bekannt war. Die Gebote der Herrschaft, jegliche Macht ist „aus Saturnus / Frieden" (Vers 19 f.) erwachsen. Alle Macht stammt aus der Natur. Aus ihr stammt auch das dichterische Wort. In ihr ist der Frieden, in Richtung auf den auch die Dichtung sich ihr „Herab denn!" zugerufen hat. Denn erst, wenn der Dichter „am Herzen Lebendiges" (Vers 21) gefühlt hat und nicht mehr unter der Herrschaft und im Gegenüber von Allegorien und Objekten steht, kann er wieder Jupiter, nun aber als „Kronion" hören. Das ist der Zeitpunkt, an dem die Zeit den modus der Succession wie ein ihr fremdes Kleid abgelegt hat und als der ewige Augenblick da ist. In ihm kann auch Wissenschaft entspringen. Im Rückgang hinter die Zeitmodi der Succession, der Simultaneität und der Dauer ist diese Zeit

„in ihrer Wiege mir in
Wonne die wechselnde Zeit entschlummert:"
(Vers 23 f.).

Das ist der Augenblick, in dem der Dichter in seiner Werkstatt ist. Es ist kein dumpfes Versinken in einen heute mit Unrecht romantisch genannten Traum, sondern die Rückkehr in den Anfangston, in dem der ober-

ste Gott so ist „. . . wie wir, ein Sohn / Der Zeit" (26 f.).
Er ist ein Sohn der wirklichen nicht der wissenschaftlich
gedeuteten Zeit, in deren Modi der Gott wie ein gefan-
genes Tier in einem Käfig sitzt, dessen Traillen nur noch
reine Allegorien sind. Dieser Jupiter gibt zwar Gesetze,
aber nicht mehr als ein auf dem Olymp über den Menschen thronender Gott, sondern so, wie wir es auch tun.
Er verkündet nicht mehr eine Sage von längst Vergan-
genem, die wir aus der Tradition gerade noch kennen,
sondern das, was aus dem Reich der saturnischen Natur
zu uns gelangt. Er verkündet, „was die Heilige Dämmerung birgt" (Vers 27/28). Er verkündet es so, daß es
nicht mehr verborgen bleibt und doch geborgen bleibt.
Er verkündigt es mit jener Aura, die wir schon deshalb
nicht zu schmähen brauchen, weil wir im Vernehmen
des dichterischen Worts von Hölderlin weder mit den
Geschmähten noch mit den Schmähenden auf einer Ebene gestanden haben. Diese neue Verkündung übertrifft
die Verheißungen des Empedokles, weil sie die Verkündung von etwas Gegenwärtigem ist, das zwar, wie alles
Gegenwärtige in die Zukunft aufgespannt ist, aber nun
doch da ist und aus dem deutschen Sprachraum nicht
mehr zu vertreiben.
Die Verheißungen, die Empedokles seinem Jünger Pau-
sanias auf die Stirn geküßt hat, sind nach zwei Welt-
kriegen, der Barbarisierung der Welt durch Technik, die
dauernden Völkerwanderungen, in der Vermehrung der
Weltbevölkerung und dadurch notwendige Sozialisation
nicht eingetroffen. Dennoch scheint die Rettung des
Menschlichen im Menschen nicht nur im Umdenken ge-
wisser uns aus der Metaphysik überkommener Kategorien zu liegen, sondern vor allem in der bangen Frage,
ob wir lernen werden, nicht nur Natur, sondern auch
die Menschen, die aus allen Erdteilen jetzt auf uns zu-

kommen, mit *anderen Augen* wahrzunehmen, als wir es als in die christliche Tradition, die Metaphysik und die aus ihr entstandenen Wissenschaften Eingehauste vermöchten. Das wird zur Lebensfrage heute schon im Umgang mit den einzelnen Ausländern, die ihre Traditionen mitbringen und von uns nicht nur Technik und Know-how erwarten.

Hölderlin hat in der gestalthaften Stufe eine der neuen Möglichkeiten menschlicher Wahrnehmung vorgetragen. Diese kann niemals als allein verbindlich angeführt werden, da sie nicht dogmatisch ist und nicht als allgemeingültig in einem wissenschaftlich geforderten Sinn auftritt. Die Begegnung der Natur in Gestalten wurde auch von Hölderlin in Richtung auf eine Dichtung verlassen, in der die Sprache nicht mehr in der Form göttlicher Gestalten erscheint, sondern eher in der christlichen Form des Gesanges der Sprache und des Friedens.

Der Hölderlin der Oden, Elegien und Hymnen ist der Empedokles, der die Objektivität des Hermokrates, den objektiven Überhang der Institutionen über unsere Freiheit in sich hineingenommen und damit relativiert hat. Dabei sind sowohl das Übermaß der Innigkeit wie das der Objektivität bezwungen.

Zum Schluß will ich nur noch von einem Durchbruch zur Begegnung der Wirklichkeit in Gestalten sprechen. Der Gesang, der die Überschrift *„Unter den Alpen gesungen"* trägt (2.1. S. 44) setzt mit dem Anruf der „Unschuld" ein, die wir auf den ersten Blick eher als Wesen denn als Gestalt ansehen möchten. Schon der große Eingang jedoch

> „Heilige Unschuld, du der Menschen und der
> Götter liebste vertrauteste! . . ." (Vers 1 f.)

läßt aufhorchen. Wer so angesprochen wird, muß als etwas anderes erfahren sein als alles bisher im Bild des

Wesens Begriffene. Sie sitzt „zu Füßen/ . . . den Alten" (Vers 3/4). Das mag im Hause oder vor ihm sein. Wenn auch vielleicht die Alten, so ist doch in erster Linie die Unschuld „Immerzufriedner Weisheit voll;" (Vers 5). Im achten Vers erscheint sie als „Reine", zwei Strophen später als „Helle", das ich nicht adverbial lesen möchte. Beißner nennt Unschuld ein „Kennzeichnendes und besonders schönes Beispiel für die dichterische und eigentümlich Hölderlinische Gestaltwerdung eines Wertes, wofür die herkömmliche Bezeichnung als „Personifikation" zu kurz greift" (2.2. S. 475). Eine Gestaltwerdung eines „Wertes" wäre jedoch schwer zu denken, wenn der Wertcharakter nicht als der der ersten Reflexion begriffen ist, wogegen die Gestaltwerdung einer Sphäre zwar etwas ist, was nur Hölderlin eigentümlich ist, aber durch unseren Stufengang nun durchaus „mit scharfem Umriß" angesehen sein will. Dieser stellt nicht einen Götzen dar, sondern entspringt der zweiten Reflexion der Sphäre. Gestalterfahrungen sind vielleicht nur in Toleranzgrenzen möglich, deren wir in unserer Wissenschaft als einem Betrieb nicht mächtig sind.

Die ersten Strophen singen von der weltverwandelnden Kraft, mit der die Unschuld in das Gedicht tritt. In ihre Gegenwart gerät „der Mann", der voll Verdienst um die Lebensbewältigung wohl „manches/Gute kennet" (Vers 5/6), dieses aber in der Sphäre seiner Arbeit nicht sinnlich plastisch ergreifen kann. Davon wird sein Blick in den Himmel abgesetzt, in dem er „dem / Wild gleich" (Vers 6/7) aus den Bezüglichkeiten des Alltags heraustritt. Er blickt wie ein Tier, das im alltäglichen Sinn unserer Wahrnehmung blicklos ist, nach oben, so den menschlichen Bereich von Mühe, Arbeit und guter Lebensführung bereits verlassend. Es ist ein Blick, der für den Alltag blind, ja, wie Hölderlin für sich in Anspruch

nimmt, sogar „blöde" ist, aber dafür in die Sphäre hinein geöffnet ist, in der Natur selbst ohne die Maske der
Objektivität und nicht subjektiv erscheint. In dieser Ode
bleibt es bei dem aufstaunenden Blick des in Wesensver-
wandtschaft mit dem Wild geratenen Menschen, den wir
in der saturnischen Natur bereits angedeutet fanden.
Das erscheint uns besonders heute bereits bedenklich.
Aber der Unschuld ist selbst ein solcher Blick rein,

> „. . . denn manches
> Gute kennet der Mann, doch staunet er, dem
> Wild gleich, oft zum Himmel, aber wie rein ist
> > Reine, dir alles!"

Wir modernen Menschen sind, darin den Alten von Vers
4 ähnlich, vielerfahrene. Nicht, daß wir viel erfahren
haben, sondern daß wir Vielerfahrene *sind*, die nach-
mythische Erfahrung von Jahrtausenden hinter und
in uns haben, könnte die gestalthafte Erscheinung der
Unschuld verhindern. Damit ist auf unsere Bewußtseinslage hingewiesen. Dazu im Gegensatz steht das „rauhe
Thier des Feldes" (Vers 9), das der Unschuld dient. In
dieser Sphäre der Unschuld erhält der stumme Wald
Sprache,

> „der stumme Wald spricht
> Wie vor Alters, seine Sprüche zu dir . . ."

(Vers 10/11).

nämlich zur Unschuld, oder zu uns doch nur in ihrem
Horizont. Im Anblick der Alpen hat der Dichter erfahren, daß die Unschuld von ihnen, den Bergen, die Lehre
von heiligen Gesetzen erhält.

> > „es
> > Lehren die Berge
> Heil'ge Geseze dich, und was noch jezt uns
> Vielerfahrenen offenbar der große

Vater werden heißt, du darfst es allein uns
          Helle verkünden." (Vers 11 ff.)
Wir Menschen stehen hier immer noch im Hintergrund.
So ist, mit einem Blick auf die Hegelsche Logik, davon
noch keine begriffliche, sondern nur eine wesentliche Aussage möglich. Was der heilige Vater uns noch jetzt offen-
baren will, sagt er uns nicht direkt, auch nicht nur vermittelt durch die heilige Schrift, sondern durch das Medium der hellen Unschuld. Sie muß eine Gestalt sein,
denn sie allein darf es verkünden. Der stumme Wald
und die Berge sprechen nicht zu uns, als den Vielerfahrenen, sondern zu ihr. Die Verkündigung ist schon Offenbarung an uns Menschen, aber auf dem Umweg über
die Unschuld, die sie allein verkünden darf. Die Gegenwart der Unschuld, die wir als etwas Innerliches ansehen, hier aber als Gestalt erfahren wird, ist die Bedingung, unter der der Dichter allein in der Gegenwart der
„Himmlischen" stehen darf. Jeder Zweck, sei er politisch, wissenschaftlich, philosophisch oder selbst dichterisch, schlösse die Kunde aus. Sagten wir nun, daß darin
die Seligkeit seines Lebens bestehe, so gäben wir eine
wesenhafte, den Ton des 21. Verses verfehlende Nach-
richt. Denn hier heißt es: „Seeliger weiß und wünsch' ich
nichts, . . ." (Vers 21). Er sagt nicht, daß nichts seliger
sei, sondern nur, daß er nichts als seliger *wisse,* wie im
gleichen Ton das „weiß ich nicht" in den Versen von
„Brod und Wein" gesungen ist, wo es um die entgegengesetzte Erfahrung geht.

     „So zu harren und was zu tun indeß und zu sagen,
     Weiß ich nicht und wozu Dichter in dürftiger Zeit"
     (2.1. S. 94 Vers 121/22)
Auch die Berge und der stumme Wald sind die Himmli-
schen. Genannt wird das Vorübergehen des Lichtes, von
Strom und Wind und sogar die Zeit, die an einen be-

stimmten Ort gelangt. Vor diesen Himmlischen nicht den nüchternen Blick zu verlieren, sondern „ein stetes/ Auge zu haben" (Vers 19/20), darin liegt die in der Nennung des Komparativs „seeliger" liegende Seligkeit. Die wache Stetigkeit des Auges steht im Gegensatz zum schlafenden Dahingehen des Lebens in den Wogen der Flut, die ihn wie eine Weide mit sich führen kann. Es ist das Leben des Dichters, das „wohl aufgehoben, schlafend" (Vers 23) in der Flut des Lebens einmal mitgehen wird. Diese Flut ist die innig erfahrene im objektiven Bild aufbewahrte Sphäre, die Leben und Wasser vereint. Das ist aber erst eine Möglichkeit in der Zukunft. So kann er jetzt noch „daheim" bleiben. Und hier ist er frei. Frei ist er nicht als aus den Händen der Götter Emanzipierter, nachdem doch noch einige Kunde von den Himmlischen zu uns, den Vielerfahrenen, gelangt ist. Frei ist er nicht mehr wie in den Tagen der Kindheit „im Arme der Götter", sondern dort, wo er mit freiem Willen die Sprachen des Himmels als die des schweigenden Waldes der Berge und die indirekt gegebene Verkündigung des großen Vaters deuten und singen kann.

> „Aber es bleibt daheim gern, wer in treuem
> Busen Göttliches hält, und frei will ich, so
> Lang ich darf, euch all', ihr Sprachen des Himmels!
> Deuten und singen." (Vers 25 ff.)

Die Sprachen des Himmels sind stets im Raum der Rühmung. Hier ist zugleich der Hölderlinische Freiheitsbegriff ausgesprochen, dem weder ein prinzipielles noch ein absolutes, noch ein emanzipiertes Ich entspricht. In der zweiten Reflexion wird das göttliche Gesicht in einer Unschuld bewahrt, die besonnen ist. Nur soweit der Dichter sich in der Sphäre der Unschuld weiß, die ihm als Gestalt die Offenbarung des Vaters verkündet, ist er selbst Deuter und Sänger der Sprachen des Himmels, die hier auf der Erde sind.

Wie der Satz „Im Arme der Götter wuchs ich groß" aus dem Gedicht *„Da ich ein Knabe war . . ."* herausspringt und auf die gestalthafte Stufe erst noch hinweist, so tritt hier der Gesang zu der neuen Wirklichkeit heraus, in der die Sprache als Sprache vorgetragen wird. Davon aber habe ich hier nicht mehr zu berichten. Vom Mythos sollte in diesem Vortrag nur so weit gesprochen werden, wie er im Bezug zur menschlichen Freiheit steht.

Und nun, meine Damen und Herren, nehme ich das Gerüst der subjektiven, der objektiven, der sphärischen, der wesenhaften und der gestalthaften Stufe von dem Gesang ab und lese Ihnen die sapphischen Strophen von *„Unter den Alpen gesungen"* vor, in der Hoffnung, daß der Bau jetzt so vor uns steht, wie er nicht nur als fertiger, sondern zugleich in der Aufbewahrung seiner Konzeption ist, die wir im Durchschreiten durch den „Kalkül" gewonnen haben.

„Unter den Alpen gesungen"

Heilige Unschuld, du der Menschen und der
Götter liebste vertrauteste! du magst im
Hauße oder draußen ihnen zu Füßen
      Sizen, den Alten,

Immerzufriedner Weisheit voll; denn manches
Gute kennet der Mann, doch staunet er, dem
Wild gleich, oft zum Himmel, aber wie rein ist
      Reine, dir alles!

Siehe! das rauhe Thier des Feldes, gerne
Dient und trauet es dir, der stumme Wald spricht
Wie vor Alters, seine Sprüche zu dir, es
        Lehren die Berge

Heil'ge Geseze dich, und was noch jezt uns
Vielerfahrenen offenbar der große
Vater werden heißt, du darfst es allein uns
        Helle verkünden.

So mit den Himmlischen allein zu seyn, und
Geht vorüber das Licht, und Strom und Wind, und
Zeit eilt hin zum Ort, vor ihnen ein stetes
        Auge zu haben,

Seeliger weiß und wünsch' ich nichts, so lange
Nicht auch mich, wie die Weide, fort die Fluth
nimmt,
Daß wohl aufgehoben, schlafend dahin ich
        Muß in den Woogen;

Aber es bleibt daheim gern, wer in treuem
Busen Göttliches hält, und frei will ich, so
Lang ich darf, euch all', ihr Sprachen des Himmels!
        Deuten und singen.

Nach der Auffassung der christlichen Tradition ist der
Umgang mit Göttern der Umgang mit nichts. Schelling
möchte zwar der Mythologie eine Wahrheit zusprechen. Aber diese soll, wenn auch real, so doch Irrtum
sein. Allerdings sieht er, daß auch das Christentum seinem Ende entgegenginge, wenn es die Realität des Mythos einfach negierte. In der gewöhnlichen Tradition
sind Angst und Freude, die aus der Erfahrung der Göt-

ter entspringen, Angst und Freude vor nichts. Bei Hölderlin dagegen handelt es sich um Wirklichkeiten, die nicht Realitäten sind. Sie sind surrealistisch, dafür aber wirklich. Sie sind nicht wirksam im Sinn von Ideologien, die mit jeder Generation zusammenfallen. Gegenüber den zur Wissenschaft zurechtgemachten Realitäten sind sie nichts. Der Mythos wurde nicht nur in der christlichen Tradition verleugnet, sondern vor allem in der Wissenschaft, die sich für aufgeklärt hält und damit nicht zur Aufklärung der eigenen Aufklärung gelangt. Diese ist bei Hegel und Hölderlin zu finden. Die Angst vor dem *Nichts* bei Heidegger ist die Angst vor der Freiheit des Menschen, was dann bei Sartre auch herausgekommen ist, der die Freiheit jedoch atheistisch auffassen möchte.

Da der Raum der Wissenschaften ein eigens von ihnen um ihrer Selbsterhaltung willen hergestellter ist und der Mensch im Lebenskampf solche Selbsterhaltung immer üben muß, ist die Frage nach dem Mythos bei Hölderlin im wissenschaftlichen Raum unentscheidbar. Die Götter sind nicht in einem Raum wahrnehmbar, der eigens zu ihrer Abblendung entworfen wurde. Im technisch-praktischen Umgang mit der Gesellschaft und den Dingen bewegt sich der Mensch in einer selbst hergestellten Realität. In dieser Herstellung hält er sich irrtümlich für frei. Treten wir aus diesem Raum heraus, so können wir uns darin nur im heute dazu notwendigen Heroismus von Kunst und Religion halten. Der Heroismus des Denkens besteht in der Ausdauer und Treue zu den Gesichten und Problemen, die wir aus unbeschädigter Kindheit mitbringen. Von der Wissenschaft aus gesehen ist das der Raum der Hölderlinischen *„Blödigkeit“*. Der Heroismus der Dichtung besteht im Aussprechen der Gesichte, die aus unbeschädigter Kindheit als Fulgurationen Gottes sowie als sphärische und göttliche Gestalten in ihr erschienen sind. Von der Wissenschaft her gesehen ist ein solches Verhalten infantil. Kunst und Religion sind, von ihr aus gesehen, Kitsch und Lüge. Als demokratische Institution wird sie daher immer mit antikünstlerischen Bestrebungen fraternisieren, wie sie im Grund ihres Verhaltens atheistisch ist.

Diese Entgegensetzung ist deshalb nicht vollständig, weil auch Kunst und Religion technisch geleistet sein wollen. Hölderlin hat die Technik z. B. des Einhaltens griechischer Versmaße nicht nur als Werkzeug verfügbar. Er fügt sich in Freiheit in sie. Erst der am weitesten getriebene Gehorsam ist frei. Die Freiheit der Kunst besteht nicht in der Hölderlinischen Stufe der Subjektivität, in der er seine Gesichte zu den Gestirnen und zur pythagoreischen Harmonie erhebt, obwohl auch darin schon große Dichtung erscheint, sondern in der gegenüber dem technisch-praktischen Umgang mit den Dingen und der Gesellschaft bewahrten Unschuld der zweiten Reflexion, die er mit Hegel gemeinsam hat. Das Kind war im Aushalten der göttlichen Gesichte so unschuldig wie die Unschuld, die als Gestalt zu den Füßen der Alten sitzt, die in wiedergewonnener Unschuld leben, sofern sie in ihrem Leben nicht in die Dauerhaltung der Lüge übergegangen sind.

Hölderlin sieht die Alpen, die ihm nach Pindar die göttlich- gebaute Burg sind, nicht als das Gebirge an, von dem wir in der Schule als dem geographischen und geologischen Gegenstand gelernt haben. In der Schule haben wir nicht für die Muße, sondern für das Leben gelernt. Diese Kenntnisse werden in der Kunst nicht einfach negiert. Sie werden nicht in absoluter Vergessenheit, sondern in bestimmter Negation gehalten. Soweit sie Momente bleiben, bleibt Dichtung auch amusischen Menschen teilweise verständlich. Die Angst vor der bestimmten Negation ist die Angst vor der Irrealität, die wir Menschen sind. Sie ist die Angst vor dem freigewordenen Menschen. Soweit diese Freiheit nicht „mit Besinnung" auftritt, ist sie die „Freiheit" der Titanen, gegen die wir unter der Herrschaft unseres eigentlicheren Zeus immer ankämpfen müssen.

Nach Hegel ist die Sache der Philosophie nicht die Frage nach den wissenschaftlichen Bedingungen der Möglichkeit dessen, was in ihrem Raum Erkenntnis genannt wird, sondern das wirkliche Erkennen dessen, was nicht nur ist, sondern in Wahrheit ist. Die Dinge als behandelbare sind nicht in Wahrheit. Um die Dinge behandeln zu können und dabei im dazu logischen Raum eingehaust bleiben zu können, stationieren wir Richtigkeit und Falschheit nur in Urteilen als Sätzen, die in der vollständigen Disjunktion stehen, entweder richtig oder falsch sein zu können. Um die Dinge behandeln zu können, haben wir eine Mathematik erfunden, deren *Sinn* nur in der Verwendbarkeit der Formeln liegt und nicht auf eine pythagoreische Harmonie der Welt hinweisen darf. Der Sinn als Verwendbarkeit der mathematischen Formeln ist das Fascinosum ihres Scheins. Das ist der Raum, in dem wir die Welt als unharmonische herstellen. In ihm *ist* sie auch unharmonisch, wie immer in dem Raum, in dem wir nur endliche Wesen sind. Philosophie dagegen ist weder verirrte Mathematik noch verirrte Dichtung.

Hölderlin ist nicht Idealist im verwaschenen Sinn des Wortes. Freiheit ist nicht Angelegenheit einer Spontaneität. Sie existiert im Anblick göttlicher Gestalten, im Anblick der Wohlgestalt der saturnischen Natur. Wie im „gefesselten Prometheus" der Okeanos sich aus dem Ozean als Gestalt erhebt, so erheben sich die subjektivobjektiven Gestalten Hölderlins aus den Sphären. Sie sind nicht Angehörige einer nur intelligiblen Welt. Sie sind nicht sinnlich Gegebene. Sie sind auch nicht bei Gelegenheit der sinnlichen Wahrnehmung zu Objekten hergestellte Schemata. Sie sind die Transzendenz, die auf den Wiesen Platz genommen hat. Das hat weder etwas mit Magie noch mit dem alten Mythos zu tun, der bei Homer von göttlichen Gestalten noch in objektiver Weise berichtet hat – jedenfalls so wie wir das lesen. Aus dem alten Mythos erfahren wir zwar große Einblicke in die Lebensführung auch des heutigen Menschen. Aber wir können ihn so wenig heraufholen, wie wir Kantianer oder Hegelianer sein können, wenn wir deren Gedanken einmal begriffen haben. So gibt es weder bei Hölderlin noch für uns eine Remythisierung. Der Mythos Hölderlins ist nicht blutig, sondern der Mythos des Friedens. Darin ist er identisch mit der christlichen Religion, soweit diese nicht als Institution, sondern als Wirklichkeit auf dieser Welt ist, und das heißt, soweit diese mythisch ist. Alle Worte Hölderlins sind im Gegensatz zu den Worten der ihn umgebenden Menschen, die er niemals verstanden hat, auf einer Wanderung begriffen, die im Frieden endet. Nur in diesem Frieden hat der Mensch sich selbst als existierenden Begriff und als existierende Zeit. Der Krieg ist der Vater der Welt der Positivität, alles als nur endlich bestimmt angesehenen Realen, in der die einen sich als Menschen, die anderen sich als Götter erweisen. Hölderlin dagegen ist immer ein pietistisch frommer Christ geblieben. Er hat den Tiefpunkt christlicher Gläubigkeit als saturnische Natur begriffen und zu den lichten Höhen des Olymp heraufgetragen. Hölderlin hat nie ein Wort gegen das Christentum gesprochen, wie der verzweifelte Nietzsche. Er hat die hegelsche zweite übersinnliche Welt als die Welt der Sprache vorgetragen. Im Vortragen der göttlichen Gesichte, die zugleich natürlich und geschichtlich sind, hat er nicht als Christianer, sondern als wirklicher Christ gelebt, wenngleich er sich hierin, wie wir alle, gelegentlich verhebt, wenn er Christus, der doch der Herr ist, als „Jüngling" anredet. Auch die Wissenschaft lebt im unsterblichen Ruhm ihrer Herrscherkünste. Von ihm aus sieht sie mit Notwendigkeit Religion und Kunst als Irrtum an, wenn nicht als Ideologie und Weltanschauung. Aus diesem ihrem Irrtum kann nur Philosophie befreien, die heute nicht existent ist.

Personenregister

378

Sachregister

Ziffern, die sich auf verschiedene Beiträge beziehen, sind durch Semikolon getrennt.

389

Zu den Autoren dieses Buches

Helmut Fahrenbach, geb. 1928, Professor für Philosophie in Tübingen. Veröffentlichungen u. a.: Kierkegaards existenzdialektische Ethik (1968); Existenzphilosophie und Ethik (1970); Zur Problemlage der Philosophie. Eine systematische Orientierung (1975).

Bruno Baron v. Freytag Löringhoff, geb. 1912, Professor für Philosophie in Tübingen. Veröffentlichungen u. a.: Logik I, 5. Auflage (1972); Logik II, (1967); Werbung für Philosophie (1973).

Klaus Hartmann, geb. 1925, Professor für Philosophie in Tübingen. Veröffentlichungen u. a.: Grundzüge der Ontologie Sartres in ihrem Verhältnis zu Hegels Logik (1963) (auch englisch); Sartres Sozialphilosophie (1966); Die Marxsche Theorie (1970); Die ontologische Option (Hrsg.) (1976).

Hans Krämer, geb. 1929, Professor für Philosophie und Klassische Philologie in Tübingen. Veröffentlichungen u. a.: Arete bei Platon und Aristoteles (1959); Der Ursprung der Geistmetaphysik (1964); Platonismus und hellenistische Philosophie (1971); Zur Ortsbestimmung der historischen Wissenschaften (1974); Prolegomena zu einer Kategorienlehre des richtigen Lebens (1976).

Hermann Krings, geb. 1913, Professor für Philosophie in München. Veröffentlichungen u. a.: Transzendentale Logik (1964); Handbuch Philosophischer Grundbegriffe (Mithrsg.), darin: Denken, Gott, Freiheit, Philosophie (Mitautor) (1973/74); Die Entfremdung zwischen Schelling und Hegel (1801–1807) in: Sitzungsber. d. Bayer. Akad. d. Wissenschaften, Phil. hist. Klasse, Jg. 1976, Heft 6.

Bruno Liebrucks, geb. 1911, Professor für Philosophie in Frankfurt/M. Veröffentlichungen u. a.: Probleme der Subjekt-Objektrelation (1934); Platons Entwicklung zur Dialektik (1949); Sprache und Bewußtsein, 8 Bände (ab 1964); Erkenntnis und Dialektik (1972); Von der Koexistenz zum Frieden (1972/73).

Hermann Lübbe, geb. 1926, Professor für Philosophie und Politische Theorie in Zürich. Veröffentlichungen u. a.: Politische Philosophie in Deutschland (1963, ²1974); Säkularisierung. Geschichte eines ideenpolitischen Begriffs (1965, ²1975); Theorie und Entscheidung. Studien zum Primat der praktischen Vernunft (1971); Hochschulreform und Gegenaufklärung (1972); Bewußtsein in Geschichten. Studien zur Phänomenologie der Subjektivität. Mach, Husserl, Schapp, Wittgenstein (1972); Fortschritt als Orientierungsproblem (1976); Unsere stille Kulturrevolution (1976); Herausforderung der Wissenschaftspolitik (1977); Geschichtsbegriff und Geschichtsinteresse. Analytik und Pragmatik der Historie (1977).

Ludger Oeing-Hanhoff, geb. 1923, Professor für Philosophie in Tübingen. Veröffentlichungen u. a.: Thomas v. Aquin 1274/1974 (1974); Hegels Trinitätslehre. Zur Aufgabe ihrer Rezeption und Kritik (1977).

Walter Schulz, geb. 1912, Professor für Philosophie in Tübingen. Veröffentlichungen u. a.: Die Vollendung des Deutschen Idealismus in der Spätphilosophie Schellings (1955); Der Gott der neuzeitlichen Metaphysik (1957); Wittgenstein (1967); Philosophie in der veränderten Welt (1972).

Alexander Schwan, geb. 1931, Professor für Geschichte der politischen Theorien in Berlin. Veröffentlichungen u. a.: Politische Philosophie im Denken Heideggers (1965); Sozialdemokratie und Marxismus (zusammen mit Gesine Schwan 1974); Wahrheit – Pluralität – Freiheit (1976); Geschichtstheologische Konstitution und Destruktion der Politik (1976).

Johannes Schwartländer, geb. 1922, Professor für Philosophie in Tübingen. Veröffentlichungen u. a.: Der Mensch ist Person. Kants Lehre vom Menschen (1968); Verstehen und Vertrauen (Hrsg.) darin: Aspekte einer kritischen Verstehenslehre (1976); Der Mensch und sein Tod (Hrsg.) darin: Der Tod und die Würde des Menschen (1976); Die Menschenrechte und die Notwendigkeit einer praktischen Weltorientierung (1976).

Josef Simon, geb. 1930, Professor für Philosophie in Tübingen. Veröffentlichungen u. a.: Das Problem der Sprache bei Hegel (1966); Sprache und Raum. Über das Verhältnis zwischen Wahrheit und Bestimmtheit von Sätzen (1969); Philosophie und linguistische Theorie (1971); Aspekte und Probleme der Sprachphilosophie (Hrsg.), darin: Sprachphilosophische Aspekte der neueren Philosophiegeschichte (1974).

Axel Stern, geb. 1912, Professor für Philosophie in Hull (England). Veröffentlichungen u. a.: Le vrai en art et en science (1946); Metaphysical Reverie (1956); Truth – A New Approach (1965); The Science of Freedom (1969); On Value and Human Dignity (1975).